最近兩百年中國史【3】

中國共產革命七十年

下　冊

（修訂版）

陳永發　著

第七章

社會自主力量的窒息

　　1952年韓戰已進入尾聲，毛澤東有餘力注意到國內的建設了。國家經濟雖然已經恢復到抗戰前的最高水準，然而工業基礎仍薄弱異常，甚至比三十幾年前十月革命爆發時的俄國仍要落後。毛澤東想要盡快迎頭趕上先進國家，有時間緊迫的感覺。中共建國以後實行所謂「新民主主義社會」制度，其特色是承認私有經濟的合法性，在「發達國家資本」和創造合作社經濟的同時，也容許私有和民間部門「自由」營運。中共原來對外宣稱，這樣一個多元經濟的社會結構應該持續10～15年，可是到了1952年底，毛澤東認為恢復經濟的階段性任務既然已經完成，而公營經濟也已經取得主導地位，遂決定打鐵趁熱，提出向社會主義過渡的總路線，同時也要趁此時機，按照原定計畫，從1953年開始實行第一個五年計畫，學習史達林社會主義建設的經驗，全力發展冶金、機械、能源和軍火等重工業和國防工業。

　　1950年代，計畫經濟的發展模式可以說是當時知識分子的共識。二十年前，即1930年代，國民政府已根據「發達國家資本」的構想，設置資源委員會，負責國營經濟的發展。1940年代後半段時期，連反蔣中正的自由主義派民主人士，也都認為蘇聯的計畫經濟道路有其優越性。中共就在這種思想潮流中，於1951年2月開始草擬第一個五年計畫。當時尚未提出集體化主張，所以此舉並未引起任何反對聲浪，反而在相當程度上贏得了前國民政府資源委員會專家的熱忱參與[1]。這一個計畫尚未完成擬定，中共中央便在1952年底模仿蘇聯模式，成立了與政務院平行的國家計畫委員會，由東北局書記高崗擔任主席，繼續草擬計畫的未竟工作，邊做邊學，邊學邊改，直到1955年初纔正式定案，對外公布。

　　中共所以選擇蘇聯的計畫經濟模式工業化，有幾個明顯理由：首先是認為史達林從1928年以後，以兩個五年計畫徹底改變蘇聯落後的

<hr>

1　《當代中國的計畫工作》辦公室編，《中華人民共和國國民經濟和社會發展計畫大事輯要》，頁14，16-17。

面貌，使之蛻變為足以傲視歐陸群雄的強大國家，中共可以移植這個
成功經驗。其次，經過韓戰的痛苦教訓，中共更深刻的體會到中國的
落後，尤其是重工業和國防工業的落後，因此更加渴望盡早學習蘇聯
的社會主義現代化經驗。更何況韓戰打破了史達林對毛澤東的一些疑
忌，史達林儘管以建設世界大戰破壞後的蘇聯為第一要務，不可能像
美國以大量資金援助西歐各國一樣援助中共，但還是願意幫助落後的
中國大陸。所以如前所說，史達林相當慷慨地答應援助中共實行第一
個五年計畫，同意在未來的五年期間提供141項重點工程的技術援助。
他無保留地提供工廠設備和技術指導，同時也派了為數不少的蘇聯顧
問前來中國直接協助技術轉移。

　　在蘇聯專家的指導之下，中共的第一個五年計畫採取高度中央集
權的經濟發展方案，由中共中央直接指揮國家計畫委員會負責擬定計

蘇聯技術專家。1950年代初期的第一個五年計畫中，蘇聯派遣技術專家約
10,000人，支援中國的工業建設。圖為蘇聯專家和鞍山鋼鐵廠設計處人員
在研究工程設計。

畫，並統管一切產銷工作。政務院的各部會淪為計畫的執行機構，凡是掌管工業的各部會，按計畫下令國營廠礦生產，而凡是掌管物資收購的部會則按計畫供應原料；商業部負責內銷，外貿部負責外銷，財政部則統一支付生產所需資金。根據計畫規定，各國營企業不許利潤留成，所以經常沒有充分的周轉資金，甚至連設備折舊和更新都要上報處理。各國營企業也不能根據所需自行申請貸款，因為所有銀行都是國家的，而銀行僅根據指示貸款。

正因為生產、經營、銷售均由政府部門統一安排，所以企業和工廠都車間化，負責的主管聽命行事。在這種計畫經濟下，幹部擁有的自主空間極小，很難自出心裁，發明創造。所幸，在第一個五年計畫期間，幹部的工作幹勁一般都高，服從心也強，所以到1957第一個五年計畫結束時，中共便已全部或部分完成了68項蘇聯援助的重點工程，並開始生產。一個「五臟齊全」的重工業和國防工業體系就此初步建立，中共隨後可以生產各種高級鋼料，也可以生產汽車、工作母機和噴射飛機。就產業結構來說，1952年工業總產值在工農業總產值中占43.1%，而重工業在工業總產值中占35.5%。到1957年底，工業總產值增加為56.7%，而重工業增加為45%。在這五年期間，工業成長的速度比農業快四倍。其中輕工業的速度是平均每年12.9%，重工業的速度則快上一倍，每年高達25.4%。

中共的第一個五年計畫，並不是充分利用既有的工業基礎，而可以說是完全另起爐灶。當時上海工業總值為全國的五分之一，所吸引的全部投資僅占全國總投資的2.5%，從政府得到的支援可以說是杯水車薪，反而因為要配合以內陸發展為重點的政府政策，把2.8萬技師和17萬技術工人移往內陸。這種做法與韓戰爆發後，中共害怕美國人支持國民政府反攻大陸有關，不過也充分反映了中共當局對「現代城市」的厭惡——當局認為現代城市是罪惡淵藪，不值得進一步投資發展，而以上海為火車頭來帶動全國經濟發展的作法，只會使問題更加

第一個五年計畫。在蘇聯技術專家的協助下，中共的第一個五年計畫為中共建立了一個重工業和國防工業的基本體系。圖上為1956年中共試製噴射戰鬥機成功。圖下為以嶄新面貌呈現的鞍山鋼鐵公司。

惡化。由於這種重內地輕沿海的政策，過去沒有工業基礎的地方於是出現了一些擁有10萬以上職工的工業城，例如首都鋼鐵廠和包頭鋼鐵廠。不過這些工業城在廣大農村的包圍之下，很像大海中的孤島，也像聳立在平地上的鉅大紀念碑，特別耀眼，卻和四圍的農村沒有密切的連帶關係，並沒有把重工業的現代化氣息，向孤島以外的廣大農村地帶傳播開來。

在第一個五年計畫中，中共總共投下了588.47億人民幣的資金，相當於1953年中共全年財政收入的2.6倍。這樣大規模的國家投資，在中國是史無前例的。當時，中共在國際間是借貸無門，因此籌措這一巨額資金，只能在國內設法。中共透過各種運動深入基層，又屬行財稅的中央集權，不准地方政府任意截留稅款，所以中央稅收是前國民政府的3倍之多。1950年代初期，中共所採取的稅率基本上和國民政府一樣，國民政府在九一八事變前只能收到8億到9億元大洋，中共卻能收到23億元[2]。中共的稅收效率殊屬驚人，雖然如此，所入依然不敷第一個五年計畫的需要，他們還是要透過另外兩個途徑來籌措更多的建設資金。第一個途徑是土地革命，中共透過土地革命把原為地主階級享用的大部分剩餘，轉移為國家所有。第二個途徑是統購統銷，中共一面強制農民按照比較低廉的官定價格，出售一定數量的糧食和主要農產品，一面以比較高的價錢，提供農民日常必需品，利用工業產品和農業產品之間的價格剪刀差，轉移農民的生產剩餘，以便加速發展現代化的工業體系。

1952年底中共成立國家計畫委員會後不久，就宣布所謂向社會主義過渡的總路線，以集體化和工業化並舉，要求在發展重工業和國防工業的同時，也要對農業、手工業和資本主義工商業進行「社會主義的改造」。所謂「社會主義的改造」便是把私有的民間部門，也就是

2　陳雲，《陳雲文選，1949-1956》，頁180-81。

分散的小農經濟、私人經營的手工業和私人資本家所有的工商企業，逐步納入國營和合作社的集體經濟體系，消除計畫經濟所不能觸及的死角，使國家可以更徹底地實行計畫經濟。這種想法所牽涉的不僅是社會主義「生產關係」的道德優越性，也關係到所謂「生產力」的「解放」，主觀的期望是快速提高生產率。

毛澤東和當時所有的中共領袖一樣，迷信蘇聯經驗，迷信生產關係的改變會帶來生產力的大幅成長，使中國迅速工業化。不過，毛澤東也了解到，「社會主義的改造」一定會嚴重衝擊私有財產制度，影響被改造對象的個人或集團利益，所以態度非常謹慎，要求按部就班。從最簡單的集體化形態，比如農業的互助小組做起，逐步把一切具私有性質的經濟，轉變成為「全民所有制」，也就是國家所有制，預計所需時間是15年。

然而，所謂社會主義優越性的說法充滿誘惑力，而透過群眾路線改變生產關係所帶來的權力和財富再分配，對各級黨委幹部和貧苦工農尤其具有「致命的吸引力」，所以經常有人要求躐等而進。黨內負責人因而必須反過來要求克制，要求反冒進。毛澤東最初也是這樣想的，可他急於改變落後農業的現狀，又有政治萬能的信念，終於主張以群眾動員的方式再來推動集體化的經濟發展。結果因為有實行計畫經濟而形成的逼人形勢，再加上階級鬥爭激起的狂熱，竟然以三年不到的時間，便在第一個五年計畫期間完成了所謂「社會主義的改造」的「偉大」事業。

第一個五年計畫的工業化，加上對農民、工商業資本家和手工業者的改造，便是中共所謂一化三改政策。我們要注意的不是這個政策的「一化」部分，而是其中的「三改」部分，以及三改以後中共與知識分子之間的關係。土地革命後，中國的農村主要乃由自耕農組成，中共如何把這些私有財產觀念極強的中國農民，帶上集體化的道路？為什麼中共在農業集體化的過程中，能避免史達林那種程度的暴力和

血腥，短短數年便把幾億農民納入合作社經濟體系之內？儘管在中共建國以後，國營工商業有大幅度的發展，但是在勞資兩利口號之下，私營手工業和工商業，仍有生氣蓬勃的發展。為什麼中共只要打出「改造」的旗號，這些資本主義的工商業者便棄械投降，不僅心甘情願地交出全部財產，而且心甘情願地「改造」自己？在資本家被改造之後，中共曾嘗試改善他們與知識分子之間的關係，進而調動知識分子為新政權服務的積極性。這些基本上是被中共「包下來」的知識分子，他們對中共的努力如何反應？

首先是討論個體農業的改造。中共在第一個五年計畫期間，雖然建立了基本的重工業和國防工業體系，加速工業化，可是結果不僅不能改變傳統城市的舊觀，更不能明顯地回饋農村。農村的進步相當緩慢，反而由於不能滿足輕重工業的需要，而成為輕重工業進一步發展的瓶頸。面對這樣一個困境，毛澤東希望能有所突破。他的政策選擇本來不多，既不可能對農業進行龐大的投資，於是只好像延安時期一樣，從農村現有的條件著眼。

中國農村的最大資產是人多，因此毛澤東提倡把群眾組織起來，走集體化和合作化道路。毛澤東想透過生產關係的改變，達到規模經濟（economy of scale）所需要的規模，以便大幅提升生產力。蘇聯的經驗是在具備農業機械化的條件之前，決不貿然推行農業集體化。毛澤東的想法則是：反正農業集體化可以增加生產，為什麼不直接進行？農場規模像目前那麼小，又怎能夠使用大型的農業機械生產呢？農業集體化不正可以為農業的機械化，創造大規模生產的條件嗎？這是毛澤東自問自答的問題。

再者，中共以「統購統銷」政策來渡過經濟難關，並保證計畫經濟實行，有意無意間也為加速農業集體化，提供了新的動力。中共在實行統購統銷政策時發現，既然必須與億萬名分散的農民打交道，為什麼不把他們全部納入集體組織，減少國家企業的「交易」單位呢？

　　雖然農業集體化後，農民自主活動的空間將大爲縮小。但是1955年下半年，毛澤東仍然決定加速農業集體化。他登高一呼，不料卻獲得農村幹部和貧苦農民的熱烈響應，因而在短短半年之間，便完成了史達林費好幾年纔做到的農業集體化。

　　毛澤東沒有依靠史達林的血腥鎮壓，便在和平的過程中實現了一個政策目標，好像是爲馬列主義國家的農業集體化，樹立了一個新楷模。他的秘訣是什麼？毛澤東依賴的是內戰時期的農民運動模式。他以合作化的理想，配合財產轉移來煽動貧苦農民，要他們按照集體化的原則組織起來，針對反對農業集體化的農民展開階級鬥爭，也就是說，他製造逼人的形勢，逼迫可能反對集體化的富農或其他人士不得不「自願」跟進，從而避免了史達林依靠的行政命令和集體屠殺。毛澤東的作法確實具有中國特色，只是他預言的生產力突破並沒有成爲事實，反而是伴隨統購統銷政策而來的戶口制度，迫使農民附著於土地，再難隨意遷移，尤其難於遷移到生活程度比較高的城市裡去了。農民在農村裡，生於斯、長於斯、婚於斯、工作於斯、老死於斯，命運彷彿是歐洲中古時代的農奴。

　　儘管如此，毛澤東陶醉在農業集體化的虛幻勝利當中，迷信社會主義制度的優越性，反而回過頭來加速私營工商業和手工業的改造。結果也是在短短幾個月內，便把私營工商業業主和手工業業主納入國家機器的直接掌管之下。當時中共估計全中國的「資產階級」有400餘萬人，他們雇用了至少600萬工人職員。爲什麼這麼龐大的階級，擁有那麼多的資產，就這麼輕易地被徹底改造了？私營手工業者的人數更是龐大，經過連續幾年改造，也是人數遞減，到1957年，除剩下76萬人以外，也全部被納入了合作社體系[3]。經過手工業和資本主義工商業

3　Andrew Walder, *Communist Neo-traditionalism: Work and Authority in Chinese Industry*, p. 32；馬克・薛爾頓著，柯志明譯，《中國社會主義的政治經濟學》，頁83。

的改造以後，中國大陸的產業結構變得異常單純。凡是工商企業，若
不是國家所有，便是集體所有。1957年，中共擁有5萬個國營企業，大
概是1949年數目的17倍，國營工業在製造業部門雇用工人790萬人，也
大概是1949年的5倍[4]。在向社會主義過渡的號召下，中共擁有世界最
大的國營經濟部門。

　　儘管毛澤東消滅私有經濟的辦法，不同於蘇聯的發展模式，但其
基本走向和蘇聯一樣，都是加強計畫經濟，把所有私營工商業活動和
農村個體經濟，變成國營經濟的一部分，完全杜塞了計畫經濟可能管
不到的死角。由於全民所有制或集體所有制，完全取代了私人所有
制，中國大陸此時可以說，已經沒有私人工商企業，新民主主義的社
會階段因而告終，中共在理論上於是邁進了社會主義階段。

　　這一過程是馬克思主義者心中的歷史進步，落後國家不但因此可
以和先進的歐美國家並駕齊驅，甚至可以迎頭趕上。只是表現出來的
結果總令人懷疑：究竟生產力是否因此而突然暴漲？人民的生活是否
因此而變得更好？全民所有制和集體所有制的社會，是否比所謂資本
主義社會來得平等？中國大陸的工業化是否真能更上層樓？這些問
題，在今天看來，答案都不再是完全肯定的。在信奉馬列主義為正統
的中國大陸，要經過幾十年纔能得到這種覺悟。自我們看來，一化三
改的三改，根本就是國家權力的伸張，迫使自主的社會力收縮，甚至
變得毫無立錐之地。商業在中共的黨國體制宰制下，淪為計畫經濟之
下的物資交換，不受市場規律制約，所以變得無足輕重。1950年代這
種反商品化經濟有其獨特的發展過程，值得詳細討論。

　　在完成一化三改以後，毛澤東認為他領導中國向社會主義過渡，
已有舉世無匹的驚人成就。在他看來，知識分子本來就不是獨立的階
級，而是依附於地主階級或資產階級而存在的階層，他們中間的大多

4　Andrew Walder, *Communist Neo-traditionalism: Work and Authority in Chinese Industry*, pp. 32-33.

數早已被中共「包」了下來。再經過土地革命和所謂三改，即使是他們可能依附的殘存地主階級、資產階級和小資產階級，也都已經走進了歷史的垃圾堆。「皮之不存，毛將焉附」，知識分子原來可以依附的對象不存在了，又沒有其他選擇，便只能繼續依附於「無產階級」，而起一點輔助和點綴作用了。對毛澤東而言，無產階級專政其實就是共產黨專政，所以知識分子只能隨著共產黨的指揮棒起舞。另一方面，中國既然在毛澤東的領導之下，完成了起碼的工業化，而且把社會帶到比「資本主義社會」更進步的社會主義階段。照理說，知識分子應該感恩戴德，尤其是中共把他們當成「朋友」，邀請他們幫忙黨內整風。不料，知識分子竟然恩將仇報，利用這個機會，嚴辭批評中共，惹得中共反戈一擊。於是四分之一以上的知識分子，被打成共產黨專政踩在腳下的右派分子。從此以後，知識分子連幻想中的獨立自主性都沒有了，更遑論實際政治中的獨立自主空間。

　　毛澤東當時所以邀請知識分子提供諍言，主要的原因是，中共的黨國體制經過一化三改之後，變得龐大無比，運轉不易，而且問題不斷。當時中國有人口6億，而向社會主義過渡後，「統統要管」，工人生活要管，農民挨餓要管，學生就業也要管，連一般老百姓的消費習慣也要管。黨國體制雖然越來越龐大，但是疏誤之處也越來越多。黨國體制不但運轉缺乏靈活性，官僚主義也越來越嚴重，有臃腫之病。幹部因為缺乏制衡，尤其容易忘卻便民的初旨，只知對上級負責，希意承歡，上焉者如此，下焉者更只知追求自己的利益。

　　毛澤東對症下藥，一帖藥是在「一不死人，二不廢事」的條件下，精簡三分之二的人事。然而，官僚機構很難精簡，所以像歷史上大多數的精簡經驗一樣，精簡不久，便又立即恢復原狀，甚而每下愈況。另一帖藥是毛澤東的中共所獨有，那便是整風。毛澤東的想法是，「開門整黨」，經由知識分子的幫助和批評，改造黨員，改善黨組織的運作。毛澤東高估了中共改造知識分子方面的成就。其實1955

年的知識分子改造，並不像延安整風那樣成功。知識分子表面上擁護
中共政策，好像願意接受思想改造，實際上心中暗藏怨尤，伺機而
發。他們對黨國體制的無限擴展尤其不滿，所以1957年一旦取得了
「自由發言」的機會，便讓情緒衝昏了頭，不管什麼樣的言論都脫口
而出，甚至不管中共的權威和政治的合法性是否會受到衝擊，也都直
言無諱。毛澤東在憤怒之餘，忘了「君無戲言」，也忘了「言者無
罪」的承諾，只知道攸關自己和中共的威信，於是炮製了反右運動，
使黨內外至少50萬知識分子遭殃。

　　雖然反右運動像延安時代一樣，殺戮不多，絕大多數被打為右派
或反革命的知識分子都保住了生命，但是他們處在「人民民主專政」
的監視之下，從此淪為人人皆可輕侮的政治賤民。黨國體制外的知識
分子受到這場嚴重教訓，噤若寒蟬，而不再在毛澤東時代的中共政壇
上扮演任何重要角色了。唯一可能起一些制衡作用的知識分子被鎮壓
住，中共的黨國體制也就越來越像是一個龐然巨怪，完全根據其本身
的發展邏輯來進行活動。毛澤東恃之發動大躍進，不幸這個龐然巨怪
在反右運動中，早已證明它和所謂「人民」失去真正的接觸，缺乏權
力制衡的機制，只能靠各種動員手段所製造出來的虛假民意硬撐，三
年大饑荒也就很難避免發生了。

第一節　農民的農奴化

　　中國是一個農業國家，80%的人口在農村。中共建國以後，是怎樣把土地革命帶到新占領區的？在推翻地主階級的過程中，大多數的貧苦農民多少都得到了一些土地，並改善了物質生活。在恢復農業生產的同時，中共在農村建立了比國民黨更為堅實的基層結構，繼續汲取農村的資源。從1953年實行第一個五年計畫以後，中共發現地主制度瓦解後，農民雖然擁有更多的糧食，卻寧願用於自我消費，也不願按照國營商業體系所提供的價格出售。私營糧商利用官價糧食不足的機會，高價從農民收購餘糧，再囤積居奇，因而引起計畫經濟所不能容忍的糧價飛漲。中共中央認為，城市居民買不到廉價糧食，將有暴動之虞，因而決定實行統購統銷制度，由國家強制農民按國家定價出售定額糧食。此時正是中共製定由新民主主義社會朝社會主義過渡總路線的時候，由於農業集體化一方面代表社會主義的實現，另一方面則減少國營商業體系的交易單位，所以特別得到毛澤東的青睞和強調。問題是：中國的小農經濟已經有千年以上的歷史，農民剛從土地革命分配到一些土地、農具和家畜，難道不知道集體化的直接後果便是交出這些渴望了一輩子的土地嗎？為什麼相對於蘇聯的集體化經驗，中共中央並未遭遇強大的反抗，反而毛澤東一發出農業集體化的號召，貧苦農民便熱烈響應？為什麼這個過程沒有像蘇聯一樣多的暴力和血腥呢？根據毛澤東的構想，農業集體化應該帶來農業生產的突破，所有農民都可以集體致富，改變農村的貧窮面貌，其結果是否真是如此？它究竟為農民生活帶來什麼樣的實質變化呢？

一、繼續土地革命

　　內戰時期中共實行土地革命，藉以動員農民。1949年底為止，華

北、華東和東北已有1.6億人口經歷過土地革命，中共在參加分地之貧苦農民的竭誠擁護下，席捲了整個中國大陸。中共在新占領區還有3.1億農村人口，由於顧忌驟然推行激烈的土地革命，會影響到整個國民經濟的恢復，也會影響到一般民心的向背，所以基本上並未大張旗鼓，繼續鼓吹貧苦農民起來重分土地，而是像內戰初期一樣，抽調黨政幹部，組織工作隊，再由工作隊透過其他名義來削弱農村統治階級的勢力。這是土地革命的準備階段。

在此階段，中共只強調打擊「土匪」、「特務」、「惡霸」以及所謂「封建會道門」。通過打擊這些一般輿論所不容的分子，逐步摧毀地主和富農組成的農村權力結構。中共講究內外有別，對視為自己人的貧苦農民繼續提倡階級鬥爭，對非自己人的地主和富農則絕口不提，因此不明究裡的一般地主和富農，很可能基於其他個人原因而給予合作和支持。另外，則執行減租減息、退租退押和「合理負擔」等政策。這些政策表面上都和階級鬥爭無關，所以中共對地主和富農說明時，強調要「同情貧苦農民」，如果地主和富農拒不執行才扣上「為富不仁」的指控。對貧苦農民宣傳時，卻聯繫到階級鬥爭，要農民根據中共國法，改善自己的生活，並鬥爭不願執行的地主和富農。

中共的目的則是利用財富重新分配，爭取貧苦群眾，並削弱和打擊地主與富農的經濟和政治力量。這些政策在出現水旱災情的地區，動員的效果特別顯著。中共可以利用災民急需救助的心理，凸顯反對土改的地主和富農之缺乏同情心[1]。中共在這些過程中，一定要貧苦農民鬥爭一些地主富農，最好是其中惡名昭彰者，從而發掘農民中的所謂積極分子，吸收他們為黨員，培養之為幹部，並在他們的協助之下，逐步建立或改造農村基層權力結構。

中共直到1950年6月局勢底定以後，才正式頒布全國性的法令，沒

---

[1] 蔣伯英，《鄧子恢傳》，頁276-77。

土地革命。1950年夏，中共公布「土地改革法」，下令在新占領的國民政府區沒收地主的土地、耕畜、農具、多餘的糧食以及在農村中多餘的房屋。隨即各地派出土改工作團深入農村，領導貧苦農民從事土地改革。中共估計，有3億貧苦農民分得土地，成為中共農村基層政權的支柱。

收地主所擁有和控制的一切土地、耕畜、農地，以及其他「多餘」的財產。不過為了縮小打擊面，也為了盡快恢復生產，決定不沒收地主和富農在工商業方面的任何投資，也接受史達林的建議，保存富農經濟。而為了減少對社會的衝擊，甚至連老富農出租的土地，也決定不沒收，當然更禁止侵犯他們的其他經濟利益了[2]。

　　為了推動土地改革，中共組織龐大的土地改革工作團，分派到各地農村基層工作。除從中央到地方抽調大批幹部外，也從文教界、工商界、宗教界和民主人士中尋找自願參加者，最重要的還是招募大批青年知識分子，施以短期訓練，然後以之參加工作隊下鄉工作[3]。而為

2　龐松、王東，《滑軌與嬗變》，頁43-45。

3　田原史起，《現代中國農村における權力と支配》，頁164-67。湖南的資料顯示：工作團的成員主要是知識分子，其中七、八成出身地主或富農家庭。

了避免同鄉之情的牽絆，中共特別依賴從華北和華東招募南下的工作團成員，到異鄉異地進行土地革命。

土地革命的過程是，先由外來的工作隊員到農村中訪貧問苦，如果村落內沒有農民協會，則幫助成立農民協會，否則就直接通過農民協會，開始重新分配土地。農民協會是有階級性的，不許地主、富農及其家屬參加，由之召集村民大會，根據自報公議原則，決定各人階級成分，然後討論如何沒收地主的土地和財產，以及如何重新分配。中共此時最強調的是，不得「和平」分地，當然更不准地主獻地，工作隊員所得到的指示是，一定要把貧苦農民動員起來，鬥爭地主，尤其是那些平日已有魚肉鄉里惡名的人物，務必造成農村內部的分裂，形成兩個階級的對立。

為達到農村兩極分化的目標，中共特別警告基層幹部和工作隊員，對地主不得有任何溫情表現，即便貧下中農的積極分子是流氓，冤枉了某些地主及其家屬，也不得干涉或調解，務必做到貧下中農和地主勢不兩立的地步。1950年底，土地的分配工作大抵完成，為了確定農民和地主已經公開分裂，而農民確確實實從地主那裡分來了土地，不是虛晃一招，明分暗不分，尤其不是和平分田，中共又號召農民在冬春農閒期間，分三期展開土地複查。這便是中共江西時期查田運動的重演，只是此時並無動員人力和物力的財政考量而已。

另外一個不同於過去土地革命的地方則是，為配合韓戰中掀起的鎮壓反革命運動而實行土地複查時，中共以韓戰有可能擴大到中國大陸為藉口，特別強調階級鬥爭，要求徹底消除內部可能出現的內應力量，以致有一、兩百萬的地主被殺，而其家屬以及倖存的地主則被掃地出門，成為農村中的政治賤民。由於地主和富農之間的區分有時並不明顯，中共又號召貧苦農民進行階級鬥爭，土地複查也有擴大化的傾向，不時殃及許多「匹夫無罪、懷璧其罪」的普通富農。

當時中共中央為了爭取地方的擁護，在指派新占領區大省以上的

軍政大員時，經常有地緣的考慮，以當地人治理當地[4]。這些衣錦還鄉或土共出身的地方大員，當然對中共中央忠心耿耿，但有時候也難免受桑梓之情繫絆。相形之下，他們手下實際主持地方行政的幹部，從區、鄉到縣和地區，多半是外來的北方幹部。這些北方幹部和實際執行土地革命的南下工作團青年一樣，在落實土地革命時沒有親情的考量，清算鬥爭地主時格外無情，甚而幾近心狠手辣，以致在土地革命過程中充滿了暴力。本地出身的地方大員難免不滿，遂或明或暗地予以批評，甚而有「從中掣肘」的嫌疑。實際主持兩廣工作的葉劍英就是一個例子。當時由地方幹部出身的副手方方，擔任廣東省土地改革（實際就是土地革命）委員會主任。葉、方兩人針對土地革命中的過左現象希圖有所彌補，不料卻因此而招致中共中央的指責，要求他們在地方主義的大帽子下，進行自我檢討。隨後中共中央雖然顧慮地方輿情，因而保留葉劍英的領導職務，但是卻另派與他素有嫌隙的陶鑄接替方方的職務，繼續完成土地革命[5]。

　　1952年底為止，中國大陸，除少數民族地區，可以說都實行了這樣的土地革命。大約有3億無地或少地的農民，經由清算鬥爭，從地主和富農手中取得了約7億畝的土地。對少數民族地區的土地改革，中共異常謹慎，一定要等到政治控制已大體確立，纔下令執行，故遲至

4　田原史起，《現代中國農村における權力と支配》，頁126-28。田原注意到一個現象：中共中央在向下伸展權力時，對防止所謂「地方主義」一事，重點是放在縣這個行政層次的，所以新占領區的縣級幹部主要是外來者。

5　趙蔚，《趙紫陽傳》，頁63-70；鄭天楓、舒玲，《陶鑄傳》，頁23-26；《當代中國》叢書編輯部，《葉劍英傳》，頁490-92。陶鑄，湖南祁陽人，當時任中南軍區政治部主任和廣西省委代理書記。1943年年初，葉劍英任中共中央革命軍事委員會（簡稱軍委）參謀長，陶鑄則任軍委秘書長。據說兩人不睦，整風審幹運動中，軍委總部成立整風領導小組，葉劍英和陶鑄均為主要成員，但未幾，陶鑄便因被揭發而遭受隔離審查。當時未聞葉劍英對他有任何救援行動。參見伍修權，《我的歷程，1908-1949》，頁163，以及陳永發，《延安的陰影》，頁122-23。

1958年除西藏外大部完成。至於西藏,要等到1959年中共鎮壓西藏動亂、取得全部控制以後,纔全面下達土地改革的命令[6]。

經過土地革命以後,農民有了自己的土地,加上政治和經濟大環境的穩定,所以農村生產恢復極快。不過,有兩項變化,使得中共這一次土地重新分配和以前的朝代更迭不同。

第一、中共在這一過程中,於農村立定腳根,打倒了地主,懾服了富農,同時又吸收了許多貧苦農民加入黨支部,使得中共在農村中擁有300多萬黨員。通過這些黨員,中共可以改造整個農村基層組織。中共的黨員主要是土地革命中表現積極的貧雇農,他們在血腥的鬥爭過程中,和地主階級不共戴天,並初步接受了階級鬥爭的理論。

第二、地主被打垮之後,其財產分成兩部分,一部分被國家沒收,用以發展經濟,另一部分則被農民重新分配,用以改善生活。貧苦農民可以吃得比以前飽,穿得比以前暖。更重要的是,在這一次重新分配中,貧苦農民多少分配到一點土地,得到的土地雖然為數不多,卻在農村中基本實現了「耕者有其田」。不少農民因為得到土地,生產積極性大增,拼命想增加生產,發家致富。不過,因為大多數農民只是變為「中農」,整個農村並沒有太多的剩餘可供銷售,農村原有的商品經濟,反倒因為要滿足貧苦農民的生活需求,而有朝自然經濟退化的明顯傾向[7]。

二、城鄉經濟關係的變化

中共在建國之初,主要是靠農村來養活的。土地革命完成以後,

6　班禪對西藏土地改革有很嚴厲的批評。參閱〈關於西藏叛亂與民主改革——十世班禪呈周恩來七萬言意見書(摘錄)〉,《開放》,1997年2月號,頁26-36。

7　朱永紅,〈土地改革後我國農民積極性淺析〉,《黨史通訊》,1987年第11期,頁9。

這種現象基本上仍未改變。中共原有根據地農民的糧食負擔，雖然已經減輕，但是其比率仍然維持在全部產量的20%左右，相當沉重。至於新占領區，中共缺乏汲取資源的農村基層結構，也為了減少社會的衝擊，農業稅大致維持在15%左右。這比國民政府地區的原有田賦為高。傳統中國的地主和自耕農所擔負的農業稅，除少數特例外，不超過10%。可是對貧苦農民中為數不少的佃農而言，15%的稅率仍遠比土地革命前的情形要好。佃農在傳統制度下，雖不繳納農業稅，所納地租卻在收穫的40%以上[8]。

　　農村除負擔國家的財政以外，還透過交換制度，和外在的世界發生關係。農民把剩餘的糧食和其他有商業價值的農產品送入市場，以換取生活必需品。在傳統社會，一般農民所能提供市場的農產品有限，提供農產品進入市場的主要是地主和富農。地主擁有7億畝左右的土地，徵收地租約600億斤糧，其中絕大部分透過地主和私營糧商的市場機制送到市場。現在地主階級被打倒了，原來為地主掌握的剩餘糧食落入了貧苦農民的手中。貧苦農民的首要關懷是改善自己的生活。1949年農村每一個人口消費的糧食是370斤，1952年就增加為440斤。雖然每一個農村人口只多消耗了70斤糧食，為數不大，但是全部加起來卻是350億斤，仍相當驚人[9]。

　　最嚴重的問題尚不在此，而在於原有的城鄉供給體制的崩潰。少了地主和富農，農民就算有剩餘糧食也無法外運，所以中共必須在政權機關的主導下，從中央到地方基層，建立合作社組織；在農村則以各集鎮為中心，遍設土產推銷合作社；而在偏遠地方則是設立分站，

8　參閱金觀濤，《開放與變遷》，頁15。

9　薄一波，《若干重大決策與事件的回顧》，上，頁256-57。中共對外宣稱的數字很有問題，中央農村工作部長鄧子恢說，土地革命前地主所收的地租約為1,000億斤，比內部統計數字多300億斤。鄧子恢暗示1952年平均每人原糧接近600斤，其實平均每位農民有糧約440斤。見中共中央文獻研究室，《建國以來重要文獻選編》，4：278，280。

全力推銷土產，並在完成此任務的同時，爲農民購回其所需要的日用商品[10]。

　　儘管國家大力推廣土產推銷合作社，最初中共中央仍容許私營糧商存在。農民除了必須繳納農業稅之外，可以把多餘的糧食經由合作社出售給國家的糧食公司，也可以囤積起來找仍在營業的私營糧商販售。1953年6月，國家商業體系經過幾年的發展之後，已能控制上市糧食的70%左右，然而因爲收購糧食的價格偏低，而城市所需糧食遠超過政府所能供應，所以私營糧商始終有活動的空間。他們可以拿比國家商業體系高的價格收購糧食，然後把負擔完全轉嫁給消費者。縱使索取比政府牌價要高20%～30%的價錢，也不愁沒有需糧孔亟的顧客[11]。面對私營糧商這種競爭，中共的國營商業體系，包括附屬的合作社系統，只有提高收購價格和改善對農民的服務兩條路可走，可是改善服務的空間有限，提高收購價格尤其困難，所以一時之間，只好承認提供商品糧不足的事實，而讓市場價格和官定牌價繼續分離，同時存在。

　　中共黨國體制所能掌握的農產品雖然越來越多，但所需要的數量卻遠超過所能掌握的數量。1952年是豐收年，中國大陸糧食的總產量超過了戰前最高水平。但是政府的財政收支中竟然出現了令人驚心怵目的赤字。更嚴重的問題是，政府所能掌握的商品糧不夠，除了返銷農村的糧食之外，還必須保證城市人口的民食需要。到次年6月，更是捉襟見肘。當時中共估計在這一年，也就是土地革命以後的第一個秋收和夏收，因爲農業稅的開徵，可以從農村取得275億斤的糧食，透過國營商業體系的運作，還可能從農村換取到344億斤的糧食。兩項加起

10　中共中央文獻研究室，《建國以來重要文獻選編》，2：261-64。合作社共分全國總社——大區總社——省級聯社——市、縣級聯社——基層社五級。聯社以上專職幹部大多數由政府各級機構和國營商業體系調充。此外，國家還透過提供資金、減免稅負以及其他種種優惠措施，來全面推廣合作社。參見董志凱，《1949-1952年中國經濟分析》，頁134-42。

11　薄一波，《若干重大決策與事件的回顧》，上，頁257-58。

來等於619億斤。可是這一年政府需要商品糧706億斤，收支不敷達87
億斤之多。當時不少遭受天災地區、糧食脫銷地區、小城鎮和集鎮已
因為買不到糧食而出現亂象。甚至連國際觀瞻所在的北京和天津，也
因為不敷市場所需，實行了麵粉定量配銷。

　　中共中央在考慮全局以後，認為如果聽任此一緊張形勢繼續發展
下去，則城市有可能發生大規模騷動，而剛開始不久的計畫經濟勢將
陷於混亂。面對這些想像中的最壞發展，中共中央在1953年10月選擇
了犧牲農村的路子，決定以統購統銷的命令從農村搾取所需糧食。儘
管統購統銷會妨礙農民的生產積極性，甚至可能造成農民暴動，但兩
害相權取其輕，中共中央還是決定全面採行。中共中央寧願冒農民反
抗和暴動的險，也不願在城市冒險，讓物價波動，從而激起城市居民
群起抗議。

　　在考慮統購統銷政策對農村的衝擊時，中共認為農村不僅可能出
現抗拒，而且可能十分嚴重，在全國的100萬個自然村中，或許就會出
現10萬件「逼死人」、「打扁擔」以至「暴動」的事故。可是最後中
共竟然不此之顧，這透露出中共政策的幾項基本前提：第一、中共認
為所有私營糧商都是囤積居奇、毫無正面功能的投機商人，予以打擊
和消滅，是一件好事。第二、工業建設為當務之急，決不容許「倒置本
末」，但為了讓農村有喘息餘地，減少了對農村資源的汲取，尤其是停
止向國外大量輸出食糧[12]。

　　不過中共之所以堅決採取統購統銷，似乎還是以意識形態的考量
為重，因為對他們而言，此項政策乃是「把分散的小農經濟納入國家
計畫建設軌道，引導農民走向互助合作的社會主義道路，和對農業實
行社會主義改造，所必須採取的一個重要步驟」[13]。實行糧食統購統銷
以後，國家的主觀願望是照顧農民，要以「公道的價格」購買糧食，

12　陳雲，《陳雲文選，1949-1956》，頁202-16。
13　中共中央文獻研究室，《建國以來重要文獻選編》，4：479。

實際上卻難以提供讓農民滿意的價格,也難以提供受農民歡迎的商品。儘管如此,農民也別無選擇,只能根據國家規定的數額,將手中的糧食廉價出售[14]。

中共為了推行社會主義工業化,可以不惜犧牲農民的利益。如果對糧食實行統購統銷,仍不足以證明這點的話,則隨後對重要現金作物實行統購統銷,就令人難以為其辯護了。1953年年底,中共實行食油的統購統銷,越年又實行棉花棉布的統購統銷。統購統銷政策施行的範圍不斷擴大,而且變成長期制度。隨著統銷統購物資種類的急遽增加,國營工商業體系在這一年迅速以供銷合作社的模式向社會基層,尤其是農村基層伸展[15]。這一事實清楚說明,中共的政策目標並不是臨時應急,而是想用行政手段來掌握農村的主要商品,以便壓低主要農產品的價格,一方面藉此確保城市物價的穩定,另一方面也藉此確保計畫經濟的推展。中共在壓低農產品搜購價格的同時,又提高了工業產品的價格,這便形成兩種價格之間的剪刀差,從而自農村汲取了大批資金,以備工業發展之需。

如以統計數字來表示,就是農民除了以農業稅名目提供中共7%的淨收入外,又經由工農產品的差價,另外提供了5%[16]。美國學者吳克(Kenneth Walker)估計,農民以收穫糧食的10.5%納稅,17.5%廉價賣給國家。Jean Oi 和黃宗智都認為,留在農民手中的糧食已不夠他們再生產、消費和飼養家畜之用。在農民做出這樣的犧牲以後,國營工商

14　陳雲,《陳雲文選,1949-1956》,頁202-16;毛澤東,《建國以來毛澤東文稿》,4:382-85;薄一波,《若干重大決策與事件的回顧》,上,頁256-67;金觀濤、劉青峰,《開放與變遷》,頁16-17;董志凱,〈三大改造對我國工業化初創階段的兩重作用〉,《中共黨史研究》,1989年第1期,頁57。

15　中共中央文獻研究室,《建國以來重要文獻選編》,5:372。

16　董志凱,〈三大改造對我國工業化初創階段的兩重作用〉,《中共黨史研究》,1989年第1期,頁59。

業體系卻因為壟斷市場而缺乏競爭，始終滿足不了農民的真正需要。
原來滿足農民部分需要的私營商業，因為受到嚴重的打擊而一蹶不
振，農村的集鎮市場，不僅無復過去的繁榮，反而陷入嚴重死滯的狀
況，不再提供農民部分生計和轉業機會[17]。

　　實行統購統銷政策以後，國家商業體系雖然無法在價格訂定和提
供日常用品兩方面滿足農民需求，但中共對農村糧食的需要似乎總是
無窮無盡。1954年，全國糧食的產量高達3,390億斤，中共竟然取走了
其中的30.5%，也就是1,036億斤。中共所以能達到這麼高的糧食商品
率，就是因為農村基層幹部可以透過統購統銷的機制，充分發揮其動
員和強制力量之故，不過在完成任務的同時，很多區鄉幹部也深為內
疚，大叫「農民苦」，更有為數不少的農民怨氣沖天，鬧事抗議。這
種危機的情勢延續到次年上半年，中共中央為平息民怨，避免高指標
和高徵購的弊病，終於決定在減少收購之外，實行三定政策。

　　所謂三定是定產、定購、定銷，先調查農村歷年產量，再據以決
定收購餘量的八到九成，並同時決定銷售的商品數量[18]。由於三定是
一定三年，甚至五年，農民可以享有超過定產額數的增產所得，所以
農民的抗拒纔明顯減少。不過實行統購統銷以後，中共發現農業若不

17　Philip Huang, 1990, pp. 172-74；中共中央文獻研究室，《建國以來重要文獻
　　選編》，5：202-05。據大陸學者劉應杰資料，從1952年到1986年的35年當
　　中，國家在稅收1044.38億元以外，經由「剪刀差」，總共從農業「隱蔽」
　　地拿走約達5823.74億元人民幣。這個數字相當於第一個五年計畫總投資額
　　的十倍。朱慶芳則說，國家在1978年前，每年通過「剪刀差」拿走100-300
　　億元。劉應杰，〈中國城鄉關係演變的歷史分析〉，《當代中國史研
　　究》，1996年第2期，頁7；朱慶芳，〈城鄉差別與農村社會問題〉，《社
　　會學研究》，1989年第2期，頁31-32。

18　中共中央文獻研究室，《建國以來重要文獻選編》，7：123-28；《中華人民
　　共和國大事記》，頁76。三定(定產、定購、定銷，一定三年)後來因為定得
　　太高，農民不僅無利可圖，反而可能為了分擔責任，不得不自動集體化。儘
　　管如此，追本溯源，三定政策的原始用意是減輕統購統銷以後的農民負擔。

集體化，則國家的商業機構勢必要和上億農戶直接打交道。從經營技術和成本來說，這非常不容易，也非常不划算。事後觀察，加速農業集體化以減少國家商業機構打交道的單位，似有其不得不然的理由。後來毛澤東說，加速農業集體化是為了解決統購統銷帶來的農村危機，就是從這個角度來看問題的[19]。

對農村基層幹部而言，實行統購統銷使得他們更願意支持農業集體化的政策。基層幹部指鄉以下幹部，包括鄉、行政村和自然村三級。土地革命中冒出來農村基層幹部，掌握中共在農村中的黨、政、軍、群四類組織系統。通常只有鄉級幹部是正式幹部，他們多數可能來自本鄉本土，即便來自外鄉外土，也都是附近不遠的農村，帶有濃厚的草根性格。因為在土地革命的過程中曾經帶頭向土豪劣紳或一般地主鬥爭，替大多數農村貧苦大眾爭取利益，因此多半都具有深厚的群眾基礎。另一方面，因為他們代表中共伸展國家權力，所以也不免向上級認同。鄉級以上的脫產幹部尤其如此。鄉級以上幹部是所謂國家幹部，不參加生產，收入來自政府，經濟生活可以說完全依賴上級。他們所以據有較高的政治地位，本來就是因為比較認同中共的政治主張所致。如果他們有政治雄心，那他們對國家的向心力就更大了。有一些鄉級幹部不惜犧牲桑梓利益，以滿足上級的期望。更基層的幹部，原則上不脫離生產，由農民直接供養，故心理上比較認同一般農民的利益。

農村幹部像一般農民一樣分到了土地，可是在物質生活上很快便面臨進退維谷的窘境。如果他們正直無私，熱心公事，則尤其難以大幅改善自己的家庭生活，反而很可能被一般農民甩在後面。因為一般農民可以全心全力改善自己的生活，他們則少有餘力照顧自己的土地。不論脫產與否，他們的收入都極其有限，眼睜睜看著其他農民吃

19　毛澤東，《毛澤東選集》，5：273；毛澤東，《建國以來毛澤東文稿》，7：331。

得比以前要好，穿得比以前要體面，心中難免會有嫉恨。尤其在他們當了幹部以後，不論執行什麼政策，上級都要他們做模範，結果分地時分得比別人少，繳稅時卻繳得比別人多。從推廣互助運動和實行統購統銷後，他們所擔負的行政和管理工作，越來越重，也因此越來越脫離實際生產。

　　但從另一個角度來看，自此以後他們有權取締農民的私販糧食，有權動員農民踴躍出售國家糧食，也有權決定有關農產品收購諸事宜。更多的權力，也有其吸引人之處。因為國家工商業體系通過他們銷售產品，他們還可以壟斷國家商品的訊息和販售。中共為實行統購統銷，必須嚴密戶口制度，農民遷移到城裡的機會本來已大受限制，基層幹部又新增加了這些權力，無異如虎添翼，加上不足為外人道也的內在心理，於是把農民流向城市的孔道幾乎杜塞。基層農民幹部的個人利益和一般農民不同，儘管都是同一出身，社會距離不大，思想的認同和權力的引誘，卻可能使他們越來越傾向於盲信國家政令。比較高位的基層農民幹部尤其如此。他們似乎極樂意看到統購統銷制度的實行，更願意竭盡一己之力來達成上級所交付的目標。

三、農業集體化

　　農業集體化代表中國農村向社會主義過渡，這是中共意識形態的邏輯發展。其具體內容是把個體經濟轉變為集體經濟。三十年代史達林推行農業集體化政策，其目的是建立集體農莊，曾經把千百萬的富農送到古拉格群島，或逕予殺害。中國卻在很少有人死亡的情形下，於1956年達成同一目標。1952年6月毛澤東還說過，農業集體化需要15年的時間，因此這一快速的躍進，連毛澤東本人也始料未及。難怪他會因為農業集體化的順利完成而自我陶醉，以為這是開天闢地以來所未有的偉大成就，是他為中國「現代化」做出了亙古所未有的貢獻，值得慶賀。有些西方學者也基於同樣的理由，對他大肆稱讚。

　　所謂集體化究竟指的是什麼？集體化應該是指：從個體農業到互助小組，從初級合作社到高級合作社，以至於後來實行人民公社的一系列變化。可是一般都只指成立初高級合作社。在此集體化過程中，農業生產的規模越來越大。一般而言，互助小組只有幾戶人家，乃鄰里之間的合作，初級合作社有20～50戶人家，合作對象擴大到一個自然村，而高級合作社有300～500戶人家，更擴大到由幾個自然村所組成的行政村。就財產制度而言，互助小組的農民基本上還是小私有者，各自擁有土地和農具。到初級合作社階段，他們把主要的土地集中在一起，統一經營，共同使用。理論上這些土地和農具仍屬於個人所有，實際上它們已化為無形股票，農民只能根據「投資」多少，賺取「股息」。到高級合作社階段，帶有私有財產制度意味的股分制度取消了，土地和主要農具的所有權完全歸公，農民只能從事集體勞動，像工廠工人一樣，按勞力賺取工分，然後參加分配。這種高級合作社和一般資本主義的大農場有三點不同：第一、它有區域性，凡是一定區域的人都屬高級合作社，不能任意決定內部的成員。第二、主要的生產資料不屬於私人，公家有權統一經營和使用這些資料。第三、公家分配所得時，除「工資」、「稅金」和「公積金」等例行性的開支以外，兼顧農民的文化教育和社會福利，保障鰥寡孤獨和殘障的生活。

　　對中共而言，私有財產制度是萬惡之源，所以實行農業集體化，予以打擊，本是理所當然。從這個角度看來，高級合作社比低級合作社優越，低級合作社也比互助小組優越。抗戰時期，中共通過互助運動，提高農業生產，對改善根據地的經濟有相當貢獻。當時，延安抗日軍政大學動員伙夫從事集體生產，有人對此大不以為然，私下譏評其為「農奴」制度的變相。毛澤東聽到之後，反唇相稽，他說這些伙夫集體生產，平均每一個人養活了十個人，實在了不起。正因為他們參加集體生產，不是為地主生產，而是「為自己而生產」，所以生產

力纔能如此「不可限量」[20]。儘管毛澤東對集體經濟有這樣高的評價，但他心裡很清楚，農民畢竟不是一般軍隊伙夫，幾千年來都在個體經濟下討生活，要他們相信集體的利益就是自己的利益，集體經濟比小農經濟優越，實在並非易事。因此他在農村中推動集體經濟，強調不能一步登天，而必須面對農民是小私有者的特色，一方面證明集體經濟的確有其優越性，確實能提高生產力，另一方面則注意集體經濟的管理，避免內部產生矛盾，以致成員生產的積極性不能發揮。

就理論而言，集體經濟的利益在於擴大生產的規模，農民可以集中勞動力從事個體農戶平時所不能做的事，例如大規模的水利建設等等，通過集體計畫，對生產工具和勞動力可以作有效率的運用。第二是集體經濟的農民比較敢於創新。個體經濟的農民害怕採取新的農業技術，萬一失敗，全家將遭受災難，但參加集體組織以後，可以分擔風險，因此比較願意接受新的技術。

雖然有上述利益，中共從江西時期以來便知道，農民並不見得相信，更不見得歡迎集體經濟。貧苦農民出於對中共幹部的崇敬和愛戴，或許願意嘗試集體經濟，但是他們在集體化後不久，總覺得未蒙其利，先受其害，不僅看不到集體經濟的優越性，收入未增加，反而覺得麻煩太多，甚至很容易與人發生衝突。農民所感到的第一個麻煩是，集體組織有集體紀律，參加集體經濟的農民必須服從。可是他們散漫慣了，深感拘束之苦，更何況成立互助組織以後，中共經常透過這些組織進行生產競賽，使得他們的勞動強度加倍。第二個麻煩是，中共成立互助組織以後，不但產生官僚和國家拿走主要勞動成果的問題，還有農民彼此占便宜的事情發生。農民總難免想問：自己勞動的成果由別人享受，為什麼必須忍之又忍，繼續吃虧到底？農民一旦有這種感覺，便彼此埋怨，不肯賣力工作，互助組織遲早會癱瘓而終於

---

20 耿仲琳、田逢祿、齊得平，〈毛澤東在抗大講話記錄稿介紹〉，《黨史研究資料》，第11集，中國革命博物館黨史研究會編，頁358-59。

崩潰。中共為避免這種惡性發展，強調互助組織必須注意按勞分配的
原則，要勤於記帳，並適當處理勞動折價問題。然而農村的勞動種類
繁多，可以說是成千上萬，又如何做到人人滿意的折價？而農村文化
水平低，缺乏記帳人才，又要記得人人相信和滿意，豈是反掌易事？

　　儘管有這些麻煩，不同階級的農民對農業集體化仍有不同反應。
有獨立經營能力的富裕農民，避之唯恐不快，尤其是要他們和貧苦農
民分享資源。缺乏耕畜、農具的貧苦農民，就不同了，因為可以分享
富裕農民的財富，他們仍然覺得有吸引力。江西時期，中共曾以雇農
為主，成立集體農莊，也盡量在資金、技術、稅率和行政等方面提供
協助，但是實際上似乎不能吸引一般農民自動參加。到延安時期，中
共大量推動互助運動，更針對農民是小私有者的特有心理，對私有財
產制表示尊重，一方面強調做好會計工作，強調記帳，不讓參加者有
吃虧的感覺。另一方面也強調自願組合，讓農民以不同的方式組合；
可以臨時，也可以常年；可以在開墾土地這一件事上互助，也可以同
時在幾件事上互助，而且不一味追求規模經濟，從幾個人到幾十人都
可以組織起來，完全由農民自己決定。此外，則是在傳統換工、變工
和扎工的基礎之上，推行互助運動，並進一步擴大和鞏固互助組織。
中共要求折算換工時，根據各地農民原有的習慣，而分配互助組織的
經濟收益，按照勞力或其他投資的比率來計算，避免出現誰佔便宜誰
吃虧的爭執[21]。延安時期的農業互助運動，因為採行這一連串措施而
受到一般農民的歡迎，也因此得到前所未有的發展。

　　中共建國以後，互助小組運動也隨著土地革命的推展，迅速展
開。不過，關於新民主主義的社會階段如何推廣互助組織，中共的內
部原有不同意見。山西省委書記賴若愚和東北局書記高崗認為，土地

21　換工、變工和扎工都是農民的傳統互助組織。換工顧名思義，交換工作之
　　謂也；變工是以集體勞動解決農民彼此對勞動力的需求；扎工則是集體勞
　　動，或墾荒地，或受雇於他人。

改革實現「耕者有其田」的理想後，儘管有一些農民發家致富，但絕大多數農民仍然缺乏生產資料，但求溫飽，上升為中農而已。至於少數人發家致富，則是「資本主義自發傾向」，已經帶來新的財富不平。為避免農村出現的新分化現象越來越嚴重，他們主張不如把互助組織發展成為生產合作社，一方面徵收公積金，增加公共積累，另一方面則在按勞動和土地分配的分紅制度中，擴大勞動部分的比例。易言之，就是進一步將農業集體化，透過生產規模的擴大，以及現有農村勞動力和生產工具的有效運用，增加生產，集體改善生活。劉少奇則認為這種新的分化不足為懼，農業合作化雖然是正確的道路，但必須等到工業化達到一定的程度，有農業機械化的條件後，纔可以進一步的落實，否則徒勞無功，白費精神[22]。

1952年底，中共籌備第一個五年計畫，決心全力發展重工業，不料政策實行以後，重工業的發展非但無法回饋農業部門，反而需要更多農業的支援。而農業若要增產，除了農村自力更生外，實在別無出路。毛澤東於是決定大力支持高崗和賴若愚的觀點。他問道：即便農村的新分化不足為慮，但是長期停留在互助小組的階段，同時任富農經濟繼續發展，農業便能不斷增產嗎[23]？毛澤東的意思非常明顯：農業必須增產，既然農業機械化的條件不知何年何月纔能具備，難道只能守株待兔而不能另想他法？如果改變生產關係、加速農業集體化可以增產，又為什麼不立即採行呢？農業集體化的意義之一是增加生產規模，這不正是為大規模機械耕種製造基本條件嗎？毛澤東問得尖銳，劉少奇恐怕難以回答。無論如何，他在毛澤東表明意向之後，立即轉而支持農業合作社化的政策，並對自己的想法作了反省和檢討。

22　中共中央文獻研究室，《建國以來重要文獻選編》，2：350-55，366-76；吳思，《陳永貴沉浮中南海——改造中國的試驗》，頁24-25；龐松、王東，《滑軌與嬗變》，頁67-69。

23　毛澤東，《建國以來毛澤東文稿》，4：357-59，384-85，497-98。

　　根據毛澤東的構想，中共中央在1952年11月成立農村工作部，由鄧子恢出任部長，負責配合國家工業化進展的速度，大力推展農業合作互助運動。鄧子恢延續一年前的作法，凡是沒有互助小組的地方，盡快成立互助小組，凡是有臨時互助組織的地方，盡快朝常年互助組織發展，而凡是有常年互助組織者，則盡快成立土地入股的生產合作社[24]。同時他配合農村基層自三反運動以來所持續的整風，除了反貪汙、反官僚和反浪費以外，特別加強反「富農」宣傳，凡是有雇工、放債、經營商業和出租土地行為的黨員，均開除黨籍。農村整風如火如荼，中共中央估計將有10%的農村黨員被開除黨籍。由於幹部逃跑和自殺事件層出不窮，中共中央一再指示，農村整風必須自我節制，不要過左，卻又同時強調整風運動勢在必行，各級幹部因此背負了極大的政治壓力，各種過左現象豈能盡免[25]？就在這種整風形成的政治壓力下，互助小組開始加速度發展。1952年底，中國大陸已有40%的農民加入互助小組了，土地入股的初級合作社，也是到處可見。

　　1953年9月中共中央公布了向社會主義過渡的總路線政策，當時毛澤東顯然對農業集體化的速度感到不滿，因而要求在次年秋天以前，將全國1.4萬個初級合作社發展到3.2萬個。出乎農業幹部意料的是，農村的反應幾近癡狂，竟然在計畫期限到達的半年前，便已在全國成立了7萬多個初級合作社。1954年冬，增加到11萬個，而到1955年春，更增加到67萬個，速度之快連毛澤東也大感驚訝。就在這一年秋天，毛澤東鑑於農村基層幹部的熱烈響應，要求打鐵趁熱，結果就在短短半年不到的時間之中，全國竟有63%的農戶都加入了合作社，其中0.6%的初級合作社更變成蘇聯的集體農莊，也就是高級合作社，不但規模擴大，而且取消了入股制度，完全按勞分配，把農民變為集體經濟工作

24　中共中央文獻研究室，《建國以來重要文獻選編》，2：511-14。

25　同上，3：438-42；呂澄等，《黨的建設七十年紀事》，頁293-94。

的農村工人 [26]。這個高潮持續到1956年年底，到這個時候幾乎全國所有農戶，都已經加入了農業合作社。尤有進者，這些農業合作社不是初級合作社，而是高級合作社。

農業集體化。1954年中共中央號召成立農業生產合作社，全國各地的農民聞風響應。圖為河北邯鄲郊區酒務樓村的農民報名入社。有的地方，農村幹部先擺上兩張桌子，一張上面寫著社會主義之路，另一張上面寫著資本主義之路，要農民當場立即作出選擇。農民當然知道選擇資本主義之路會有什麼後果。

農村工作部長鄧子恢雖然主張農業集體化，但是認為農業集體化的速度太快，問題甚多，故屢次要求削減初級合作社的數量。尤其是1954年冬，在短短三個月中，新成立初級合作社的數目，比過去兩年

26　中共中央文獻研究室，《建國以來重要文獻選編》，8：334。

的總和還多一倍以上。他認爲這種高速度並不表示農民歡迎初級合作社，他們其實是迫於形勢而不得不然。因爲這一年多天，有不少加入合作社的農民，既不肯撿糞，也不肯從事農村副業，反而設法出賣牲口，或砍樹殺豬，要求退出組織，他們寧願大吃大喝，也不願把利益和其他農民共享。還有的農民，參加合作社以後，雖然生活得到改善，卻感覺勞動過分緊張，個人不自由，尤其增產歸公，得不到絲毫好處，生產情緒因而低落，到了鋤苗季節，仍然是日出以後上地，日不落便回家，磨洋工，拖時間，兩天做不了一天的活。農民的生產意願如此低落，加上政府的農業投資減少，化肥供應量不足，農業產量如何提高？農業產量不能增加，社員的平均收入自然減少，困難戶的數量也急邃增加，有些合作社更因爲困難戶太多，落到破產邊緣[27]。

為什麼農業集體化以後，顯現不了中共所預言的優越性呢？鄧子恢認爲最主要的原因是，幹部缺乏耐性，沒有經過說服的過程，便強迫農民加入合作社。其實，1953年初剛開始組織初級合作社之時，強迫命令的問題便已經出現了。有些農村幹部在村裡擺上兩張桌子，一張是走社會主義，另一張是走資本主義，要農民當場選擇。1954年底，山西更出現停止供應食油以相威脅的案例。有些地方還出現批鬥、捆綁和吊打不合作農民的情事。實行統購統銷政策以後，幹部更容易干涉農民生活，威脅利誘的例子尤其層出不窮。同樣的情形，在初級合作社變成高級合作社，或是高級合作社變成人民公社時，不但持續發生，而且益加普遍。早在土地革命的末期，中共中央便說，寧可放緩互助運動，也千萬不要歧視和打擊不肯加入互助組織的「單幹」農民。到成立初級和高級合作社時，中共中央仍不時發出類似的指示。然而基層幹部響應階級鬥爭，實際上卻總是反其道而行，爲了滿足上級對成績的期望，對不合作的農民採取強迫或暴力手段。

27　中共中央文獻研究室，《建國以來重要文獻選編》，6：183-91；朱永紅，〈土地改革後我國農民積極性淺析〉，《黨史通訊》，1987年第11期，頁15。

　　基層幹部中不乏希意承旨、強迫命令者。他們受共產主義的宣傳影響，不顧私有財產制，任意鬧「共別人產」的共產風者尤其普遍，所以農民經常是參加合作社以後，得不到好處不說，反倒發現自己受害不淺。例如幹部在牲畜和工具折股時，罔顧市場價格，農民只得平白遭受財務損失。又例如幹部分配所得，或強調公共積累，或強調共同消費，農民所得不多，總覺得辛苦和所得代價不成比例。最糟糕的是，有統購統銷政策同步實行，農民發現生產出來的糧食大部分都被政府以低價收購，於是出現「頂牛」（抗拒）和其他抗議行為。浙江省因為實行統購統銷政策不當，有的合作社不僅出現農民吃種糧、賣子女的現象，還出現饑饉餓死人的事故，十五個縣共發生了63次群眾騷亂[28]。面對這些問題，鄧子恢並沒有建議取消統購統銷，但要求先把有問題的合作社鞏固起來，再求數量上的進一步發展。

　　毛澤東最初同意鄧子恢的意見，也強調幹部只能從證明合作社的優越性來吸引農民參加，因而答應解散以行政力量強迫農民成立的合作社，准許農民自由退社。後來雖仍同意鄧子恢「建社容易鞏固難」的說法，但是關於對策卻完全改變意見。他認為，鄧子恢說法儘管不錯，然而並無必要先退一步，再進兩步。也就是說，必須先打鐵趁熱，全面將高級合作社建立起來，然後再在框架之內力求鞏固。1955年夏，毛澤東下定了決心，於是把鄧子恢的歧見升高到兩條路線的階級鬥爭層次批判，指斥鄧子恢是一個「小腳女人」，被合作社化的超高速度嚇壞，走路一搖一擺，腦中其實有資產階級思想作祟。毛澤東重視思想領導，他還是想透過意識形態上的階級鬥爭，激發起幹部和農民的積極響應。經此思想鬥爭一轟一鬧，農民對毛澤東農業集體化的主張果然反應熱烈，甚至超過毛澤東的預想，他們不但爭著要成立

28　龐松、王東，《滑軌與嬗變》，頁146；邊入群、漢生，〈「停、縮、發」方針與農業合作社的一場辯論〉，《黨史研究資料》，第3集，頁698。浙江開化縣某個鄉出現饑饉，有十多人餓死。

鄧子恢。1952年11月，中共中央成立農村工作部，主要的職責是推動農村集體化。閩西土地革命出身的鄧子恢被任命為部長。1955年底毛澤東批評他，推動農業集體化的政策過分小心謹慎，「像一個小腳女人，東搖西擺在那裡走路，老是埋怨旁人說：走快了，走快了」。圖為1956年11月鄧子恢在老家福建龍岩做調查時和當地烈士遺屬合影，可見閩西土地革命四分之一世紀後，仍然無法改變當初一貧如洗的情況。

初級合作社，更要求立即向社會主義過渡，組織高級合作社，劇烈地改變生產關係。面對毛澤東的指責，鄧子恢限於黨紀，本來便不能反駁，加上「事實似乎勝於雄辯」，原先支持他觀點的其他中共領袖又紛紛倒戈，最後也只好跟上形勢，公開認錯，自我檢討。不過，在加速集體化的政策框架中，鄧子恢還是努力補苴彌縫。為了鞏固高級合作社，他主張分生產隊或勞動組，並由之包工、包產、包財務，甚至容許實行田間零活的包產到戶。凡是超過承包額者，均予以獎勵，減產者則以扣減工分懲罰。鄧子恢也在公有制為主的前提下，主張擴大農民自留地，准許農民私人養豬，或從事副業，並允許小商販和手工業者退社[29]。

　　毛澤東為何改變看法？這當然和急於求成心理有關。但最根本的原因，還是他相信集體農業的優越性。農村的發展形勢既然遠遠落後

29　蔣伯英，《鄧子恢傳》，325-26，330-33；麥克法夸爾，《文化大革命的起源》，1：23-24。

於工業化的需要，為什麼不想辦法讓農業部門迎頭趕上呢？再說，農業機械化首先必須擴大農場規模，否則無論工業如何發達，農村也不可能進行農業機械化。既然毛澤東認為已經發現勿需依賴從上到下的命令和武力鎮壓，也可以加速農業的集體化的密訣，又為什麼老要談鞏固現有的互助組織呢？這不正是他所批評的「葉公好龍」嗎？相信農業集體化有優越性，卻不願放手一試！尤其通過階級鬥爭性質的群眾運動，他不僅可以輕易調動基層幹部的積極性，更可以輕易調動貧苦農民的戰鬥性，藉此加速農業集體化，並非難事。毛澤東的決心和號召影響貧苦農民和基層幹部的反應，而貧苦農民和基層幹部對集體化的熱烈反應，也回過頭來加強毛澤東的決心，在這種相互影響之下，農業集體化的速度越來越快。

　　為何貧苦農民熱烈響應？階級鬥爭的群眾路線是如何帶動貧苦農民響應的？初級的農業集體化，不像土地革命一樣，帶有強烈的平均化因素，但高級的農業集體化卻不然了，其中隱含的權益重新分配成分極大。土地革命過程中，中共透過重新分配，煽動大多數農民起來反對地主。在打倒地主和懾服富農以後，中共進而推行互助運動和成立初級合作社，又以富農經濟為意識形態的敵人，重新動員貧苦農民。到成立高級合作社時，個別地主和富農如果仍然倖存，那他們也早就被放置在「人民民主專政」之下，接受所謂群眾的大多數貧苦農民監督，而絲毫不足為患了。

　　到了這個階段，土地革命中已經出現的農村「中農化」現象，愈益明顯，可是毛澤東透過階級分析的放大鏡，竟然又在中農化後的一般農民中，找到新的矛盾，那便是所謂富裕中農和其他農民的矛盾。毛澤東充分地利用這個矛盾，以之推動農業集體化。貧苦農民因為利益攸關，所以積極響應，甚至要求在很短的時間裡，越過初級合作社的發展階段，直接成立高級合作社。貧苦農民占農村人口的大多數，面對他們的各種壓力，大多數原先可能持反對態度的富裕中農，也不

敢再堅持己見，何況，中共此時也對他們承諾，物質生活要同時予以改善呢！

　　然而成立高級合作社之際，初級合作社成立時所面臨的兩個難題，依舊存在。農村幹部仍然難免使用強迫命令的辦法，在進一步農業集體化以後，也仍然有一到二成的農民發現收入大不如前。這些人主要是富裕中農，但其中也不乏貧苦農民，所以從1956年底到1957年初，河南、浙江、廣東等省都有農民鬧退社，合作社主任和區鄉幹部堅持不准，農民隨即自由行動，拿回自己的財產，甚而侮辱和毆打基層幹部[30]。儘管如此，積極響應農業集體化的幹部仍占大多數，絕大部分的貧苦農民受階級鬥爭的煽動，也依舊熱烈支持集體化運動。

　　為什麼毛澤東不以初級合作社為滿足，而要急急追求高級合作社呢？這除了毛澤東的個人思想以外，也要從國家機器或是農村基層幹部的角度來觀察。

　　初級合作社的制度過分複雜，國家商業體系在初級合作社階段，必須和一億幾千萬戶農民打交道，但到高級合作社階段，則只要和幾十萬個合作社打交道。從減化交易單位的觀點來看，中共有不得不發展高級合作社的強烈動機。再說，農村基層幹部更在意識形態和政治雄心的考慮之外，發現高級合作社具有其他優點。初級合作社維持紅利制度，不僅會擴大農村內部的貧富差距，也必須在計算方面耗費鉅大的心力，而當時農村正嚴重缺乏簿記人才。至於成立高級合作社，取消紅利制度，則可以節省計算工作，減少簿記人才嚴重不足的壓力。尤有進者，原有的工分制度計算起來非常複雜，什麼樣的工應得什麼樣的工分？上級很難驟然決定，基層幹部必須考慮各個農村原有的相關風俗習慣，否則將會引起農民嚴重不滿。但是成立高級合作社後，可以在社會主義的藉口下，規避這一方面的困難。最後，可能也

30　中共中央文獻研究室，《建國以來重要文獻選集》，9：549-59；朱永紅，
　　〈土地改革後我國農民積極性淺析〉，《黨史通訊》，1987年第11期，頁15。

是最重要的則是，農村基層幹部管理高級合作社，可以依賴行政力量
來分配集體所得，這絕對有利於基層幹部。因此，當1955年毛澤東號
召成立高級合作社時，許多基層幹部都熱烈響應，並蔚為沛然莫之能
禦的熱潮。

對貧下中農言，無論成立初級或是高級合作社，都對他們無害，
而成立高級合作社，對他們尤其有利，至少他們也不會有任何損失。
1955年8月，毛澤東要求農村基層幹部必須根據實際狀況，重新進行階
級分析，為每一個農民都貼上階級標籤。這次階級分析是半公開的。
以前中農是指「剝削收入」不超過總收入25%、而其生活水平屬於「中
等」的農民，其中並無高下之別。毛澤東則要求在這次階級分析時把
中農進一步區分為上下兩個階層。他認為兩者之間的分野並不在有無
所謂「剝削關係」，也不在擁有生產資料的多寡，而在他們生活是否
寬裕。由於寬裕是相對的觀念，所以各地畫分上下中農所使用的標準
不一，實際落實時，因為標準難定，遂如鄧小平所主張的一樣，只要
根據中農對集體化的態度來判斷，就不會錯了[31]。

中共中央估計，新老「上中農」應占全部農村人口的 20% 到
30%，人數相當於土地革命前，中農人數的三分之二到全部。根據財富
重新分配的邏輯，在成立高級農業合作社的時候，「上中農」會認為
自己有所損失，所以態度傾向於「單幹」而不願加入，因此要加以分
化，只准許他們中間對農業集體化有好感的人加入，但要把這些「左
派」的上中農，限制在20%以內。至於其他堅決反對者，以及態度模
棱兩可的人，則動員貧下中農分別予以「打擊、諷刺、限制」，甚至
進行暴力批鬥。面對這樣的壓力，大多數上中農害怕步上地主和富農
的後塵，而成為貧下中農千夫所指的階級敵人，遂千方百計地設法加

31　最初毛澤東主張，中農應畫分為上中農、中中農和下中農，後來為了簡化
　　階級分析，把中中農歸入下中農範疇。高化民，〈對五十年代富裕中農研
　　究〉，《黨史研究資料》，1996年第4期，頁2-3。

階級畫分榜。土地改革最重要的步驟是畫分階級,決定誰是朋友,誰是敵人。中共的土改總路線是依靠貧農、雇農,團結中農,中立富農,打擊地主。也就是說,組織和動員貧農、雇農和中農,要他們自動起來鬥爭地主,並沒收地主的財富,但為了保持富農的中立,決不侵害富農的權益。土改工作團從而根據調查,把農村居民畫分為雇農、貧農、中農、富農、地主,然後以紅白榜公布結果。圖上為江蘇某縣林隱村的階級畫分紅榜。圖下為湖南岳陽農民燒地主的地契。

入 [32]。等到農業集體化進入高級合作社階段以後，中共不僅對中農表示一視同仁，也對殘餘地主和富農廣開大門。其實在沉重的政治壓力下，殘餘的地主和富農，除了加入以外，又有什麼選擇？如果他們此時仍然擁有比一般農民更多的生產資料，則寧可將這些生產資料無償交給合作社，也不願意置身於合作社之外，**繼續忍受批鬥和其它各種政治歧視了** [33]。

　　合作化速度的加快，當然也和地方大員的希意承旨有關。在他們的督促之下，中下級幹部，尤其是農村基層幹部，立功心切。可是從地方黨政官僚的角度來看，農業集體化完全符合他們的利益。1952年中共實行統購統銷政策以後，在農村經商致富的機會幾乎斷絕。基層農村幹部既沒有憑個人力量改善經濟生活的希望，遂只有死心塌地做他們的基層幹部了。農業集體化後，基層農村幹部手中擁有的權力再次增大，簡直可以支配一般農民的生死。他們嘗到權力的滋味後，對農業集體化越來越有興趣，而控制合作社的分配制度，更可以決定自己的工分，不必擔心生活變壞。同時，基層幹部從富農所受的政治和經濟歧視中，很容易發現，經濟地位的提升將對自己不利，維持現有政治地位，倒更有可能改善經濟生活。他們因此傾向於支持農業互助和合作社化運動。在此運動過程中，原本由農戶自己決定的經濟活動，一大部分變成由農村基層幹部決定事務。換言之，農村基層幹部在一般權力之外，又取得了互助組織和合作社的管理和經營權。隨著統購統銷政策的實施，政府提供優惠措施的能力則越來越高。

　　對於毛澤東來說，農業集體化使生產規模增大，高級合作社的工

32　中共中央文獻研究室，《建國以來重要文獻選集》，7：235；李昌寅，
　　〈試析農業合作化運動中黨對中農政策的變化〉，《黨史研究與教學》，
　　1988年第4期，收入《〔複印報刊資料〕中國現代史》，1988年第12期，頁
　　35-36；辛子陵，《毛澤東全傳》，4：17-18。

33　中共中央文獻研究室，《建國以來重要文獻選編》，8：366。

分制固然會產生新的農村矛盾，卻能解放生產力。其實，能否真的解放生產力，實在大有疑問。從1952年到1957年之間，中共的糧食總產量雖然增加了0.31億噸，但單位勞動力的產量卻有遞減趨勢。這是因同一期間，農業人口增加了0.46億，占農村人口一半的婦女也被動員參加生產。由於農民消耗的糧食增加，農村所能提供城市的餘糧不增反減。從人均糧來說，1952年是240公斤（400斤），1957年是252公斤（420斤），所增只有12公斤（20斤），平均每年只增2.5公斤。這個數字，說什麼也算不上成就，殊令人失望。同一時期，國家強調糧食生產，相對也就忽視現金作物的種植，現金作物的種植面積呈現遞減趨勢。農民在集體化後，還大量宰殺家畜，1956年春，豬口從10,000萬減爲8,700萬[34]。又合作社重視高積累和國家徵購量大，加上商業的停滯，結果個人平均所得不升反降。河北饒陽五公村每人每年平均所得降了30%，只有人民幣44元，其中現金僅2元[35]。這好像是一個特例，實際卻說明了全國相當多地區的情形。

再就農業機械化而言，毛澤東經由農業集體化擴大農場規模的目的達到了，接下來就考慮到如何引進農業機械。1956年，全國進入所謂社會主義建設的大高潮以後，毛澤東當然認爲農業機械化的考慮更加迫切。由於當時中共並無大規模生產農業機械的條件，他退而求其次，要求走俄國的路，全面推廣俄式大農具——一種使用馬或牛拉的雙輪雙鏵犁。只是沒有想到弄巧成拙。這種俄式大農具根本不適合中國農村的使用，全面推廣，徒然造成全國珍貴資源的浪費。尤其在中國南方的稻作地帶，水田完全不能使用雙輪雙鏵犁，勉強使用的結果，鏵犁深陷泥漿，除把水牛累得精疲力竭以外，一無任何好處。農民因爲根本

34　Edward Friedman, Paul Pickowicz, and Mark Selden, *Chinese Village, Socialist State*, p. 204.

35　Ibid, p. 205.

雙輪雙鏵犁。1956年中共中央因為無法大量生產拖拉機，於是大規模推廣從俄國引進並改良的雙輪雙鏵犁，沒想到這種俄式農具不適用於中國的水田，很容易便陷入泥漿而動彈不得。農民只好把它擱置起來，或稱為懶犁或睡犁，或又稱為掛犁。圖為四川犀浦鄉第一農業合作社的農民在學習雙輪雙鏵犁的使用方法。

無法使用，遂把鏵犁放在倉庫裡，謔稱之為「掛犁」或「睡犁」[36]。由於農業機械化不能伴隨農業集體化同步發展，所以農業增產仍然勞力密集，不能真正脫胎換骨，走入大規模農機生產的階段。

　　從1955年到1957年，是農業集體化最快的三年，可是無論農業總產值的增長指數或是糧食產量增長指數，都在持續不斷地遞減著。這令人懷疑農業集體化到底帶來什麼生產力解放？可是毛澤東只看到農業生產絕對值的增加，以為這就是生產力的突破，既然生產關係的改變帶來生產力的突破，也使得中國在馬列主義的進化軸上向前邁步，毛澤東當然有點志得意滿了。

　　　　※　　　　　　　　　　※　　　　　　　　　　※

　　從1953到1957年的五年之間，中共經由互助組、初級合作社到高

36　辛子陵，《毛澤東全傳》，3：421-28；強遠淦、陳雪薇，〈重評一九五六年的「反冒進」〉，《黨史研究》，1980年第6期，頁35；馬克・薛爾頓著，柯志明譯，《中國社會主義的政治經濟學》，頁108-09。

級合作社三個步驟，基本上完成農業集體化的政策，農業部門算是邁
入了社會主義階段。農業生產關係的改變，加上規模經濟的擴大和農
村勞動力的合理使用，是否曾為農業帶來突破性的發展？在農村生產
關係邅變的五年當中，農業總產值增加了24.8%，但是鄉村人口的增加
也相當之快，所以農村人均收入纔由人民幣62元提高到79元。這樣的
改善顯然是非常有限的，而且還有地區性的差別，並不是所有貧苦農
民一體均霑。最好的江蘇比最差的甘肅好三倍，而在江蘇一省，蘇南
又比蘇北好。其次，農業集體化後，由於生產所使用的化學肥料和機
械並未同步增加，農村的生產力並未有明顯的改善。中共擴大墾植、
密植和複作面積，以及採用其他集約農作的生產方式，以求增加農業
的總生產量。但由於農民平均所能使用的土地明顯減少，農民單位勞
動力的產值出現遞減趨勢。因為這種增產方式，鼓勵農民多育，加上
政治安定、營養改善和醫療衛生制度的引進，反而發生了人口的巨幅
成長。農業生產所得的一大部分為人口增長所消耗掉，農村人口的平
均所得因而增加有限。

　　農民被納入集體化農業體系以後，照理因為基本溫飽無虞，應減
少向外移動的願望。實際上，由於中共農工業並重的政策是重工輕
農，所以農村的發展遠不如城市和工業部門。農民生活比一般工人差
上一截，城市工人的收入在同一時期由人民幣148增加為205元。可是
農村百姓所得到政府的照顧比起工人要差很多。因此農民到城市討生
活的意願極高，只是城市所能提供的就業機會不多，工業的快速發展
並未形成對農村勞工的強烈渴求。中共反而為了確保工業和城市糧食
的供應，實行糧食和重要現金作物的統購統銷制度，而為了確保統購
統銷政策的實施，更不得不徹底實行戶口制度。戶口制度結合各種配
給制度，形成天羅地網，農民沒有糧票，無法在城市買到糧食，離不
開農村，終於喪失遷移城市的基本自由。雖然農村中還是有人經過合
作社的批准而到城市安家落戶，但基本上農民已變成附著於土地之下

的新農奴，子承父業，很難到城市去開創新局面了。如果農民有逃離
農村的強烈願望，他們本身也將迅速發現，教育水平會成為他們在中
共黨國體制內升遷的限制，擔任區級以上職務的機會幾乎並不存在，
所剩下的其餘兩個機會則是考試和當兵。農民進中學的機會本已不
多，何況要成為只占全國人口 2% 不到的大學生。當兵的機會雖然比較
多，但也不是誰要當兵誰就可以當。當完兵後，更不一定就能到城市
居住。總之，農業集體化，不但沒有帶來生產力的解放，反而無意之
間使農民農奴化，附著於土地，喪失了經由職業轉變、進而改善社會
地位和物質生活的可能。

第二節 私營工商業的「安樂」死

中共所謂新民主主義社會向社會主義過渡，最重要的內容除了改造農村個體和私有經濟以外，便是改造所謂私人資本主義工商業了。什麼是私人資本主義工商業？中共由於反對私有財產制度，而有將所有私營工商業業主，都看成是資本主義代表的強烈傾向。其實，所謂私營工商業業主，包括在**城市**中擁有成千上萬職工的上海紗業大王榮德生（民族**工商資本家**），也包括在城鎮開辦糟坊和酒坊的鄉村地主，還有銀行經理和錢莊老闆，甚至做小生意餬口的小販（手工業和家庭工商業者），怎能把這些人混為一談呢？

然而不論擁有多少資金，也不論住在城市還是鄉村，更不論他們是類似傳統商人還是歐美資本家，這種把所有從事經濟活動的私營工商業業主，籠統歸類為不勞而穫的階級，一概視為「壓迫」和「剝削」別人者，正是中共所要灌輸給一般老百姓的庸俗化馬克思主義。雖然周恩來支持承認資產階級合法性的新民主主義社會，但他也曾經說過：資產階級的本質是「損人利己，唯利是圖，投機取巧」[1]。他這種說法其實代表中共對整個「資產階級」的內心感覺。而在資產階級中，中共對商人尤其鄙夷，認為他們不僅不參加勞動，反而賤買貴賣，賺取差價，根本就是社會中最惡劣的寄生蟲；沒有創造絲毫生產價值，卻享受豪華奢侈的生活，應該口誅筆伐。中共這些想法，對中國大陸的知識分子具有相當的吸引力。中國知識分子本來就習慣於傳統的重本抑末思想，而他們的經濟地位在20世紀陵夷，所以情緒上更加討厭「做生意」的私營工商業業主。中共把私營工商業業主視為反社會、有害於社會的說法，頗得到他們內心的共鳴。

---

[1] 周恩來，《周恩來選集》，下，頁99。

經過三年的經濟恢復期,中共的國營經濟部門發展極快,但私營經濟部門仍然擁有舉足輕重的地位。不過一些面臨經營困難的工商業業主,因為中共給予資金、原料和銷路的協助,已經成為國營經濟的下游部門。韓戰爆發後,中共支援前方戰爭,更以各種方式鼓勵私營工商企業界,一時之間政府幹部和私營工商企業的關係變得非常密切。1952年,全國私營工商業約400萬家,從業人員約700多萬人,但是只有8,000家雇用職工在20人以上。經過以城市資產階級為對象的五反運動衝擊後,私營工業減少為15萬家。其中職工在100人以上的約3,000家,10人以上的約4.7萬家,其餘均為10人以下的小工場[2]。這是1953年底,中共中央宣布「向社會主義總路線過渡」的前夕,私營商業剩下批發商從業人員約20萬、零售商從業人員約200萬與數百萬小商販[3]。經初步國營企業化和合作社化以後,到1954年底,全中國猶殘存300餘萬私營商店和攤販、133,900家私營工廠和450萬從業人員[4]。再經過另一波國營企業化和合作社化以後,到1956年全國私營工廠僅剩下1,000多家,雇有職工14,000多人,而到次年私營工廠則簡直可以說是從中國絕跡了[5]。

五反運動時,城市私營工商業業主的總數大概是50萬人,加上他們的家庭人口,共為200萬人[6]。倘使包括小商人和個體戶,則為400萬戶;

---

2 又說,1953年私營工業的從業人員有200多萬,其中雇用10個職工以上的約4.5萬戶,有從業人員150餘萬。見中共中央文獻研究室,《建國以來重要文獻選編》,6:329。

3 見中共中央文獻研究室,《建國以來重要文獻選編》,6:329。又說除夫妻店和攤販以外,私營商業有職工約120萬,私營工業部門有職工約260萬。見同書,4:319,345,358。

4 管大同,《我國和平改造資本主義工商業的若干問題》,頁22;李維漢,《回憶與研究》,頁753,759。

5 Andrew Walder, *Communist Neo-traditionalism: Work and Authority in Chinese Industry*, p. 33.

6 周恩來,《周恩來選集》,下,頁99。

倘使包括攤販，則可能達到600萬戶[7]。面對這些所謂私營工商業業主，中共採取什麼樣的政策呢？根據毛澤東對新民主主義社會的討論，中共是追求共存共榮、勞資兩利原則的，所以強調私營工商業業主的合法性，而且要團結他們。但是中共早在五反以前，已經強調以「有利國計民生」為先決條件，針對他們所不歡迎的私營工商業業主進行打擊。同時中共更藉口私營工商業業主違背勞資兩利的原則，廣泛成立工會，藉以打擊工會眼中的所謂「不法」業主。及至五反運動發生，更是把「不法活動」的定義無限地擴大，並針對所有私營工商業業主，進行地氈式的嚴密檢查。

正因為中共對所謂資產階級的政策是，有團結更有打擊，重在「利用」其實用性，而非「捍衛」其合法性，乃是典型的帶有兩面性質的革命策略，所以1953年底中共宣布向社會主義過渡的總路線時，政策上雖然出現斷裂，但總路線和過去政策之間也仍然浮現出明顯的延續性。我們的問題是：中共決定消滅資產階級時，不獨沒有面臨難以克服的抗拒，反而得到相當程度的「歡迎」，這到底該如何解釋？無論是中共官方或是歐美中國通的描述，都給人一個印象，那就是，中共改造資產階級的政策強調自願，並沒有用什麼暴力，其真相究竟如何？

一、增強私營工商業的依賴性

中共建國以後，雖然在意識形態上和私營工商業業主有基本的矛盾，但承認後者在一定的期間內，還是可能從事有利於國計民生的事業，對社會有一些貢獻。其實，在恢復經濟的優先考慮下，中共也透過各項政策鼓勵私人工商企業發展。不過，中共對於私人工商企業的自由

---

7 中共中央文獻研究室，《建國以來重要文獻選編》，3：396。毛澤東在1955年10月說，全國資產階級，連同他們的家屬，共有700萬人。加上小商小販和獨立手工業者的城市小資產階級，共有2,000數百萬人。見中央檔案館，《建國以來重要文獻選編》，7：346。

發展，並不是沒有預設框框。他們一方面全力擴展國營經濟部門，另一方面則以反對「不利國計民生」的投機事業為口號，對私人工商企業進行初步的清理，並同時大力扶植工人運動，形成對私人工商企業業主的挾持。中共視私營工商企業是否有利於中共所謂的「國計民生」，而將其區分為三類，分別待之以不同的政策：打擊不利於國計民生者；利用和改造有利於國計民生者；限制既非利於國計民生、也非不利於國計民生者。中共所謂有利於國計民生者，通常指的是工業，而無利於國計民生者，通常則是指商業資本主義，但這不能一概而論；重要的是，有利或無利於國計民生，並沒有客觀而清楚的標準，主要還是由中共官方自己認定。

在中共建國初期的新民主主義社會中，私營工商業業主有其合法性。所以1952年春，中共的三反運動進行得如火如荼之際，中央宣傳部門對黨外宣傳反資產階級的思想，曾招致毛澤東的嚴厲批判，要求中央宣傳部部長公開檢討反省[8]。可是，毛澤東並不是沒有想到新民主主義社會向社會主義過渡的問題，只是鑑於當時局勢，認為反私營企業的主張屬於可做卻不可說的範疇，對黨外宣傳，徒然打草驚蛇而已。其實，毛澤東很清楚，這一時期中共的許多作法，已經在為中共日後向社會主義過渡打基礎了。當時最重要的兩項工作是：一、建立中共能夠操縱的工商企業組織，代替中共建國以前的商會。二、通過資金、原料和市場的提供，建立並擴大私營工商企業對國營經濟的依賴性。

像任何國家一樣，中共在建國以後便要求有規模的私營工商企業註冊登記，只有註冊登記過的私營工商業，才可以合法從事經營。中共和一般國家不同的是對私營資本的態度和政策。最初，中共像國民政府一樣，不獨容許經過批准的同業公會繼續存在和運作，更鼓勵工商業團體和人士組織工商聯合會，代表所謂民族資產階級的利益。等到情勢底定

8　中共中央文獻研究室，《建國以來重要文獻選編》，3：144-48。

以後，則規定所有的工商業團體在政府註冊以外，均必須接受政府監督。國民黨認為商人是「國民」的一部分，故曾一度成立商人部。中共則視私營工商業業主為「人民內部的矛盾」，雖然不忘「利用」他們，強調要「團結」他們，卻總不忘「改造」他們，也強調要「鬥爭」他們，所以黨內不僅沒有類似商人部的設置，反而要各級統戰部以私營工商企業業主為其主要工作對象之一。

中共批評國民政府透過少數有錢資本家壟斷工商業團體。其實，中共對各級工商聯合會的控制，遠遠超過國民政府時代。國民政府雖然控制各城市的商會和同業公會，但畢竟是透過各團體的上層領導來達成目標，而在這個過程中，國民政府必須容忍這些上層領導的自主傾向。中共的控制則直接多了。他們鼓勵工商業團體和人士組織工商聯合會，同時設法控制工商聯合會的權力結構。

為了達到後一個目的，中共一方面主張公營企業派代表參加，另一方面則要求大中小企業根據其人數推派代表，參加工商聯合會的領導機構。公營企業的代表當然站在黨的立場說話，他們的影響力不能以其所取得的席次來計算，因為在重大問題上，他們還可以依賴中小企業主選出的代表來左右決策。這些代表都是中共在「上層代表不能代表中下層利益」的說詞下選出來的，所以當選的代表私下都很熟悉中共的宣傳內容：大商人或大企業主的人數雖少，卻控制著原來的商會和同業公會，為他們自己的利益服務，而不惜以人數眾多的中小商人和中小企業主為芻狗。因此儘管上層企業主在中共的協助下，勉強還能夠取得三分之一席次左右的代表權，卻不得不讓工商聯合會的實際控制權，逐漸移轉到公營企業代表與秘密黨員組成的「黨團」代表手中，而使工商聯合會成為黨統治的工具。工商聯合會的大商人和大企業主只是少數，除非他們配合中共的決策行事，否則根本不可能當選工商聯合會的代表，更何況是出任領導職務了。

在這種情形下，工商聯合會不只無法代表比較富有的工商界人士，

也不一定能代表一般工商界人士的「階級利益」[9]。中共於1952年6月
成立全國工商聯合會籌備委員會時，邀請前清進士出身的民主人士陳叔
通，出任籌備委員會主任。陳叔通懇辭說，他是「高級知識分子」，不
適合當「全國工商界頭子」。周恩來的回答則殊堪玩味。他說，中共相
信陳叔通，陳叔通固然不是資本家，卻和上海企業家及銀行家的關係很
密切，所以請他出來挑「擔子」。周恩來沒有明講的是，陳叔通政治上
「緊跟共產黨」，所以中共要安排他擔任全國工商界頭子。正因爲他很
能密切配合政策，次年全國工商聯合會正式成立時，中共又要他擔任主
任委員，而且連任三屆，甚至在消滅資產階級後，仍要他續任[10]。

　　除了全力掌控工商團體以外，中共也積極幫助私人工商業，提高政
府對私人工商業的控制力。私人工商業的生產要靠工人，中共便迅速通
過工會來鼓勵工人節約增產；私人工商業的生產需要資金，中共便及時
提供銀行貸款；私人工商業需要原料和市場，中共也通過加工訂貨、統
購包銷或經銷代銷，有效率地來解決它在這幾方面的困難。私營工商業
業主得到了幫助，感激涕零之餘，也讓中共伸展了其控制私人工商業的
槓桿[11]。其實，中共因爲出力出資多，有時乾脆進一步以公私合營的方
式，取得個別私人工商業的控制權。1950年，私營企業產品的11.9%由
國家商業機構收購，而依賴國家供給原料和包銷產品的私人企業，占全
部私人企業總產值的29%。私營企業產品對政府收購的仰賴程度，一年
比一年更嚴重，只是實際的情況不詳。我們僅僅知道仰賴國家供給原料
和包銷產品的私人企業，在私人企業總產值中所占的比率，1951年是

9　參閱董志凱主編，《1949-1952年中國經濟分析》，頁126-27。工商聯合會
　　以同業公會，例如商會、對外貿易同業公會和銀錢業同業公會，作爲會員
　　單位，但實際由官方所一手控制的合作社和國營企業也得參加。

10　壽墨卿，〈愛國民主老人陳叔通〉，《文史資料選輯》，1986年第8輯（總
　　108輯），頁1-24；中共中央文獻研究室編，《周恩來年譜，1949-1976》，
　　上，頁241。

11　中共中央文獻研究室，《建國以來重要文獻選編》，2：243-45。

43%，1952年初五反運動（詳見後）時提高爲56%，到年底五反運動結束時，又提高到62%[12]。

私人工商企業業主，爲何如此願意接受中共的幫助或接管呢？這當然和他們所處的經濟困境有關。中共建國之初，許多私人工商企業瀕臨破產。其後，經濟雖然迅速恢復，但是有些私人工商企業仍不時面臨經營的困境。五反運動時，由於檢舉彌天蓋地而來，不少私營工商企業遭受嚴重罰款，以致負債累累。儘管中共宣稱政府並未嚴格追究，其實罰款已經夠重了。五反主要是在大城市中進行。上海、天津、北京等八大城市中，共有467,776戶工商業業主受到衝擊，其中11,433戶（2.4%）被打爲嚴重違法戶，2,189戶（0.5%）被打成完全違法戶。從他們身上連擠帶壓，中共總共累積了約20億美元的罰款，足夠打韓戰一年半之用[13]。就是因爲罰款太重，許多商家不得不宣告破產。再以北京爲例，五反結束時，全市3,154間私人鐵工廠的60%以上停工，5,166戶私人印刷廠大部分停產，598戶木器業的三分之二停產，284戶製革業者中大多數停產。許多私人工商業業主乾脆要求政府接收其產業，而寧願讓自己變爲公私合營制下的股東，以便維持全家生活。

其實，私人工商企業業主即便能熬過五反，也多半喪失其對工人和工廠的控制權了。五反運動中，中共藉口「抗美援朝」，開始在較大的私營企業中成立增產節約委員會，透過工會的參與，逐漸限制資本家的人事調配、經營管理以及利潤分配權。換句話說，資本家視爲理所當然

12　另説，1952年貨加工、訂貨、收購、包銷、統購、統銷占全國私營機器工業和工場手工業生產總值的35%-40%。見中共中央文獻研究室，《建國以來重要文獻選編》，4：218。

13　這裡關於韓戰的用費是低估。根據姚旭的數字計算，韓戰平均一年需花費33億美元。見姚旭，〈抗美援朝的英明決策——紀念中國人民志願軍出國作戰三十周年〉，《黨史研究》，1980年第5期，頁13。毛澤東自己則説：1951年用在韓戰的費用相當於當年國內建設的全部費用；1952年減半；〈「三反」「五反」清理出來的錢可以打一年半（韓戰）〉，見毛澤東，《毛澤東選集》，5：66-67。

的重要權利，已經遭受剝奪[14]。同時私營企業的利潤也越來越薄。以天津的298家私營企業爲例，官方的資料顯示，他們的利潤可以說是每下愈況，除1954年的商業利潤稍微回升以外，長期趨勢是一年不如一年[15]：

	1950	1951	1952	1953	1954
工業	48.48%	31.48%	34.15%	17.24%	無
商業	34.51%	27.56%	28.54%	14.02%	16.81%

這些統計數字還是就298家企業推算出來的，其中一定有某些個別企業虧損特別嚴重。有些私營工商業業主既不能賺錢，又不能像過去一樣管理自己企業，索性申請公私合營，以便擺脫生意的爛攤子。

　　私營工商企業家的經濟力遭到削弱，組織力也受到前所未有的壓抑。國民政府時期，某些私營工商業業主在本身的行業裡，成立「星期五聚餐會」之類的組織，定期會面以交換市場訊息和財經情報[16]。但在五反期間，他們發現若沿用老習慣，彼此聯絡聚餐，便有可能被指控爲實施壟斷，哄抬價格，伺機竊取國家財產，或有可能被指控爲交換經濟情報，籌策對國家進攻。中共重慶市長即曾在《人民日報》撰文，臚列重慶各行各業中的非正式組織，指責他們是「資產階級有計畫、有組織、有方法的進攻」[17]。不少中共幹部本來不願和資產階級來往，經過三反運動的折騰，更是能不和他們來往便不來往，免得招惹莫須有的罪名，百口莫辯之餘，還必須檢查交代自己和商人交往的經過。

14　李維漢，《回憶與研究》，頁727。

15　管大同，《我國和平改造資本主義工商業的若干問題》，頁24。

16　鄧加榮，《馬寅初傳》，頁155。聚餐會也可能是政治性質的。1940年代內戰期間，上海資本家包達三家裡就有一個「星期二聚餐會」，參加者多為民主人士，也有中共地下黨員，主要目的是聯絡反蔣中正運動人士。壽墨卿，〈愛國民主老人陳叔通〉，《文史資料選輯》，1986年第8輯(總108輯)，頁12。

17　王朝彬，《三反實錄》，頁170-76。

圖一

圖二

圖三

圖四

五反運動。1952年，中共繼三反運動之後，又發起以私營工商企業業主為對象的五反運動。五反是反行賄、反偷稅漏稅、反盜竊國家財產、反偷工減料、反盜竊國家經濟情報。當中共中央發出號召後，各大中城市立即到處出現坦白檢舉站。圖一為典型的坦白檢舉站。圖二為上海人民政府監察委員會人民檢舉接待站前排隊的人群。圖三為工廠職工鬥爭所謂不法資本家。圖四為上海黃浦區國際貿易業的資本家排隊，向五反委員會遞交坦白書。

　　儘管私人工商業遭受很大的打擊，但是其活力殊為驚人。在打擊私人工商業的同時，中共的國家商業體系很快就發現，私人工商業，尤其是小規模者，只要獲許存在，便能利用客觀環境中的有利部分，迅速求得發展。1952年底五反末期，中共財經當局決定實行公私一律的新稅制，並據以認定國營商業各級批發站之間的貨物轉手，亦屬交易行為，必須課徵營業稅。私營商人雖然要繳營業稅，但發現增加出來的成本不如國營批發站之間商品調撥所需繳納者為多，他們可以直接向遠地工廠定貨，再賤價出售。私營廠商也發現，自產自銷要比為國營商業加工或接受其訂貨來得有利，甚至由於生產成本降低，勞動生產率提高，他們在改善工資和福利方面，做得比國營事業還好。這就形成中共所謂私進

公退的局面了[18]。毛澤東在分析原因時，認為這是私營工商業對國營工商業的反攻，也就是資產階級對無產階級的反攻，於是命令立即取消上述公私平等對待的新稅制，不但對主管其事的薄一波展開批判，也迫使主持黨政日常事務的劉少奇、周恩來自我檢討[19]。

國營事業在取消新稅制以後，無論商品轉幾次手，都不必繳納營業稅，所以商品在各地區之間的差價隨而縮小，但國家卻要為此損失一大筆稅收。從另一個角度來看，國家這樣做是在補貼國營事業的貨物運輸費用，並因為各國營事業沒有任何減少調撥次數的動機，所以國家的補貼就越來越多，對國家的長期財政來說，有百害而無一利。雖然如此，毛澤東經由此舉，可以達到扭轉私進公退趨勢的目的，而許多私營工商業迫於無利可圖，也紛紛自動歇業。當時，北京市工業聯合會便發現，在取消新稅制以後，全市共有700戶商家因為無法與國營事業競爭，不得不向政府申請轉業。

1953年9月，中共宣布即將從新民主主義社會過渡為社會主義社會。占私營工商業業主人數最多的中小企業家和小業主，由於一時之間，猶不見總路線有何具體影響，故置身事外，觀望形勢。工商界上層人士因為會立即成為社會主義改造的對象，卻不能心存僥倖，他們抑制不住內心的震驚，紛紛表示不滿。有些人甚至說，中共不守信用，上了賊船，又奈若何？也有乾脆歇業，撤出資金的，不過害怕招致破壞經濟的罪名，敢這麼做的畢竟是少數中的少數。迫於經營困難，大多數人只是期望改善自己和中共的關係，中共則繼續以加工和代銷政策，協助其渡過危機。對私營工商業來說，這是不得不爾，可是正好授人以柄，讓中共繼續加強其對私營工商企業原料和銷路的控制。以北京為例子，當年有分屬35個行業的4,450多家私營工廠（總數的63%），因為經營困難而接受國家的加工訂貨。其中機製麵粉、機器製造、棉紡染織，橡膠製品

18　中共中央文獻研究室，《建國以來重要文獻選編》，7：102。
19　龐松、王東，《滑軌與嬗變》，頁117-22。

等業，若非接受國營企業「協助」而為其從事加工，便將產品交由其包銷。在機器製造、油脂加工，化學製藥三個行業中，加工訂貨的比率分別占69.2%、61.8%和51.3%。它們的產值為私營工業總產值的64%[20]。1955年上半年，在22個省裡，加工訂貨占私營工商總產值的78.8%，在北京、上海、天津等十二個大中城市，占85.3%[21]。

　　另一方面，國家也擴大國營商業體系，排擠大批發商，改造零售商。這就和1953年10月以後實行的糧食統購統銷制度有關了。此一政策衝擊城市約600餘萬以及農村約300餘萬的私營商業從業人員，包括批發、零售、飲食和其他服務業[22]。政策的原始著眼點是由國家掌握足夠的商品糧，以免私營糧商興風作浪，造成激烈的價格波動。直接後果則是，私營糧商沒有糧食來源，失去活動的空間。中共為了保證城市人口的生計，所訂糧價偏低。由於害怕有人賤買貴賣，從中取利，於是一方面禁止私營糧商到農村購買糧食，一方面嚴格實行配銷制度，硬性禁止私人糧商經營糧業，只准小商人在政府的監督和管理下，從事加工和代銷糧食。中共控制主要糧食的來源後，又於1953年底、1954年初，先後實行糧食、棉花和食油的統購統銷。1954年9月，又實行棉布統購統銷。同時也在北京首府實行生豬、鮮蛋、蔬菜的派購和合同訂購，並迅速推廣此制度至其他各大城市。

　　由於上述種種措施，原來在自由市場上流通的糧食、棉布和食油（佔農村徵收和收購總額的42%）完全消失，政府所控制的農副產品也從57%增加至70%。國營商業體系的批發業，市場占有率從原來的19%激增至90%，甚至把觸角伸入了零售業，取得74.4%的占有率。殘存的私營工商業者發現，倘若拒絕依附國家工商業體系，則既無原料，又無銷路，

20　中共北京市委黨史研究室、中共北京市委統戰部，〈北京資本主義工商業社會主義改造綜述〉，《中共黨史資料》，34：153。

21　商業部商業經濟研究所，《新中國商業史稿》，頁11。

22　中共中央文獻研究室，《建國以來重要文獻選編》，6：158。

根本無法繼續經營。中共也趁此機會擴大加工訂貨和統購包銷，甚而直接投資，以便取得其經營權，藉以擴大國營工商企業體系。1954年，中共就由國營商業和合作社商業，吸收了私營批發商9.8萬人，同時，也把經營煙、酒、副食品的批發商，轉變為國營商業和合作社商業的代理商。北京原有私營批發商1,800戶，擁有從業人員8,300人，月銷售額1,581萬元，占當地批發額的21.45%。中共實行統購包銷後，禁止他們賒銷，也不准其從事期貨交易，甚而拒絕提供商品，根本不讓他們有做生意的機會，結果北京批發商賠累不堪，不得不自動歇業或轉業。批發商如此，零售商亦叫苦連天。其實北京如此，其他各大城市的商業也莫不停滯。1954年11月一個月，上海便有12萬私營商人感覺難以維持生活。以全中國而言，到1954年4月為止，約五分之一的農村私營商人，也就是69萬戶、100萬人被迫轉業或歇業[23]。

中共對零售商的政策比對批發商寬大，除實行排擠和安排轉業外，還鼓勵他們合作化和集體化。零售商一般可分為四類：一類是攤商，一類是飲食店，其餘則以有無雇工分為兩類，無雇工者，則使其轉變成為國營企業的經銷或代銷商，並准許他們販賣一些政府尚不能顧及的零星商品。至於有雇工的零售商，例如棉布、中藥業，則採取全行業公私合營。攤商的種類複雜，對策也不一致。例如百貨、棉布服裝攤販，採取聯購聯銷辦法；又例如蔬菜攤販，則採取聯購分銷，成立所謂連家鋪。飲食業可分為攤販和小飯鋪兩種，不論是那一種，都成立合作食堂，將之逐一納入國營或合作社經濟體系。

二、把資本主義搞臭

中共通過各種運動，打擊私營工商企業的社會信譽。其中最重要的運動是1951年底的三反和隨之而來的五反。三反的目標雖然是黨政軍幹

23　中共中央文獻研究室，《建國以來重要文獻選編》，6：153。

部，但在其進行過程中，中共已厲聲指責資本家利用人性的弱點，展開
「猖狂進攻」，說他們引誘幹部，腐化幹部，企圖奪回政權[24]。三反揭
露出來的私營工業業主的不法行為，似乎也證實了這個想法。幹部的貪
汙、浪費和官僚主義，於是變成「資產階級向革命陣營猖狂進攻和嚴重
侵蝕的結果」[25]。進行不到一個月的三反運動，也就在1952年1月下旬變
成五反運動，矛頭轉向大中城市的私營工商業業主。中共中央指責投機
和不法商人，施放「五毒」，禍害國家。「五毒」就是「行賄、偷稅漏
稅、盜竊國家資財、偷工減料、盜竊國家經濟情報」等五種罪行。中共
中央號召群眾檢舉和鬥爭，非將資產階級「整得灰溜溜的、臭烘烘的」，
不讓他們再有「五毒」行為，決不手軟停止[26]。

　　中共中央忘記當時私營經濟的存在是合法的，而國家對私營經濟並
無清楚的法律以資規範，因此官商互動之間存有極大的灰色地帶。中共
當時的政策是利用私營工商企業以恢復經濟，同時又鼓勵國營經濟體系
提供原料、市場。政府幹部遂不免和私人資本家接觸頻繁，連帶三反所
要打擊的不良現象也益加難免。中共在指責資產階級時，完全忽視此一
重要背景。而一般百姓由於不了解問題的複雜性，本來已多少有「為富
不仁」和「無商不奸」的印象，再聽到、看到揭發出來的所謂證據，自
然是積極響應。當時，似乎沒有人了解所謂「五毒」行為，只是抽象罪
名，而實際決定一個資本家有無「五毒」行為也不是簡單的事情。其實，
毛澤東知道這點。否則，他就不會反對下級把「暴利」列入鬥爭項目的
建議。他說，暴利很難界定，如果作為口號，會製造太多的敵人，致使
運動亂成一團而無法收拾。毛澤東沒有說的是，五毒罪名本身便已夠籠
統含糊。中共要以這種罪名打擊「不法」私營工商業業主，注定是非殃

24　毛澤東，《建國以來毛澤東文稿》，3：21；中共中央文獻研究室，《建國
　　以來重要文獻選編》，3：14-5。

25　中央改造委員會六組，《「三反」與匪幫的黨內鬥爭》，頁43。

26　中共中央文獻研究室，《建國以來重要文獻選編》，3：53-54。

及無辜或犯小錯誤的私營工商業業主不可了。

中共究竟如何動員群眾來揭發私營工商業業主的「五毒」行為呢？北京的經驗是當時用來推廣的樣板，可以代表各大城市的一般情況。1951年底及1952年初三反運動開始後，北京市黨委共接到十五萬份坦白檢舉材料。雖然三反運動的主要對象是幹部，但是坦白檢舉材料包羅萬象，共涉及3萬家私營工商戶(不包括攤販)，約占其全部總數的五分之三[27]。在中共中央選擇北京實驗五反運動後，北京市黨委仔細研究這些檢舉材料，並據以決定新運動的重點對象。在決定重點對象以後，採取如下步驟[28]：

首先，北京市黨委由政府出面，成立市區節約檢查委員會和指揮部。這些任務型的臨時組合，都帶有統一戰線性質，也都盡量網羅黨外民主人士參加。北京市黨委為此動員了機關幹部、大學教授和學生、中小學教員，以及文藝工作者共12,000人，並以之組成1,047個檢查小組，分頭檢查1,062個重點工商戶。這時，市黨委也針對30萬職工(包括店員)動員，要他們出面檢舉不法，並由他們對自己的「不法」老闆，進行「面對面」的說理鬥爭，要求這些老闆承認被揭發的罪行，並進行自我坦白。市黨委同時還下令召開街道和村民大會，傳達政府打擊「不法」私營工商業業主的決心，更在全市各地廣設接待站和檢舉箱，接受匿名或不匿名的揭發檢舉。隨後不久，市黨委透過工商聯合會召開座談會，鼓勵「不法」資本家自動認錯和坦白。凡主動坦白者，僅補繳一年稅金和罰款，否則便追究一年以上的所有積欠稅金。在座談會上，北京市黨委號召坦白者戴罪立功，檢舉其他不法分子。資本家因為商業競爭，彼此之間本難免有芥蒂，甚而發生衝突，因而形成各種矛盾。中共掌握了這些矛盾，

27　王朝彬，《三反實錄》，頁147。

28　毛澤東，《建國以來毛澤東文稿》，3：22；中共北京市委黨史研究室、中共北京市委統戰部，〈北京資本主義工商業社會主義改造綜述〉，《中共黨史資料》，34：151。

煽動他們互揭瘡疤。最先資本家都不願揭發，尤其不願對方知道，所以
中共採取「背靠背」、彼此不見面的檢舉方式，到後來揭發越來越詳細，
也越來越激烈，既不怕拋頭露面，也不怕對方下不了台，便改採面對面
的指控方式。北京市黨委還利用群眾團體，推動五反運動。例如市婦女
聯合會便動員了1,000名女學生、女教員和街道婦女積極分子，由她們向
資方女性家屬做政治動員，再由這些被動員的女性家屬說服其個人父
母、丈夫、兄弟或其他家人坦白認罪。

　　如此不分晝夜地工作了一個月之後，北京市黨委組織的運動指揮部
發現，北京的52,587戶商家和廠家中，共有48,006戶違法，占全部商家
和廠家的91.3%[29]。違法戶的比例如此之高，駭人聽聞。為何會有這麼
多的違法戶呢？不論我們如何解釋這個百分比，首先必須注意毛澤東在
五反中所採取的手法與三反一模一樣，他仍然鼓勵群眾檢舉和對負責幹
部施壓。透過黨委系統，毛澤東指令各級黨委立即制訂類似三反「打老
虎」的辦法，也就是迫使各級黨委按照自己在黨內承諾的數字，打擊私
營工商業業主[30]。其次，上有所好，下必甚焉，檢舉文化因而更加熾烈。
關於檢舉文化，只要舉一個例子，便可想見其餘。上海有一個區一星期
內共接到18,000個檢舉。市工會則在三個星期內，接到210,000個檢舉。
有堪稱檢舉大王者，單獨一個人便檢舉了80個所謂不法資本家。這種檢
舉文化，加上五反的罪名含混，再加上中共為五反所動員的人數之巨，
以及幹部縱容群眾的「逼供信」，北京當局如果不能獲致上述驚人「戰
果」，那反而會叫人感覺奇怪。如果以同樣的含混罪名和動員方法，調

29　上海有工商戶162,300家，中共選擇其中的2,000家重點戶和20,000小戶，放
　　在區裡或廠裡，由工人進行面對面的鬥爭。另選303個有代表性的上層資本
　　家，集中在一棟大廈裡交代揭發。他們最初抗拒交代，中共於是一面嚴詞
　　批評，把他們的坦白書退回重寫，一面透過廣播電台現場轉播，由所謂群
　　眾就其「罪行」控訴，進行背靠背的鬥爭，結果「戰果輝煌」。見「當代
　　中國人物傳記」叢書編輯部，《陳毅傳》，頁482。

30　李維漢，《回憶與研究》，頁728。

查現在台灣的工商界人士，恐怕也會達到同樣令人難以置信的結論！

針對中共所謂「五毒」行為的指控，私營工商業業主強調，第一、「五毒」行為是個人行為，第二、幹部應該為三反罪狀負責，不能自己「失足落水」之後再「嫁禍於人」，第三、資產階級並無意推翻中共。中共則從階級觀點來分析問題，再三強調「五毒」行為是全資產階級的「猖狂進攻」，是一種針對工農階級專政所採取的迂迴攻勢，藉腐化幹部來達到推翻共產黨領導的目的。只是他們知道如果不加區別地打擊資產階級，會出現打擊面過廣的問題。其實只要是群眾運動，就避免不了打擊面過廣的問題，五反初期也不例外，所以當時儘管打擊了所有不法和投機的商業活動，卻也連帶打擊了一般正常的經濟活動。私營工商業業主在遭受打擊之後，不得不削減活動，有的更乾脆歇業。影響所及，城市竟然出現了嚴重的失業問題。連帶國營事業也受到波及，產品和原料都找不到需要的買主。毛澤東於是在短短一個月中，又下令把五反限制在大城市之中，在大城市中，他又要求自我節制，再三警告幹部，千萬避免打擊面過廣，絕不能提出「反暴利」這種過左口號。

毛澤東的運動策略總是「先打後拉」，「打」得嚴厲，隨後的「拉」才顯得寬厚，所以他在1952年2、3月之間，便指示幹部以政治手法來處理所發現的全部違法戶，並提出以下五條方針：過去從寬，今後從嚴；多數從寬，少數從嚴；坦白從寬，抗拒從嚴；工業從寬，商業從嚴；普通商業從寬，投機商業從嚴。根據這個方針，他要求負責幹部把所有工商業業主，按守法戶、基本守法戶、半守法戶、半違法戶、嚴重違法戶、完全違法戶的分類方法，重新調查研究。他根據鬥爭打擊面不可過廣的原則，估計前三類戶約占95%，後兩類戶約5%[31]。北京的商家和廠家經過重新分類以後，則出現如下情況[32]：

31　毛澤東，《建國以來毛澤東文稿》，3：214。

32　對下級宣布時，守法戶和完全違法戶的比率未變，基本守法戶改為60%，半守法半違法戶改為25%，而嚴重違法戶則改為4%。見中共中央文獻研室，

守法		基本守法		半守法半違法		嚴重違法		完全違法	
人數 百分比		人數 百分比		人數 百分比		人數 百分比		人數 百分比	
4,964／9.4		40,230／76.5		5,995／11.4		937／1.8		461／0.9	

　　北京的前三類戶占97.3%，後兩類戶占2.7%；前三類戶比毛澤東的估計要多，而後兩類戶則比毛澤東的估計要少。顯然，北京市黨委對商家和廠家要寬大多了。各大城市對這六類戶的定義不同，以基本守法戶為例，北京是以所牽涉的違法款額不超過1,000萬元為準，武漢則降低為600萬元[33]。上海在定義基本守法戶時，最初規定的金額與北京相同，以「贓款」不超過1,000萬元為準，後來由於政治考慮，提高一倍，改為2,000萬元。中共此時清楚表示，私營工商業業主的政治態度及其過去對中共所作的貢獻，將是重新審查的重點。火柴大王劉鴻生和上海紗業和麵粉大王榮德生的兒子榮毅仁都親口承認，所得「贓款」高達數百億元（有被迫高報成分，也有自己虛報的成分，報得越高，負責幹部越高興，而對其他商人形成的壓力越大），但劉鴻生因為政治上緊跟著中共而受到特別優待，退賠款一下子便由600億元減為200億元。榮毅仁此時是中共的國家副主席，因為毛澤東說了幾句好話，所以其承認的贓款儘管是天文數字，也立即搖身一變，由基本守法戶變成完全守法戶。

　　總之，中共操生殺大權，只要中央大筆一揮，上海便有約300戶的大資本家，像劉鴻生和榮毅仁那樣，獲得超生。他們全由嚴重的違法戶一下子超生為完全守法戶，被保護過關[34]。這些資本家原以為完蛋了，

　　　《建國以來重要文獻選編》，3：100。

33　中共中央文獻研究室，《建國以來重要文獻選編》，3：105。

34　當代中國人物傳記叢書編輯部，《陳毅傳》，頁483。1952年2月上海資本家跳樓自殺的很多，負責三反五反工作的薄一波到上海視察，他為了「穩定形勢、發展經濟」，決定對榮毅仁從寬處理。他當時也讓有五反行為嫌疑的資本家停止彼此「面對面」揭發，只要求他們「背靠背」（彼此不見面）檢舉。見薄一波，〈列席中央書記處會議〉，《中共黨史研究》，1997年第6期，頁5。

不料有此反覆,對中共自是感恩戴德。不過,他們的性命雖然得以苟全,財產也得以部分保留,但信譽完全掃地,從此再也難以為資本家的社會功能說幾句辯護的話了。

政治上先打後拉,經濟上和法律上也一樣先打後拉。中共在政治鬥爭中一定把人鬥臭,不臭不止,但對大多數人則罰款從輕,尤不輕易把人送法院判處重刑。這是中共對付地主的老辦法,目的是要為大多數私營工商業業主留後路。根據此一原則,北京的私營工商業業主當中,有違法行為卻被豁免退補罰款的達40,483戶,占全部人數的84.3%;只退補而不罰的為6,536戶,占13.65%;退補兼罰的有987戶,只占2%,全部退款、罰款共3,813萬元人民幣。顯然,中共把打擊面限於人數比率不超過5%的完全違法戶和嚴重違法戶兩者。就是因為這個政治原則,全中國到1952年10月為止,受五反運動殃及的城市工商戶雖然高達百萬戶之多,但實際受到刑事處分的只有1,500餘人。其中絕大部分都是判有期徒刑或有期徒刑緩期執行,判處死刑和死緩的只有19個人,遠不如自殺人數為多[35]。

在中共未採取政治解決以前,但聞輿論對不法工商業的聲討、群眾對具體個人的指控,以及私營工商業業主無可奈何地俯首認罪。似乎沒有人注意到,中共的五反運動既然和三反運動一樣,採取群眾運動的方式,當然便避免不了無限上綱和玉石俱焚的現象。到處都是逼供信,到處都是工商業業主被捕被鬥,他們在鬥爭大會上遭到與土地革命中地主同樣的待遇,戴高帽子,遊街示眾。在飽受各式各樣的肉體和精神侮辱之後,他們還要認賠認罰,賠款和罰金之鉅,即便傾家蕩產,也無以應付。在上海一地,一個月不到,便有200名資本家被捕,其中48人企圖自殺,服毒者有之,懸樑者有之,投水和跳樓者亦有之,其中有34人一死百了[36]。民生輪船公司原是中國最大的私人輪船公司,已參加公私合

35　中共中央文獻研究室,《建國以來重要文獻選編》,3:390-91。

36　王善中,〈建國初期三反五反運動述評〉,《中共黨史研究》,1993年第1

營，其主要負責人盧作孚被中共譽為民族資本家，卻在運動初期自殺身亡 [37]。

在五反運動後期，中共承認運動中出現了逼供信和誇大不法利潤的情形，所以為大多數認罪的「不法」工商企業業主進行平反。只是，所有的責任都歸到所謂群眾和個別幹部身上，關於五反運動本身的必要性卻無絲毫檢討。的確，在五反運動中，所謂群眾和個別幹部難辭其咎，他們因為痛恨某些私營工商業業主的不法和投機行為，認為資本主義必須連根拔除，更志願充當反工商企業業主的急先鋒，檢舉和批鬥工商界人士。儘管如此，他們也不能負主要責任，因為他們只是被領導的所謂群眾，或只是按照指示辦事的幹部，在五反宣傳的煽動之下，盡其國民或下級應盡的一份責任而已。我們無法期盼他們了解，私營工商企業的存在不僅需要道德的合法性，也需要組織方面的獨立自主性。

比較起來，中共倒是很清楚私營工商業，對道德正當性和組織性的需要。正因為有此理解，他們雖然對所謂「不法」工商企業網開數面，甚至在五反運動達到高潮以後，表示寬大為懷，更針對個別的冤錯假案進行平反，但是他們並無意澄清任何有損私營工商企業道德性的指控，反而針對五反運動中發掘出來帶有組織性質的活動，繼續施以鎮壓。所以在五反運動中，種種駭人聽聞的「五毒」罪名，譬如化學業毒品大王、液體燃料業摻水大王、顏料業造假集團，既然已為私營工商業業主的「坦白」所證實，就讓這些罪名長留在人們的記憶中，並不作任何澄清。武漢大資本家賀衡夫任地方人民代表、市府委員和中南地區軍政委員，他在五反期中遭受指控，說他領導一個龐大的盜竊集團，除盜竊其他物資和運送黃金出口外，更從事販毒勾當，從廣州進口嗎啡和海洛因4,000

期，頁74。

37 盧作孚是在1952年2月自殺的，當時五反運動已經展開。嚴格說來，他是在三反運動中自殺的，抗議他所極力照顧的一名十七、八歲的小勤務員，竟然恩將仇報，反過來誣蔑他貪汙中飽。宋紅崗，《孫越崎》，頁364-65。

兩[38]。我們只能從報紙上看到類似的報導,卻無法知道其中究竟有幾分真實。總之,五反運動中,到處都是危害國家和人民的指控,聳動聽聞,需要政府出面澄清。可是中共任由它們破壞私營企業的形象,事後並沒有採取任何補救措施。另一方面,中共還針對五反運動中發現的「聚餐會」之類非正式組織,不餘遺力地追擊。

私營工商企業業主經過五反運動以後,雖然大部分都免除了刑責,甚至在資金、原料和銷路方面得到中共的幫助。但是他們也終於了解中共的政治目的,尤其了解中共黨國一元化領導體制的強大,因而再也不敢做螳臂擋車的傻事了。此時,中共根據五反運動的各工商人士的表現,改造各省各市的工商聯合會。凡是在運動中被發現不配合中共政策的工商人士,一律從工商聯合會的領導中清除出去,另由積極配合中共政策的工商人士取而代之。1952年6月,中共認為組織全國性工商聯合會的時機成熟了,於是召開全國工業聯合會籌備會議,成立全國工商業聯合會[39]。如前指出,由非資本家出身的大知識分子陳叔通負責籌備,並擔任私營工商業的大家長。

三、資產階級走進歷史

對中共而言,公私合營是比加工訂貨更高級的國家資本主義經濟,凡是公私合營的企業,政府均擁有大部分股份,所以可以名正言順地控制其營運[40]。1949年全中國大陸僅有公私合營企業193家,到1952年增加到997家,其中工業部分的產值占全國總產值的5.7%。經過五反運動

---

38 馬模貞、鞠志剛,〈新中國建國初期的禁毒鬥爭〉,《中共黨史研究》,1991年第6期,頁44。1953年武漢市委複查,認為賀衡夫案「案情不實」。負責武漢地區五反的鄧子恢,後來寫自傳,便坦承自己「負有一部分責任。」見《鄧子恢傳》編寫組,《鄧子恢傳》,頁443。

39 李維漢,《回憶與研究》,頁701-706;中共中央文獻研究室,《建國以來重要文獻選編》,4:217。

40 中共中央文獻研究室,《建國以來重要文獻選編》,4:230-31。

後，雖然僅再增加了39家，但其工業產值卻已飛躍到全國13.3%。顯然此時參加公私合營的都是規模較大、資本雄厚的企業[41]。但在中共的有心經營之下，這個趨勢迅速激為狂濤，把中國的私營企業一掃而空，使得老闆和資本家這類人物，一度成為中國大陸的歷史陳跡。在這些公私合營的企業中，中共取得人事任命、經營管理和利潤分配等諸方面的大權。此外，中共更要求工人組織工會，而且根據毛澤東的一紙指示，硬性規定企業利潤分成約略相當的四份：一份用作稅金繳納，一份用作工人福利，一份用作擴大生產，一份用作股東利益。這就是有名的「四馬分肥」利潤分配制度，它嚴格限制了企業如何使用盈餘[42]。

　　1953年底以前的公私合營，主要限於中共認為在經濟中占有樞紐地位的金融業和船運業。政府把私人錢莊合組為公私合營銀行，並接管民生輪船公司之類的重要航運公司[43]。雖然有一部分公私合營是中共積極促成的，但當時中共的政策目的並不在併吞私營工商業，而是盡快恢復經濟，維持工人生活。因此，大部分公私合營還是由私人資本家主動促成的，他們因為無力繼續投資經營，自動請求政府接管改組。1949年4月開始，中共便在北京公私合營了雙合盛啤酒廠、唯一麵粉廠、榮寶齋書畫店、全聚德烤鴨店等企業。1952年12月，北京為控制金融，決定對全部私營銀行和錢莊實行公私合營，於是成立北京市公私合營銀行，代理人民銀行指定的業務。中共的統計資料顯示：這些企業在公私合營後營業情形都大有改善。以上海64家合營企業為例，其盈餘遞年增加，如以1950年為100，則1951年為113，1952年為228，1953年為306[44]。這些統計數字似乎證明了公私合營制度的優越性。儘管如此，中共在1954年以前，基本上並未大舉推廣公私合營的政策。中共只是認為公私合營為

41　李維漢，《回憶與研究》，頁753。
42　同上，頁746。
43　同上，頁740。
44　管大同，《我國和平改造資本主義工商業的若干問題》，頁27。

救濟企業的良法，有利於國家未來的社會主義化而已。

　　1953年底，中共決定向社會主義階段過渡，宣布實行總路線，公私合營的推廣頓時成為當務之急，而改組雇工10人以上的私營工業戶更成為工作重點。次年年初，中共根據這一決定，動員比較大的私營工業戶響應號召。上海有1,000多戶，北京也有300～400戶自動申請公私合營，紡紗業鉅子、紅色資本家榮毅仁也在此時提出申請。這些申請公私合營的資本家，主要是中上層長期和中共有「合作」關係者，他們比較了解中共的意向[45]。不過，中共因為要表現公私合營事業的優越性，所以並

公私合營之一。1955年底，中共中央號召公私合營，不論是出自內心還是強迫，全國私營工商業主紛紛起而響應。圖為上海市的大資本家(左起)榮毅仁、胡厥文、盛丕華帶著「申請書」步入申請公私合營大會會場。胡厥文和榮毅仁在1980年代皆曾出任全國人民代表大會常務委員會副委員長。榮毅仁之子榮智健是香港中資中信集團負責人。

45　陳毅，〈在全國擴展公私合營會議上的總結報告(摘要)1955年1月7日〉，《中共黨史資料》，34：5-6。

未全部批准，而是先仔細調查這些企業的體質，然後選擇其中比較好的793家接受申請。這些被選擇的793家都是關乎國計民生的工業，它們的生產總值，相當於過去五年公私合營工業的全部產值[46]。由於這些申請公私合營的工業戶都設有工會，所以在資本家提出申請之前，中共便能動員工人，協助調查，而中共在批准其申請後，更能輕而易舉地得到工人合作，發揮他們的生產積極性。政府在接到公私合營的申請以後，不僅派遣公股幹部接管工廠，也大量投資於新建或擴建設備。此外，更統一安排原料、市場，極力提升生產效率，既要求增加產值，也要求增加盈餘。據說，天津市的公私合營企業經過類似的改革後，在1954年降低成本達7.4%～10%[47]。

這些公私合營事業雖然表現了優越性，但也帶來了一些嚴重問題。當時申請公私合營的企業都是大企業，下面有許多依靠它們維生的中小企業。中共把資源集中在改善公私合營企業的體質之上，有意無意間便不得不犧牲這些中小企業了。這些中小企業失去了原有的商業關係，無論原料、市場、資金、技術都出問題，不免手足無措[48]。1954年第三季，北京有2,000餘家中小企業因為這個緣故，而陷入了半停工和停工狀態。影響所及，有萬餘工人沒有任何收入，成為嚴重的社會問題。政府無法坐視不管，於是以加工訂貨和提供原料方式，出面協助復工，終於把因為工廠關門而失業的工人減少到1,500人。中共認為這只是權宜之策，為釜底抽薪計，只好把這些中小企業納入計畫經濟體系。因此，北京又在各種「幫助」之外，開始進行實驗，並根據經驗，把公私合營的模式擴大到包括同行業的部分企業，乃至於同行業的全部成員。

當時中共把公私合營政策的重點放在私營工業，而置私營商業於不顧。這是因為中共自1953年逐步推行統購統銷制度以來，國家壟斷了糧

46　李維漢，《回憶與研究》，頁756。

47　管大同，《我國和平改造資本主義工商業的若干問題》，頁27。

48　李維漢，《回憶與研究》，頁757-58。

食、棉紗、棉布、食油的大批發，並逼迫這幾方面的私營大批發商離業
或轉業，殘存下來的私營批發商，皆是資金較少和經營次級商品者。他
們和為數龐大的零售商一樣，迅速轉變成為國營工商業體系中的經銷、
代銷或批銷的下游商人。相形之下，小商小販反倒成為注意的重點。如
前指出，中共為度過統購統銷政策帶來的農村危機，實行定產、定購、
定銷的三定政策，允許農民私自買賣超過定產的剩餘農產品，不僅農村
中的小商小販暫時獲得了喘息的餘地，連帶城市裡的小商小販也捲土重
來。這些小商小販的資本更小，但是人數相當多。農村中的小商小販主
要是農民副業，城市裡的小商小販則以流動人口為主。

　　1954年中共大舉推行私營工業的公私合營化以後，包括零售業者在
內的各類私營商當然也會受到衝擊。一般說來，他們的生意卡在集體經
濟的手裡，商品來源嚴重收縮，又得不到政府的適當照顧，所以五至六
成的人賠本，其中無法維持生意、失業在家者比比皆是。農村失業的小
私商據說高達69萬戶之多[49]。雖然如此，農業集體化的政策，在1955
年秋出乎意料地順利，毛澤東有點陶陶然，認為農村的形勢如此大好，
城市就必須跟上。因而不顧公私合營可能帶來的反效果，全面號召私營
工商業主認清時勢，接受公私合營的改造。同時重點不再限於大型私營
工業，而是要一個行業一個行業地來推廣公私合營政策了。

　　毛澤東當時所了解的情況是這樣的：全國的資產階級連同其家屬共
約700萬人，小商小販加上獨立手工業者的小資產階級，共有2,000多萬
人[50]。其中私營工商業業主對中共政策的反應如下：20%是所謂「比較
進步分子」，他們熱烈響應中共的號召，正積極地趕上形勢；60%「隨
大流」，是所謂騎牆派，他們仍在觀風望色，視局勢演變再決定行動；
剩下的20%是所謂「落後分子」，他們反對公私合營政策，而其中四分
之一是中共所謂「壞分子」和「反革命分子」。不過，單就北京來說，

49　李維漢，《回憶與研究》，頁759-60。
50　中共中央文獻研究室，《建國以來重要文獻選編》，7：346。

中共發現，情形可要樂觀多了。北京市黨委透過各種管道，調查工商業結構，以及私營工商業的反應，其結果如下：

國營、合作社營工業	594家	92,447萬元	年產值71.6%
公私合營	76家	12,692萬元	9.8%
私營	4,560家	23,960萬元	18.6%

國營、合作社營商業	2,616家	72,848萬元	年商品零售額62.8%
公私合營	528家	11,952萬元	10.3%
私營	57,744家	31,136萬元	26.9%

對公私合營的反應：

580戶資本家	要求合營	37%
	可以接受合營	58%
	不肯接受	5%

不肯接受的竟然只有5%！這個數字可以有兩種解釋：若不是表示北京私營工商企業業主對社會主義未來的嚮往，便說明了北京私營工商業業主所受到的政治壓力遠比其他城市為大。

下文即以北京為例，說明公私合營政策落實的過程。北京市黨委在詳細調查私營工商業業主對公私合營政策的態度以後，像任何群眾運動一樣，開始發掘典型，製造樣板。他們選擇工會黨團工作比較好的私營工商業，再派主管業務的各區幹部組成工作小組，到指定的各廠各店進行活動。一方面是透過加工訂貨和增產節約，進一步摸清對象的各種情況，另一方面則是向工會（尤其是工會中的黨團）說明政策，取得他們的全力配合。工作小組的工作重點當然還是說服工商業業主接受改造。而為了加強說服工商業業主，名義上是群眾團體的市工商聯合會，這時便

以其幹部2,300人為骨幹，在全體會員中成立了126個政治學習小組，要他們在政治學習中了解，為什麼應該響應政府公私合營的號召。

　　經過短短幾個星期的說服之後，也就是到了1955年12月，果然便有1,200名青年私營工商業者申請開會，向政府表明他們要走社會主義道路的強烈意願。北京市政府在他們的「再三請求」之下，順水推舟，立即成立資本主義工業社會主義改造領導小組，按照其行業，組織19個商業公私合營工作委員會和11個工業公私合營工作委員會。這些委員會中有公方代表2,000人，其實他們就是政府機構或國營企業的幹部，由其聯合私營工商業業主中的所謂「比較進步分子」，彼此鼓勵和商量，然後由市工商聯合會主任委員、北京同仁堂經理樂松生代表327個店，於1956年1月向政府遞出全行業公私合營的申請。在這些「比較進步分子」的帶動下，「隨大流」的工商企業業主很快便看清楚大勢所趨，於是紛紛搶著跟進。從1955年12月2日到次年1月10日，只有短短一個多月的時間，北京就有工業35個行業、3,900家，商業42個行業、13,973家，全部共17,963家（案總數應為17,873家），自動向政府申請公私合營。

　　為何有這麼多私營工商業業主，自動申請公私合營呢？如上所述，他們經過五反運動的完全抹黑，道德形象早已破產，而經濟上又仰賴國營事業協助，再加上內部有職工運動的擠壓，早已弱不禁風。北京市黨委對他們又打又拉，又拉又打，一方面讓激進分子發表左傾言論，嚇得他們以為所有財產馬上會被沒收，人會被掃地出門；另一方面則讓統戰幹部強調中共一定照顧資產階級的利益，給予他們經濟和政治上的出路，使其了解自己還有未來。北京的私營工商業業主，面對中共的軟硬兼施，終於接受公私合營遲早要來的事實，於是趁早表態，以謀取好一點的待遇。由於這波公私合營是針對個別大中戶工商業業主而展開的，北京市黨委稱整個過程為「摘蘋果」。大中戶工商業業主於是像金蘋果一樣，被中共挨家挨戶地摘取，再一顆顆地放進集體經濟的果籃裡。

　　中共也的確為他們留了後路，透過所謂「正確」處理私股權益，收

買他們的事業。所謂「正確」處理私股權益，中共指的是清產核算、定股定息、人事安排、利潤分配等四件事。

　　清產核算是計算私營工商業的全部資產，以便政府折成股份或予以收購。定股定息則是由政府把計算出來的私有資產分成兩部分，一部分變成公私合營企業的股份，另一部分則由政府照價收買，不過政府不付現金，而是以銀行存款方式支付，並規定私營工商業主不得提用存款的本金部分。股份當然有股息，存款也當然有利息。一般說來，兩者的利率相當，年息都在一至六釐之間，端視公私合營企業的營運情況而定。不過定下來以後便不再改變了。北京的利息一般都定為五釐，僑資則有優待，可以高到八釐。至於人事安排，也是分成兩部分。對原有一般工人，以不更動職務為原則，對原東家和高級職員雖然說是照顧，主要乃是利用他們的管理技術經營產業。

　　此外，公私合營企業當然有利潤分配問題，原東家在企業按照四馬分肥原則分配利潤後，再按照股份多少分紅。當然，要「正確」處理私股權益本來就非常不易，況且中共幹部受馬列主義宣傳影響深刻，從來不認為私營工業業主的財產是辛苦累積來的，所以要「正確」處理私人股益，更非易事。難怪中共在大規模實行公私合營前，估計全國的私營企業資產是人民幣45億元，經「正確」估算以後，發現資產縮水成22億元了[51]。就算政府已根據照顧私營工商企業主的原則照顧原東家了，但後來執行時也經常七折八扣。例如股息和利息都是原東家的權益，可是原東家到手的現金經常一半不到。北京裕生祥電機廠的老闆吳金萃有4,000元的股本，股息五釐，一年可拿200元，然而他必須以其中的五成左右繳納互助金和購買公債，所以實際只拿到100元，平均一個月纔拿到人民幣8元稍多，總額不及當時大學畢業生薪資的七分之一。可是就因為他每個月可拿這8元的股息，中共在他頭上戴的資產階級帽子便不

51　朱正，《1957年的夏季：從百家爭鳴到兩家爭鳴》，頁225。

能取下來，而儘管他在原來屬於自己的工廠擔任副廠長，也由於他頭上
有資產階級的帽子，所以也不能和一般工人一樣，享受醫藥費和病假工
資的優待[52]。至於人事安排方面的落實，更是問題重重。所謂資產階級
的普遍感覺是，公私合營以後能不受侮辱、沒有麻煩就已經求之不得，
根本不要妄想得到官方人員的重視了。

雖然「正確」處理私股權益政策的落實並不容易，但是對中共中央
而言，「正確」照顧私股權益，所費不多，只要花費將近一半不到的價
錢和一些無足輕重的職位，就可以消滅一個階級，實在是太划算了。而
且中共不付本金，只付部分利息，這無異從資本家那邊取得長期的低利
貸款，再以之購得全國私營工商企業業主全部資產的所有權。中共在取
得私營工商業所有權的同時，也得到了照顧資方利益的美名。其實，照
顧資方利益，就像土地革命允許地主分地一樣，為私營工商業業主留後
路，正可以減少他們的抗拒。對私營工商業業主而言，最壞的打算是被
中共無償沒收產業，現在雖然不可能得到他們認為的「合理」補償，至
少還不至於全盤烏有，聊勝於無，用不著拼死拼活和政府抗爭到底。

北京市是樣板，對待樣板的私營工商業主，當然務求其合情合理，
「仁至義盡」。為了不落人口實，北京市政府在清產核資時，採取自報
公議的辦法，先由各私營工商業業主估定自己的資產，再由同行業資本
家組成小組評議，並由公股代表和工人店員監督整個過程。由於中共當
時並無商業名譽和信用等無形資產的概念，所以北京市清產核資時，只
計算有形資產。工商業業主害怕政府挑剔，一般報價偏低。負責執行的
官員也認為報價偏低畢竟於公家有利，所以有時反而利用私營工商業業
主之間的矛盾，故意壓低已經偏低的報價。北京當局認為這種情況將妨
礙工商業主參加公私合營的積極性，不斷要求糾正，甚至提出自我批
評，並且特別准許私營工商業業主把帳外財產投資，如房屋、現金、金

52　朱正，《1957年的夏季：從百家爭鳴到兩家爭鳴》，頁103-04。

銀元、銀行存款和其他財物等，都包括在自報數字之內。清產核算，如上所說，本來就非常複雜，要做到各方滿意，殊爲不易。一旦北京市以「照顧資本家」的形象爲念，則做好這一件工作尤其繁雜。事實上當公私合營運動進入了高潮後，北京市也無此人力從事此項工作，所以對申請公私合營的私營工商業業主，隨後又採取先批准、後核資的政策，先造成既成事實，再慢慢解決算帳的問題。

　　在比較大型的工商企業，像大蘋果一樣一個個被摘掉後，北京市開始逐行逐業改造中小型工商企業，這叫「採葡萄」。最初是由全（部）同行業或同行業中的連串企業進行公私合營。倘使不能立刻進行，則由政府指導聯營併店，先由中小型企業根據自願的原則進行集體化，再進一步實行全行業公私合營。1955年11月，北京有麵粉、電機製造、化學製藥、機器染布等4個行業的75家私營工廠，實行全行業公私合營。另有綢布等26個行業共1,010家店，由政府分門別類，視情況予以合併和聯營。當時北京還有爲數高達25,760的小商、小販和小手工業者，他們占原工商業業主總數32,395人中的79%，雖然政府無意將之納入公私合營的經濟體系，但因爲他們多半處於飢餓邊緣，所以看到政府推行提供鐵飯碗的社會化政策時，立即熱烈歡迎，甚至形成輿論壓力，迫使北京政府對他們也採取同行業公私合營的辦法。1956年底，北京私營工廠只剩下6家，占全部工廠生產總額的0.1%，私營商鋪與連家鋪則還剩下6,142家，營業額占全部零售額的3.8%，私營工商業可以說已經是稀有事物了。以行業來分，北京參加公私合營的有工業6,074戶、商業12,516戶、飲食業2,443戶、服務業2,047戶和其他783戶，總戶數是23,863，共有私股股金6,393.672萬元，其中接受定股定息安排的有1,363戶。

　　1955年，中國大陸共有3,000多家大工廠參加公私合營，未參加者雖然仍有9萬戶之多，但其資本額僅及參加者之半，而其生產總值也僅相當於已參加者的生產總值。同年參加公私合營的私營商業也不多，全部是400多家，但他們都是資金雄厚的大戶，剩下的私營商業業主中，約

有18萬戶參加合作經營。此外,北京還有數百萬戶之多的私營商店,但基本上都是零售業者,資金極其有限,所控制的零售額不到總數的二成,而其中不少早已淪爲國營或合作社營商業的附屬事業了[53]。

北京私營工商業改造到達一個階段後,中共經由群眾團體出面,在天安門廣場舉行社會主義改造勝利聯歡大會,向毛澤東、劉少奇和周恩來「報喜」。1956年1月15日,北京工農商學兵界有20多萬人敲鑼打鼓,參加大會。這是私營工商業業主宣布自己「階級」死亡的一天,工商界理應心情沉痛,但是竟然也有1萬餘工商代表參加,而且由他們領導慶祝,帶頭報喜。在遊行的行列中,他們抬著「要放棄剝削」、「要學會本領」,以及「爭取做一個自食其力的勞動者」等巨幅標語,宣布自己的新生。雖然他們的新生是否真有意義,要看整個國家邁向社會主義階段以後的變遷而定,但當時中國大陸似乎沒有人懷疑社會主義的優越性。工商界人士在中共製造的輿論壓力之下,也不能不受到影響,開始鸚鵡學舌,咀咒自己的階級,歌頌社會主義。一旦北京工商人士樹立了接受改造的樣板,風動草偃,全國其他100多個大中城市的私營工商業業主,也只能依樣畫葫蘆了。

1956年3月北京私營工商業的改造告一段落後,中共北京市委透過政府,把24,537位工商業人士安排到市區工商界業餘政治學校中學習;學習中國歷史爲何不可避免地要向社會主義過渡,社會主義有什麼優越性,又爲什麼應該響應和接受國家公私合營和社會化的號召。就在這個月底,全國除少數民族地區以外,各大城市基本上已完成了收買一個階級的政策了。到1956年年關,中共宣布全國總共有6萬家私營大工廠和28萬家的私營商店實行公私合營,2萬多家私營小工廠和200多萬小商販組織成合作社。從此以後,有很長一段時間,在中國大陸旅行,連小商小販的個體戶也都難見到了。

---

53 中共中央文獻研究室,《建國以來重要文獻選編》,8:334;龐松、王東,《滑軌與嬗變》,頁234,237。

公私合營之二。上圖為1956年
1月30日全國工商界代表李燭
塵等33人，為慶祝全國主要城
市資本主義工商業實行全行
業公私合營，獻給毛澤東的報
喜信。中圖為上海申新棉紡織
印染廠股東吳中一領取定息
的收據。當時，恐怕沒有人想
到，私營工商業業主會在1980
年代捲土重來。下圖為廣州市
工商業者的家屬組織賀喜
隊，向被批准公私合營的工商
戶「報喜」。

在中共的觀念中，從事手工業者有所謂「手工業者」和「手工業資本家」之分，兩者的主要差別有二：第一、是否親自參加勞動？第二、如果雇有幫手，所雇有的幫手是否超過3人？只有親自參加勞動，而雇用不超過3人者，才是中共所謂手工業者；雇用超過3人者，不論是否親自參加勞動，一律算是手工業資本家，與資本主義工商業業主無別[54]。據中共官方估計，手工業者在1953年底約有1,000多萬人[55]。其中僅約30萬人參加合作生產或合作供銷[56]。

隨著向社會主義過渡總路線的提出，在農業集體化和私營工商業業主改造的同時，中共也在兩年內把190多萬的手工業者組織，納入生產合作社體系之中，使合作化的手工業者達到全部手工業人口的29%[57]。所謂合作社體系主要分生產小組、供銷生產合作社和生產合作社三種，依其合作化的程度而有區別。到1956年底，只8%不到的手工業者未被納入合作社體系了。幾乎所有的手工業者，都在集中管理、統一核算的原則下，成為國營工商業體系的一環。即便還沒有變成拿固定工資的薪水階級，也因為加入了合作組織，嚴重地依賴國營和集體經濟，而被納入了中共的計畫經濟體系裡面了。

私營工商企業改組後，是否效率大增？中共的統計顯示，1955年公私合營企業設備利用率，比一般私營企業要高10%～20%。由於勞資矛盾緩和，公私合營工業勞動率也比私營企業高一倍。加上國家投資擴建，1956年總產值比以前增加了32%。就企業盈虧來說，1954年底在受

54　程子華，《程子華回憶錄》，頁340-41。

55　中共中央文獻研究室，《建國以來重要文獻選編》，4：640。又說1952年「全國城鄉手工業工人和手工業獨立勞動者」約為1,930餘萬人，而1954年超過2,000萬人。其實這個估計包括農民兼營手工業生產的從業人員1,000餘萬。若專就獨立手工業者言，僅只約900餘萬，加上受雇於10人以下的工廠手工業資本家的手工業工人，纔有1,000餘萬人。參見同書，5：323；6：212。

56　程子華，《程子華回憶錄》，頁361。

57　關於手工業從業人數的估計，根據的是中共中央文獻研究室，《建國以來重要文獻選編》，8：334。

調查的241家上海公私合營企業中，除33家沒有足夠資料以外，有175家有盈餘，33家虧本[58]。問題是：上述這些數字反映的究竟是短期情況，還是長期趨勢？因沒有資料，難以作答。

可以確定的是，私營工商業部門被納入國家體制以後，變成國家機器的一部分，必須按照計畫經濟的原則處理。一方面為了管理被改造的私營工商業部門，國家的官僚機構擴大編制；另一方面國家按照計畫提供資金和原料，並決定價格和指定市場，因此又增加了許多職責。由於官僚機構十分龐大，而職責又異常繁重，難免顧此失彼。其次，公私合營企業像其他國營事業一樣，成為單純生產單位，日子一久，也出現其他國營事業的通病。它們因為折舊資金隨利潤上繳，所以無力更新設備，也因為原料、市場和利潤受到保障，所以缺乏競爭動機。商品的品質有每下愈況的趨勢，原來的名牌貨因為品質下降，變成滯銷貨。中共把這些現象都歸因於資本家的破壞，但也不得不承認，計畫經濟強調量的指標，不注意產品的品質，也是重要原因。由於統一收購公私合營企業的產品，廠家不能以優劣定價格，產品的品質更加低落。中共雖然不斷舉行生產競賽，生產效率卻始終難以大幅而穩定的提升。這不但影響到品種的更新，也影響質量的提高和固定資產的更新。另外，因為經濟規劃不周，廠礦經常會出現減產問題。

工作過分保障，出現鐵飯碗問題，這以小商戶最為明顯。小商戶依賴合營或組織吃大鍋飯，不願積極改善經營，也不願積極進貨銷貨。另一方面，政府組織小商販，採取全行業合營或工資定息的辦法，由於組織過分嚴密，小商販失去其做生意的靈活性，產品質量隨之下降，花色品種和經營時間隨而縮減，而服務態度更跟著變壞[59]。手工業者原本分散，勉強集中，使得農村原有的一些邊際行業消失，譬如走鄉串村的鐵匠，磨刀匠和理髮匠都不見了，對農民的生活造成種種不便。中共於是

58　陳雲，《陳雲文選，1949-1956》，頁320。
59　林李明，〈關於廣東資本主義工商業社會主義改造工作的報告〉，頁4-6。

決定，小商人繼續經銷代銷，資金暫不實行定息，易言之，不把小商人納入國家商業體系，小商人仍得自負盈虧，國家不給薪資，肩挑小販亦維持原來經營的方式，不加改變。

私營事業變成公私合營後，最大困難還是計畫經濟所要求管理制度的統一。以薪資制度爲例，公私合營前，私營小型企業的薪給可能多半不如國營事業，但大中企業平均工資卻多半比國營企業爲高，擔任實際工作職員的所得，往往是國營企業的1.5倍到2倍。前一類人當然希望薪資按照國營企業的標準提高，而後一類人則希望薪資維持原來水準不變。所以公私合營之後，薪資問題糾紛不斷。到1956年初，中共不得不與現實妥協，決定企業管理制度和所有從業人員的工資福利半年不動，以後則視實行狀況改變。據此原則，中共決定薪資高者不變，低者則一次或分年逐步調高[60]。同時爲了減少實行公私合營政策所產生的動盪，下令在今後半年內不得隨意併廠併店、調整商業網、輕易改變服務項目和人事安排。

1957年底，未改造的資本主義工業產值，占全國工業總值不到0.1%，私營商業只剩下個體商業，零售額只占全國零售總值的2.7%。資本主義經濟下降到全國工商業總值的0.1%以下。私營工商業可以說已全部納入國家工商業體系。此時，這個國家工商業體系有工業職工1,600萬人，商業職工236.8萬人，合作社職工168萬人，其規模龐大無比。

※　　　　　　　※　　　　　　　※

不論中共如何強調新民主主義社會的長期性，只要時機成熟，他們就會把社會從新民主主義階段帶向社會主義的。只是時機的成熟，不僅比大部分私營工商業業主想像的快，也比大部分中共黨員所預想的要快。1952年底，中共統治下的國民經濟已大體恢復，而韓戰也已進入了尾聲，中共準備把注意力從國外移回國內。中共認爲以個體經濟爲基礎

60　陳雲，《陳雲文選，1949-1956》，頁302，314-15。

的現代化方案完全破產，中國所剩餘的抉擇，只有蘇聯模式的集體經濟和計畫經濟。這是中共以俄爲師的一貫立場，不過直到這個時候才有付諸實現的可能。其實，爲了這一時刻的盡快來臨，中共在建國最初三年的許多作法，雖然有其固定的短期目標，卻也無時無刻不兼顧向社會主義過渡這一長期目標。所以五反運動，不僅打擊了個別的私營工商業業主，而且抹黑了整個資產階級。中共協助私人工商業，不是幫它們度過難關，而是養成它們的依賴性，在他們脖子上套上緊箍兒。中共同時大力發展國營企業，一旦國營企業能夠取代私營企業的功能，便立即發出公私合營的號召，而一旦發出公私合營的號召，私營工商業業主非僅無抗拒的能力，百般無奈之下，也只好要求公私合營了。

毛澤東曾說：「只出這麼多錢，就可以買一個階級」，認爲買賣非常合算。這個階級共有86萬人。但是收買這一個階級以後，中共負擔的責任會增加多少就沒有考慮到了。我們要注意，這86萬人當中不包括70萬小業主或獨立勞動的工商業業主在內。他們這兩類人之所以能夠在中國社會存在，就是因爲中國社會的產業不發達，仍處於半自然經濟，因此他們依憑個體經濟的靈活性，以克勤克儉彌補資金短缺和技術落後的缺陷。中共把他們納入黨國體制之內，不但失去了一個可以發揮作用的私有經濟部門，反而因爲必須照顧他們，爲自己製造了莫大的經濟負擔。關於這些問題，當時中國大陸並未出現任何討論，絕大多數人在意識形態方面盲信社會主義和蘇聯的所謂先進經驗，所以不但熱烈響應毛澤東的號召，甚而直接參與改造所謂資產階級的工作。私營工商業業主無計可施，只有引頸就戮一途。中共認爲向社會主義過渡是進步的證明，現在如此容易地便收買了一個階級，難怪毛澤東有點躊躇滿志，而想來嘗試新一輪的改造中國了。

第三節　從百家爭鳴到反右運動

　　中共建國以後，中國大陸到底有多少知識分子？這個問題的答案端視知識分子如何定義。如果把知識分子界定為受過中等以上教育，則中國約有三、四百萬人，占總人口的0.7%左右，而其中受過大學以上教育的有6萬餘人，可以說是高級知識分子[1]。這些知識分子，尤其是高級知識分子，學文法的為多，學理工的較少。他們絕大多數出身較富有的家庭，在農村中是地主士紳，在城市則為私營工商企業者或政府官員家庭，但是就職業而言，他們比上一代更依賴政府的雇用。他們主要分布在政界、文教界、新聞出版界，以及國家政權機關，僅小部分在科技界和工業界。知識分子中只有7%不到的人參加中共革命，其餘都生活在國民政府的統治地區內。這些地區內的知識分子，歷經抗戰和內戰的雙重打擊，多處於貧窮的困境，其中受薪階級更面臨破產邊緣。國府統治區的知識分子後來選擇播遷台灣的僅占極少數，其餘多半都懷著殷切的盼望，歡迎勝利的中共到來[2]。

　　強烈的愛國主義是近代中國知識分子的特性。中共對待黨外知識分子的態度，頗有「倡優蓄之」的味道，以維持他們原有的生活水準為原則，把他們「包」了下來。但是中共也非常實際，承認知識分子對治理國家的重要性，因此在他們絕對服從中共領導的前提下，也千方百計地予以網羅，運用他們的知識和影響力，以圖加強所謂社會主義建設。中共成立政權以後，擴大編制，大量開放知識分子參與政治的途徑，任命其中享有清望者為國家副主席或正副部長，並透過民主黨派，給予他們在各級政治協商會議擔任代表的禮遇。不少知識分子

---

[1]　關於高級知識分子人數的估計，見中共中央文獻研究室，《建國以來重要文獻選編》，8：17。

[2]　李維漢，《回憶與研究》，頁810。

因為經濟上依賴中共，心理上復有未能參加中共革命的愧疚感情，因此也竭盡所能配合中共，以效犬馬之勞。

中共改造知識分子的工作，是隨著政權的鞏固而加緊的，最初的要求也不高。知識分子因為心中的愧疚而承認自己需要改造。因此他們對中共的思想改造工作，與其說是抗拒，毋寧說是歡迎。只是中共設想中的思想改造，並不如想像中容易達成目標，其有效程度也難以估量。1956年年初，毛澤東已初步完成了所謂一化三改工作。這也就是說，經過三年的努力，根據第一個五年計畫，已建立了一個粗具輪廓的重工業基本體系。而在生產關係方面，則不僅把農民納入集體化以後的合作社體制內，也把資本家經營的工商企業和手工業者經營的私有事業，納入國家控制的工商貿易體系之中。這一改造歷程，並非無往而不利，相當規模的工人罷工和農民退社事件就在這一年出現。但比起蘇聯，中共不曾展開血腥殺戮，比起東歐共產國家，中共也不曾引發嚴重內亂。毛澤東遂不免「顧盼自雄」，以為盡入其彀中的知識分子一定會予中共以極高的評價。

然而，毛澤東環顧國外，卻不免憂從中來。就在1956年，赫魯雪夫全面否定共產主義的聖人——史達林，隨後波蘭和匈牙利相繼發生動搖國本的嚴重暴亂。毛澤東三思之後，認為勝利的中共，必須以蘇聯和東歐共產國家為鑑，保持謙虛，他明白中國大陸縱使已朝社會主義過渡，內部仍然存在著許多矛盾，若不加正視與妥善處理，則中共勢將重蹈覆轍。毛澤東在檢討過去之後，深知中國的未來發展有賴於全國人民積極性的「調動」，特別是知識分子的幫忙。中共建國後，知識分子由於人民政府對其採取「包」下來的政策，遂淪為寄生於體制內的階層。中共對他們的政策是團結和改造，團結他們，讓他們參與「新中國」的建設；改造他們，讓他們成為馬列主義和毛澤東思想的信徒。毛澤東在重新檢討未來發展策略時，似乎認為知識分子對中共已經心悅誠服，如果他們仍有不滿，頂多也只是意識形態層面下的

一些問題。若是中共提供發抒的管道，知識分子的不滿自然立即消失，中共反而可以利用知識分子的批評，監督黨政官僚體系。

對毛澤東的這個想法，中共其他領袖最初表示懷疑。知識分子在知道毛有鼓勵批評之意後，反應也頗為冷淡。毛澤東並不氣餒，仍堅持己見，力排眾議，再三邀請知識分子幫助黨的整風。中共其他領袖改變態度、與毛一致行動以後，不料知識分子的反應卻是從一個極端走向另一個極端。知識分子一旦相信毛澤東的廣開言路是誠心誠意的，便忘記自己缺乏「社會基礎」，而必須依賴中共政權維持生活，他們於是像被動員的農民一樣，不僅打破沉默，而且大放厥辭，甚至毫無顧忌地批評中共。只是「趙孟能貴之，趙孟能賤之」，中共能夠鼓勵大鳴大放，當然也就能夠阻止大鳴大放，甚至在知識分子大鳴大放言論的基礎上展開反右運動。毛澤東喜歡說「皮之不存，毛將焉附」。大鳴大放的知識分子忽然醒悟，他們嚴重依賴中共，於是勉強開始自我批評。可是即便如此，也還是避免不了右派分子的罪名。雖然在毛澤東所謂的寬大政策之下，被處決的屬極少數，但是頂著反革命的帽子，成為人人可以欺壓的政治賤民，苟延殘喘，日子之難過，也不見得比肉體消滅要來得好。

一、知識分子貧窮化和自疚心情

早已加入中共的知識分子，隨著共軍勝利，以幹部身分回到各大城市，當然對自己的政治選擇，多少有一點喜悅和自豪。至於那些來不及參加中共革命的知識分子，儘管出身的階級並不合中共胃口，但由於中共強調與民族資產階級及小資產階級共組聯合政府，而很快擺脫忐忑不安的心情，熱烈支持中共政權。有一些海外知識分子，因為強烈的民族國家認同，更自願回到中國大陸去參加所謂新中國的建設。這些歡迎中共勝利的知識分子，多半有強烈的自責心情，後悔自己未能及早認識馬列主義的「真理」，更後悔自己未能及早參加此時

已經在他們心中開始史詩化的中共革命。在面對那些從中共統治區來
的知識分子老友時，尤其倍覺慚愧[3]。

　　中共進入大城市之初，對知識分子的態度，基本上算相當寬厚。
原本在大專院校教書的，仍舊教他的書，原來在機關單位任職的，也
續任其職，一切維持原狀；失業知識分子的基本生活反而得到前所未
有的照顧。中共還把知識分子分別編入自然科學工作者、社會科學工
作者、教育工作者或新聞工作者等協會。其中比較特殊的是文學藝術
界的社會團體。參加文藝界聯合會及其下如作家協會這種團體，不但
不用繳納會費，反而像進入政府機關一樣，有固定薪資可領，作品也
有該團體的刊物可供發表，甚至一年半載沒有創作，也用不著擔心饑
寒凍餒[4]。總的說來，中共透過「包」下來的政策，變成知識分子最重
要的衣食父母。他們對名氣響的知識分子更是慷慨大方，盡量滿足他
們的物質生活。民主同盟的羅隆基投奔中共以後，只是一個人生活，
卻享受四級幹部的部長級待遇，擁有一個秘書、一個廚師、一個司
機、一個護士、一個保姆、兩個警衛，外加一部汽車，以及前北大校
長的私人四合院住宅一棟[5]。這種優渥的待遇，加上官位和職務，決非
國民黨時期「貧窮化」以後的羅隆基所能想像的。難怪羅隆基對中共
政權深感知遇之恩，對毛澤東尤其感激涕零。重慶時代因為反蔣而遭
囚禁的經濟學家馬寅初，於1951年被中共延攬為北京大學的校長，他
也有同樣的感覺。馬寅初履任以後，全力配合中共的政策，竟公開宣
稱，大學校長心中只應有政府規定的工作任務，不可獨出心裁而另有
自己的建校方針[6]。

3　一個典型的例子是北大教授季羨林。見季羨林，《牛棚雜憶》，頁245-47。
4　瞿志成，《中共文藝政策研究論文集》，頁205-08；中共中央文獻研究
　　室，《建國以來重要文獻選編》，4：78-79。
5　葉永烈，《沉重的1957年》，頁2-3。
6　楊勛、徐湯莘、朱正宜，《馬寅初傳》，頁170。

　　1949年11月，美學大師朱光潛首先在《人民日報》發表自我檢討，隨後享有盛名的社會學家費孝通和哲學家馮友蘭等人，也都紛紛自我批判，公開宣布與舊的自我及舊的社會一刀兩斷，並決心按照新社會的需要重新創造自我。1950年1月，毛澤東要求知識分子參加土地革命，要他們親自參與開大會、畫分階級、鬥爭地主和沒收土地、農具的過程。毛澤東洞徹了知識分子對農村社會的罪過感，利用他們的參與，為土地革命爭取正當性，同時也爭取他們對中共政權的認同感。同年6月，中共成立政權約半年以後，毛澤東纔公開發表談話，要求知識分子進行自我改造。他指示各大學開辦六到八個月的革命大學，以便大規模推廣學習運動。當時，無論老師或學生都積極響應，惟恐自己成了滄海遺珠。這次運動的主要目的則是學習馬列主義和毛澤東思想，以便自我改造。所使用的方法與整風大體相同，無非是聽報告、讀文件，聯繫本人思想和學校情況，進行檢討等等。不過規定的運動時間比較短，上級的要求也比較鬆。中共並不強迫反省，反而有不少知識分子，因為不曾及早參加中共革命而懷有強烈的罪惡感，因此批評和自我批評特別熱烈，更乘機表達對新政權的擁戴。

　　1951年5月，毛澤東認為知識分子的改造固然出奇順利，卻不容過分樂觀，因為經過將近一年的知識分子改造後，電影當局竟然推出《武訓傳》這部片子，而佳評竟然也如潮水湧至，到處都是讚美文章。這部電影從1950年12月開始上演，描寫的是：武訓這個窮漢為了提高家鄉的教育水平，四處行乞，然後把乞討得來的錢，一文一文地攢集起來，以為興學之用。對電影當局而言，這部片子只是讚美武訓的興學精神。不料，在階級鬥爭觀念分明的毛澤東眼裡，讚美武訓精神，實無異於鼓吹階級投降。武訓身受傳統「封建」社會壓迫，竟然不鼓勵農民武力反抗，反而向「封建統治階級」屈膝，並宣揚「封建」文化的價值，根本就是對「革命」的褻瀆，理應批判，如今卻舉國讚美，顛倒是非，是可忍，孰不可忍！毛澤東於是派江青實地調查

應當重視電影「武訓傳」的討論

社論

在發揚鬥爭同志⋯陶行知先生表揚「武訓精神」有憤慨激義嗎？⋯⋯一文時，我們還希望因此引起對於電影「武訓傳」的進一步的討論。

爲什麼需要重視這個討論呢？

「武訓傳」所提出的問題帶有根本的性質。像武訓這樣的人，處在滿清末年中國人民反對外國侵略者和反對國內反動的封建統治者的偉大鬥爭的時代，根本不去觸動封建經濟基礎及其上層建築的一根毫毛，反而狂熱地宣傳封建文化，並爲了取得自己所沒有的宣傳封建文化的地位，就對反動的封建統治者竭盡奴顏婢膝的能事，這難道是我們所應當歌頌的嗎？向著人民群眾歌頌這種醜惡的行爲，甚至打出「爲人民服務」的革命旗號來歌頌，甚至用革命的農民鬥爭的失敗作爲背景來歌頌，這難道是我們所應當歌頌的嗎？承認或者容忍這種歌頌，就是承認或者容忍污衊中國農民革命鬥爭，污衊中國歷史，污衊中國民族的反動宣傳爲正當的宣傳。

「武訓傳」的出現，特別是對於武訓和電影「武訓傳」的歌頌竟至如此之多，說明了我國文化界的思想混亂達到了何等的程度！

試看下面自從電影「武訓傳」放映以來，北京、天津、上海三處城市中報紙和刊物上所登載的歌頌「武訓」和歌頌電影「武訓傳」的論文的一個目錄，就可以看出這種歌頌「武訓」和電影「武訓傳」是一個不完全的目錄。

目錄

作者	報刊	刊載日期	論文題目
孫瑜	光明日報	二·二六	記「武訓傳」
李士釗	光明日報	二·二六	「武訓畫傳」
陶宏	光明日報	二·二六	「武訓傳」電影
羅維	工人日報	二·二六	「武訓傳」不能接受
管大同	光明日報	二·二七	關於「武訓傳」的一些意見
繁光	新民報	二·二七	對「武訓傳」的意見
王唐發	新民報	二·二七	我怎樣演關於武訓
谷	新民報	二·二七	
凰風	新民報	二·二八	看了「武訓傳」
盧若	光明日報	三·一○	「武訓傳」觀後
錢兆鵬	新民報	二·一五	
項堃	北京文藝二卷一期	三·一	武訓傳
江林	新民報	三·一一	「武訓傳」觀後
蜡木薩林	光明日報	四·二	在苦難中
楊明			
田家英	新民報	五·五	「武訓傳」能表現我們祖先的偉大嗎？
趙恒	天津日報	三·一九	導「武訓傳」
阮鴻遠	進步日報	三·一九	看了「武訓傳」
梁升	進步日報	三·一	「武訓傳」
夏文藩清	天津日報	三·二三	
步文丁			
李時偉	天津屋報	三·二八	
文欽	天津屋報	三·二九	育才學校「武訓傳」

〈應當重視電影《武訓傳》的討論〉。這是毛澤東撰寫的《人民日報》社論。1951年5月20日發表。在這篇社論中毛澤東把電影《武訓傳》升高到路線層次來批判，開了學術和藝術問題政治化的惡例。

武訓歷史，再按照先入為主的思想框框，證明武訓是為反動階級和反動政府服務的「大流氓、大債主和大地主」。有了這樣的歷史結論，再回過頭來批判電影本身。

毛澤東的批判有無道理，見仁見智，但是他確實擁有思想領導的權力，因而一聲令下，中共所控制的文宣機器立即啟動。黨官僚和積極分子隨後為文響應，不僅涉案幹部必須認錯檢討，連負責文教宣傳的領導和教育界耆宿也不得不自我批判。各方壓力之重，甚至總理周恩來也覺得必須出面，主動為這部影片承擔責任[7]。根據毛澤東所提倡的動機和效果一元論，壞效果不可能有好動機，好動機不可能有壞效果，教育部副部長錢俊瑞認為，武訓的興學效果既然是鞏固「封建」秩序，就不可能良好的動機[8]。由誰來決定效果的好壞？當然不是知識分子本身。在黨官僚和積極分子口誅筆伐所造成的緊張氣氛中，敏感的知識分子開始醒悟，為人處事最重要的關懷並非實事求是，而是站穩階級鬥爭的立場，尤其必須迎合中共的思想標準，否則，隨時隨地都有受到官方圍剿的可能。其嚴重後果不只是失業而已，極可能是長期坐牢，或淪落為政治賤民。

中共就是在這種政治氣氛中，針對被留用的國民黨人員和新吸收的知識分子展開「清理中層」，要求在夏秋兩季以延安的整風審幹方式，在各民主黨派、政府、軍隊、民眾團體及財政、文教機關，經思

7　〈關於武訓問題的筆談〉，《人民教育》，1951年7月，第3卷第3期，頁17-32；會林、紹武，《夏衍傳》，頁320-21；胡喬木，《胡喬木文集》，3:393-94；倪振良，《命運交響曲——趙丹傳》，頁3, 346-48, 355-59。展開批判後，周恩來主張「對事不對人」、「是思想問題而不是政治問題」，只可以開座談會，不要開鬥爭會和批判會；電影主角和導演願意自我檢討最好，否則也不勉強。見中共中央文獻研究室，《周恩來年譜，1949-1976》，1：158。實際的情形是，主演武訓一角的趙丹，受到全國性的批判，被冷凍和停演兩年電影，同時必須作檢討。

8　錢俊瑞，〈從討論武訓問題我們學到些什麼〉，《人民教育》，1951年9月，第3卷第5期，頁7-8。

想醞釀之後，號召「有問題的人」坦白，或檢舉「有問題的人」[9]。

　　對上述作法，民主人士的北京大學校長馬寅初似乎一無所悉，這一年9月卻在學校裡發起學習運動，邀請毛澤東、劉少奇、周恩來和彭真前來北大講演。毛澤東立即抓住此一機會，要教育部長馬敘倫在全國各地展開思想改造運動。馬敘倫是大知識分子，著名的民主人士，不論是否了解此一運動的實際意義，亦當即全心全力投入此事。而其他著名民主人士和大知識分子，比如天主教輔仁大學校長陳垣，則發表文章響應。馬敘倫於是率先在教育部內成立學習委員會，然後在平津地區的各大專院學成立學習分會，展開馬列主義的學習，同時批評所謂歐美反動資產階級的文化思想，批評個人主義和自由主義的庸俗，一直到把運動升高成為批判新文化運動領袖胡適的運動，逼胡適的兒子胡思杜公開發表文章，「大義滅親」，和父親劃清階級路線。這時，整個國家既然承認馬列主義和毛澤東思想為社會科學的真理，當然任何和它們打對台的思想也都要遭受嚴屬批判。

　　1951年10月，中共宣傳部門又以文藝界為對象展開整風。他們通過官方實際控制的各地作家協會，組織作家學習毛澤東在「延安文藝座談會上的講話」。這次延安講話的中心思想非常簡單，就是文藝必須為政治服務，不能獨立於黨的控制之外。所以學習文藝講話，便是要求作家寫作時，合乎黨的政治需要，否則，寫出來的作品便會遭受批判。此一時期的文藝整風，除學習文件和大學內的學習運動稍有不同之外，其餘所用辦法大體相同。基本上沒有逮捕威脅，可是學習如果不認真，很可能會被戴上一頂「反動派」的帽子，從而喪失文藝團體的會籍。當時，作家沒有會籍，就等於失業，沒有作品出版機會，更沒有任何生活津貼。文藝作家面臨這些可能的後果，當然知道如何正確對待整風。

9　鄭惠等，《中國共產黨通志》，1：205。

知識分子自動學習《毛澤東選集》。1951年10月《毛澤東選集》
第一卷出版發行。青年知識分子排隊購買,掀起全國性的學習毛
澤東著作熱潮。

　　隨著文藝整風的開展,知識分子的學習運動,在1951年底的三反
運動中變得如火如荼[10]。到次年年初,毛澤東擔任主席的政治協商會

10　中共中央文獻研究室,《建國以來重要文獻選編》,3:11-13。

議全國委員會，甚至決定在全國各地成立學習委員會，組織學習班，以一到兩個月為期，學習馬列主義、毛澤東思想和中共中央政策，並據以開展整風，進行批評和自我批評，包括檢舉和坦白[11]。這時一般老百姓不清楚的「清理中層」運動達到了巔峰。在思想學習和「清理中層」的過程中，有幾個高級知識分子被當作典型來批判。其中一個有名的例子，便是廣東省文教廳機關刊物《廣東教育與文化》的主編秦牧。秦牧是民主同盟的盟員。他在雜誌中刊登了幾篇文章，上級機關認為他犯了原則性的錯誤，乃「小資產階級個人主義」的表現，並在其機關刊物《人民教育》中進行批評。秦牧不服，撰文反唇相稽，結果遭致更大的政治壓力。上級不但找他個別談話，而且緊接在報紙的批評之後，召開大學校長、教授和民主人士的座談會，點名加以圍剿[12]。很有意思的是，所謂民主人士竟然把批評秦牧一事，看成是知識分子改造、尤其是民盟人士自我改造工作的一環，所以也積極參與，搶著在秦牧頭上扣帽子[13]。

　　毛澤東總認為知識分子，是依附小資產階級和民族資產階級而存在的。其實，中共建國以後，知識分子依附的是中共政權，而依附思想之深，尤其嚴重到不辨是非的地步。當時最高學術機構中國科學院近代史研究所所長范文瀾發現，在中共的新社會裡，研究「社會科學的，有不少稿子無人問津，不能出版，或出版後受了批評，忙得無辜的書店老闆滿頭大汗，口吐怨言，趕快把書收拾起來送到造紙廠去改造。」范文瀾為書店老闆大抱不平，奇怪的是，他不從出版自由考量問題，反而抨擊知識分子沒有「改造」好思想，所以纔會寫出不合政府思想檢查的書籍，否則書店老闆就不用如此「勞民傷財」了。范文瀾沒有考慮過，為什麼中共有權力決定什麼樣的社會科學書籍可以出

11　徐達深主編，《中華人民共和國實錄》，1：604-605。

12　光明日報社，《思想改造文選》，3：6-13。

13　同上，3：53-54。

版，而什麼樣的作品不可以出版[14]。

中共經由非黨民主人士的熱心參與，推廣其思想改造運動，化阻力為助力，減少了許多困難。大知識分子對思想改造的擁護和認同，更使得中共理直氣壯。中共還以思想改造運動和抗美援朝運動交相為用，利用民族主義情緒的刺激，把學習改造運動推廣到全國各地。1952年初，全國高等學校教師的91%，大學生的80%，以及中學教師的75%，都投入了這項運動。知識分子像延安整風初期一樣，先學習指定的文件，再進行批評和自我批評，也就是坦白反省和檢舉揭發。一般說來，這段期間中共中央給各級黨官的壓力，在於追究有多少知識分子參加學習，而不是計較有多少知識分子被打為反革命分子，所以無論學習、坦白和揭發，都強調以自願為原則。各機關單位中的「清理中層」也同樣謹慎，強調避免「逼供信」。

總之，這段時期的思想鬥爭不算嚴峻，僅少數人真正遭殃。以高等學校為例，除2%的人過不了關以外，13%的人受到反覆批評，10%到25%的人受到「適當批評」（可能是一兩次口頭批評），其餘絕大多數人只要自我檢討便輕鬆過關[15]。雖然如此，由於單位領導的操縱或群眾的無知，群眾的過左行為已經發生。有些人受不了精神壓力而自殺身亡，也有些人被迫講假話過關。然而大體而言，不為已甚。中共的目的是累積足夠的人事資料，再加以徹底清查，然後建立經常性質的政治機構，以便管理學校的人事[16]。據說，經過三反和思想改造運動

14　光明日報社，《思想改造文選》，2：6-7。

15　當時當眾檢查自己的思想叫「洗澡」。洗澡有大中小盆之分，北京大學的作法是：在部分同仁面前自我批評叫小盆，在全系師生面前自我批評叫中盆，在全校師生面前自我批評叫大盆。季羨林，《牛棚雜憶》，頁248。關於此時上海復旦大學進行思想改造的情形，參閱葛劍雄編，《譚其驤日記》，頁307-388，以及葛劍雄，《悠悠長水──譚其驤前傳》，頁184-238。楊絳有長篇小說《洗澡》，也是描寫這時期的思想改造。見楊絳，《楊絳作品集》，第1卷。

16　中共中央文獻研究室，《建國以來重要文獻選編》，3：174-78。

之後，知識分子開始接受階級鬥爭的世界觀，知道必須站在所謂無產階級立場看問題，進行批評和自我批評，以求改造人類和世界。實質上更重要的後果是，中共延安時期建立的人事檔案制度，在深度和廣度上都進一步擴展了它的範圍與內容。中共為已知的全部高等知識分子建立人事檔案。這些人事檔案，包括個人傳記、階級出身、社會關係、海外關係、政治歷史、自我批評、別人檢舉、上級結論等等，相當完整，成為以後中共人事管理，亦即聘任、昇遷和獎懲工作，甚至搞任何清查或運動的基本資料[17]。不久之後，這些政治機構的管轄範圍更擴及到各級學生，尤其是大中學生。中共從實行計畫經濟以後，大中學畢業生的工作由國家統一分配，學校的政治機構可以根據學生的政治表現，決定學生的未來[18]。

　　中共趁韓戰爆發，號召國內肅清美、英等國的影響。在愛國主義的感召下，知識分子紛紛發表懺悔言論，承認受美、英資本主義國家教育的「毒害」，以致不了解真相，盲目崇拜追隨。隨著韓戰的展開，中共在肅清知識分子對歐美國家的好感和崇拜的同時，進一步動員知識分子控訴和反省，力圖灌輸其對蘇聯的好感而自動自發向蘇聯學習。為了推動知識分子的蘇聯化，中共派遣38,000人前往蘇聯，同時更請蘇聯派一萬名專家前來中國協助工作。蘇聯專家中約有600人在高等教育機構任職，他們協助中國同僚大量翻譯蘇聯教科書和其他出版品，並在高等學校建立俄文課程，推廣使用俄文。中共在其協助下，根據蘇聯模式，全面調整全國的高等院校結構，除保留13所綜合性的全科大學以外，其餘完全改制為理工醫農的專業大學，另外又設立26所石油地質等工程學院。有趣的是，中共減少文法科學生和增加工程人才的政策，雖說是受蘇聯的影響，精神上卻承襲國民政府南京時期的教育政策。不過，中共在大學教育裡雖然重視思想教育，但在專業

17　楊寬，《歷史激流中的動盪和曲折——楊寬自傳》，頁170。

18　中共中央文獻研究室，《建國以來重要文獻選編》，3：320-22。

教育和通才教育兩者的取擇之間，卻受蘇聯影響，偏重專業訓練。

二、山雨欲來風滿樓：對知識分子的幾次思想鬥爭

　　1953年以前，中共以比較溫和的手段改造知識分子，但是同年8月發生的梁漱溟事件，卻顯示了知識分子冒犯毛澤東後可能產生的惡果。梁漱溟在公開的政治場合中，批評中共對農民照顧不夠，城鄉差距有如「九天九地」。毛澤東嚴辭反駁，而梁漱溟則認為毛澤東不僅誤解了他的說法，而且言之過重，要求收回。毛澤東置之不理，梁漱溟也不肯就此罷休，互不相讓。更嚴重的是，毛在盛怒之餘，竟然容許其他中共領導人發言，從梁漱溟的過去歷史，證明梁一貫反動，甚至隨後火上加油，指斥梁漱溟是「偽君子」，「用筆殺人」。

　　其後，梁漱溟雖一再發言要求自我澄清，但毛澤東卻繼續冷嘲熱諷，而且用辭極其尖銳，上行下效，以致會上出現梁漱溟閉嘴之類的口號，甚至形成批判梁漱溟的大會。這一事件雖然是偶發的，大部分知識分子也不了解其中詳情。但由此可以了解，毛澤東「聽取意見」的雅量有其限度，他聽到逆耳忠言後，不一定能控制自己的情緒，而他情緒激動時的一言一行，很容易把理應「民主說理」的場合，變成「鳴鼓而攻之」的批判大會。所幸，毛澤東尚無意「乘勝追擊」，發動黨的宣傳機器，對梁漱溟展開圍剿。但是結合個人早期歷史的批判方法，卻在延安時期的王實味案後，於批梁事件中再次樹立中共處理政治異見的榜樣[19]。

　　批判梁漱溟，還可以說是偶然的插曲，但是對胡適和胡風兩胡的批判，卻不能作如是觀了。從中共建國以後，中共的宣傳部門就不斷針對兩人提出過批判，然而從1955年開始，對兩人的批判則像地氈式

19　鄭直淑，〈毛澤東與梁漱溟的歷史公案〉，頁137-54，見張玉鳳等著，《毛澤東軼事》。

轟炸，席捲全國。早在中共宣布向社會主義邁進的總路線的1953年底，中共就開始加強對資產階級思想的批評和對社會主義思想的宣傳了。不過，在毛澤東看來，整個工作流於形式，如果沒有像延安整風一樣有個王實味一樣的典型人物，可以具體說明什麼是資產階級思想，則文藝宣傳所起的作用不大，而思想戰線上的階級鬥爭也不可能轟轟烈烈。可是像王實味這樣的人物，也不可能完全憑空製造。直到1954年底，毛澤東纔在《紅樓夢》大師俞平伯身上找到一個突破口，藉以激起中共中央宣傳部門的熱情，並以之掀起批判自由主義大師胡適的全國性運動。胡適當時不在大陸，對他的批評始終像紙上談兵，當毛澤東從文藝理論家胡風身上找到批判對象時，纔真正掀起一場驚心動魄的思想批判運動。毛澤東的目的都是為總路線醞釀輿論，以便讓整個國家在批判資產階級思想中，向社會主義過渡[20]。

　　俞平伯是胡適考證《紅樓夢》的嫡傳弟子，他就如胡適一樣，認為《紅樓夢》一書乃是曹雪芹的自傳，並從此一觀點考證《紅樓夢》一書。俞平伯的紅學觀點雖然饒有爭議，但基本上只是一個學術問題，本來就和政治風馬牛不相及。儘管如此，小心謹慎慣了的俞平伯，在出書之前，還是把作品送給毛澤東的親信胡喬木過目，並得到鼓勵。不料文章發表以後，卻引起兩位名不見經傳的山東作家李希凡和藍翎的批判，說他的考證方法煩瑣，是「資產階級的唯心論」，目的是在隱晦《紅樓夢》批判封建主義的性格。這篇批判文章投到中共文化部主辦的《文藝報》後，負責人馮雪峰卻以該報是黨報，不提供學術辯論的園地為理由，婉拒刊登，沒想到這個舉動為他惹來大禍。雖然李希凡和藍翎得到山東大學《文史哲》學報編輯的同意，不久便在該學報發表了這篇文章，但很懂得窺伺上意的山東省委書記康生，透過江青，告訴毛澤東這件事情。當時毛澤東正想找理由掀起一場批

20　龐松、王東，《滑軌與嬗變》，頁188-89。

判胡適的運動,而這個事件正好提供他一個引爆點。毛澤東於是抓住
這個把柄,立即公開批評馮雪峰。毛澤東說俞平伯研究《紅樓夢》的
立場正是胡適研究《紅樓夢》的立場,而俞平伯販賣的思想也正是胡
適的思想、資產階級的思想、西方資本主義的思想,而身爲資深黨員
的馮雪峰居然不知,令人訝異;有人見微知著,看到問題,自動批駁
俞平伯,馮雪峰卻不准其發表文章,真是「貴族老爺」一個,專門欺
壓「小人物」。

　　在中共中央宣傳機器中,周揚等文藝黨官早已和同情俞平伯的馮
雪峰積不相容。這些文藝黨官得到毛澤東的指示後,當然對整個批俞
運動異常熱心,尤其熱心打馮[21]。不久,馮雪峰便被迫公開檢討,並
被撤消職務。面對彌天蓋地而來的無情撻伐,俞平伯瀕臨精神崩潰,
中共文藝黨官卻只關心他們的批判有無效果,經由統戰部門動員民主
黨派,再經由民主黨派動員他的密友力勸他認錯反省。當文藝黨官轉
告他,中共的目的只是批評「錯誤的學術思想,而不是政治上打倒
他」時,俞平伯終於同意發表自我批評了[22]。俞平伯萬萬不曾料及,
項莊舞劍,志在沛公,對他的批評只是引子,毛澤東的真正目標是胡
適。毛澤東正要針對胡適發動一場徹底清除「資本主義」思想的批判
運動,如果俞平伯肯認錯檢討,他對胡適的批判便更加振振有辭了。
俞平伯在認錯檢討後,個人雖然得到安靜,不再受到打擊,但是批判
胡適運動卻因爲他的公開認錯而推向高潮。霎時之間,全國報章雜誌
都是批判胡適資產階級思想的文章,由文藝一個園地而擴及哲學、歷
史學、教育學、政治學和心理學各範圍,而且歷時長達一年之久,不
見衰息跡象。各地文聯和中國作家協會之類的群眾組織,隨中共宣傳
部門的指揮棒起舞,把批判胡適運動辦得高潮迭起,轟轟烈烈,證明
他們本身是中共思想圍剿的理想工具。

21　毛澤東,《建國以來毛澤東文稿》,4:589,599-604,620-21。
22　李維漢,《回憶與研究》,頁807。

　　胡適和俞平伯都是黨外人物，胡適個人更遠在太平洋的彼岸。中
共把批評的利箭對準他們，顯然有點虛幻不實。中共需要在黨內另覓
典型人物，以為箭靶，否則，仍難以達到清除所謂資產階級思想的政
治目標。湊巧此時胡風批評文藝黨官的事件發生了，所以毛澤東在
1955年上半年，又以胡風為王實味，發動文藝黨官批判胡風，藉以強
化反資產階級思想運動。胡風原是魯迅的入門大弟子，是一個擁有日
本共產黨黨籍的中共同路人。他在左翼文壇擁有相當的威望，也有一
批奉他為精神領袖的左翼分子和中共作家，形成一個小圈圈。1930年
代，胡風在上海已經和中共後來主持宣傳部門的文藝黨官有過爭執；
1940年代，他在重慶宣揚左翼文學時，更和這些文藝黨官發生嚴重摩
擦。這些黨官自延安整風以來，奉行毛澤東的文藝政策不遺餘力，視
胡風的某些看法為異端邪說。不過，因為胡風遠在國民政府統治下的
四川，不但輕易地逃過延安整風審幹運動的大劫，甚至還能大膽地堅
持己見。

　　胡風始終認為，自己所遭受的語言暴力和毛澤東無關，都是少數
中共文藝黨官的專擅自為。1950年春，毛澤東的秘書胡喬木親口說：
胡風對世界和歷史的看法，與中共黨組織不同。這是毛澤東的警告，
但胡風並沒有聽出弦外之音[23]。1952年6月，北京召開專門批評胡風
文藝思想的會議，胡風個性孤傲倔強，毅然赴會，卻終究抵不住「同
志」的「軟硬兼施」，不得不俯首認錯，作自我檢查[24]。此時中共中
央並未否認胡風是「同志」，胡風仍然相信毛澤東被文藝黨官蒙蔽，
而這些文藝黨官所執行的政策，並不是延安時期毛澤東關於文藝講話
的原意。他還認為，此心明月，只要時機恰當，說清楚事情原委，便
可以改變毛澤東心意，甚至可以取這些文藝黨官而代之。馮雪峰遭受

23　李輝，《胡風集團冤案始末》，頁35。

24　毛澤東，《建國以來毛澤東文稿》，4：83-84；李輝，《胡風集團冤案始
　　末》，頁108，112-20。

批評時，他以為反戈一擊的時機終於成熟，於是從1954年初春開始，以三個月的時間寫成了一篇長達三十萬言的諍言，呈交毛澤東參考。在這篇三十萬言書中，他批評中共黨官控制大陸文壇過苛，以致文學創作每下愈況，文藝千篇一律，毫無變化，既沒有多樣性，也沒有生命的內涵。胡風也批評過分強調「民族形式」的寫作方法，使得文藝作品的品質日趨低落。胡風雖然知道，自己這些言論和毛澤東延安文藝講話精神有扞格不入的地方，但是沒想到，豈止是扞格不入，根本就是背道而馳，除更加激怒毛澤東之外，只為毛澤東在另一波整風審幹運動初期找到新的王實味而已。

最諷刺的是，胡風的上書，最初石沉大海。他卻以為毛澤東對馮雪峰的批判，是站在像他這樣在中共文壇被壓抑的一群人這一邊的，所以乘機為文發洩自己的不滿，對老朋友馮雪峰大肆地指責。胡風認為馮雪峰和周揚等其他文藝黨官沆瀣一氣，沒想到周揚抓住這個機會，對他展開嚴厲的批判。1955年1月中旬，周揚根據毛澤東的指示，公布胡風上書的一部分內容，然而拒絕胡風要求同時公布胡風本人對其三十萬言書所作的解釋。約在同時，毛澤東公布了高、饒反黨事件，並在農業部門對主張反冒進的鄧子恢提出批判。批判胡風的列車一旦開動，就產生了自己的動力。胡風是嚴苛的文學批評家，為文常不為人預留餘地，在左翼文壇樹立了不少敵人，因此周揚很容易便動員了中國作家協會的會員。隨後的半年，中國各地的報章刊物充斥著對胡風的批判，各地方的作家即使不了解內情，也紛紛撰文響應中共中央的號召，而對胡風祭起「反黨」、「反人民」、「反馬克思主義」的帽子。

作家舒蕪和胡風關係密切，此時為了避免被株連，自動提供他和胡風來往的私人書信，沒想到這些私人書信竟然成了中共製造胡風「反黨」、「反革命」集團罪名的堅實證據。尤其糟糕的是，舒蕪的自保舉動，導致中共中央成立專案組徹查胡風的人際關係，因而造成

真正的株連；中共公安人員，像延安整風審幹時期一樣，開始非法搜查個人日記和私人書信，並進而任意抄家 [25]。就在各大城市展開批判胡風及所謂其「黨羽」的同時，毛澤東下令在相關機關單位成立胡風問題五人小組，專門處理此案。結果多達3,000餘人被殃及。經個別審查之後，逮捕92人，隔離62人，停職反省73人。最後定案時，有78人被誣爲胡風反黨集團成員，其中包括黨員32人。

胡風反黨集團案，受到全中國大陸文藝界的普遍注目。它雖然在人數上，比延安時期的王實味五人反黨集團要大得多，但仍只是一個株連不出5,000人的小案件，似乎不值得大驚小怪。不過當我們了解胡風反黨集團案，像延安王實味一樣，成爲當時中共在黨政軍民各機關單位展開清洗的藉口，就知道其重要性了。正因爲有這個案子，中共纔能像在延安搶救運動中那樣，號召清除所有「暗藏的反革命分子和反動分子」[26]。各黨政軍民機關於是開始詳細審查其成員，由上而下，從「中央黨政和軍隊的領導機關」到「縣、區兩級機關幹部」；從黨政軍民機關幹部到「廠礦、基建單位的職工」、軍隊營連基層和軍隊醫院以及中小學教職員；再從正式的黨政軍民單位到附屬和分散的單位、鄉村幹部以及公私合營企業職工，全部共分四批進行 [27]。

25　舒蕪後來在反右運動中，以雜文〈說「難免」〉而得罪了毛澤東，被打爲右派。舒蕪在這篇雜文中批評中共的肅反，他諷刺肅反幹部以「難免」犯錯，來推卸責任、寬恕自己。見朱正，《1957年的夏季：從百家爭鳴到兩家爭鳴》，頁123-124。

26　毛澤東，《建國以來毛澤東文稿》，5：148-49，218-21。潘漢年的案子也是毛澤東加緊肅反的一個原因。潘漢年在不久之前才向毛澤東報告他十年前秘密會見汪精衛的事情，毛澤東最恨的是事前不請示事後不報告，當年他已經聽到潘漢年會見汪精衛的謠傳，但是一直相信潘漢年的忠貞，還幫忙闢謠，不料十年之後才發現謠言是真的，所以他纔會在潘漢年的報告上批示：「此人以後不可信用」。見尹騏，《潘漢年的情報生涯》，頁157-71，236-43。因爲潘漢年的案件牽涉到中共和日僞政府關係的問題，相當敏感，所以當時只提胡風案，而不提潘漢年案。

27　呂澄等，《黨的建設七十年紀事》，頁323-24。

毛澤東批判的幾個大知識分子。胡適、梁漱溟、俞平伯、胡風和馬寅初。胡適是新文化運動的領袖，提倡民主和科學。梁漱溟是有名的文化保守主義者，被人尊稱為「中國最後的一位儒者」，但篤信佛教，佛學造詣頗深。他曾在山東鄒平從事鄉村建設，想在馬列主義之外為中國農村另找一條出路。俞平伯是胡適的學生，是研究《紅樓夢》的紅學大師，基本上是不問政治的純學者。胡風曾是日本共產黨員，他的馬克思主義文藝理論，自成一家之言。馬寅初是當面衝撞蔣中正的經濟學家，力主人口節育。

審幹過程中，數年來各公安單位分類整理的各種檔案人事資料，當即發揮了潛在的作用。中共建國後曾分別接收了國民政府和日偽政權檔案，並針對人事問題系統化地加以初步過濾和整理。這時各監獄、政治學習班和政治運動又抖出大量檢舉資料，加上各單位本身蒐集的人事和整風資料，中共遂史無前例地開始「內查外調」，嚴厲追查可疑的人物。所謂「內查」，就是在內部隔離有政治問題的人員，

除逼迫他們詳細交代有關資料外，同時也動員積極分子對他們進行批評和檢舉。而所謂「外調」則是到全國各地調查有關資料，核對交代細節，看有沒有隱瞞藏私[28]。從1955年6月到1956年年底，中共當局如此審查了400多萬人。

為做好這項工作，中共當局動員了將近上百萬的「肅反積極分子」，由他們協助75萬名的專職肅反幹部調查案情。為弄清嫌疑分子的背景，他們的足跡遍及全國，共作了328萬人次的外出調查研究[29]。由於毛澤東在審幹初期，提示反革命分子可能占總數的5%左右，所以被發掘出來的反革命嫌疑犯人數，一度高達18萬。經審幹後期的甄別平反之後，「反革命」的人數遽減，只剩下3.8萬人真正有罪。一如延安時期，毛澤東指示各級幹部把審查重點，放在各機關學校企業單位有政治關係的嫌疑分子身上，對一般嫌疑分子坦白從寬，而對真正弄錯的人則賠罪道歉。即使被認為證據確鑿的所謂「反革命分子」，除1%勞改以外，也一個不殺，准許他們留在原單位工作，但要他們全部戴著反革命或反革命嫌疑的帽子，接受所謂「群眾監督」[30]。

審幹並未就此停止，1957年夏天的反右運動增加了審幹的動力，持續到1957年10月才告一個段落。截至當時為止，中共審查的各機關單位工作人員總數高達1,800餘萬，而查出的「反革命分子和其他壞分子」也累積到10萬多名，其中包括3,000名團員和5,000名黨員在內。此外，在這兩年四個月中，還查出6.5萬多名「普通的反革命分子、各種反動分子和刑事犯罪分子」，以及0.9萬多名「反革命嫌疑分子」[31]。

這16萬反革命分子中，中下級知識分子占多數，偶爾也有高等院

28　呂澄等，《黨的建設七十年紀事》，頁323-4；靳谷，〈勿忘一九五五〉，《爭鳴》，1995年11月號，頁75。中共中央當時估計反革命以外的壞分子占被審查人員的5%。

29　朱正，《1957年的夏季：從百家爭鳴到兩家爭鳴》，頁118。

30　靳谷，〈勿忘一九五五〉，《爭鳴》，1995年11月號，頁76-77。

31　羅瑞卿，《我國肅反鬥爭的成就和今後的任務》，頁4-6。

校的在校生，但高級知識分子或高級幹部，恐怕沒有幾個。這16萬人
中有多少人像胡風一樣蒙冤，根本無從追究。不過，這次審幹既然採
取群眾運動的方式，不免會有積極分子；既然有一些冤獄，也難免不
出些專門誣告別人的「棍子」，文化思想界更不免有「文痞」存在。
這些人把清查反革命集團看成是自我表現的機會，以圖政治地位更上
層樓。文革中炙手可熱的姚文元，便是這樣一個反胡風運動的「英
雄」。不過因為他未曾事先說明自己及父親姚蓬子同胡風往來的經
過，所以被人抓住把柄大肆攻擊，因而不得不暫時韜光養晦。文化大
革命時，毛澤東需要「秀才」充當打手，姚文元纔真正飛黃騰達[32]。
文化大革命結束後，姚文元淪為階下楚囚；被打為反黨集團頭子的胡
風，也在長達四分之一個世紀的禁錮和勞改以後，恢復自由之身。只
是他不堪折磨，已然是個百病纏身、行動遲緩的老人，在八十多歲的
風燭殘年，猶心存餘悸，經常在睡夢中驚醒，說有人要抓他[33]。

三、從開門整黨到引蛇出洞：大鳴大放

1956年年初，中共統計在教育、衛生、科學研究、工程技術和文
化藝術五方面工作的知識分子，共有384萬人，其中包括高級知識分子
10萬人。在一化三改的勝利聲中，周恩來批評黨員和幹部有宗派主義
作風，特別指示要放寬知識分子入黨的標準，對高級知識分子，尤其
是廣開大門，同時召開座談會，主動尋求民主黨派對中共的意見[34]。
這象徵知識分子的春天開始來臨；其實這裡所謂知識分子，似乎專就
高級知識分子而言。中共為調動知識分子的積極性，甚至調查他們的
生活情形。根據調查結果，中共宣布知識分子已經社會主義化，變成

---

32 葉永烈，《姚蓬子和姚文元》，頁122-44。

33 梅志，《往事如煙——胡風沉冤錄》，頁378-380。

34 中共中央文獻研究室，《建國以來重要文獻選編》，8：17-18，34-35；趙
    生暉，《中國共產黨組織史綱要》，頁284，304。

工人階級的一部分，所以勿需上太多的政治課，並針對他們的物質生活，給予一些實質上的改善。

緊接著，毛澤東便發表談話，正式揭櫫「百花齊放、百家爭鳴」作為中共學術文藝政策的基本方針。當時主管文教的中共中央宣傳部長陸定一詮釋此一基本方針，有學術文藝四大自由之說。此四大自由即「有獨立思考的自由」、「有辯論的自由」、「有創作和批評自由」，以及「有發表自己的意見、堅持自己的意見和保留自己的意見的自由」。雖然陸定一提出此說時已清楚指出，他的所謂四大自由，是無產階級打倒資產階級實行專政之下的「人民內部的自由」，而凡是反對「人民」的所謂反革命分子，並沒有這些自由。他強調在所謂「人民」內部還可能出現「宣傳唯心主義」的人，只是這個問題屬於「人民」內部的矛盾，雖然需要嚴格批評，卻不能像對待敵我矛盾一樣，發動群眾來痛擊，而強辭奪理、蠻橫粗暴的批評方式，尤其沒有必要 [35]。接著中共於1956年9月召開第八次全國代表大會，宣布「革命時期的大規模的急風暴雨式的群眾階級鬥爭已經基本結束」。

中共在作此宣布的同時，也曾指出，知識分子黨員約占全體1,000萬黨員的十分之一，他們在面對資產階級的鬥爭中有所動搖，應加強思想鬥爭，而為了加強思想鬥爭，中共同意把原已劃歸勞動階級的知識分子，重新劃回小資產和資產階級 [36]。毛澤東的思想既是辯證的，也是兩面性的：在強調開放面時，並未忘記限制面的必要，而在強調團結面之際，也未忘記鬥爭面之不可或缺。毛澤東此時特意強調知識分子愛聽的一面，知識分子在反應時，也就比較不注意聽逆耳的那一面。

---

35 陸定一，〈百花齊放，百家爭鳴〉，頁958-78，收入《社會主義教育課程的閱讀文件彙編(I)》，北京人民出版社，1957。

36 中央文獻研究室，《建國以來重要文獻選編》，9：77-79；10：607，611-612；呂澄等，《黨的建設七十年紀事》，頁338。

在比較開放的這一年中，有些非黨人士受到中共的鼓勵，批評中共黨員有宗派主義，缺乏民主觀念，對民主人士歧視，以致民主人士有職無權。還有人批評中共限制各民主黨派的活動範圍，使他們無法任意發展，而中共統戰部擅長搞分化和鬥爭，專門在各民主黨派內部製造矛盾。他們也批評中共在三反、五反運動中，不分青紅皂白地謾罵私營工商業業主和知識分子。面對這些批評，中共當然也會發言反駁，但並沒有加以迎頭痛擊，其基本態度仍是「謙虛」而「反躬自省」的[37]。中共顯然因為1956年改造資產階級的工作進展出奇順利，對自己信心十足，故對知識分子異常寬厚，強調團結，所以知識分子普遍認為，這一年是他們感覺最舒暢的一年。

這一年，毛澤東評估時局，認為知識分子中雖然仍有「不要共產黨」和「社會主義不好」的言論，但基本上已因為社會結構的改變，而成為淺灘上的蛟龍，不足為慮。此時他反而覺得知識分子本來就是有知識的人，可以為社會主義做出貢獻，既然已經為中共「包」了下來，尸位素餐，未免浪費資源。更何況黨內也仍有各種歪風存在，尤其是「唯利是圖」、「爭名爭利」的官僚主義依舊嚴重，或許知識分子的批評可以起整頓和消除的作用。毛澤東因此決定於1957年初，在黨內展開新的一波整風，並特別邀請各民主黨派予以幫助。這是內戰以來第一次開門整風，對象由農村基層幹部改為城市高中層幹部，被邀請的對象不是貧下中農，而是知識分子，尤其是民主黨派的高級知識分子。毛澤東批准的中共中央指示中，特別揭出「知無不言，言無不盡，言者無罪，聞者足戒，有則改之，無則加勉」的原則，要求各級黨委「放手鼓勵批評」[38]。

毛澤東為何在鼓勵知識分子「百花齊放，百家爭鳴」的同時，廣開言路，呼籲知識分子協助中共整風？其實，他除了從知識分子的功

37　李維漢，《回憶與研究》，頁818-26。

38　同上，頁827-31。

能來考慮問題之外，也受到當時國內外大環境的刺激。國外方面，蘇
共領袖赫魯雪夫在1956年2月召開了第二十次黨員代表大會，批評史達
林生前搞個人崇拜，清除異己，違反集體領導的原則，以致全國陷入
恐怖統治。赫魯雪夫此舉，為不滿史達林高壓政策的東歐社會主義國
家帶來寬鬆的政治氣氛，但是卻也間接地引發了兩樁震驚國際輿論的
大事。

　　首先，波蘭發生了工人暴動，而暴動幾乎陷波蘭於萬劫難復。就
在赫魯雪夫對史達林鞭屍後的第四個月，波茲南城工人認為當局的改
革步調太慢，宣布為增資減稅而展開罷工，隨後又走上街頭示威，吸
引了5萬人參加，並演化為群眾攻擊秘密警察和黨組織辦公機關的嚴重
事件。政府的武力鎮壓雖然平息了暴動，但是造成數百人的死傷。由
於下命令的是擔任國防部長的前蘇聯紅軍元帥，全國頓時出現一股要
求蘇軍撤出波境的反蘇浪潮。赫魯雪夫迫於形勢險惡，下令蘇軍向波
蘭首都華沙進發。波共前總書記哥穆爾卡，不久前纔為了堅持波蘭有
走自己社會主義建設道路的權利而遭受整肅下獄，此時在舉國上下的
擁護下，恢復職務。他強調波蘭必須與蘇聯保持友好關係，所幸也終
於說服莫斯科停止向華沙進軍，避免了一場可能異常血腥的戰爭。

　　其次，匈牙利發生動亂。1956年10月，匈牙利首都布達佩斯的大
學生，受到哥穆爾卡勝利的鼓舞，走上街頭，吸引了20萬人參加遊
行。群眾興奮之餘，不僅攻打黨報的印刷所，而且拉倒史達林的銅
像，並帶動各地群眾成立革命組織，直接向匈共挑戰。赫魯雪夫在猶
豫不決了17天後，終於接受鄧小平的建議，決定以蘇聯坦克部隊進行
鎮壓，雖然保持住匈牙利的社會主義體制，但也造成了2萬餘匈牙利人
的死亡[39]。

39　師哲，〈波匈事件與劉少奇訪蘇〉，《百年潮》，1997年第2期，頁16-
　　17。匈牙利事件發生時，鄧小平正隨劉少奇訪問莫斯科，他是當時中蘇共
　　緊急會議中第一個主張以蘇軍坦克鎮壓的共產黨領導人。

對毛澤東而言，這兩件國際大事說明，社會主義縱然在東歐國家取得了政權，但在其統治之下仍然存在著各種矛盾，倘不主動面對，並予以疏導，很可能會導致資本主義的復辟。毛澤東剛為中國建立了一個全新的社會主義體制，他不得不戒慎恐懼，否則中國的歷史也有可能「倒退」到原來樣子，讓資本主義捲土重來。

國內方面，毛澤東認為，原計畫要十五年纔能完成的社會主義化過程，竟能在短短四年之內便即完成，固然是曠古所未有的成就，但美中不足的是，還有一些小問題，若不予以徹底解決，終究不能算十分圓滿。例如，農業集體化後，有一到二成農民的收入不增反減，其中更有一到三個百分點的農民，因為每天工作緊張等各種因素而「鬧退社」，甚至有人責罵和毆打合作社主任和區鄉幹部。問題之棘手，連中央的農業部長也覺得有點洩氣[40]。各大城市中也不是百分之百令人樂觀。在私人工商業國營化後，有些工人和職員發現生活比以前還沒有保障，於是罷工請願。雖然這些抗議活動零零星星，規模最大的也只有幾千人，但一年累積下來也有29起，請願257起，其中又以上海的情況特別惡劣。教育戰線也不是全無問題，主要是計畫經濟由國家安排大中學畢業生的出路，而政府卻無法提供足夠的工作機會，以致成都有學生百餘人要到北京請願。幸好他們尚未成行，便被攔截下來。石家莊的中學畢業生，則在政府宣布延長學業時間一年之後，組織示威遊行，甚至喊出打倒法西斯共產黨的口號。從1956年6月到1957年1月之間，大大小小的學生罷課共發生了30次[41]。這對靠學生運動起家的中共來說，怎能說不嚴重呢！

40　中共中央文獻研究室，《建國以來重要文獻選編》，9：550-55，559。

41　參閱毛澤東，《建國以來毛澤東文稿》，6：313，350-52；中共中央文獻研究室，《建國以來重要文獻選編》，10：154；薄一波，《若干重大決策與事件的回顧》，下卷，頁569-730；Elizabeth Perry, "Shanghai's Strike Wave of 1957", In Cheek, Timothy and Saich, Tony eds. *New Perspectiveson state Socialism in China,* pp.234-54.

　　面對這些國內變亂，毛澤東分析各種原因，認爲官僚主義難辭其
咎。正好他也要調動黨內外人士的積極性，於是主張開門整黨，希望
知識分子和非黨人士，在不改變現有政治體制的前提下，展開建設性
的批評。1957年2月，毛澤東討論如何正確處理人民內部的各種矛盾，
除重申階級鬥爭基本已結束的說法外，另外也強調國家在新形勢中，
應致力於生產力的提高，滿足人民大眾的經濟需要；中共政治上將容
許所謂民主黨派繼續存在；在科學文教方面，則繼續強調對知識分子
的照顧，調動他們的積極性，不干涉學術討論。毛澤東特別指出，學
術討論是人民內部的矛盾，只能用批評、教育和討論的方法來加以解
決，不能用粗暴的打棍子方法處理。在作了這一個許諾之後，毛澤東
同時公開宣布，中共即將在黨內展開整風，歡迎知識分子對中共提出
意見[42]。當時中共其他領袖並不一定贊成毛澤東開門整黨的做法，主
管黨務的領袖尤其遲疑。然而，毛澤東表達他的心意之後，人人立刻
「趕上形勢」，表示竭誠擁護。另一方面，由於毛澤東對開放言論也
不是沒有任何限制，他隱隱約約地指出，開放言論不得傷及黨的領導
和社會主義道路。這些限制，發展到後來，越來越清楚，成爲分辨正
確和錯誤言論的「六個標準」。

　　儘管毛澤東最初對「六個標準」講得不清不楚，但知識分子有了
1955年的經驗，也不敢輕易響應，更不敢隨意放肆。此時各級黨委開
始準備整風，毛澤東於是又帶頭鼓勵非黨知識分子建言，要他們從團
結的意願出發，並以加強團結爲最終的目的，作建設性的批評。目的
是「懲前毖後、治病救人」，方法則是細雨和風，團結至上。自然科
學家離政治較遠，首先從專業角度批評黨幹部外行領導內行，而且管
得太多太死，並在學術上開始公開辯論蘇聯生物學家李森科(Trofim D.
Lysenko)的理論。文學家和學者型政客比較謹慎，這時卻也放下戒

42　中共中央文獻研究室，《建國以來重要文獻選編》，10：54-104，110-
　　127；馬齊彬等，《中國共產黨執政四十年》，頁120。

心，接著批評官定社會主義寫實主義（Socialist Realism）的簡單樂觀態度，認為必須面對官僚主義現實和共產主義理想的衝突。經濟學家重提馬爾薩斯的人口論和凱恩斯經濟理論，哲學家主張恢復邏輯的課程，人類學家和社會學家則要求恢復社會科學的研究。1956年3月24日，費孝通發表〈知識分子的早春天氣〉，認為春天雖然來臨了，但畢竟仍是早春天氣，乍暖尚寒，仍難適應。當時毛澤東為了讓真正的「春天」快點來臨，便針對一些軍隊的政工幹部「打棍子」的作法，提出嚴厲批評。這些政工幹部年初看到青年作家王蒙和劉賓雁暴露中共黑暗面的作品後，警惕心很高，立即為文反駁。毛澤東認為反駁本來是對的，不過這些政工幹部的反駁，在論點方面缺乏說服力，毫不足觀，而在方法論方面尤其失諸過分簡單和粗暴，根本就是強辭奪理。4月10日《人民日報》的社論呼應毛的看法，進而指斥這些政工幹部是「反馬克思主義的教條主義和宗派主義」[43]。知識分子看到毛澤東的指斥，認為料峭的春寒看來是真正過去了。

5月上旬，各級黨委在毛澤東的指示下，也拼命動員知識分子，要他們發表批判性的意見。知識分子，尤其是大學教授和所謂民主人士，本來已滿腹牢騷，此時盛情難卻，禁不住開始宣洩，不料言論有傳染性，而且出現了自我升級的趨勢。越講越大膽，彼此攀比，以敢於挑戰為高，最後竟然升高到毛澤東所沒有想到的地步，簡直是向毛澤東直接挑釁了。5月的整整一個月內，至少有3萬知識分子提出建言。名義上是八個民主黨派聯合的機關報《光明日報》，其總編輯儲安平批評中共黨員「黨天下」思想嚴重，排斥非黨人士，他說中共所謂聯合政府根本有名無實，民主黨派只是花瓶擺設而已。民盟副主席羅隆基批評中共限制民主黨派的發展，規定只能在原國民黨員、資本家和知識分子上層發展，根本違反民主原則。擔任官職的非黨人士更

43　毛澤東，《毛澤東思想萬歲》1969年本，頁141-43；馬齊彬等，《中國共產黨執政四十年》，頁123。

紛紛批評中共獨裁，非黨幹部有職無權，像橡皮圖章。民革中央常委
譚惕吾要求法治，認為黨的權力不可凌駕於憲法和法律之上，而全國
人民代表大會必須充分發揮立法作用。清華大學副校長錢偉長則指責
黨性超過一切的想法和作法，反對中共鼓勵群眾檢舉所謂錯誤言行。

　　建言林林總總，充塞於中共所控制的報章雜誌。對中共的批評愈
來愈犀利，也愈來愈尖銳。有人批評中共扼殺人權，說思想改造就是
違反人權，國民黨的重慶比共產黨的北京還要自由。有人批評幹部享
受特權，不受監督，高門華屋之外，到處賓館，生活有佣人照顧，子
女有特別學校念書，早已蛻化成為新階級。有人批評沒有創作自由，
禁止西方文學輸入，寫作預設框框，到處都是禁區，以致水準低落。
也有人批評中共的民主，說各種選舉徒具形式，黨委一個人說話算
數，實際就是一黨專政，因此必須取消黨委在學術和文教機構的領
導。還有人批評，馬列主義充滿教條，而且已經過時。更有人批評毛
澤東思想掛帥，說毛澤東思想有其時代性局限，不能絕對化，以為任
何時代都適用。甚至還有人批評「一邊倒」的外交政策，指責蘇聯是
沙文主義，掀蘇聯進占東北時的舊帳。這些言論，不但有大知識分子
在座談會或其他公開場合發表，還有學生透過民主牆和民主廣場的形
式公開表達。北大學生一向是學生運動的先鋒，這一次也不置身事外。他
們彼此串連，甚至罷課，搶學校辦公室的人事檔案。人民大學學生林
希翎替胡風喊冤，要求公開審判，號召打倒新階級，真正實行民主。

　　當這些激烈言論和行動紛紛出籠的時候，5月中旬，被中共「包」
了下來的大知識分子羅隆基，竟然發言說道：所謂中共領導就是小知
識分子領導大知識分子。小知識分子出身的毛澤東聽到以後，自動對
號入座，並勃然大怒，於是硬把這一股知識分子的批評，說成是資產
階級的猖狂進攻，想搞垮共產黨，以便取而代之。雖然他以前說過
「言者無罪」，但這是就「人民內部」的矛盾說的，並不適用於「敵
我之間」的矛盾。這次右派分子颳起七級颱風，豈是什麼「姑嫂吵

架」，根本就是「敵我鬥爭」！毛澤東甚至把自己邀請知識分子協助
整風的文章，說成「陽謀」，是引蛇出洞，並要大學生出面，請教授
政客發表演講，或舉行座談會，甚而聽任大字報的負面批判，切不可
打草驚蛇，先硬著頭皮頂住，等到「毒素」都放出來以後，再反戈一
擊。黨外的人士不明此理，居然把「頂一下」解釋成中共已經處於劣
勢，章伯鈞就在這年6月初上鈎，主張民主人士應該利用學生上街的事
情，壓迫中共讓步。其他種種帶有社會主義不如資本主義的言論自然
脫口而出，有一些知識分子進而質疑中共的各種政治運動和各種政
策，批評統購統銷、農業集體化和所謂社會主義改造的公私合營政
策，並公開要求中共退出政府機關和學校，把公私合營的企業歸還私
方經營。

就在知識分子放言高論之時，毛澤東的部署已經完成，6月8日下
令「組織力量準備反擊」，一方面動員和組織工廠工人找個別知識分
子理論，形成反對輿論，另一方面動員同情中共的非黨知識分子，甚
至是中立分子，進行嚴厲的反駁[44]。主持反右實際工作的鄧小平隨即
指出：知識分子基本上是資產階級和小資產階級，經過改造，雖然已
分化成為左中右三派，但是右派力量依舊龐大，且「猖狂」無比，必
須痛加打擊。鄧小平更把右派等同為地主富農、「凶殺犯」、「強奸
犯」和「貪汙犯」，強調在這種敵我之間的矛盾中，決不能退讓和妥
協，必須除惡務盡，毫不手軟[45]。隨後，中共就在全國省市各黨政機
關、大專學校、學術、文藝、新聞和科學界展開了反右鬥爭。為了調
動力量，鄧小平做了兩樣部署：一方面對反右派運動中表現積極的高
級知識分子開門，將其秘密吸收入黨；另一方面則從黨政工礦企業調
派得力幹部，到文教機構擔任領導工作[46]。

44　中共中央文獻研究室，《建國以來重要文獻選編》，10：284，286-90。

45　鄧小平，〈關於整風運動的報告〉，頁16。

46　中共中央央文獻研究室，《建國以來重要文獻選編》，10：358-59，522-

　　從7月開始，反右運動進入高潮，歷時三個月而不衰。最初反右的
重點是熱心政治的民主黨派和高級知識分子，尤其是章伯鈞和羅隆基
領導的民盟。中共中央指示，從民主黨派和高級知識分子的內部找人
揭發和控訴，一定要徹底「搞臭」他們，使一般群眾對他們「深惡痛
絕」[47]。以羅隆基為例，中共不但動員他的秘書和親信出面揭發，並以
各種壓力，逼迫民盟人士以及他的親密女友，公開指控章、羅兩人組
織聯盟，想與共產黨「輪流作莊」，奪取政權。其實章、羅兩人，積
不相能，本為民主人士，眾所週知。可是毛澤東開口講話，已定下基
調，誰敢追究真假？打落水狗的人越來越多，連民盟所謂「左派」的
中共秘密黨員，像胡愈之等人，也不畏懼身分暴露，紛紛桴鼓響應。
文化大革命中被指為反毛的吳晗便是中共秘密黨員，他在這次反右運
動擔任急先鋒的角色[48]。

　　8月以後，反右運動和前文提過的審幹運動合流，中共把鬥爭的矛
頭也指向中小學教師和工商界人士。凡是被點名的右派分子，都要與
其畫清界線，並展開階級鬥爭式的口誅筆伐。當時，大多數的知識分
子，包括政客，都已經被中共「包」了下來；縱有極少數能拒絕「承
包」，也因為農業集體化和私營工商業國有化的「兩化」業已完成，
並無其他謀生之道，故而不得不進入中共的黨國體制，以便餬口養
家。因此，中共能對知識分子施加的精神壓力，管道很多：或是減少
其優待，或是不准其教書，或禁止其出版，或中斷其研究，甚而撤掉
他們的職務，送他們進監牢。另一方面，中共也透過報章雜誌和新聞

27：呂澄等，《黨的建設七十年紀事》，頁355-56。

47　呂澄等，《黨的建設七十年紀事》，頁355。

48　葉永烈，《歷史悲歌》，頁214-16，225，289-93，311-12；千家駒，《從
　　追求到幻滅》，頁211-12。據陳荷夫，《張友漁回憶錄》，頁5。吳晗從
　　1949年1月中共進入北平以後，便一直要求入黨，儘管毛澤東也答應了他的
　　要求，但直到1957年3月，中共中央纔正式批准他為黨員。不過，不公開他
　　的黨籍，要求他以民主人士面貌為中共工作。

媒體，發動批判，攻勢彌天蓋地而來。連延安時代王實味和丁玲的雜
文小說也都被翻了出來，用來說明資產階級如何利用文藝從事反革命
活動。黨內享有盛名的作家，例如馮雪峰，以前受到批鬥，此時更被
戴上了右派分子的帽子。黨員、團員或軍隊幹部受波及的雖然不少，
但是受打擊最多最大的還是黨外人物。被戴上右派分子帽子中，有十
幾萬是小學教員，然而從所占人口比例來說，受打擊最多最重的，仍
然是高級知識分子[49]。

反右運動。1957年毛澤東號召知識分子大鳴大放，幫助中共整風，不料有些知識
分子的發言異常尖銳。毛澤東於是硬說自己的號召是「陽謀」，是引蛇出洞，由
各級黨委書記組織群眾對知識分子展開批鬥，至少有50萬人被打為右派分子。圖
為交通部長、民主人士章伯鈞，因為主張成立政治設計院，正遭受部內職工的嚴
厲批鬥。他後來被毛澤東莫名其妙地打為「章羅反黨聯盟」頭子。

49　關於反右派運動中被打為右派分子的小學教員人數，見朱正，《1957年的
　　夏季：從百家爭鳴到兩家爭鳴》，頁308-09。

　　自然科學和國防科學人才有政府刻意保護,所受衝擊不大,但是文史和社會科學方面稍有名望的人都很難倖免。上層的政治活動分子更幾乎一網打盡。當時所有的民主黨派領袖,諸如章伯鈞、羅隆基、儲安平、章乃器、陳銘樞、黃琪翔、龍雲、費孝通等人,都被點名批判,並且被迫公開反省坦白。其中,社會和政治名人,除了在政協會議上公開自我譴責以外,更必須在《人民日報》上發表自我批判和反省,控訴自己「反黨、反社會主義」,挑撥農民和政府的關係,為資產階級之虎作倀。一些識時務之俊傑竟然迎合中共的指示,控訴根本子虛烏有的章、羅聯盟,進而揭發和檢舉自己的同志。

　　由於毛澤東說過,知識分子中有一成人口是「不贊成或反對社會主義」的,亦即所謂右派,而實際主持反右的各級黨委又寧左勿右,於是全國有807萬人遭受批判和處分,比毛澤東估計的右派人數還多上100萬到200萬。這些人當中,有433萬是黨員和幹部,374萬是黨外人士和工農以外的普通群眾[50]。當時江蘇省委書記特別規定:整風反右,對黨員幹部,除「叛徒和嚴重違法亂紀者外,一律保護過關」[51]。江蘇的情形恐非特例,因為最後過不了關的還是黨外人士居多。被戴上右派分子帽子的知識分子,當然免不了要遭受批鬥。但像所有群眾運動一樣,高潮過後,打擊面一定會縮小,毛澤東於是又指示各級黨委把右派人物分成極右、中右和微右三種,分別對待,並把極右分子限定為一小撮人,僅准嚴重打擊這些人。因此,各級黨委先根據坦白從寬的原則處理,再根據案情輕重予以甄別,結果共有55萬人被扣上右派分子的罪名。其實這55萬人可能只是「極右」右派分子,因為在他們之外還有「反社會主義分子和中右分子」31萬5千人[52]。這些

50　薄一波,《若干重大決策與事件的回顧》,頁1001。

51　江渭清,《七十年征程:江渭清回憶錄》,頁411。

52　宿忠顯,〈對反右運動的歷史思考〉,《黨史研究資料》,1994年12月,第12期,頁11。

「極右」右派分子，主要是聲望不高的中小知識分子。縱然如此，恐怕也已經網羅了可稱為大知識分子非黨人士中的大部分人了。他們中間約有半數遭到撤職，從此之後長期賦閒在家 [53]。情節被認為嚴重者，若不是送勞動營改造，便是判刑長期坐牢。右派分子的妻子被迫離婚，子女被迫畫清界線，家破人亡的故事，充斥載籍。僥倖仍被安排工作者，儘管免除了牢獄之災，卻難免監督改造的命運。即便是在原單位繼續任職，也一定是用非所長，每天飽受冷眼待遇 [54]。至於更加僥倖而能逃過一劫的所謂中間偏右分子，或微右分子，待遇稍好，罪名不對外公開，屬內部監管，但限制使用，不得擔當任何比較重要或敏感的職務。

反右運動中，毛澤東強調「大部不捉、一個不殺」，因此直接綁赴刑場槍斃的人不多。但是像歷年整風運動一樣，理論和實際之間存有落差，加上有意殺雞儆猴，總有不該殺而殺的冤錯假案出現。只不過罪名不是右派分子，而應該是更嚴重的反革命分子。漢陽第一中學是學生運動的重鎮，其中有三名教育界人士，包括兩名老師，當著1萬名師生之面被槍決 [55]。幾個這樣的例子，就夠知識分子警惕了，此後言行更是謹慎小心。

知識分子雖然已成為驚弓之鳥，但是到1958年2月底大躍進初露苗頭之際，中共中央仍然乘勝追擊，再次展開知識分子的自我改造運

---

53 這是中共官方公布的數字。丁抒認為其中不包括各縣處理的右派分子以及被當成右派鬥爭而未列入右派名冊者。他以中共新地方志的記載為基礎，加上其他資料，估計全部右派人數當在百萬左右。見《陽謀》增訂版，頁283-286。

54 李維漢，《回憶與研究》，頁839。

55 漢陽中學的罷課事件發生於1957年6月，共有1,000餘人參加。導火線是升學問題，但是據官方指控，在過程中出現暴力場面，還有人張貼反共標語。被槍決的三個人則分別是副校長王建國、語文教研組組長鍾毓文和縣文化館圖書管理員楊煥堯。他們與這次事件的具體關連不詳。見文亮，《中國「左」禍》，頁202和楊奎松，〈評《中國共產革命七十年》〉，頁185。

動，特別號召他們在個人和單位之間，進行挑戰、評（估）比（較）與競賽。這一項運動不僅對各機關單位的負責幹部形成無比壓力，居然也在知識分子中也掀起了新的自我改造熱潮。兩個星期之後，北京天安門廣場更出現了史無前例的「社會主義自我改造促進大會」，參加此次集會的各民主黨派和無黨派人士通過「自我改造公約」，發起向中共「交心運動」，並號召全國各地響應[56]。此一舉動象徵附庸黨派連起碼的政黨尊嚴都喪失了，變成百分之百的裝飾性花瓶。一個知識分子階層，既沒有權力，也沒有尊嚴，已不成其為威脅，從此以後，除了文化大革命初期以外，被點名嚴厲批判的知識分子，主要都是中共宣傳部門的人物，而鮮有中共權力體制外的知名人物了。

　　反右運動的第二個重要影響是任由人口繼續快速成長。中共建國後不久，北京大學校長人口學家馬寅初便已感覺「人多壞事」，他說人口以每年增加1,300萬的速度成長，不利於經濟發展和人民生活的改善，必須全面實行人口節育。他這種看法是在中共中央點頭之後，纔以響應大鳴大放的模式，公開在人民代表會議上提出，所以反右運動展開後，中共中央特別保護他，並沒有在他頭上戴上右派的帽子[57]。但是提出相同看法的其他人口學家就沒有那麼幸運了，像陳達和吳景超便被戴上右派的帽子，加以鬥倒鬥臭。1958年春，由於毛澤東全面推行大躍進政策，鼓吹群眾動員，需要大量勞動力，所謂「人多議論多，熱氣高，幹勁大」也，於是經由陳伯達和康生的煽風點火，仍然在北大以及其他高等教育機構透過大字報和辯論會等方式，動員所謂群眾全力批評馬寅初的人口理論，說馬寅初的理論乃是馬爾薩斯人口

56　李尋，〈反右派鬥爭歷史的定位〉，《二十一世紀雙月刊》，1993年6月號，頁30。

57　關於中共中央有意採取節育政策，參見中共中央文獻研究室，《建國以來重要文獻選編》，6：56-62；10：593，601-602；劉少奇，《劉少奇選集》，2：171-73，486-87；康克清，《康克清回憶錄》，頁392-93。

論的變相，根本就是不折不扣的反馬克思主義思想。不過，將近半年的學術圍剿，並沒有使馬寅初俯首認錯，反而是大躍進政策已經帶來了大饑荒。不幸，中共當局執迷不悟，仍然批鬥馬寅初的新人口論，甚至於1960年強迫馬寅初辭去北大校長職務。等到官方再次覺悟到人口問題的嚴重，而重新開始提倡節育之時，已經是1970年代初期了。在這過去的十年中，中國的人口又增加了至少3億。

反右運動進行期中，中共並未置整頓黨風於完全不顧。儘管有反映民意責任的黨機構，例如各省監察委員會和新華通訊分社，都出現黨委書記藉機清除雜音的事例[58]。但是針對黨內的官僚主義、宗派主義、主觀主義，以及各種壓制老百姓的作法，中共中央仍然按原訂計畫進行黨內整風[59]，甚而要求高級幹部長期下放「蹲點」，親自到農村或工廠基層中去了解狀況。基於同一理由，中共中央也指示軍隊將領到連隊當兵，重溫當兵的甘苦。中共中央為了增加幹部對國內外情勢的理解，更把專供他們閱讀的《參考消息》，由發行幾千份增加為幾十萬份。以上種種新作法，其目的雖說是通上下之情，可是連行之有年的制度，都無法保障黨內的誠實言行，這些作法又豈能起多大彌補作用？在反右運動中，各級黨委書記既然在積極分子的熱情支持之下，可以發揮黨一元化領導所帶來的權勢，並利用走群眾路線，清算異己，則又何必在乎下情的上達呢？大鳴大放時，各級黨委書記和積極分子，如共軍總政治部文化部副部長陳其通之流，因為使用言語粗暴，雖然曾經遭受毛澤東的批評，卻因為對黨忠誠，依舊在位，也依

58　黃秋耘，《風雨年華》，頁141-42，154-57。

59　當然，這時候的黨內整風並不像官方所描繪的那樣，完全實事求是，沒有冤錯假案的情況。其實，某些單位的黨委，就借這個機會，打擊或清除那些直言無諱或是拒絕同流合汙的同僚。北京新華社的戴煌，就是一個很好的例子。關於他響應北京市委書記彭真的號召，繼續鳴放，因而獲罪當道，被打為右派分子的經過，參閱戴煌，《九死一生：我的「右派」經歷》，頁37-83。

舊握有權勢，炙手可熱。即便他們在反右運動期中冤枉過無辜，也由
於熱烈響應上級號召，並未遭到太嚴厲的批評，反而有可能從此平步
青雲，得意於政壇。反胡風運動中嶄露頭角的姚文元，就是一個好例
子。姚文元對所謂右派分子的批判，根本就是「無限上綱」，可以說
是集「官僚主義」、「主觀主義」和「冷嘲熱諷」之大成。然而他無
需自我檢討，反而由於贏得毛澤東的青睞，而成為學習榜樣，他本人
從此之後也就成為上海中共文宣部門裡呼風喚雨的人物[60]。有這樣明
顯的例子在眼前，各級黨委書記和積極分子，從反右運動中嚐到擴大
權力的政治甜頭以後，當然就會等著在下一次政治運動來臨時再大顯
身手了。

　　　　　※　　　　　　　　　　※　　　　　　　　　　※

　　中共建國初期，對知識分子的政策是改造和利用。不少知識分子
都以帶有內疚的心情歡迎中共政權，中共把上層政治分子包下來的政
策，不但照顧了日益貧窮的知識分子，也贏得了他們的感激，能受到
重用的知識分子更是感激涕零。然而中共的政策也造成知識分子對國
家的依賴。不過，從知識分子的角度看起來，這不是依賴，這是對他
們才智的報酬。在這種情形之下，中共進行知識分子的思想改造，最
初很少出現抗拒的情形，尤其中共對他們的思想要求不高。中共的思
想改造主要藉由兩個方式：一是邀請知識分子參加土地革命，一是成
立各種學習班或辦理各種政治學習。如果是在機關學校單位，中共的
政治學習，主要採取延安模式，要求參加的知識分子學習各種文件和
書籍，然後據以批評和自我批評。當然在機關學校單位的知識分子免
不了要參加歷次政治運動，但是中共並沒有完全針對知識分子展開的
政治運動，清楚的迫害案例不多，而上層知識分子中尤其少見。
　　隨著中共政權的穩定，中共對知識分子的思想改造工作也越來越

60　葉永烈，《姚蓬子和姚文元》，頁151-67。

嚴格。尤其是1953年底，中共中央決定向社會主義過渡的總路線後，
為了徹底打擊所謂資本主義的思想，選擇胡適和胡風兩人掀起全國性
的批判運動。選擇胡適是因為他是新文化運動的領袖，在知識分子，
尤其是高級知識分子中，有深厚的影響力。選擇胡風則是因為他的文
藝觀，他主張文藝的獨立自主性，不承認黨的政治領導應該包括思想
的各個層面，而且在黨內形成小組織。不過胡風事件的重要性不在其
本身，所謂胡風反黨集團畢竟牽連的人數不多，更重要的還是它提供
了中共審查機關學校單位所有人員的口實。中共於是利用接收來的各
種檔案，配合各次運動發掘出來的人事資料，在全國各黨軍民機關中
進行史無前例的嚴厲審查，不僅清除了所有可能成為政治問題人物的
嫌疑分子，而且也針對兩千萬左右的機關單位工作人員的忠貞程度，
作了一些基本了解。這一次審幹所耗費的人力和心力難以估計，其中
得失利弊很難說清，但肯定像延安時期的審幹一樣，出了一些冤錯假
案，可是截至目前還沒有人能提供個中詳情。

　　1956年，毛澤東在一化三改以後，認為中共黨國體制中，仍存在
著各種矛盾，必須加以正視，其中最主要的是黨組織與一般人民之間
的矛盾，黨組織的各級幹部和黨員必須重新整風。由於毛澤東認為知
識分子已經失去階級基礎，完全依賴國家，可以放心動員他們，所以
決定開門整黨，邀請知識分子協助此一工作，並鼓勵知識分子建言。
這原本是一舉數得，同時也可紓解知識分子的不滿，改善他們和黨組
織的關係，俾能更有效地利用他們。沒想到知識分子的批評竟然激烈
異常，毛澤東盛怒之下，硬說自己是搞陽謀，引蛇出洞，反而要黨組
織進行反右運動。反右運動以後，形式的黨外民主蕩然無存，黨外知
識分子受到致命的打擊。因為黨性代替知識成為社會上升的主要憑
藉，黨的組織越來越有力，使黨一元化領導政策所強調的集中原則，
更加壓倒民主原則。知識分子失去發言的地位後，經濟地位持續下
降。從1957年到1978年的21年當中，腦力勞動為主的行業實際工資下

降13.3%[61]。毛澤東認為反右運動克服了資產階級思想，是社會主義思想的偉大勝利。社會主義思想既然勝利了，如果初步的社會主義化並未帶來生產力的突破，又不能回頭走資本主義的路，就只好做過河卒子，嘗試更進一步的社會主義化了。在他想來，更進一步社會主義化必定會使生產力得到突破。就是在這種思想的主宰下，人民公社、大躍進和社會主義總路線的三面紅旗政策，於焉展開。

61　李尋，〈反右派鬥爭的歷史定位〉，《二十一世紀雙月刊》，1993年6月號，頁31。

第八章

向共產主義天堂邁進

1957年，毛澤東發動大鳴大放運動，雖然目的在索求建設性的批評，但是基本的心理卻是自滿自傲。全世界沒有一個社會主義國家在短短的兩三年之內完成私有工商業業主、手工業戶和農民的集體「改造」。尤其是在第一個五年計畫完成後，中共還為中國建立了一個重工業的基本體系。可是大鳴大放以後，非黨知識分子中竟然有人以大知識分子自命，認為以小知識分子和工農為主體的共產黨不能治國，可取而代之。毛澤東經天緯地的成就，竟被人視為一場噩夢！是可忍，孰不可忍？毛澤東遂展開反右運動，動員各級幹部和積極分子，來批鬥翹尾巴的知識分子。結果全國轟轟烈烈，數十萬知識分子被戴上了右派分子的帽子，遭受批倒批臭。

其實，這一次反右鬥爭根本是一場虛幻的勝利，因為所謂右派分子的階級敵人可以說並不存在，而如果真有所謂階級敵人，頂多也不過是中共已經「包」了下來的知識分子而已。在轟轟烈烈的反右運動以後，毛澤東意氣高昂，但仍然按照原來構想，進而參照大鳴大放運動所揭露出來的問題，重新展開了黨內整風。尤其針對幹部脫離群眾的官僚主義作風，指示幹部參加生產，進而形成百萬幹部下放到農村和廠礦作工的運動。另一方面毛澤東也乘此虛幻的勝利進行追擊，在工農群眾中展開所謂社會主義教育運動，大肆宣傳社會主義的優越性。儘管如此，毛澤東很清楚，比起1956年，1957年實在沒有多少可以誇耀的成就可言；知識分子批評的背後是經濟發展出現了瓶頸，無論工業或是農業，都出現滑坡現象。只是堅信社會主義優越性的毛澤東認為，這些滑坡現象只是馬鞍型發展模式的中段，經過一年的挫折以後，一定會在1958年上爬，而再次有突出的表現。

在這種心情之下，毛澤東於1957年11月第二次訪問蘇聯。他雖然知道蘇聯國內有問題，但是仍然被蘇聯成功發射人造衛星的消息所震眩，認為蘇聯已在科技方面後來居上，領先美國，到底還是社會主義國家的建設比資本主義國家高明。當時蘇共總書記赫魯雪夫也有點陶

陶然，豪氣干雲地喊出十五年趕上美國的壯語。毛澤東深受刺激，期望中共在蘇聯老大哥的幫助下，能以同樣的速度向前發展；如果十五年之內趕不上美國，至少也要趕上二流的英國。毛澤東滿懷期盼，會晤了赫魯雪夫，商談援助計畫之時，毛澤東卻發現蘇聯並無意讓中共分享其社會主義建設的成果。赫魯雪夫好像答應了援助20億美金，但隨後又要求優先償還韓戰以來積欠蘇聯的貸款，因此實際上只願意提供中共4億元的盞盞之數[1]。毛澤東失望之餘，偏不信邪的脾氣發了，於是拼命想在蘇聯計畫經濟道路之外，尋找一條中國快速現代化的路徑，以便揚眉吐氣。

其實中共所效法的蘇聯經濟發展模式，早已出現嚴重的弱點。根據蘇聯模式，中共把所能動用的資金全都投向了重工業建設。重工業雖然飛躍發展，卻因為投資回收緩慢，很難形成自給自養的局面，反而對國家經濟的其他部門造成嚴重擠壓。更堪慮的是，重工業建設對改變和提升農民生活的助益不大。重工業從農村中取得所需的資金，可是卻無法提供農民轉業的機會。從1952年到1957年，光是城市便增加了2,000萬之多的人口，同一期間，重工業部門則僅提供200萬個工作機會，就算再加上其他部門所增加的80萬個就業機會，頂多也只有300萬個新增工作，這連應付城市人口的就業問題都沒辦法，更遑論為農民提供轉業之道了。其實，重工業即便能製造更多工作機會，政府也會因為資金短缺，無法滿足交通設備、電力供應、醫藥衛生和教育措施等各類建設之需，而使城市呈現骯髒、頹廢和混亂的現象。

由於採取蘇聯的發展模式，中共在第一個五年計畫之中，不僅忽略農業部門，也忽略輕工業部門。對輕工業的投資既然不多，輕工業進步自然緩慢，從而無法滿足農民對消費品的需要；既然無法充分提

1　必須承認有關經濟援助的說法只是中國大陸的傳言，猶待檔案證實。但因為很能說明毛澤東發動大躍進的動機，故特予引用。

供農民消費品，農民也就沒有出售手中農產品的強烈動機。更何況政
府收購農產品的價格始終不高，農村遂出現自產自用的傾向。如果生
產超出自己所需，農民寧願把「多餘」的扣留在農村裡自己消耗，也
不願意出售給政府。中共中央透過統購統銷強迫收買，雖然確保了工
業發展所需的資金和原料來源，但農業部門卻更無增產的動機。農業
部門沒有增產的動機，輕工業便缺乏充裕的原料供應，其發展也就難
以突破瓶頸，當然也看不出它有向重工業發展看齊的任何前景。

　　毛澤東靠農民打天下，加上延安大生產運動的經驗，為了突破經
濟建設的瓶頸，於是動腦筋到他所熟悉的中國農村。1950年代初期，
農村中至少有3,000萬人並未充分就業，加上幾乎完全不就業的女性，
可以運用的勞動力更多。毛澤東認為，他們在經過社會主義教育之
後，予以政治動員，定然能充分發揮積極性和創造性，自力更生，帶
來技術革命和工業革命，進而徹底改變農村的貧窮面貌。1957年年底
到1958年年初的兩次經驗，尤其加深了他這一個信心。

　　1957年年底，毛澤東在莫斯科喊出了十五年趕上英國的口號，留
守北京的黨副主席劉少奇立即響應。他利用多天的農閒季節，發起興
建農業水利的群眾運動。當時中共並無足夠的農業專家，所以完全依
賴各級幹部自動自發，根本沒有經過事先勘查，也不問有沒有有資金
和技術，說幹就幹。結果從1957年10月到1958年4月，短短半年不到，
便動員了一億以上的勞動力，共擴大了灌溉面積3.5億畝，成績超出過
去八年的總和[2]。當時中共中央看到的只是數字成績，似乎沒有人想
到，水利工程建成之後必須追蹤工程的效益，看看它們是否出現容易
淤塞的問題或容易耗損的毛病，是否會造成更嚴重的土地鹽化現象。
當然好像也沒有人想到，圍湖造田，毀牧種糧，事實上不一定符合農
民的長期利益。

2　中共中央文獻研究室，《建國以來重要文件選編》，11：79，294-295。

　　1958年年初，毛澤東回到北京之後，中共又展開了除四害的運動，號召全國百姓打老鼠、抓麻雀、滅蒼蠅、殺蚊子，要在幾年之內把中國變成沒有四害的人間樂土。雖然兩年後，毛澤東終於了解到麻雀對於農業生態的重要性，不能趕盡殺絕，另以臭蟲代替麻雀，可是全國各地的群眾動員似乎再次證明：人海可以代替資金和技術；只要政治掛帥，思想動員，便不難發動成千上萬、乃至以百千萬計的人民來從事經濟建設。在動員群眾的過程中，只愁人少，不愁人多，人多決不是壞事，反而成了有利於經濟建設的條件。

　　這種想法，發展到極致，已不只是單純的「人定勝天」思想，而是對「人民的力量」和「人的主觀能動性」（意志可以改造世界）的崇拜。所以當時居然出現這樣一首詩歌：「我們一踩腳，大地震動；我們噫口氣，滾滾河水讓路；我們一舉手，巍峨大山膽寒；我們一邁腿，誰也不敢阻擋；我們是勞動人民，我們的力量無敵。」[3] 豪氣上干雲霄，只要能解放這種「人民的力量」，便可以製造人間奇蹟。就在這種對「人民的力量」的瘋狂崇拜中，中共中央提出了「鼓足幹勁、力爭上游、多快好省地建設社會主義」的總路線，要求立即向社會主義的更高階段過渡。

　　可是早在1956年年初，由於周恩來等領導人認為經濟建設出現急躁冒進的現象，很多人都只注意動員口號「多快好省現代化」中的「多、快」，而不惜犧牲「好、省」，因此主張必須「反冒進」，並乾脆取消這個口號[4]。毛澤東原本也同意這個主張，但1957年底在新的

3　中共中央文獻研究室，《建國以來重要文獻選編》，11：401。

4　反冒進說法是1956年1月《人民日報》社論首先提出來的。當時用語是「反對……盲目冒進」，半年後才正式有「反冒進」這一個說法。周恩來是幕後推手。陳東林根據胡喬木1982年11月4日的回憶，相信毛澤東一開始就不贊成反冒進。胡的證據是發生在1956年4月的一件事情：當時毛澤東在政治局會議上提議追加基本建設的預算，周恩來憂心不安，堅持不能同意，以致毛澤東勃然大怒，離開北京。其實沒有證據顯示，毛在四月份曾離開北

政治情勢之下，他認為必須從路線層次來進行突破，於是硬說「反冒進」是「右傾促退」，不僅要求重提「多快好省現代化」的口號，並要求在社會主義教育運動中，透過大鳴、大放、大辯論和大字報的所謂四大自由，製造逼人的輿論形勢，使人們不得不向更高層次的社會主義邁進。中共於是告訴貧苦農民，只要苦幹實幹幾年，便可以享受豐衣足食的生活，並進而實現農村電氣化和機械化的夢想。在新的國家中，勞力者和勞心者沒有差別，城鄉之間沒有差別，沿海和內地也沒有差別，農民和所有其他的人一樣，不再為工作而工作，而是為興趣而工作，可以充分發揮其各種潛在才能。

在中共看來，嚮往這一個社會主義天國的人雖然占絕大多數，但總還是會有人反對。早在1957年9月下旬，毛澤東在八大三中全會中便說，社會主義基本改造雖然已經完成，但中國社會的主要矛盾仍然是資產階級和無產階級對峙，也仍然是社會主義和資本主義兩條道路之間的鬥爭。農村中殘餘的地主和富農本來伺機蠢動，看到「富裕中農」主張單幹，便以為反對農業集體化的時機來臨，又開始大肆活動起來。毛澤東有了這種看法，儘管不一定與事實相符合，中共總書記鄧小平卻立即下指示說，凡是有反對行為的地主和富農，都要重新戴上已經摘下的地主和富農帽子。他在人為地恢復農村的對立面以後，進而要求分化富裕中農。如果富裕中農仍然抵制統購統銷和反對集體化，則對他們展開毫不留情的批評，倘使堅持不改，則讓他們退出合作社。毛澤東當然強調進社和退社的自願，但鄧小平卻透過黨組織，鼓勵農村幹部製造逼人的形勢，讓他們透過種種行政辦法，比如嚴格取締僱工、放息、做投機買賣或偷稅漏稅，嚴格限制自留地、個人開荒、個人經營副業和農村自由市場，逼迫要退社的富裕中農逐一就

京。更重要的是，很難想像，周恩來在毛做出這樣激烈的反應後，還敢在《人民日報》的社論上繼續其反冒進的主張。中共中央文獻研究室，《周恩來年譜，1949-76》，上，頁531，534，585。

範。同時中共中央規定，城市企業和機關招募工人，必須透過農業合作社，凡非農業合作社介紹者均不得任用，藉此阻斷農民以改變職業來逃避農業集體化的可能性。

　　這種辦法就是中共所謂強迫與志願的結合，富裕農民在別無選擇的情況下，只好死心塌地的贊成農業集體化。到1958年毛澤東提出大躍進的主張以後，許多農村幹部如法炮製，紛紛收回農民的自留地，關閉農村集貿市場，禁止家庭副業，迫使富裕農民了解，不自願響應成立人民公社的號召，沒有其他出路。中共過去採取強迫與自願結合的作法，可以說是無往不利，這一次可大大失算了。就在人民公社出現，而毛澤東據以宣稱中國大陸超過蘇聯，已成為首先向社會主義過渡的國家之時，一場人類有史以來最大的人為饑荒已然悄悄形成了。

第一節　多快好省的現代化

　　1957年底毛澤東訪蘇時，提出的口號是十五年內趕上英國，不久便在黨內熱烈的響應中，改為七年趕上英國、十五年趕上美國，再不久又改為三年趕上英國、十年趕上美國。當時中國雖已完成社會主義初級建設，但仍是一窮二白。從整體經濟的觀點來看，農業部門大大落後於工業部門，而輕工業部門又遠遠落後於重工業。為了求得全面發展，中共或從輕工業追求突破，或從農業尋求轉機，然後再以之帶動輕工業突飛猛進，可是無論如何選擇，都亟需中國所欠缺的龐大資金和先進技術。毛澤東憑什麼敢突然號召全國人民，在這麼短的時間內超英趕美，成為世界上最進步的國家？當時中國「現代化」的馬車正由行政官僚和技術專家操轡，根據蘇聯計畫經濟的模式穩步邁進，毛澤東突然從馬車廂中跳出來，奪取駕駛人手中的韁繩，不僅完全改變原有的駕車方式，而且速度快到連專家也難以想像的地步。毛澤東到底有何神機妙算，敢於改弦更張，追求超高速的經濟發展？

　　毛澤東急於求成。上有所好，下必甚焉。他用過去屢試不爽的動員辦法，亦即階級鬥爭的群眾路線，尋找俄國之外的社會主義現代化模式。而他找到的模式也很簡單，就是透過各級黨委，調動並發揮老百姓從事社會主義建設的積極熱忱。於是他一方面以個人崇高的威望，為全中國人打氣，鼓勵他們不要自卑，不要迷信外國東西，更不要迷信專家學者；要相信自己，發揮集體的聰明才智，為美好的明天犧牲今天。另一方面，他則把一切反對意見均視為階級鬥爭，透過響應他號召的積極分子，製造逼人的形勢，使每個持不同意見的人在俯首認罪後，都不得不極力迎合。短短幾個月中，毛澤東成功地在中國大陸各地颳起旋風，到處都是螞蟻般的人群，高舉毛的三面紅旗，在剛完成社會主義初級建設的中國，進行技術革命和文化革命。

　　毛澤東的三面紅旗是什麼？第一面紅旗是總路線，亦即「鼓足幹勁，力爭上游，多快好省地建設社會主義」；第二面紅旗是大躍進；第三面紅旗則是人民公社。第一面紅旗好解，就是全力向共產主義階段的社會過渡，不僅要超英趕美，而且要建設一個迴異於英美等國的理想社會。第二面紅旗的大躍進，簡單說來，就是在生產關係向共產主義接近的過程中，突破生產力，進而在其他各方面都同時飛躍前進。毛澤東選擇他熟悉的農業為突破點，號召合併規模比較小的生產合作社為大社，以便適應農業水利化、農業機械化和農村文化革命的需要。就在他登高一呼之後，地方隨即出現前所未有的人民公社。這就成了毛澤東的第三面紅旗。它不僅在內部的生產關係上，比原有的高級生產合作社更接近共產主義的理想，而且因為經濟規模的擴大，生產力似乎剎那間得到了解放。毛澤東並非不知道，群眾運動中各級黨委和群眾的盲目性，是伴隨著積極性相偕以生的。但他總以為盲目性乃必須付出的代價，只要積極性為農業部門帶來大躍進，達到豐衣足食的目標，又何必斤斤計較？暫時視若無睹又有什麼不對？

　　不幸，毛澤東低估了大躍進中的盲目性，誤以為農業生產得到大突破，1958年是一個前所未有的大豐年，所以他想在此物質基礎之上，實現公家照顧成員從生到死的福利措施，尤其是吃飯不要錢，並進而完成農村機械化和電力化的理想，以及從事各種各樣的文化建設。農業部門採取階級鬥爭的群眾路線，既然有了偉大突破，工業部門當然要立即跟進，也要有同樣的偉大突破。他於是發動全民大煉鋼鐵，在農村中廣建小高爐和小平爐。大煉鋼鐵需要原料，需要電力，也需要運輸工具，於是又號召全民辦電、全民辦煤窯、全民辦鐵路。技術革命以外，更要文化革命，所以當時黨的宣傳機構又提倡全民辦教育、全民辦大學、全民辦哲學、全民辦體育、全民辦寫詩、全民辦畫畫、全民搞文藝創作。

　　以全民辦寫詩為例，農村基層到處都是賽詩會，到處擺賽詩擂

台,結果全國出現了億萬首新民歌。中國科學院院長郭沫若和中央宣傳部副部長周揚精選和主編了一本《紅旗歌謠》。其中一首寫道:「稻粒賽玉米,黃豆像地瓜,花生像山芋,山芋趕南瓜」[1]。這首農民詩雖然了無詩意,卻表現了大躍進時代的狂熱。連毛澤東也相信,群眾只要發揮其無限的潛能,便可以製造奇蹟,使生產力飛躍,連帶使一窮二白的中國脫胎換骨,超英趕美。不料,事與願違,大躍進非但沒有帶來生產力的解放,反而造成生產力的破壞和倒退,甚至有3,000萬至4,000萬人死於饑饉。這究竟是什麼緣故?

大躍進製造的人為饑饉,其情況之嚴重,已為世人所周知。過去歐美學者呼應中共官方的說法,認為縱使有饑饉,也不過是地方性的天災,再加上蘇聯刻意打擊,才變得嚴重,不過由於中共的行政效率甚高,所以難關終於渡過。他們也認為,大躍進即便是一個失敗,但畢竟還完成了許多有利於後世的水利建設,甚至被人視為瘋狂和愚昧象徵的土法煉鋼,在他們的討論中也成為帶給農村技術經驗的成功嘗試。這種水利建設一定有用論,加上農村技術改善論,一度代替實證研究,成為正面評價大躍進的主要根據。但是這種看法經得起新資料的考驗嗎?現在已經知道,在大饑饉初現時,中共黨內,包括毛澤東在內的許多人,都已針對大躍進執行層次的問題進行檢討,可是在1959年夏天的廬山會議上,毛澤東卻把一些真正的反省升高到路線層次來鬥爭,因此炮製了所謂彭德懷反黨集團,並在全國各地展開大規模的反右傾運動,結果使得饑荒問題變得不可收拾。這中間的轉折到底真相如何?又如何解釋?

一、開始大躍進

1958年初,毛澤東在杭州、南寧和成都召開一連串會議。十八個

1　戴知賢,《山雨欲來風滿樓》,頁3。

月前，政府部門領袖（周恩來、陳雲、李先念、薄一波）鑑於基本建設的目標超出能力，曾經在毛澤東點頭後，提出「反冒進」的主張。十八個月後，時移勢變，毛澤東取得了反右運動的「勝利」，遂根據地方省委書記（柯慶施、江華）的激進言論，嚴詞指責「反冒進」是「右傾促退」，並進而提出苦戰三年以改變大部分中國一窮二白面貌的號召。毛澤東指示說，無論工業或文教事業都要大躍進。

杭州和南寧會議會後，中共中央制訂了《工作方法六十條（草案）》，提出生產計畫兩本帳的辦法，第一本帳是必成的計畫，對外公布，第二本帳是期成的計畫，不對外公布。可是因為中央內部評比以第二本帳為標準，所以第二本計畫到了地方便變為必成的第一本帳。為了有更好的表現，地方在這一本帳之外又提出一本指標更高的期成計畫。這就是地方的第二本帳，交由下級執行。如此從中央到地方，從省縣到基層單位，層層加碼，越接近基層單位，政府規定的指標越高[2]。另一方面，中共中央不但在省與省之間評比，也在縣與縣之間評比，不但在縣與縣之間評比，也在生產合作社與生產合作社之間評比，由各單位根據期成計畫，自訂生產目標，彼此挑戰，以求超越對方。被評為先進單位者授予紅旗，以為獎勵，而被評為落後單位者則給予白旗，以為羞辱。「插紅旗，拔白旗」，以形勢逼人[3]。

同年5月，中共召開八大第二次會議。這一次會議的參加者不限於中央委員，還有各省省委書記、各部會首長、人民解放軍負責人，以及省以下黨委。在這次會議中，毛澤東再次批判反冒進思想，並提出七年內趕上英國，十五年內趕上美國的大躍進構想。為了鼓勵各級幹部，毛澤東鼓吹「外行領導內行」，「不要怕資產階級的教授」，甚至說出「不要怕馬克思」、「超過馬克思」之類的豪言壯語。會場上

2　中共中央文獻研究室，《建國以來重要文獻選編》，11：42。
3　趙生暉，《中國共產黨組織史綱要》，頁310-11。

因而瀰漫著「解放思想，敢想、敢說、敢幹」，一天可抵二十年的說法。負責執行第一個五年計畫的陳雲、周恩來、李先念、薄一波都感受到極大的壓力，因而先後自動認錯檢討。周恩來甚至像回到延安時代一樣，承認了莫須有的罪名，並號召全民向毛澤東學習。參加會議的各省委書記和部會負責人，則個個意氣風發，彼此比較在1957年冬和1958年春興建水利工程的成績，並大談超英趕美以後的美麗願景[4]。在在這股熱絡的氣氛中，八大二中會議輕易地通過了新的社會主義建設總路線：「鼓足幹勁、力爭上游、多快好省地建設社會主義」。而有了這條總路線以後，大躍進的列車便有如裝上了火箭引擎，開始向前加速奔駛了。

大躍進的先聲。1957年冬到1958年春，中共總共動員了9,000萬農民從事農田水利建設。這裡是河南鄭州市郊的引黃濟衛工程，中共政治掛帥，以群眾路線動員無數農民，憑藉最原始的工具，終於完成了這項水利建設。

4　裴棟，〈1958年八大二次會議〉，《中共黨史資料》，29：245-48；Frederick Teiwes, *Politics and Purges in China: Rectification and the Decline of Party Norms, 1950-1965*, xxvi-xxix.

　　大躍進的第一個具體表現便是人民公社[5]。什麼是人民公社？簡單說來，便是在一個固定地區中，把工農商學兵全部組織在一起，以之為國家和社會的基本單位。農村除黨組織以外，原來還有政權組織、群眾組織、民兵組織和經濟組織，現在全混合在一起，各組織不再單獨存在。名義上人民公社是人民當家作主的結合，實際上卻是完全聽命於黨指揮的基層行政組織。人民公社徹底掌握了農村的經濟領域以後，原有的供銷社、合作社和個體商業者消失，經濟不再和市場掛鉤，而完全根據行政指令辦事。不同的人民公社，按行政層級承上啟下，彼此之間殊少來往。所以其經濟關係只有從省到縣、再到人民公社的上下「條條」，而沒有不同省、縣、人民公社之間的左右「塊塊」。

　　人民公社雖然下面還有生產大隊和生產隊兩個層級，但人民公社統一負責盈虧，由各生產大隊管理生產和實行經濟核算，並由各生產隊組織勞動以及設立公共食堂。人民公社這個基本單位有三個明顯特色：亦即全面性、福利性和自給自足性。所謂全面性是說，公社有政治、經濟和軍事各方面的統一權力，可以組織工農學兵各行業的生產、交換和分配，決定和統一經營農林漁牧各項生產活動。所以理想的人民公社什麼都有，各方面也都均衡發展，應該有禾場、工廠、畜舍、郵電所、倉庫、學校、醫院、俱樂部、電影院、體育場。至於公社工業，也是麻雀雖小，五臟俱全，凡是公社需要的物品都能生產。社員則在幹部的指揮下從事集體勞動，通常採取勞動人口按軍事組織

5　人民公社的「公社」這兩個字，最先是由1958年4月劉少奇、周恩來、陸定一和鄧力群四個人「吹牛」吹出來的。當時他們在火車上「吹」過渡到共產主義，非常興奮，想到用「公社」兩字來稱呼未來的制度。後來陸定一在恩格斯的著作找到「公社」這兩字的經典根據，向毛澤東推薦，而毛澤東又向政治局推薦。毛澤東的秘書陳伯達希意承旨，發明「人民公社」四個字，再暗中指示農村基層幹部採用。見薄一波，《若干重大決策與事件的回顧》，下，頁735-39；凌志軍，《歷史不再徘徊：人民公社在中國的興起和失敗》，頁60-61。

編組的方法，戰時是民兵，平常則在公社統一調度下，從事生產。公社無所不管，由於社員沒有私有財產，照理公家有義務照顧農民的衣食住行、生老病死以及男婚女嫁，所以最初公社供給口糧，吃飯不要錢，後來更有所謂七包、十包、甚至十五包的說法。七包是包吃飯、穿衣、居住、生育、教育、看病、婚喪，十五包則是吃飯、穿衣、居住、看病之外，包鞋、襪、毛巾、肥皂、燈油、火柴、烤火費、洗澡、理髮、看電影和喪葬。理論上公社不但應該取代家庭的功能，而且必須節省勞動力，同時更應該「解放」被家庭束縛的婦女人口，因此又設有托兒所、幼兒園、幸福院（敬老院）、大食堂、縫紉班、理髮室和公共浴堂等等。公社也注意文化問題，為了掃除文盲，提供免費教育，辦理農業中學。真有點像太平天國《天朝田畝考》所說：「有田同耕，有飯同吃，有衣同穿，有錢同使，無處不均勻，無人不飽暖。」

　　上述有關人民公社的構想是逐步形成的。早在農業集體化時，毛澤東已有小生產合作社併為大生產合作社，以便擴大經營規模的想法，希望一個鄉一個社，或幾個鄉合成一個社，但試驗結果，都不十分成功，故未加推廣。1957年底，在超英趕美的口號下，農業生產和全面現代化之間的矛盾，顯得特別尖銳，社與社之間也經常有衝突發生。為解決其中的問題，毛澤東遂在1958年3月的成都會議中，要求把小型的農業合作社合併為大社。不久，河南遂平縣的嵖岈山，即把27個小社合併為擁有1萬人的大社，當時叫做衛星集體農莊。毛澤東受此啟發，開始有了人民公社的念頭，在他督促之下，河南省委書記吳芝圃開始試驗。最初，怎誰也沒有具體的想法，所以劉少奇和周恩來要求編《馬列論共產主義》和《空想社會主義》兩本書，毛澤東也印發陳壽《三國志》的〈張魯傳〉做為參考。河北省徐水縣在試驗合併小社為大社時，幹部甚至拿著康有為的《大同書》，邊讀邊做。無論如何，在中央大員的授意下，河南的嵖岈山集體農莊改名為人民公社。隨後河南新鄉七里營也宣布成立人民公社。當年農業豐收，毛澤東在

人民公社。1958年8月,毛澤東視察河南新鄉七里營人民公社(下),正穿過一道狹窄
的獨木橋(上),準備去參觀密植的棉花試驗田。他當時說了一聲人民公社好,經過官
方媒體一報導,全國各農村立即一窩蜂地成立人民公社。拍攝這張照片的記者王世龍
在1958年底遭受批判,有人根據這張照片批評王世龍階級覺悟不高,政治觀念不強,
是在暗示集體化的「陽關道」不好,連毛主席也走「獨木橋」。王世龍因為這張照
片,20年不得翻身,這張照片也因為王世龍而20年不見天日。

參觀河北、河南、山東的情形後，認為人民公社不犧牲工業發展的速度，卻能動員農村廣大的勞動力，從事基礎建設，為農業生產帶來前所未有的突破，從而改變農村的落後面貌，因而大加讚許，說道：「人民公社好」！毛澤東並於同年8月的北戴河會議上，提出一般號召。隨後在一個半月不到的期間內，全國已有74萬個農業合作社合併為2.6萬個人民公社，共有12,000萬戶農民參加。除了西藏之外，全國各地農村都實行了人民公社制度。有一些城市眩於形勢，也急忙跟進，宣布建成人民公社[6]。

在完成各種建設的壓力下，農村各級黨委感到嚴重的勞動力不足，因此有人民公社越大越好的看法。影響所及，一般人民公社的規模都很大，平均一個人民公社由28.5個高級合作社合成，擁有4,000到5,000戶人家。雖然小的人民公社只有3,000戶，但是大的也有7,000戶，甚至大到擁有10,000戶或20,000戶。用傳統的行政單位來說，小的人民公社是一個鄉，大的是一個區，更大的則是一個縣。河南修武便是一縣一社，全縣23,000戶人家13萬人只組成一個人民公社。其他絕大多數地方，則是一區一社。1958年8月嵖岈山成立人民公社時，農民除少許家畜以外，必須把所擁有的全部生產資料，包括自留地在內，都交給人民公社，實行大集體所有制。人民公社統一負責盈虧，並負責在生產隊辦理公共食堂，免費提供三餐。至於生產工作則由生產大隊負責管理，然後根據農民所得工分支付工資[7]。

6　這時的城市人民公社內容不詳。據1960年3月中共中央的指示，當時人民公社尚在試驗階段。有以大型國營廠礦為中心的，有以機關和學校為中心的，也有以街道為中心的。其中最後一種可以組織集體生活、街道生產，以及集體的福利和服務事業。指示還說，除北京、上海、天津、武漢和廣州五大城市以外，各城市應一律掛出人民公社的招牌；不過，已經在五大城市掛出的人民公社招牌也不要取消。見鄭惠等，《中國共產黨通志》，上，頁270。

7　馬齊彬等，《中國共產黨執政四十年》，頁151。

　　當人民公社像早晨的紅太陽東升時，各地方大豐收的喜訊競相湧入中共中央，北京到處一片喜氣洋洋。其實，1958年的農業生產只比1957年多了幾個百分點而已。在評比的壓力下，各級地方幹部把4,000億斤的糧食實產量，誇張成6,000～7,000億斤。這一年的年初，已有地方開始浮報，到夏收以後，各地更是大放糧食「衛星」（意思是指像蘇聯發射的世界第一顆人造衛星史潑尼克一樣，創造新紀錄）。北方從畝產小麥2,000多斤升高到7,000斤，最高記錄是青海賽什克農場的8,500斤。南方稻作也從畝產580斤，升高到幾千斤；廣西環江以13萬斤奪得魁首。報紙刊出小女孩坐在密不透風的稻穀上的照片，全國洋溢著大豐收的氣氛。

　　中南局第一書記陶鑄根據虛報的數字批判「糧食增產有限論」，省黨委書記曾希聖、吳芝圃和李井泉更相繼宣布安徽、河南和四川為早稻畝產千斤省[8]。國家統計局不敢完全相信這些數字，打了三、四折後，仍然得出農業增產一倍、約有7,500億斤的結論。譚震林是主管全國農業的政治局委員兼書記處書記，認為統計局專家受農業科學規律的桎梏，根本低估，實際就是10,000億斤之多。《人民日報》報導徐水人民公社的高產情形說，馬上就「要把社員帶向人類歷史上最高的仙境」，實現共產主義各盡所能、各取所需的理想了[9]。毛澤東在得知各地大豐收的消息後，也高興地對來訪的赫魯雪夫說：「中國人民的幸福生活完全有指望了」。他竟然開始擔心糧食太多，如果不能大量出口，那來足夠的倉庫收藏？毛澤東還提議把農地分成三部分，三分之一休耕、三分之一綠化，僅餘三分之一生產[10]。

8　叢進，《曲折發展的歲月》，頁139-40。

9　馬齊彬，《中國共產黨執政四十年》，頁151。

10　毛澤東，《建國以來毛澤東文稿》，7：575；駱耕漠，〈關于我國計畫經濟的形成及其發展的曲折過程的分析〉，《經濟研究》，1981年第2期，頁42；叢進，《曲折發展的歲月》，頁141。

圖一

圖二

圖三

圖四

只 不 过 是 开 始

——摄制照片剪辑的体会　　河北日报　李械

玉米之花　　　　　李　械摄制

我过去没有搞过照片剪辑。有的时候，为了表现大场面，也曾經把圖片剪裁下来，进行加工，但它还是"新闻照片"的性質。严格說来，同现在所說的照片剪辑仍有很大区别。

我为什么搞起照片剪辑来呢，这要从今年麦收談起。在党的社会主义建設总路綫的鼓舞下，河北省农民干劲冲天，采取了許多前所未有的措施，实现农业生产大跃进。老实說，我对这个形势是缺乏思想准备的。所以，一到麦收季节，放射出一顆又一顆的小麦丰产"衛星"的时候，摄影工作就跟不上去了，只搞了一幅"打麦場上人人忙"經过加工的圖片，其他的照片都同往年麦收时拍摄的差不多，沒有很好地把"衛星"报道出去。这是深刻的教訓。那时我想，到

星""玉米之始搞，到现在稻几幅"照片"当头一报)的主题是时，我們就說样表现这个主题呢，原先，我一个壯年社員举起"谷子"抽一躯」"后来，觉得谷穗不够又叫棒子，"当头一棒"，这先拍的照片，壯年社員拿的是的玉米代替了。"观潮派""圖"中的丑角剧照，因为找不画。这也好。照片和漫画相結剪辑的缺点是壯年农民的表情

"衛星划长空"（九月十二气式飞机在高空疾飞得到的啟因为它弯曲，不像飞的样子，棒子皮往后甩，就給人以飞舴空和云彩，又把玉米的照片剪下来的底片和天空的底片叠印說，这是剪辑和叠印相結合的在病中。医生叫我休息，我却现云彩，我捂住脑门，爬上三拍黑云彩，可以使"衛星"的逼真。可是，黑云彩要在下雨只好将就着使了。这张剪辑上都是由一个玉米的照片放得大变化制作成的。

"玉米之花"（9月16日程。下乡以前，我就考慮：想就要有比較，而且最好是同人一顆大玉米表现"玉米"大丰决，这好办，关鍵是怎样把放着，显不由有一点勉强。原来枕头的照片（素材），覺得不业社朵防的时候，社員們指着西瓜有多大」"这句話，使我

浮誇風。大躍進以來，官方宣傳完全脫離實際，甚至故意弄虛作假，既緊跟形勢，也製造形勢，結果自欺欺人，帶來一場空前所未有的人為大饑荒。圖一為《人民日報》在各地競相放射小麥豐產「衛星」熱潮中，報導某地畝產3,530斤的新記錄。圖二為《人民日報》發表的照片，「衛星田」的稻穗竟然可以托住一位小姑娘。圖三為農民在大躍進的瘋狂口號前紛紛表態。圖四為《河北日報》記者介紹自己如何剪輯相片，為大躍進做宣傳。

　　事實上，報紙上所報導由千斤增加到萬斤畝產，不過是把十畝地上快成熟的麥子種在一畝地上，那有什麼高產奇蹟？當時盛行「人有多大膽，地有多高產」的說法，沒人敢懷疑這些數字。上級再據以提出更高的指標，下級只好千方百計配合。到處都是弄虛作假，農村幹部把快要收割的穀子擠種在一塊，怕田裡密不透氣而導致穀子腐爛，千方百計找來電扇，日以繼夜吹風[11]。

　　毛澤東年輕時下過田，可是這個農民之子視察河南、山東等幾個省的農村時，居然看不出「浮誇風」在作祟，反而信以為真，縱容黨宣傳機器繼續鼓吹。他既然相信大豐收和人民公社乃相輔相成，當然也就相信，在不增加國家投資的前提下，經濟規模可以繼續擴大，他更可以動員農村無窮的勞動力大搞工業，大搞水利建設，大搞運輸工程。以人力代替機器，用中共的術語說，搞大兵團作戰，發動人海戰術，苦戰三年，便可以實現地上天堂的理想。然則，光是動員勞力而無資金，也不能苦戰，其實毛澤東青睞人民公社的體制，部分考量恐怕就是因為透過這個體制，可以有效掌握生產力突破後的農民生產所得，從而輕易擴大積累和投資。1958年下半年和1959上半年，全中國大陸農業總收入為339億人民幣，中共居然把其中的325億用在積累、投資和其它方面，而只留下14億供農民自身消費之用。這種羅掘俱窮的作法，非賴人民公社的體制不可能達成。

　　為何毛澤東對人民公社制度的信心那麼強？這和農村基層的熱烈響應有關。為什麼貧苦農民對人民公社趨之若鶩？這又和人民公社大搞社會福利有關。國家包吃包住，甚至實行糧食供給制，並包辦農民從生到死所需的一切，難怪生活在饑餓邊緣的貧苦農民，會以為人間天堂到來，所以瘋狂響應。在上級的號召下，他們自願把自留地、大型農具交給公社，甚至捐房子，捐豬羊雞鴨，以至於拆鍋拆灶，連家

11　參閱章躍兵，〈天下第一田〉，《讀者》，1994年第11期，頁18-20。

裡僅有的小生產工具都捐了出來。過去生活太苦，朝不保夕，雖然土
地革命後有了改善，但是大多數農戶仍不免要爲明天有沒有飯吃而擔
心。如今有了大食堂，吃飯雖然不方便，卻不必害怕飢餓，何況平常
六分飽，現在可以十分飽，甚至吃撐肚子也沒人管──有這種想法的，
占全體農民70%以上。在幹部鼓動下，他們尤其熱望人間天堂的來臨，
當然也樂意響應階級鬥爭的號召，對不願分享財富、同心建立人間天
堂的人力加反駁，甚至視之爲「資本主義」和「本位主義」的政治錯
誤，予以嚴厲批判，語言暴力之不足，再益之以流血暴力[12]。

人民公社大食堂。平常頂多只能吃七分飽的農民，現在幹部告訴他們吃飽飯不要
錢，可以開懷痛吃，所以拆爐灶，捐出鍋子碗筷，熱烈響應人民公社食堂的成
立。沒有想到，幾個月不到，連人民公社的戰備糧都吃得光溜溜了，而在飢饉來
臨之後，大食堂反而成為控制農民吃飯的工具。這是廣東番順縣龍山公社農民在
公共食堂吃飯的樣子。

12　中共中山縣委工作組，〈建立人民公社的過程就是共產主義教育的過程〉，頁4，6。

農民的熱情響應，似乎證明了大躍進走群眾路線的正確性，毛澤東完全低估了領導幹部、尤其低估他自己在群眾路線中所可能起的誤導作用。正因為農民相信幹部、相信黨的領導、也相信毛的號召，不少地方的貧苦農民瘋狂響應。然而，他們很快發現，自動捐獻了生產資料，人民公社卻不能持續改善他們的生活，反而每下愈況。於是，原有的瘋狂響應頓成急風驟雨，來得急，去得也快。

比起北京的中共中央，基層貧苦農民首當其衝，最先感受到問題的可怕。地方基層幹部，因為上級無明確指示，又要發揮積極性，於是瞎指揮，亂命令，完全不顧各地的差別，要求一律看齊。有的還一方面搞特殊化，為自己創造各種特權，另一方面以共產主義為藉口，任意侵犯小私有者的切身利益。再有浮誇風從中播弄，過分的深耕密植取代精耕細作而成為增產密訣；一畝地原來只能播種固定數量的種子，拼命加多種子，結果使種子無法發芽，即便發了芽，也因為通風不良，不久秧苗便枯萎了。深耕也應有限度，比賽深翻土地，卻挖得比成人體高還要深，於是破壞土壤結構，連莊稼也無法生長。

最嚴重的是共產風。人民公社幹部為圖管理方便，力求內部簡單畫一，特意把貧富不同、條件不一的幾個生產社合併，進而命令生產社把所有財產都交出來，統一核算，統一分配，甚至無償調用各生產社的物資和勞動力。按照規定，農民可以有自留地，但公社當局命令繳出，甚至不准擁有豬雞鴨等家畜，而且無償調用農民的房屋、家具、衣被、存款，連桌椅板凳刀剪鍋碗也不例外。最令人難以置信的是，工人和軍官寄回養家的錢也都被扣留下來充公[13]。在擴大「共產」範圍的同時，公社搞高積累，而拒不分配大部分的生產所得。名義上政府稅收僅 7%，實際則被公社拿走了至少五到六成，農民所得甚至不及三成，因此總覺得辛苦經年，成果卻任由外人享受。

---

13 毛澤東，《毛澤東思想萬歲》1967年本，頁43。

　　高積累所得，雖然用在生產建設方面的不少，但莫名其妙的浪費也很多。人民公社的福利政策便昂貴無比。尤其是實行時不注意節制，浪費更為驚人。以大食堂為例，歷史上東漢張魯的義米肉制度開其先河。張魯信奉五斗米道，割據一方，在他統治之下，凡行人路過，都可以有免費房子住，免費的米肉吃。但是為防止人民多用，張魯神道立教，說吃多了，會遭鬼神譴責。許多地方實行人民公社時，卻不怕多用，反而害怕糧食太多，拼命鼓吹農民多吃，結果連公社可供二、三年用的戰備糧也拿出來吃了。人民公社辦托兒所、辦學校、辦醫院，雖說花錢不少，總勉強可說是符合群眾需要。然而，在此之外，幹部還要辦不急之需的文工團或體育團，甚至資助所謂「農民作家」脫產，以便他們充分發揮創作自由，實際上是花錢養一大堆不事生產的消費廢人。人民公社在財力方面自然有破產之虞。其實，早在1958年底，河北徐水這第一個縣級人民公社便支撐不下去而宣告夭折了。

　　儘管大躍進和人民公社都有問題，毛澤東並不了解實況。反而以為農業部門既然已有突破，工業部門便必須立即跟進，進而鼓吹技術革命，以求更上層樓。毛澤東不相信平衡發展，他要以一部門的突破，產生與其他部門的不平衡關係，然後逼迫其他部門拼命追上。毛澤東在農業部門喊出以糧為綱的口號，在工業部門則揭出以鋼為綱的指示。他想先從鋼鐵生產方面取得突破，然後逼迫工業的其他部門也跟著力求突破。因此，毛澤東在1958年8月的北戴河政治局擴大會議，提出鋼鐵生產量翻一番的主張，提出年產鋼鐵從600萬噸增加到1,070萬噸的建議。當時國家計畫委員會第二號人物、副主任委員賈拓夫認為，一年已過八個月，只產了500萬噸，在剩下的四個月再生產600萬噸，根本不太可能。但毛澤東堅持他個人的主張，而且在公布指標之後，把能否按期完成，說成是嚴重的政治任務，強調在蘇聯的批評面前，不能承認吹牛。易言之，煉鋼竟然因為攸關國家顏面而成了煉政治鋼、煉爭氣鋼。各現代化的鋼鐵工廠加緊生產，達不成目標，毛澤

東便動員全國億萬的百姓，尤其是農民，以原始落後的土法煉鋼煉鐵，不達目標誓不休。

同年年底，毛澤東的高指標達成了。毛澤東認為他已化不可能為可能，今後說15年以內趕上英國，便不再是非分的幻想了，於是在1958年底要求把來年鋼鐵生產指標提高為3,000萬噸。當時國家計委認為不切實際，設法把它降為2,000萬噸，可是比起1958年的實際產量仍然要多上一倍左右。毛澤東為什麼對鋼鐵產量再翻一番有如此鉅大的信心呢？答案是1958年的經驗。1958年他是靠什麼達成連專家都認為不可能的高指標呢？他的秘訣是群眾動員，通過各級黨委書記負責，動員全國上下，搞「大兵團作戰」，而且集中全力，不惜犧牲其他各行各業，以其全部勞力，組織各路勞動大軍支援。

毛澤東為了達成目標，指示煉鋼要土洋結合，各級黨委書記不懂煉鋼煉鐵，身邊又無懂洋技術的專家，所以所謂土洋結合實際就變成土法煉鋼了。在各級黨委書記督促下，小高爐和小平爐遍地開花，後來連毛澤東住處的後院也出現了小高爐。當時總共建立了60萬座小高爐和土高爐，動員9,000萬人不分白天黑夜的工作。有的黨委書記還放鋼鐵衛星，宣稱從一天產1,000噸增加到三天產300萬噸。毛澤東中南海後院的小高爐是公安軍副司令李逸民造的。他受毛澤東感召，自告奮勇，願作模範。沒想到，所煉出來的鋼鐵像蜂巢，除拿回家裡插花外，一無其他用途[14]。李逸民是黃埔軍校畢業，所受教育或許不夠高深，所以盲目響應煉鋼號召，猶不難理解；但是孫中山夫人宋慶齡受的完全是美國教育，亦不能免於狂熱，這簡直就不可思議了。宋慶齡在上海住宅的綠色庭園裡砌了一個小高爐，每天大煉鋼鐵，煉出來的鋼鐵，好不過李逸民，也都是一堆廢物[15]。其他黨委書記的經驗大致

14　李逸民，《李逸民回憶錄》，頁184-87。
15　蘇曉康、羅時敘、陳政，《「烏托邦」祭》，頁12。

煉鋼煉鐵。為了完成鋼鐵產量增加一倍的指標，中共中央號召全民煉鋼，霎時之間，全國各地出現了約60萬座的小高爐和土高爐，中共動員了9,000萬人，但是煉出來的鋼鐵，至少有一半無法使用，白白浪費了20億人民幣。圖上為河南信陽市郊五里墩荒丘上密布的土高爐群。圖中為河南安陽地區的運礦石大軍。圖下為北京市民正把家裡的鐵製用具送去煉鋼鐵。

相同，所煉出來的600萬噸鋼中有300萬噸無法加工使用，白白浪費人民幣20億元。反而因為到處亂砍樹林，不但殃及市內路旁的行道樹，也禍及深山的千年老樹，整片整片的老林從此消失；環境的破壞，尤其難以估算[16]。

毛澤東當時全神貫注在高指標的完成上，完全不在乎煉出來的鋼有無用途。相反的，他認為所期望的鋼產量突破已開始帶動了其他行業。煉鋼需要焦炭和鐵砂，現有焦炭和鐵砂產量不足以應付需要，於是動員全國群眾配合地質學家去找，而且全民大辦小煤窯。電力供應不足，全民辦電力；銅鋁短缺，全民煉銅，力爭快速發展煉鋁工業。交通運輸趕不上，開展一個全民運動，全民搞運輸，保證出鐵；於是成千上萬的農民，肩挑手推，搞短途運輸，鐵路公路更是多裝快跑，突擊運輸。各地黨委還不計成本地開小礦，結果為了煉鐵砍伐樹林，銷毀農具，破壞鍋碗。總之，所費不貲，尤其得不償失，不僅嚴重地破壞國家資源，更嚴重傷害農業和輕工業的發展。全民大煉鋼表面上好像帶動了一些生產事業的驚人發展，其實，很多工作只是白費心血。山東官橋煤礦動員18萬人，花了3,600萬元，一塊煤也沒挖到，虛擲浪費之外，還製造人命事故。城市由於工業大躍進，吸引2,000多萬農民進入城市，卻無法在基本建設方面配合，形成種種問題。而企業單位為了達成高指標，疏忽安全工作，以致這一年工人有5萬人死於意外，15萬人在事故中受傷。

在毛澤東黨一元化的領導下，國家主席劉少奇、黨總書記鄧小平和國務院總理周恩來，都全力支持毛澤東的政策，幾乎沒有一個人例外。大躍進的方法是群眾動員，因此各級黨委書記，特別是地方大員的配合尤其重要。當時四川省委書記李井泉、上海市委書記柯慶施、河南省委書記吳芝圃和安徽省委書記曾希聖有四大左狂之名。其中

16　劉少奇，《劉少奇選集》，2：331。

李、柯是政治局委員。他們的階級出身如何？李井泉是江西臨川人，
出身地主家庭，江西省立第三師範畢業後，進入廣東農民運動講習所
為學生，後來追隨毛澤東上井岡山，曾長期擔任毛澤東的個人秘書。
柯慶施是安徽歙縣人，家庭更為富有，徽州師範畢業後，當過小學教
師，愛好新文藝，受無政府主義影響，到上海投奔同鄉陳獨秀，是受
陳獨秀引介加入中共組織的第一批留蘇學生之一。他在延安整風中，
曾因為國際派上司王明的波及，遭受思想鬥爭和隔離審查，妻子也遭
株連，甚至被迫自殺[17]。吳芝圃是河南杞縣人，父親的大土寨子據說
可以輕易收容一師軍隊。他在開封省立第二中學畢業以後，像李井泉
一樣，南下廣州，進入農民運動講習所第六屆學習，成為毛澤東的入
室弟子。曾希聖則出身破落地主家庭，衡陽三中畢業後，追隨兄長南
下廣州，進入黃埔軍校就讀，後來到蘇聯繼續學習，也是標準的中共
所謂小資產階級知識分子。

　　這些黨委書記一定都記得1958年3月，毛澤東在成都會議上的講
話。當時毛澤東說，個人崇拜有兩種，一種正確，另一種不正確。對
馬克思、恩格斯、列寧和史達林的崇拜便是正確的個人崇拜，因為他
們手中掌握著「真理」，只有對他們以外人物的個人崇拜纔是不正
確。至於反對個人崇拜，也有兩種人。一種人反對不正確的個人崇
拜，另一種人則是為了讓別人崇拜自己，所以反對崇拜別人。對後一
種人，毛澤東借用列寧的話說：「與其讓你獨裁，不如我獨裁好」。
毛澤東的言下之意再明白不過了。中南局第一書記陶鑄，在延安整風
時曾經被懷疑為叛徒，蹲過黑牢。他聽後立即說道：「對主席就是要
迷信」。他雖然日後並未因此列名四大左狂，卻也曾狂熱地響應大躍

17　柯慶施和劉少奇雖同為留蘇的第一代職業革命家，但兩人不睦。1936年當
　　劉少奇指責第一次國共內戰時期的中共白區工作路線「過左」時，柯慶施
　　曾指著劉少奇鼻子，罵他是「老右」。高華，《紅太陽是怎樣升起的——
　　延安整風運動的來龍去脈》，頁95。

進。四大左狂之一的柯慶施，當時更留下兩句令人難忘的阿諛文字：
「相信毛主席要相信到迷信的程度，服從毛主席要服從到盲從的程
度」[18]。

　　陶鑄和柯慶施兩人說這種話，一方面固然是迷信毛澤東，另一方
面恐怕也是延安整風坐黑牢的經驗刻骨難忘。1957年的反右運動和整
風運動更可能令他們心生警惕。當時除被打成右派的黨外知識分子之
外，另有3.3萬左右的黨員戴著右派分子的帽子下放或勞改[19]。1957年
底和1958年初，各省各市還召集幾級幹部會議，展開整風。江蘇參加
會議的有2,329人，其中43人被打爲右派分子批鬥，另有147人罪名較
輕，只是被列爲重點批判對象[20]。

　　這些被重點批判的幹部中，不少是省縣級領導人。廣東的省級幹
部古大存和馮白駒、浙江的沙文漢和新疆的賽甫拉也夫，便被戴上
「右派反黨分子」的帽子，批鬥所謂「地方主義」與「民族主義」的
錯誤。如果各級幹部想到這些同僚的下場，自然便會緊緊跟隨著毛澤
東前進。受到個人崇拜影響，他們當然更有可能盲信毛澤東，從而主
動提出一些高指標，使毛澤東對其他官員施以壓力時，有所根據。毛
澤東便曾拿著狂左分子柯慶施的文章，責問周恩來能否寫得同樣氣象
萬千。毛澤東還說過，鋼的高指標就是柯慶施發明的。當時全國只有
90萬千瓦電力，如果柯的鋼指標達到的話，全國必需有電力約900萬千
瓦。毛澤東認爲柯慶施的高指標是無產階級氣魄的表現，要各級黨委
取法乎上。

　　各級黨委書記，除了思想接近毛澤東以外，也從認同毛澤東的大
躍進政策中取得實際利益。因爲動員事務由各級黨委書記負責，他們
不僅取代政府系統的官員，成爲毛澤東最倚重的人員，而且因爲中央

18　叢進，《曲折發展的歲月》，頁114-17。

19　趙生暉，《中國共產黨組織史綱要》，頁306。

20　同上，頁308。

向地方下放人、財、商、工四權，掌握手中的實際權力也大爲增加。
尤其1959年底第二次大躍進以後，中共中央於次年9月恢復大區中央局
制度，凡是積極支持毛澤東的省級黨委書記都更上層樓[21]。四大左狂
之一的李井泉升任西南局第一書記兼成都軍區第一政委，柯慶施升任
華東局第一書記和南京軍區政委。吳芝圃所獲信任雖不如李、柯，卻
也升任了中南局第三書記。此外，分別升任中南局第一、二書記的陶
鑄和王任重，出任東北局第一、二書記的宋任窮和歐陽欽（歐陽欽爲留
法勤工儉學學生），也都是大躍進中表現狂熱的積極分子。他們像建國
初年的地方局領導一樣，權傾一時，而其中第一書記，尤其威重一
方。他們是毛澤東大躍進的先鋒元帥，高舉著三面紅旗帶頭猛衝。他
們的「頭腦發熱」，有時候連毛澤東這個中軍主帥，也淪爲被動，不
得不緊跟著自己製造出來的形勢動作。

其實，大躍進的動員透過黨務系統，格外強調黨一元化領導，所
以黨務系統的各級黨委，由中央到地方，由省縣到基層，都是重要性
遽增。他們夾在毛澤東和一般民眾之間弄虛作假，不幸上級相信虛假
的數字，甚至連統計局都要加以廢除，回過頭來又給下級更新更高的
指標，於是弄虛作假的情形越來越嚴重。區鄉以上的黨委，本來便是
國家幹部，薪資來自國家，所以在心態上是比較認同上級政府，成立
公社以後，國家幹部的職務未變，權力反而大爲增加。他們尤其願意

21　馬齊彬等，《中國共產黨執政七十年》，頁146，190。早在1958年6月中共
　　中央已成立東北、華北、華東、華南、華中、西南、西北等七個協作區。各
　　協作區設組長一人、副組長一、二人。1960年9月中共正式恢復大區制度
　　時，合併華南和華中兩協作區為中南區，連同其他五個區，各設立一中央
　　局。當時中南、東北、西南、西北、華北、華東六中央局書記分別為陶鑄、
　　宋任窮、李井泉、劉瀾濤、李雪峰和柯慶施。據《人民日報》總編輯吳冷西
　　回憶，1958年11月，毛澤東要降低1959年鋼鐵的生產指標，可是大區組長
　　「頭腦發熱」，認為毫無必要，他們一定能按原定生產指標完成任務。見吳
　　冷西，《憶毛主席：我親身經歷的若干重大歷史事件片斷》，頁107-08。

支持人民公社的想法，因為成立人民公社以後，政權組織和經濟組織合一，原有的供銷、信貸、手工業和農業生產合作社全部合併起來，連國家設在公社的企業單位也都由其接管。

對黨務系統的各級黨委來說，人民公社「一大二公」(大指規模大，公指更加集體化)的想法充滿了誘惑，因為公社越大，他們的權力也越有發揮的餘地。而向共產主義制度立即過渡的想法，也對他們有相當的吸引力，因為在共產主義的口號之下，他們可以無償徵用個別農民和下級單位的財產和勞動力，更可以堂而皇之搞高積累。可是人民公社以下的生產隊和小隊幹部，則有不同的感受。他們畢竟不是國家幹部，薪資主要來自生產單位的收入，雖然因為出身農家，他們很可能和一般農民一樣，渴望生活迅速改善，因此很容易受烏托邦思想的眩惑而跟著上頭起鬨。不過，他們像普通農民一樣，一旦面臨人民公社所帶來的饑饉現實，頭腦便立即清醒，而反過來成為一般農民抵制大躍進的領袖。

二、廬山會議

1959年7月，中共中央召開廬山會議。在此之前，毛澤東已然發現大躍進存在著不少問題，並制止某些地方黨委發起的城市人民公社運動[22]。但是他認為這些問題和三面紅旗的政治路線無關，問題出在較低層次的執行層面；各級幹部由於熱情響應，想在短期內實現共產主義的理想，但因缺乏經驗而犯下錯誤。這可以理解，也可以原諒。毛澤東也承認，有不少幹部濫用權力，享受特權，整個國家已颳起所謂「共產風」、「浮誇風」、「瞎指揮風」、「強迫命令風」和「特殊化風」等五風，必須嚴厲糾正。但是比較三面紅旗所帶來的建設成績，與這五股歪風所造成的破壞，也不過是九個手指對一個手指的關

22　李志綏，《毛澤東私人醫生回憶錄》，頁277。

係而已。所以三面紅旗必須繼續高舉，只要把這五股歪風煞住，則大躍進的發展速度還是應該追求的，人民公社的組織方式也能證明它的優越性，而社會主義總建設更依舊是中國應該走的基本方向。

毛澤東認為，五股歪風之中，最令老百姓不滿的是共產風。其主要內容有三條：「一是窮富拉平。二是積累太多，義務勞動太多。三是『共』各種『產』」。另外他又有「一平、二調」的說法。所謂一平，乃是貧富拉平、平均分配之謂；而所謂二調，乃是無償調撥、任意徵收財物之謂[23]。當時，無論是各級黨委書記，或是人民公社的負責人，都以為成立人民公社，就是要實行共產主義的理想了，因而根本忽視小集體和個人的經濟權益，隨便採取一平二調之類的作法。農民得不到利益不說，反而蒙受嚴重損失，於是怨聲載道，喪失生產意願。因此毛澤東在這一年上半年的兩次鄭州會議上，都提議要整頓人民公社，尤其要煞一下平均主義的共產風。

毛澤東為了說明其中道理，特別強調社會主義和共產主義的區別，認為現階段的中國還只能實行社會主義，也就是說不能實行「各盡所能、各取所需」的供給制，而必須堅持「按勞分配」的原則，因此必須立即停止高積累的作法，把公社積累限制在18%左右，以便農民所得能提高到55%以上。在人民公社制度方面，他主張以人民公社、生產大隊和生產小隊的三級所有制，代替人民公社的一級所有制，以生產大隊（原高級社）代替人民公社而成為基本核算單位，並以生產小隊為承包工作的單位[24]。他此時同意繼續三定政策，也就是定產、定購、定銷，建立生產責任制，並認為現階段中國仍必須保留一些商品經濟，所以也同意恢復農民自留地，恢復農村集鎮市場，允許農民在空閒的時候從事副業、手工業和商販活動。

23　毛澤東，《建國以來毛澤東文稿》，8：67，71。
24　馬齊彬等，《中國共產黨執政四十年》，頁160-62，166。

　　毛澤東在召開兩次鄭州會議的時候，已知道大躍進中的大兵團作戰，搞得人困馬乏，勞動生產率下降，弄虛作假的情形異常嚴重。糧食衛星便是十畝田併成一畝併出來的。他也已知道不分地區一律提倡密植和深耕是不合理的，因此要求實事求是，因地制宜。毛澤東也終於同意生產指標過高，是弄虛作假的主要原因，要求拉低。只是原來的高指標太高，拉低以後仍然高不可攀，譬如1959年的鋼產量的指標是3,000萬噸，拉低到2,000萬噸，減少了1,000萬噸，但是比起1958年煉鋼的總產量來說，仍然是要求增產一倍。儘管如此，毛澤東畢竟是帶著針砭五股歪風以及過左行為的心情，來廬山主持一次政治局擴大會議和中央委員會會議的。

　　毛澤東到廬山開會時，深具信心，認為對策已經有腹案了，只要參加會議的幹部能把問題講清楚，再有什麼不痛快的事情，也都能宣洩出來，則大家就會像「神仙」一樣感覺快活。再加上跳幾場舞，恢復輕鬆心情，回到工作單位，大躍進帶來的問題便可迎刃而解。不料，有「猛張飛」之稱的國防部長彭德懷卻大肆批評，不但公開發言批評人民公社辦得早、辦得快了，還特別寫了一封用詞懇切、但不避忌諱的私人意見書。毛澤東認為彭德懷的批評不止是針對執行層面的批評，也是針對他的思想和政治領導的全面攻擊，以致他有點像負隅頑獸，硬指責彭結黨營私，藉召開廬山會議之便，攻擊他的大躍進政策。毛澤東為了鬥倒彭德懷，證明彭德懷完全是錯誤的，甚至縱容「群眾」在彭德懷頭上硬加上「裡通外國」的漢奸罪名，然後掀起一場全國性的反右傾運動。結果廬山會議反左的初衷忘了，反而引發更左、更激烈的第二波大躍進。

　　彭德懷原本贊成大躍進路線，不過，他從1958年盛暑到1959年初春，共花了半年多的時間到河北、青海、甘肅、湖南、江西和安徽等十二省參觀，雖然對大煉鋼鐵和興修水利(洮河引水工程)印象深刻，但對大躍進的政策卻產生了一些疑問。因為他在1958年12月回湖南老

家訪問時，發現湘潭和平江的農村老人住進幸福院，每餐二、三兩米，根本難以果腹。而所謂深翻地，畝產萬斤的農業奇蹟，都是幹部弄虛作假的結果。基層幹部打人、罵人、訓斥和體罰農民，更是司空見慣的事[25]。幹部如此脫離群眾，儘管農村糧產已經不足，卻迫於政令，繼續向人民需索，而且有增無減。而為了煉鋼煉鐵，更不惜把蒼翠樹林變成童山濯濯。最令他擔心的是，農村青壯忙於基本建設，許多田地裡的收成無人收割，糧食已開始在田裡腐爛了。有一位平江農民寫道：「穀撒地，薯葉枯，青壯煉鐵去，收禾童與姑，來年日子怎麼過？請為人民鼓嚨胡」，要求彭德懷為人民請命，而當時毛澤東正鼓勵幹部學習明朝海瑞不怕死的直諫[26]。

彭德懷決定效法海瑞，向毛澤東直諫，不僅不為毛澤東預留餘地，甚而顯露出自己對大躍進總路線的根本質疑。他在前述私人意見書中明白指出，「小資產階級的狂熱性」是當前發生嚴重「左傾」錯誤的根源。在會議和私人談話場合，他更大膽地指責毛澤東被「勝利衝昏了頭腦」，「有些驕傲」，「看不見、聽不進反面的東西」，說毛澤東「自己犯了錯誤，不認帳，不檢討，反而責備別人」。他指責毛澤東「濫用威信」，說他在湘潭老家人民公社的增產問題上，相信弄虛作假，不夠「實事求是」；若不是毛澤東命好，工農太善良了，中國老早發生匈牙利事件，而不得不向蘇聯請求派兵了[27]。

彭德懷甫從莫斯科返國，顯然低估了毛澤東對赫魯雪夫的憎惡。

25　薄一波，《若干重大決策與事件的回顧》，下，頁857。

26　這一首詞有不同版本。1966年和67年之間，彭德懷為了應付審訊，說是他自己寫的。但據後來人研究，真正的作者其實是一位平江農民。這位農民在土地革命時期，因為受傷致殘，而離開紅軍。見《當代中國人物傳記》叢書編輯部，《彭德懷》，頁 582；李銳，《廬山會議實錄》，頁123；丁望編，《彭德懷問題專輯》，頁15。

27　李銳，《廬山會議實錄》，頁123-31；《當代中國人物傳記》叢書編輯部，《彭德懷》，頁590。

赫魯雪夫批評中共反右運動,也批評中共的大躍進和人民公社,甚而
取消了中蘇之間的核子協定。彭德懷說要向赫魯雪夫求助,這簡直是
揭了毛澤東瘡疤之後再在創口灑鹽。不料,一向為毛澤東看不起的政
治局候補委員、外交部副部長、前中共總書記張聞天,又在此刻響應
彭德懷,特別寫了一封邏輯嚴謹的長篇大論,從理論層次嚴厲批評大
躍進。這更增加毛澤東疑心,以為彭德懷是有備而來,不但背後有小
組織,而且處心積慮要毛澤東難堪[28]。

　　毛澤東盛怒之餘,遂於7月23日召開一次大會,全力反擊。他說,
反擊既要對事,也要對人,彭德懷的上書是「右傾機會主義的綱
領」,有其歷史根源,難怪過去屢犯「軍閥主義」和政治路線的錯
誤,現在「資產或小資產階級的動搖性」復現,所以全黨每一個人都
必須與彭德懷劃清界線,鳴鼓而攻之。憤怒的毛澤東甚至口不擇言地
威脅說:「(我要)到農村去,率領農民推翻政府。你解放軍不跟我
走,我就找紅軍去。我看解放軍會跟我走的」。毛澤東的言下之意
是,真理在他手裡,即便人民解放軍不跟他走,他也會上山打游擊,
奮戰到底[29]。

　　毛澤東表明了他的意思以後,當然隨後的分組會議和中央委員會
全體會議就要趕上形勢。與會人員一面針對毛澤東的批評,自我檢
討,一面針對彭德懷的問題,表明姿態。一些積極分子更追隨毛澤東
之後,把彭的意見書上綱到路線層次來「痛打落水狗」。康生說彭德
懷的信不是文字問題,而是「思想方向問題」。柯慶施指責彭德懷的
信,「實質上否定了大躍進,否定了總路線的正確」。大躍進初期左
狂的譚震林,最初仍肯定彭德懷的功勞,只說彭德懷的上書不可原
諒,後來受康、柯等人發言的影響,收回自己關於彭德懷的好話,並

28　毛澤東,《建國以來毛澤東文稿》,7:212。

29　李銳,《廬山會議實錄》,頁171;彭德懷,《彭德懷自述》,頁276;叢
　　進,《曲折發展的歲月》,頁212-15。

且說：「我看他不像（心直口快的）張飛，倒有點像（天生反骨的）魏延」。延安整風初期，充當毛澤東打手的賀龍，則追溯彭德懷在歷史上所犯過的政治「錯誤」，一口咬定彭德懷的意見書，是資產階級的猖狂進攻，是資產階級的復辟妄想[30]。

有了輿論基礎，毛澤東可以放心召開政治局常委（毛澤東、劉少奇、周恩來、朱德、林彪）的擴大會議。他在7月31日和8月1日的兩次會議上仍然餘怒未息，雖不曾忘記重複「懲前毖後，治病救人」的整風原則，但開宗明義便說，要反「右傾機會主義」，隨後更強調：「整人就是要整得他睡不著，要觸及靈魂深處」[31]。於是他算起彭德懷的總帳，從1930年代兩人不合一直說到彭德懷的私人意見書，指責彭是「偽君子」，「有野心」，過去四十年一貫犯有嚴重的路線錯誤，而現在的意見書更是站在右傾立場有計畫「動搖總路線、攻擊中央領導」的明證。毛澤東提醒在座諸人，尤其是劉少奇，延安整風時期已經嚴厲批評過彭德懷，可是事實證明彭德懷並沒有徹底悔改，而是伺機反撲[32]。毛澤東同時要列席的總參謀長黃克誠和湖南省委書記周小舟諸人，立即與彭德懷劃清界線，否則噬臍莫及[33]。

30　李銳，《廬山會議實錄》，頁180-86。

31　同上，頁227。

32　關於整風時期對彭德懷的批評，中共迄今諱莫如深。據說廬山會議期間，周恩來作了以下揭露：「華北座談會」批評彭德懷是個人主義，彭德懷：「罵娘，不服」；這次開會，彭德懷就不諱言：「（華北座談會）操了他四十天，他現在要操二十天」。見李銳，《廬山會議實錄》，頁287。

33　黃克誠《黃克誠自述》，頁255-57；李銳，《廬山會議實錄》，頁226-61。廣東省委書記陶鑄受毛澤東點名，寫信動員黃克誠出來「揭發」彭德懷，他的措辭，簡直叫人以為回到「封建」時代，值得玩味。他寫道，與彭德懷劃清界線不是「落井下石」，而是「君子愛人以德」。又寫道，黃克誠讀過「聖賢之書」，當知操守之重要。「作為一個黨員，對於黨的忠誠等於舊社會一個女人嫁人一樣，一定要『從一而終』，決不可『移情別戀』，否則便不能稱『貞潔』之婦」。見鄭笑楓、舒玲，《陶鑄傳》，頁274-76。

彭張黃周反黨集團。毛澤東
為了維護其政治路線的一貫
正確性,在黨內積極分子支
持之下,鬥倒鬥臭政治局委
員國防部長彭德懷、政治局
候補委員張聞天(圖左下)、
總參謀長黃克誠(圖右上)和
湖南省委書記周小舟(圖右
下)等人。因為這一個反右傾
運動,大陸農村恐怕多餓死
了至少1,000萬人。圖左為
1958年12月,彭德懷在湖南
湘潭烏石公社調查。

　　毛澤東的發言顯然帶有很大的情緒性，可是在場的政治局常委沒有一個人出來維護彭德懷說話的自由和權利，最多只是先替他認罪，然後說他動機尚好，脾氣則未免粗暴。朱德便說彭德懷脾氣執拗，固執己見。毛澤東聽著聽著，忽然翹起腿來，在鞋底搔了幾下（意指朱德隔靴搔癢）。儘管毛澤東的動作跡近狎侮，但是沒有一個人抗議。林彪則指責彭德懷是野心家、陰謀家和偽君子，想藉攻擊大躍進招兵買馬，從事反黨行動。劉少奇的發言雖然沒有林彪嚴厲，卻同樣也是落井下石，令人不禁想起他在1940年代對彭德懷所作的嚴辭批判。彭真指責彭德懷沒有「組織觀念」，總跟「中央不對頭」，並質問他：「為何要對全國性、世界性的問題講話？」至於一向溫文儒雅的周恩來，又如何自處？1957年1月，他曾當面頂撞鞭打史達林屍的赫魯雪夫說：「為什麼當時你們對斯大林的肅反擴大化不提出意見呢？」[34] 在這一次會議上，他當然記不得自己曾經如何指責赫魯雪夫了，不但再三批評彭德懷「犯上」，而且指責他是「站在右傾立場」，「對總路線進攻」[35]。就在政治局這些國之「重臣」的推波助瀾下，毛澤東繼續批判彭德懷，甚至特別指名張聞天，說張聞天是物以類聚，老病復發，必須當頭棒喝，使之大汗淋漓，否則決不可能痊癒。

　　從整個歷史談起，證明彭德懷對毛的批評是別具用心，這是中共整風一向慣用的手法。遠的不說，1953年9月梁漱溟頂撞毛澤東時，中共一位領導人就用這種方法抹黑梁漱溟，毛澤東不但不加制止，反而添油加醋，繼續數落梁漱溟。毛澤東雖沒有進一步懲治梁，但梁的政治生涯卻從此畫上休止符。在盧山會議上，毛澤東面對彭德懷的上書，連這樣的「寬大為懷」都做不到，非徹底鬥倒鬥臭彭德懷不可。中共黨內本來就有一大批人以服從毛澤東為黨性的表現，認為毛澤東

34　童小鵬，《風雨四十年》，2：481。

35　李銳，《盧山會議實錄》，頁215-61。

的個人威信至上。加上毛澤東提倡「正確」的個人崇拜，看毛澤東眼色行事便成為中共高幹中的行事準則。

　　然而，另一方面，彭德懷本人也有政治上的致命弱點。彭德懷個性耿介，黨性堅強，平日御下甚嚴，對同事尤其不假情面，故結怨甚廣。早在1945年，毛澤東便很容易就動員了中共老帥朱德、陳毅、劉伯承等，對他展開批評。後來他和意圖打倒劉少奇的高崗來往密切，從而可能加深了劉少奇對他的敵意[36]。然而，在1957年反右運動前後，他猶不知韜光養晦，不僅呼應毛澤東的指示，在軍隊中掀起反教條主義和反宗派主義的運動，而且上綱上線，把老將老帥劉伯承、葉劍英和蕭克諸人的所謂錯誤，升高到兩條路線鬥爭的層次來批鬥。劉伯承是鄧小平的老搭檔，以耄耋之年，奉令從南京飛往北京，抱病聆聽批鬥，並在涕泗縱橫中認罪檢討。這種種新仇舊恨，加上奉承上意，固寵求榮，以及黨性要求，使得彭德懷所受的批鬥迅速升級。彭德懷怎會想到，他這位1957年軍中反教條主義和反宗派主義運動的主帥，兩年之後的此一時刻竟也會淪為罪魁禍首，遭受同僚同樣的無情打擊和殘酷鬥爭[37]？

36　彭德懷對高崗的評價極高。他認為韓戰中功勞最大的是主管後勤的兩個麻子，而高麻子（高崗）的功勞還要超過洪麻子（洪學智）。舉薦總參謀長時，他也認為高崗是比鄧小平更適當的人選。見《當代中國人物傳記》叢書編輯部，《彭德懷傳》，頁476, 794。

37　關於彭德懷在反右運動中的積極，參見阮銘，《歷史轉折點上的胡耀邦》，頁8；王玉貴，〈1958年軍事學院的「反教條主義運動」〉，《黨史研究資料》，1995年第1期，頁28-31；《當代中國人物傳記》叢書編輯部，《彭德懷傳》，頁553-57；蕭克《蕭克回憶錄》，頁441-60；鍾期光，《鍾期光回憶錄》，頁515-33；蕭克，〈憶1958年軍隊反「教條主義」鬥爭〉，《百年潮》，1997年第2期，頁4-10。彭德懷認為把正規化和現代化同「黨的領導和政治工作對立起來看」是錯誤的，要求取消正規化和現代化兩個口號。但蕭克認為口號本身並沒有問題，有問題的是執行層面。由於表示不同意見，被認為是向彭德懷進攻。蕭克被打為「反黨宗派集團」頭子。文化大革命前夕，彭德懷也已經被打為「反黨宗派集團」頭子，曾

　　面對毛澤東的嚴厲指控，彭德懷和張聞天都感覺忠直見枉，然而
也不敢再在公開場合繼續批其逆鱗了。一些所謂老同志都前來勸告和
搶救，說他們用心固然良好，可惜卻未站穩政治立場，對右傾主義也
不夠敏感，所以不經意之中竟然犯下滔天大錯，最好不要再鬧脾氣
了。更多的所謂「同志」要他們為了黨的團結，也為了維護毛澤東的
個人威信，犧牲自己，出來認罪坦白。逼於這種種壓力，彭德懷終於
再次違心地接受了毛澤東的部分指責，承認自己一直不曾擺脫「資產
階級」意識，所以纔會犯下如此嚴重的政治錯誤[38]。

　　可是彭德懷的部分認錯，並不能平息毛澤東的盛怒。毛澤東已經
痛下決心，決不「沽名學霸王（項羽）」，於是緊追猛打，縱容下級對
彭德懷繼續作無限上綱的指責，指責他執行李立三的盲動路線，又指
責他服從王明的投降主義路線，更指責他在韓戰中犯了右傾錯誤，甚
而指責他在大躍進開始後，成立「軍事俱樂部」，「裡通外國」，從
事反黨叛國的活動。

　　毛澤東決定了基調，隨後則要劉少奇召開中央委員會議，動員各
中央委員批鬥彭德懷，結果在檢舉和揭發的基礎上，炮製了一個以彭
德懷為首的「右傾反黨集團」，迫使彭德懷、張聞天和剛奉召上山的
黃克誠諸人，公開承認是「有組織、有目的、有計畫的反黨」[39]。8月
下旬，毛澤東又透過林彪和羅瑞卿[40]在軍委會內部召開批鬥彭德懷反
黨集團的大會，歷時長達一月，再次迫使彭、張、黃諸人承認右傾、
甚至承認反黨罪名。面對排山倒海而來的各種壓力，彭、張、黃諸人

　　托姪兒向蕭克致歉。

38　彭德懷，《彭德懷自述》，頁278。

39　黃克誠，《黃克誠自述》，頁257-61；程中原，《張聞天傳》，679-81。

40　羅瑞卿對彭德懷存有嚴重心結。抗戰期間，他擔任八路軍野戰政治部主
　　任，認為代總司令彭德懷推卸責任，曾在華北座談會上批判彭德懷「總是
　　堅持錯誤，修正真理」。見羅點點，《紅色家族檔案——羅瑞卿女兒的點
　　點記憶》，頁304-06。

卻仍然堅決否認成立過軍事俱樂部的指控，尤其堅決否認勾結蘇修、裡通外國的罪名。只是沒有想到，只要公開認錯，不論是全部認錯，還是部分認錯，就難以為自己的行為辯護，罪名於是迅速擴大。

在鬥爭所謂彭德懷反黨集團的過程中，毛澤東全面掀起反右傾鬥爭。在不到五個月的時間內，中共中央和國家機關的6萬名幹部中，便有1,900人被認為是「重點批判對象」，2,714人被認為是「重點幫助對象」，兩者分別占總人數的3%和4.4%[41]。若專就軍隊來說，則共有1,848人被戴上「右傾機會主義分子」帽子，其中團級以上幹部為195人，包括總參謀長黃克誠和總政治部主任譚政[42]。

然而，什麼樣的人是重點批判和幫助對象？又什麼樣的人是「右傾機會主義分子」？從中共中央的文件看來，凡是公開為彭德懷及其「反黨集團」辯護的人當然免不了遭到「幫助」和鬥爭，就是單純對大躍進有牢騷的人或是有不服從上級指示的人，也都有可能被株連入罪[43]。對大家有利的可能是中共縮小打擊面的考慮，以及「坦白從寬、抗拒從嚴」和「批判從嚴、處理從寬」的指示，因此只要上級認為坦白是真誠的，便可以平安無事。但是各級黨委手下負責反映輿情的幹部，例如各地方新華分社社長，便很容易遭受各省委斥責為「右傾機會主義者」，雖然不一定會被開除黨籍，卻相當有可能被撤消黨內外的職務[44]。在運動中因為強調黨一元化的政策，各級黨委的權力越來越不受制衡，而下情也越難以上達。

彭德懷雖然認錯檢討，但因為並未接受全部指控，所以批判從嚴。不過為了顯示毛澤東的寬宏大量，中共中央還是循王明模式，讓

41　馬齊彬等，《中國共產黨執政四十年》，頁176。

42　叢進，《曲折發展的歲月》，頁229。叢進說，1980年軍隊平反，共平反了17,212人，其中便包括犯「右傾機會主義錯誤」和「右傾機會主義分子」兩類人。

43　馬齊彬等，《中國共產黨執政四十年》，頁176。

44　黃秋耘，《風雨十年》，頁154-55。

彭德懷保留了中央委員和政治局委員的職務。彭回到國防部以後，毛澤東卻透過軍委會，動員其下屬對他繼續展開無休無止的批鬥。1962年1月，毛澤東終於迫於大饑荒的事實，而不得不承認在大躍進中犯了錯誤，也不得不承認彭德懷曾經講了一些真話。可是關於彭德懷應否平反一事，他堅持己見，乃至於強調，彭德懷裡通外國，陰謀反黨，任何人都可以平反，唯獨彭德懷不可以平反[45]。彭德懷並不死心，又寫了八萬字的長文為自己辯護。這篇長文再度引發毛澤東的盛怒，不僅成立專案審查委員會，審查他一生的言行，還株連他手下兩位「大將」黃克誠和譚政，撤銷他們在中央書記處的書記職務。康生更利用陝北派系的紛爭，把中共建國前後在彭德懷一野擔任政委的習仲勛，捲入另一個反黨集團案，牽累甚廣，恐怕延安時期的西北局高幹無一人倖免[46]。

對所謂彭德懷右傾思想的批鬥，並不限於軍隊機關，也在其他中央機關展開，更從中央擴及各省，從各省到各縣，再從各人民公社到各生產大隊。凡是對大躍進有異議的幹部和黨員，尤其是把基本核算單位降到生產小隊或是實行包產到戶以及包產到生產小隊的幹部，都有可能被戴上「右傾機會主義分子」、右傾反黨集團或階級異己分子的帽子，遭受群眾批鬥[47]。河南省是大躍進的先進省分，共有149,129人參加帶有整風性質的市、地、縣三級幹部會議，其中約有13,000人被認為犯有嚴重的「右傾錯誤」，甚至被判定為「右傾機會主義分子」。出席會議的縣長和縣委書記以上幹部中，被加上「右傾機會主義分子」、「階級異己分子」和「壞分子」罪名者雖然僅有2.52%，但被認為有「右傾思想」者則高達22.4%。湖南株連的範圍稍窄，僅一萬多幹部參加同樣性質的整風會議，但是仍然有6%的出席者被加上「右

45　毛澤東的話和劉少奇在七千人大會上的發言如出一轍。參閱本章第二節註23。

46　薄一波，《若干重大決策與事件的回顧》，下，頁1090-97。

47　馬齊彬等，《中國共產黨執政四十年》，頁172-73。

傾機會主義分子」和「反黨分子」的罪名批鬥。被認為「認識模糊」
者更高達24%，而難逃嚴厲批評和自我反省。福建和青海更分別挖出以
省長和省委書記為首的反黨集團。甘肅尤其可怕，凡是對大躍進有意
見的人都被打為「反黨集團」，單單一個省便被發現了200多個大小不
同的「反黨集團」[48]。

在這一波反右傾主義的整風當中，大凡廠礦和文教機構質疑黨政
不分或黨權過大的人都在劫難逃。在農村基層裡，江西有75,628人參加
反右整風，其中4.34%受到揭發和批判。整風整社（人民公社）並不限於
黨內幹部，也指向非黨幹部和一般農民，地主和富農更不用說了，許
多富裕中農，只要對人民公社發過一些牢騷，便免不了遭人揪鬥。河
南溫縣的富裕中農中，有八成遭到批判[49]。廣東僅汕頭地區便有3,867
個「上中農」被列為重點批評對象[50]。許多省分，還派工作隊到所謂
落後的基層單位去。他們的共同結論是，約有五分之一的基層單位，
已受到所謂地主、富農、反革命、壞分子和右派分子等五類人所直接
或間接控制；即或不然，也至少是「上中農」當權；於是像內戰時期
的開門整黨一樣，動員貧苦農民展開鬥爭[51]。在這些轟轟烈烈的批鬥
當中，各級黨委書記，像過河卒子，只能勇猛前進，不能後退。毛澤
東原已開始煞車的大躍進，就只好放開腳步繼續向前邁進了。

大躍進中僥倖逃過一死的彭德懷，拖到文化大革命爆發，終不免

48　趙生暉，《中國共產黨組織史綱要》，頁320-21；謝春濤，《大躍進狂
　　瀾》，頁183-84。

49　趙生暉，《中國共產黨組織史綱要》，頁320-21。

50　謝春濤，《大躍進狂瀾》，頁184。

51　趙生暉，《中國共產黨組織史綱要》，頁323-24。據中共統計，在大躍進
　　的三年中，除「敵我矛盾」之外，全國共有434萬幹部受到批判和處分，其
　　中至少有70%在1962和1963兩年因為案子全錯或部分錯誤而獲得平反。在
　　這大躍進三年中，另外至少有330萬「群眾」被批判和處分，他們在其後兩
　　年也受到甄別平反。見同書頁336-37。

慘遭迫害而喪生。他這個案子後來於1978年平反，但在1959年卻象徵
毛澤東個人崇拜的更上層樓。理論上和毛澤東平起平坐的政治局委
員，都是看毛澤東的臉色行事。甚至利用毛澤東的盛怒，固寵取歡，
或讓自己的政治恩怨捲入政治鬥爭之中。劉少奇和彭德懷之間就有很
深的政治恩怨。劉少奇是毛澤東個人崇拜的始作俑者，此時他學著毛
澤東的語調，強詞奪理地說：個人崇拜有兩種，一種錯誤，一種正
確；對毛澤東的個人崇拜是正確的，應該提倡，不能和錯誤的個人崇
拜相提並論。說著說著，劉少奇還拍起桌子，指斥反對個人崇拜的彭
德懷。林彪則隨後發明了《毛主席語錄》，高呼人民戰爭萬歲。從此
以後，反對對毛澤東的個人崇拜等於反黨、反無產階級。1980年代，
中共官方把對毛澤東的個人崇拜，視為落後農村環境和封建倫理的產
物，但追根究底，究竟是誰率先提倡的呢？

　　反右傾鬥爭期間，中共雖然稍微降低了一些生產指標，但因為鬥
爭的重點在於反右，所以大躍進的左風重新燃起。1959年年底，政治
局主管農業的譚震林和四大左狂之一的柯慶施，又開始估量全中國從
基本隊（生產大隊）所有制過渡到基本社（人民公社）所有制所需的時
間，他們認為只要三到五年時間便足夠了。隨後中共中央保守一點，
則說要八年。次年年初的冬春之間，是農閒季節，全國各地像往年一
樣，又響起大躍進的口號，動員全國農民大辦水利，大辦養豬場，大
辦社隊工業[52]。於是原本已經踩煞車的共產風、浮誇風、命令風，又
大颳特颳起來。城市地區也是一樣，1960年3月，出現所謂鞍鋼憲法，
強調工業管理要強調黨的領導、革命精神、政治掛帥、群眾領導、技
術革命和毛澤東所謂的「主觀能動性」。流風所及，到處都是工人藉口發
明創造，做一些基本上是浪費時間的重複實驗。這一年7月，全國在北
京和上海五大城市以外的190個大中城市中，出現了1,064個人民公社，

52　馬齊彬等，《中國共產黨執政四十年》，頁175-76。

共約有77%的城市人口參加。在新的大躍進中,城市出現嚴重的供銷失調,有人已餓出浮腫病。比較起來,農村赤地千里,更加嚴重,到處都是輾轉填溝壑的餓殍。毛澤東終於相信,饑饉不是想像中那麼輕微了。然而他在分析原因時,仍認為是天災所致,人禍成分不大。1960年6月,蘇聯突然撤退所有顧問人員。雖然這不可能是饑饉愈益嚴重的原因,但毛澤東認定蘇聯出了修正主義,所以對中共落井下石,故意使災情擴大[53]。毛澤東對蘇聯益加恨之入骨,在回應蘇共的批判時,也就更加不擇言辭了。

三、三年大饑荒

　　1953年,中國大陸的經濟基本上恢復了常態,而中共也開始了第一個五年計畫。從這一年開始,人口以每年2%的速度增加,到1957年,人口增加7,000多萬,總人口也由5億7,000萬增加到6億4,000萬。在同一期間,糧食的總產量也以每年3.6%的速度增加,超過人口增長率。這是不錯的成績。但是毛澤東認為尚不足以配合工業部門發展的速度,於是發起大躍進,原以為苦戰三年,再加上努力若干年,中國經濟會有全面性的突破,農村不但可以豐衣足食,而且可以實現高度的工業化、機械化和電氣化。不料事情的發展卻走上相反方向,中國發生了有史以來最嚴重的饑荒[54]。

53　從1958年到1960年,中共每年淨出口糧食250萬噸以上,1959年更高達415
　　萬噸左右。其中約有六成出口到蘇聯還債。當時中共正逢還債高峰期,但
　　是毛澤東不肯在蘇聯面前認輸,堅持信守條約,結果當然是使饑饉益甚。
　　同樣值得注意的是,當時還債一年10億人民幣,總數還不如全部援外款額
　　多。在全年財政支出中所占的比例也不算很高,僅為四十分之一而已。見
　　Roderick MacFarquhar and John Fairbank, *The Cambridge History of China*,
　　vol. 14, pp. 380-83;徐焰,《第一次較量》,頁32。

54　宏觀研究必須有微觀研究配合,可惜這方面的書籍不多。關於大饑荒,有
　　兩本知識分子的日記值得閱讀。這就是:張賢亮,《我的菩提樹》和顧
　　準,《顧准日記》的〈商城日記〉部分。兩位作者都不是一般知識分子,

　　大躍進是以1958年「大豐收」為基礎而發動的。由於大豐收的喜
訊，毛澤東發起全民煉鋼煉鐵運動，結果農民因為把精神貫注在煉鐵
煉鋼上面，沒有時間收成，任由糧食在田裡爛掉。儘管如此，1958年
的糧食產量達到 2 億噸(4,000億斤)，仍然是建國以來所未曾有過的好
記錄。可是就在這一年冬天，大饑荒的朕兆出現了。首先是安徽靈璧
傳來餓死500餘人的消息 [55]。接著謳歌大躍進的湖北省委第一書記王任
重緊急報告說，湖北有500萬人吃稀飯渡日，死了1,500人，尚有15萬人
餓出浮腫病，正嗷嗷待哺 [56]。

　　據後來估計，當年湖北「非正常」死亡的人數只有9,000人，災情
不如四川、雲南、安徽、河南、山東、湖南、貴州、廣西、河北、陝
西、甘肅和青海等12省嚴重。全大陸「非正常」死亡的人數約為176萬
人。其中「非正常」死亡人數超過10萬人的省分有四川、雲南、安
徽、甘肅四處 [57]。農村如此，城市也不免被波及。這一年年底的三個
月裡，工人已經開始感到糧食、副食品和日用品的短缺了。雖然主要
原因是工人總數增加了八成左右，但是農業部門不能完成預期的成
長，也是一個重要原因 [58]。

　　大豐年竟然出現了饑荒，這簡直不可思議。次年春天，各地災情
仍不斷傳來，有十幾個省出現春荒，湖北的重災區有170萬災民，河北
有30個縣鬧糧(因為缺糧而騷動)，廣東有萬餘人浮腫，百餘人餓死，
連向稱天府之國的四川，也在四大左狂之一李井泉的治理下，出現了

　　　　而是被送到勞動隊和勞教營(勞動教養營，以「游手好閒、違反法紀、不務
　　　　正業」的人為目標)改造的右派知識分子，他們都對大饑餓作了令人刻骨難
　　　　忘的證言；他們也都說，勞動隊和勞教營的生活比外面農村還好。

55　毛澤東，《建國以來毛澤東文稿》，7：436。

56　辛子陵，《毛澤東全傳》，4：217。

57　金鐘，〈大躍進餓死人的新資料──中共官方人口統計研究〉，《開放雜
　　　誌》，1994年第1期，頁52-53。

58　王永璽，《中國工會史》，頁374。

農民吃不飽的問題[59]。或許因為中共建國以來，春荒每年仍舊威脅
2,000萬到4,000萬的農村人口，所以當局並未特別加以注意。然而毛澤
東在獲知食堂浪費糧食的實情之後，立即要求農民恢復半年糠菜半年
糧的舊習慣。這一年5月，農村的饑饉終於嚴重波及城市了。北京和上
海乃國際觀瞻所在，中共一向保證政府充分供應生活必需品。可是一
夜之間，商店貨架上的商品幾乎全部消失不見，雞蛋、豬肉之類的日
常食物，也都立即成為稀世奇珍。城市人民為了購買糧食、食油、豬
肉和蔬菜，大排長龍[60]。毛澤東獲知情況以後，大驚失色，下令立即
改善大中城市市場緊張的壓力，要求大中城市的郊區恢復發展副食品
生產[61]。

不過，總體而言，毛澤東還是相信，農村仍有足夠糧食，只是因
為颳共產風，農民反對無償徵調，生產大隊（相當於一個高級社自然村）
和生產小隊幹部，靠農民供養，因此和農民合作，或瞞產不報，
或深藏密窖，甚至派人站崗放哨，保衛生產所得。農民是白天吃蘿
蔔，晚上吃大米。毛澤東並不相信農民真的無糧可炊，其實農民盡早
睡覺，並不是像許多高級黨官所想像的那樣，躲在床上偷吃大米，而
只是為了節省精力，苟延性命。所以1959年2月，後來擔任中共總書
記、當時主管廣東農業的趙紫陽上報實地調查結果，堅稱農民確實仍
有糧食，毛澤東便更有理由採取嚴厲的反瞞產措施了，詎料這除製造更
多饑饉和激發農民搶糧以外，根本沒有其他效果[62]。同年5月底，中共

59　馬齊彬等，《中國共產黨執政四十年》，頁164，169。

60　叢進，《曲折發展的歲月》，頁182，191；李志綏，《毛澤東私人醫生回
　　憶錄》，頁278。

61　薄一波，《若干重大決策與事件的回顧》，下，頁846-48，850。

62　鄭義，《紅色紀念碑》頁158-59；Yang Dali L., *Calamity and Reform in
　　China*, p. 43；叢進，《曲折發展的歲月》，頁173。關於趙紫陽的調查報
　　告，見Roderick MacFarquhar, *The Origins of the Cultural Revolution: the
　　Coming of the Cataclysm, 1961-1966*, pp.141-42.

中央為確保城市供糧，下令停止供應農村糧食，農村的春荒愈加嚴重。到廬山會議前夕，總參謀長黃克誠，經由軍事管道知道河北、山東和青海已出現饑饉[63]。周恩來從他自己的消息管道也獲知，饑饉正在迅速蔓延，安徽、河南、廣西、雲南、甘肅等省浮腫病流行，有些地方已餓死人了[64]。

　　經過廬山會議這一波折，毛澤東的注意力完全轉移到反右傾上。他為了證明自己政治路線沒有錯誤，對各地已經出現的災象置若罔聞，任由各級黨委繼續推動煉鋼煉鐵，繼續大搞農田水利，甚至根據不實的農產統計，繼續從農村大量徵購糧食。1959年4月到次年3月，從農村汲取的糧食竟然達到總產量的39.7%，百分比之高，駭人聽聞[65]。這種高汲取率是配合農村的反瞞產運動而達成，導致農村餓殍滿地。官方的秘密文件承認，河南從1959年10月到次年10月，至少死了200萬人。其中單單信陽地區就死了100多萬。以大躍進先進馳名的嵖岈山人民公社死了10%的人，當地有幾個生產大隊的死亡率高達30%。其主要原因便是廬山會議後，該省黨委書記吳芝圃繼續高指標，凡是農民不肯繳糧者，都被當作專政對象，打罵鬥爭，連同情農民的縣委書記，頭髮都被連皮帶肉撕下，當場活活打死。光山縣在縣委書記帶頭之下，幾乎所有公社級的幹部都參與暴力行為。在所謂「反瞞產」號召下，信陽地區為追逼糧食，當場打死人不說，還逮捕了1萬餘

63　黃克誠，《黃克誠自述》，頁6。

64　蘇曉康、羅時敘、陳政，《「烏托邦」祭》，頁112。

65　Yang Dali L., *Calamity and Reform in China*, p. 53. 中共在徵購糧食以後，還將其中的一部分返銷農村，所以「淨徵購」在糧食產量中所占的百分比要少，只有28%。見謝渡揚，〈回顧六十年代初農業的調整〉，頁60。又據當時國家計畫委員會的一名官員回憶，1957年的積累率是24.9%，1958年猛增為33.9%，而1959年更升高為43.8%。見柳隨年，〈「調整、鞏固、充實、提高」八字方針的提出及執行情況〉，《黨史研究》，1980年第6期，頁22-23。

人，其中瘐死獄中者700餘人。農民因為僅有餘糧都被搶走，只能磨玉米稈子，調些玉米粉做窩窩頭吃。這種食物下肚以後，會造成嚴重的便秘，雖然如此，卻至少有吃飽了的感覺。然而就是這樣的食物，已經是可遇而不可求了，農民忍饑挨餓，不久更是整村整村的逃荒和死亡[66]。河南信陽的情形，雖說是全國最嚴重的，但是其他各地也未逃過劫數。1959年，全國除了福建以外，各省都出現饑饉，至少有475萬人活活餓死。當年可能「非正常」死亡人數超過10萬的省份有四川、安徽、河南、山東、湖南、貴州、廣西、甘肅、江蘇、湖北、廣東等十一地[67]。毛澤東身邊的私人秘書也知道糧食供應緊張，許多省份已出現成片災區，而且有挨餓、甚至餓死人的情況，山東、安徽、湖北、甘肅、雲南等省最嚴重，廣東邊境的縣已有到湖南搶糧的[68]。

　　儘管饑饉的消息不斷從各省傳來，中共中央在毛澤東的領導之下，繼續高舉三面紅旗，不僅繼續動員大量人力煉鋼煉鐵，而且在控制糧食消費和解放勞動力的雙重考量之下大辦公共食堂[69]。不料，煉

66　辛子陵，《毛澤東全傳》，4：219-221；李洪林，《命運──李洪林自傳》，頁82-83。山東省委書記承認，從1959年秋到翌年春，全省有90萬災民逃荒，其中有十分之一已餓出水腫病，但僅有千人死亡。見馬齊彬，《中國共產黨執政四十年》，頁178。又毛澤東在1960年10月26日看到中共中央有關信陽「大量餓死人和幹部嚴重違法亂紀」的報告。見毛澤東，《建國以來毛澤東文稿》，9：326。

67　關於大辦公共食堂的情形，參見馬齊彬等，《中國共產黨執政四十年》，頁178-79。

68　李銳，《廬山會議實錄》，頁16。

69　毛澤東，《建國以來毛澤東文稿》，9：44-46，68-76；葉蘭，〈毛澤東對農村公共食堂認識的轉變〉，《黨史研究資料》，1992年第8期，頁3。公共食堂的普及程度應和饑饉的嚴重有關，1959年90%以上人口參加食堂的有河南、湖南、四川、雲南、貴州、上海、安徽等七個省市。除上海和雲南以外，其他五個縣市都是非正常死亡人數超過10萬人的省分，而次年雲南的非正常死亡人數也超過了10萬人。見中共中央文獻研究室，《建國以來重要文獻選編》，13：89。

鋼煉鐵造成農村勞動力的短絀，已導致農業減產，而在農業減產之時大辦公共食堂，加上堅持羅掘俱窮的購糧政策，更使災情益加惡化並迅速擴大。1960年全國「非正常」死亡的人數，高達1,100萬。其中非正常死亡人數超過10萬的省分，除上述十一省以外，又增加了雲南、河北、福建和江西四省。在這兩年，安徽鳳陽縣約有人口34萬，其中有三分之一左右的人口餓出病來，浮腫病以外，最普遍的是婦女病，活活餓死的有6萬人，為全縣人口的17%。餓斃加上農民逃荒，全縣共有27個村落不見人煙。1960年春天，該縣還出現吃死人的慘事，不僅易子而食，甚至把家中老人和幼兒殺了吃的。縣委書記為制止人吃人的現象，一共秘密逮捕了63個人犯[70]。9月，毛澤東的堂弟到北京告「御狀」，說湖南湘潭餓殍偏地[71]。就在這一年冬天，解放軍大將許光達的親弟弟從湖南遠到北京逃荒，三天後被迫搭乘火車返鄉，因為拿哥哥家中的外國香煙在車站換糧食而被捕，在釋放回北京後立即送醫院照顧，仍不治死亡，解剖證明死因是胃壁的長時間萎縮[72]。

面對1960年的農村饑饉，中共中央從9月開始降低糧食的配給標準，接著又壓縮食油銷售量。為減少糧食消費，中共中央開始提倡各種「瓜菜代」，像「玉米根粉、小麥根粉、玉米稈曲粉、橡子麵粉、葉蛋白、人造肉精（一種食用酵母）、小球藻、柵藻、紅蟲（水蚤）」等等[73]。當時毛澤東雖然已經知道各地方饑饉的嚴重已超過他的想像，但他最關懷的依舊是反修正主義，與蘇共赫魯雪夫互爭馬列主義的正統，所以益加堅持大躍進總路線的正確，認為問題出在執行時出了差

70　金鐘，〈大躍進餓死人的新資料──中共官方人口統計研究〉，《開放》，1994年第1期，頁45-48。

71　劉建國等，《韶山的昨天與今天》，頁136-39；劉秉勛，〈毛澤東決定解散農村食堂的來由〉，《百年潮》，1997年第6期，頁48-49。

72　王嘉翔，《大將許光達》，頁360-68。

73　中共中央文獻研究室，《建國以來重要文獻選編》，13：565-70，585-88，687-92；毛澤東，《建國以來毛澤東文稿》，9：327。

錯,是各級幹部仍然大颳特颳共產風、浮誇風、命令風、幹部特權風和瞎指揮風所致。

至於為什麼各級幹部中這五風依然如故?毛澤東的解釋和地方各級黨委似乎並無二致:都是強調「封建勢力」「篡奪領導」、「壞人當政」。所以毛澤東要求在農村展開社會主義運動,特別下令整風整社,要把三分之一已經變色的社隊(人民公社、生產大隊和生產隊)奪取回來,以便爭取1961年的「農業大豐收」[74]。1961年年初,中共中央抽調一萬多名幹部到農村基層去幫助整風整社,他們飢腸轆轆,面對哀鴻遍野,似乎根本無心推行整風整社,反而是和農村幹部合作,針對共產等五風盛行的問題癥結,積極推行三包(包工、包產、包成本)一獎(物資獎勵)制度,或大包乾制度[75]。這兩個制度雖然有差別,但基本內容並無二致,都是讓生產小隊(後來改名生產隊)向人民公社的次級單位管理區和生產隊(後來改名為生產大隊)進行承包;生產如果出現剩餘,即歸生產隊擁有[76]。這一個制度最初是四年前鄧子恢針對高速度農業集體化產生的經營問題所提出的對策[77]。1959年盧山會議前,已在當年春耕時節,開始在河南、安徽、江蘇、甘肅重現[78]。盧山會議後,由於反右傾鬥爭的掀起,受到嚴厲壓制,成為右傾分子的罪證之一。

就中共中央而言,1961年是調查研究的一年。其實會有調查研究,就表示毛澤東還不知如何修正大躍進的農業政策。就因為他難以拿定主意,所以除大量進口糧食以外,實在也無其他有效的救荒政

---

74 中共中央文獻研究室,《建國以來重要文獻選編》,13:693-96,729-41;叢進,《曲折發展的歲月》,頁534-35;林克等著,《歷史的真實》,頁243。

75 中共中央文獻研究室,《建國以來重要文獻選編》,13:697-701。

76 李洪林,《命運——李洪林自傳》,頁85-87。

77 蔣伯英,《鄧子恢傳》,頁328-38。

78 Yang Dali L., *Calamity and Reform in China*, pp. 48-50.

策。1960年4月到1961年3月，農村的糧食汲取率仍然高達35.6%[79]。1961年年底，全國也仍有280萬人「非正常」死亡。在非正常死亡人數超過10萬人的十四個省當中，安徽、河南、湖北、廣東、福建、江西、甘肅、雲南等八省的情形已大有改善，其他各省則災象依舊。東北的遼寧是反右傾的模範省，可能因爲這個緣故，饑饉也愈加嚴重。

有的省黨委書記，早在這一年春荒的時節，就已經展開救急措施。四大左狂之一的安徽省委書記曾希聖，在得悉該省宿縣農民去年包田耕種的經驗後，爲了彌補瘋狂推行大躍進的過錯，積極予以推廣。只不過因爲當時政治氣氛的限制，不敢叫「包產到戶」，所以刻意創造出「田間管理制」這個新的名詞，內容其實就是定產到田、責任到人。當時，廣西、湖南等省的邊遠地區也廣泛採用。至於三包一獎，以小集體爲單位，就更加普遍了[80]。當時廣東因爲災情嚴重，大躍進積極分子陶鑄甚至不顧中共體面，讓老百姓到英帝國主義統治的香港去逃荒。中共中央也破天荒地從國外進口了100億斤糧食[81]。毛澤東連曾希聖的「田間管理制」都已默許，對其他救急措施，當然更不會發言反對了。

經過幾個月的調查研究，毛澤東終於拿定主意，在1961年6月提出「農村人民公社工作條例（修正案）」（又稱農業六十條）。根據這一條例，共產風下無償沒收的東西，必須全部如數退賠。以後再要轉移農

79　Yang Dali L., *Calamity and Reform in China*, p. 53. 據謝渡揚，〈回顧六十年代初農業的調整〉，頁60，當年淨徵購占糧食總產量的21.5%。又據劉曉，《出使蘇聯八年》，頁128，赫魯雪夫曾於1961年2月，爲了改善中蘇關係，主動提供100萬噸穀物和50萬噸糖的借貸，但是中共在接受之餘，爲了表示國格，宣稱借來的穀物，只作後備糧之用，一俟從海外購買的穀物來到，將立即全數歸還。

80　馬齊彬等，《中國共產黨執政四十年》，頁204-05；Yang Dali L., *Calamity and Reform in China*, pp. 81-88.

81　馬齊彬等，《中國共產黨執政四十年》，頁211。

中共中央工作會議。1961年3月，農村的饑饉已經鬧了兩年，到處赤地千里，餓殍遍地，但這個亟需立即行動的時候，中共中央還要在廣州召集工作會議，討論「農村人民公社工作條例(草案)」，強調先調查研究，再決定人民公社的基本體制、大食堂應否廢除，以及徹底解決其他有關農村和農業工作基本問題的方針。

民的私有財產，則必須根據自願和等價交換的原則。除降低農民吃虧的感覺外，毛澤東為提高農民的收入，一方面減少國家徵購，另一方面則限制公積金、公益金和幹部所得補貼工分，盡量使一般農民的收入占公社全部所得的65%以上。其次，他允許農民擁有自留地，而凡自留地生產的任何農產品，以及農民飼養的家畜，均可在新恢復的農村市場中自由出售；雖然限制自留地的總面積不得超過全部農地的5%，但經此明文規定後，可以減少農民對日後政策反覆的擔憂[82]。

82　薄一波，《若干重大決策與事件的回顧》，下，頁917-24。

　　其他減少農民負擔的措施，包括減少農田水利基本建設，精簡縣、社，精減工業，減少一般投資，提高農產品收購價格，以及動員2,193萬人回鄉。動員農民回鄉理論上可以增加農業勞動力，其實似乎不然，因為農村中已有龐大的剩餘勞動力。中共中央增加農業投資，讓農民取得更多的化肥、農藥、燃料和農業機械，反倒有些增產作用。至於多抽出一點國家急需的鋼材和木材，用以製造中、小農具，這對大躍進中把農具燒了的一般農民，尤其有莫大的助益。

　　更重要的是，毛澤東在其他中共領袖的影響之下，終於不再堅持公共食堂的設置，而任由各生產隊決定是否辦理食堂。他甚而同意取消按人口多寡來分配的供給制，改以勞動工分為分配的主要標準。在恢復農村自由市場的同時，他也准許小商小販之類的個體工商業者重新出現。此時，毛澤東還同意恢復農村合作社商業和集市貿易。一方

面允許小商販自組合作商店，另一方面則恢復農業基層供銷社3.1萬個。到1961年10月，毛澤東迫於現實，又規定以一鄉為一社，而基本核算單位則改為只有20～30戶人家的生產隊，並且保證三十年不變。另一方面則是進一步有限制的恢復個體經濟，也就是擴大自留地的面積和鼓勵農村市集貿易[83]。

毛澤東決定了上述一系列的讓步後，也決定不再容忍任何形式的包產到戶了。他為了顯示他的決心，下令對農村工作部長鄧子恢和安徽省委書記曾希聖展開批判，並對當時約占全國農戶20%的單幹戶進行再教育[84]。不過，從此以後，政經一體的人民公社名存實亡，而生產和分配的權力，都從人民公社的國家幹部，轉移到生產大隊和生產隊的黨委書記手中，尤其是到後者手中為多。這些大隊和隊的黨委書記都是當地農民出身，所受教育不高，對政治多半沒有雄心壯志。尤其是因為他們的收入並非來自國庫，而是和一般農民一樣來自生產大隊和生產隊，所以比較能夠反映一般農民的想法和期望。人民公社由大集體所有制變為小集體所有制，毛澤東經此退讓，終於維持住農村集體化經濟的框框。

1962年初，全國各地仍然有荒年景象，而劉少奇的老家湖南寧鄉也仍然吃糠皮煮飯[85]。劉少奇就在這一年1月北京召開的七千人大會上，公開承認三年大饑荒是人謀不臧所致。迫於情勢，毛澤東也表示他必須承擔責任。但是善伺上意的林彪卻發言反對。他說，造成經濟困難的原因不僅不是毛澤東的思想和指示，反而「恰恰是由于我們有許多事情沒有按照毛主席的指示、毛主席的警告、毛主席的思想去

---

83 溫銳，《理想、歷史、現實：毛澤東與中國農村經濟之變革》，頁200。溫銳說，以生產隊為核算單位的辦法，河北一度稱之為「分配大包幹」，本來的意義可以說是包產到生產隊。

84 馬齊彬等，《中國共產黨執政四十年》，頁212。

85 李洪林，《命運——李洪林自傳》，頁89-91。

大饑饉中的劉少奇。大饑饉最嚴重的時候，毛澤東據說半年拒絕吃肉。這裡是1961年底劉少奇在廣州揀毛栗子、橡子和苦桔子，「尋求解決經濟困難時期的代食品問題」。

做」所致。毛澤東聽完以後，龍心大悅，帶頭鼓掌。隨後又質問總參謀長羅瑞卿，有沒有本領講出像林彪這樣的一席話來，要他和其他幕僚仔細修飾林彪的發言稿，發給黨內幹部學習[86]。顯然，毛澤東認為，萬方有罪，罪不在朕躬。當時儘管有些農民認為，人民公社不如高級合作社，高級合作社不如初級合作社，初級合作社不如單幹，也有一些高級幹部同情這種說法[87]。但毛澤東堅持，三面紅旗的社會主

86　馬齊彬等，《中國共產黨執政四十年》，頁209-10；黃瑤、張明哲，《羅瑞卿傳》，頁444-45。其實劉少奇在七千人大會中就是以「路線正確、執行錯誤」來為毛澤東脫罪的。只是緊接著對毛澤東的總路線等三面紅旗路線的肯定，就是代表中共「中央」認錯。劉少奇這些肯定三面紅旗路線的話，後來刊行《劉少奇選集》時全部刪掉了。見Roderick MacFarquhar, *The Origins of Cultural Revolution*，3：145-52.

87　馬齊彬等，《中國共產黨執政四十年》，頁217。這一本資料書說，鄧子恢、鄧小平和陳雲都贊成包產到戶，我們則懷疑鄧子恢、鄧小平和陳雲是否敢公然提倡；如果他們提倡，也是走迂迴路線，不敢正面批毛澤東的逆鱗。

義建設政策不錯，集體經濟也一定有其優越性，如果集體經濟展現不出來優越性，那必定是黨內幹部不能體察上意所致。

毛澤東這樣清楚地表達了他的心意，當然黨內幹部，無論是劉少奇還是鄧小平，或是周恩來，都不敢再表露出絲毫異議了。這些官員對究竟是什麼因素導致農村生產的逐漸恢復，並無意深入討論，反而在重申容許自留地和自由市場的政策時，強調兩者均須納入國家管理的體制之下。到同年8月的八屆十中全會，農村情況的改善更加明顯，只是仍有農民想到三年的饑餓日子，要求實行包產到戶，甚至分田單幹。有一些個別的中下層幹部，由於深入農村，了解農民的需要，也針對大躍進所帶來的經濟困難，要求徹底檢討。面對這些意見，毛澤東嚴予反駁，更指斥彭德懷代表黨內的修正主義，故意誇大大躍進的失誤，而不注意其成績。至於包產到戶，他認為就是單幹，根本違反貧下中農的利益，只有富裕農民會贊成和鼓吹。因此，他必須號召黨內外，防止資產階級復辟，不可忘記階級鬥爭。毛澤東認為，階級鬥爭是治本之道，因此階級鬥爭必須「年年講，月月講，天天講」；具體做法則是在黨內高層批判提倡包產到戶的曾希聖和鄧子恢，並逼迫劉少奇、李先念和鄧小平作自我批評，承認犯下了右傾錯誤。隨後毛更廢除鄧子恢主持的農村工作部，宣示他維護集體農業制的決心。

從毛澤東號召大躍進以來，中國大陸的糧食連年減產，1958年是2億噸，1959年減少3,000萬噸，1960年又減少2,650萬噸。到1961年開始恢復，兩年後纔恢復到1959年的產量，而再過了三年纔恢復到1958年的水準。1960年糧食總產量與1951年相同，吃糧的人口卻從5.6億增加到6.6億，政府的徵購量在總產量中所占的比率更從1958年的30%增至1959年的40%；1960年稍減，仍然高達36%[88]。饑饉就是在這種高汲取

---

88 中共中央宣傳部宣傳局，《中華人民共和國大事記》，頁589-99；薄一波，《若干重大決策與事件的回顧》，下，頁884-85。

率的重壓之下爆發的。根據中共所公布的人口統計，1958年的粗人口死亡率是11.98%，1959年大幅升高，增加到14.59%，1960年更急遽升高到25.43%，而1961年則明顯回跌，回到14.33%的水準。假定1958年的粗（估）人口死亡率沒有出現以上異常現象，則大躍進的三年內，約有1,700萬人死於饑餓[89]。

這一估計的前提是官方公布的上述粗人口死亡率都正確無誤，可是我們知道在這三年中，各級幹部為了掩飾災情，並未據實上報死亡人數，而農民為了增加糧食配給，也缺乏據實上報家中死亡情形的動機。因此有人根據中共公布的統計數字，再倒過頭來推算大饑荒三年的嬰兒出生率，進而以之推算大躍進三年的死亡人數，所得結論是：死亡人數當在3,500萬到4,400萬之間。這個估計辦法也有商榷餘地，因為饑餓使女人停止月經和生育，如果考慮到這個特殊因素，則大饑荒三年死亡的人數要低一點。美國人口專家 Judith Banister 就是這樣估計全部死亡人數的，她所得到的結論是，死亡3,000萬人左右。這個數字也不能算做定論，因為中國大陸有一些黨史專家根據他們自己的資料估計，認為死亡人數在4,000萬左右。前中共總書記趙紫陽的首席智囊陳一諮，根據中共內部資料研究，下結論說，全部死亡人數在4,300萬到4,600萬之間[90]。

毛澤東這個農民之子，在農民的擁護下，造反成功，統治整個大陸；他在統一中國不到十年的時間內，卻為中國農民帶來前所未有的三年大饑饉，而且死亡人數可能超過中國史上所有饑荒受害人數的總

89　李成瑞，〈「大躍進」引起的人口變動〉，《中共黨史研究》1997年第2期，頁1-14。李成瑞曾任國家統計局局長。他的論文並未針對美國人口學家 Judith Bannister 的估計進行討論。

90　國家統計局，《奮進的四十年，1949-1980》，頁350-51；Judith Banister, *China's Changing Population*, pp. 84-85；丁抒，《人禍：「大躍進」與大饑荒》，頁369-378；Jasper Becker, *Hungry Ghosts: Mao's Secret Famine*, pp. 266-273.

和。這豈是史達林所能想像？史達林為了蘇聯迅速工業化，對蘇聯人民實行恐怖統治，從1929到1933年為止，在四年之間總共屠殺了約1,450萬人，其中包括他為推行農業集體化政策殘害的600萬左右富農。可是這一個記錄，輕易地被毛澤東的大躍進政策打破了。史達林的受害人主要是所謂階級敵人的富農，他猶可以理直氣壯地為其殺戮辯護，毛澤東的受害人絕大多數似乎都是當年熱烈擁護他的貧苦農民。面對這為數千萬以上的貧苦農民，毛澤東能如何為自己辯護呢？

　　　　　　　　※　　　　　　　　　　　※　　　　　　　　　　　※

　　大躍進在農村中製造的饑饉，有統計數字可顯示其嚴峻的程度。儘管這些統計數字還只是概數，但起碼給我們一些概念。大躍進在其他方面帶來的災難，則很難評估，連一些不可靠的數字都沒有。比如，大躍進中的大規模水利基本建設，對於農田灌溉雖然帶來一些貢獻，但其中不少項目設計草率，施工尤其不良，形成巨大浪費，甚而後來導致其他災害。農業之外，工業部門也在大躍進的三年中出現嚴重的大倒退。1961年減產46.6%，1962年減產22.2%。除了數量的遽減以外，品質的跌落問題尤其嚴重。比如1960年生鐵的合格率只有75%，1961年國營企業虧損105億，報廢不能使用的工程約值150億。工業體系彼此重覆，基本建設則戰線過長，若不是後繼乏力，便是無法配合，以致浪費驚人[91]。大躍進曾經為中國帶來巨大災難，這已經是不爭的事實，同樣嚴重的後果就是，從此以後勞動生產率出現長期停滯的現象。國營工業的絕對產值雖仍然不斷成長，但是主要是靠機械和其他設備的大量投資，每增產一元產品所需要的投資金額，急遽增加，從投資效益來說，是越來越不划算了[92]。

　　大躍進是如此失敗的政策，為什麼毛澤東最初發動時，不但得到

91　薄一波，《若干重大決策與事件的回顧》，下，頁886-87。

92　馬克・薛爾頓著，柯志明譯，《中國社會主義的政治經濟學》，頁34。

各級黨委的極力擁護，也得到許多貧苦農民的熱烈響應？回答這個問題，不能單從貧苦農民的平均主義和烏托邦主義來著眼。就各級黨委而言，儘管他們可能嚮往烏托邦的境界，但並不知道如何落實，許多具體點子都是靠知識分子提供的。

此外，尚有三點必須注意：第一、毛澤東個人的威信和黨的威信都極高。因為對毛澤東的個人崇拜以及對黨上級的習慣性服從，多數幹部只會揣摩上意，而不敢懷疑其任何指示。第二、大躍進所要實現的全民參與社會主義所有制，不僅是社會主義的理想，也被認為是提高生產力的法門。尤其政治掛帥，走群眾路線，讓各級黨委有發揮其能力的可能性。第三、大躍進是對高度中央集權計畫經濟的挑戰，各黨委書記因為上級放權，而擁有更大的權力，在群眾路線的「藉口」下，可以不受專家意見的束縛。至於貧苦農民，他們之所以熱烈響應，雖然多少帶有盲信中共幹部的因素，但最重要的動力並不是虛幻的烏托邦主義，而是改變生產關係所帶來的財富轉移，以及從生到死「福利國家」的許諾，貧苦農民可以藉機改善物質生活。

不幸，大躍進的群眾路線，並未如毛澤東最初所設想的那樣，達到生產力突破的目標，反而因為國家高估大躍進的成果，而造成整個計畫經濟的嚴重失衡。亂放高指標的生產衛星，更導致人力和物力的嚴重浪費。結果不但城市工業缺乏原料和糧食，農村的福利制度更迅速破產。貧苦農民一旦發現人民公社得不償失，是一個搾取他們勞動力和生產所得的政治設計，很快便從熱烈響應轉變為消極抵抗。當缺糧嚴重威脅生計時，靠貧苦農民生活的農村最基層幹部，也都聯合起來，集體參加瞞產，甚而干犯政府禁令，開倉殺牛，以救濟鄉里，保護桑梓[93]。

然而，毛澤東了解，他在黨組織中所享有的最後決定權，是建立

93　鄭義，《紅色紀念碑》，頁156-62。

在他的政策路線一貫正確這個前提之下。所以當彭德懷批評他的大躍
進政策,並在黨內高層得到響應時,他基於個人權威的考慮,認為必
須像在延安整風時期一樣,把彭德懷打成王明或王實味一樣,指控他
不僅走上了錯誤路線,而且是反黨集團的頭子。毛澤東為了維護路線
一貫正確的神話,更不惜在1959年廬山會議後,在黨內從上到下展開
反右傾鬥爭。結果使得本來難以為繼的大躍進得到一劑續命湯,使原
本可以減輕的災難變得益加嚴重,迫使人民公社所代表的國家,和貧
苦農民所組成的社會,兩者之間產生嚴重矛盾,生產因而瀕於崩潰。

　　三年大饑荒帶來數千萬人的死亡之後,毛澤東被迫修正大躍進政
策。然而,在其內心深處,毛澤東從未懷疑過大躍進路線的正確性,
他認為這只是在實行過程中,遭受黨官僚主義的扭曲和阻擾而已。他
認為黨組織急需改造,不過眼前大饑荒的現實必須面對,所以主動退
居二線,把大饑荒善後的責任交給主持日常黨政事務的劉少奇、鄧小
平、周恩來和陳雲來處理。這是策略上的退一步,一旦饑荒渡過,而
經濟恢復,時機再度「成熟」,他仍然想要向前邁進兩步。

第二節　退一步、進兩步

　　大躍進的口號錯了嗎？人民公社的主張錯了嗎？「鼓足幹勁、力爭上游、多快好省地社會主義建設總路線」錯了嗎？這是面對三年大饑荒所不能不問的三個問題。執社會主義國家牛耳的蘇共是怎麼回答呢？蘇共書記赫魯雪夫對三面紅旗一開始便不以為然，所以看到三年大饑荒後，更是冷嘲熱諷，毫不留情，甚至直指毛澤東為曠古未有的大狂人。面對赫魯雪夫的無情批評，毛澤東又是如何反應呢？赫魯雪夫批評史達林有大國沙文主義心態，毛澤東心有戚戚焉，但認為赫魯雪夫犯了比史達林更嚴重千百倍的大國沙文主義；史達林固然犯了濫殺無辜的嚴重錯誤，赫魯雪夫卻出賣社會主義的理想，把蘇聯帶向了修正主義的錯誤道路。毛澤東和赫魯雪夫兩人相互攻訐謾罵，猶如不共戴天的仇人，而中蘇之間的邊界，就在他們彼此不斷的惡言相向中，迅速從不須設防轉變成重兵佈防，而雙方都開始擔心對方的大軍會越境深入。為什麼中共在建國後不到十年，便由極端親蘇變成極端反蘇呢？

　　毛澤東認為中共社會主義建設的總路線是正確的，問題出在各級幹部執行不當。儘管如此，三年大饑荒的形勢逼人，毛澤東無從根據自己的判斷對症下藥，只好自動退居二線，把日常政務交由劉少奇、鄧小平、周恩來和陳雲處理。毛澤東是否從此不問政事？其實，這是列寧所說的退一步進二步，以退為進，毛澤東只是擺脫不想染手的日常政務，把注意力轉移到思想領導方面，同時仍然密切注意時局的變化，以便伺機而動。當大饑荒終於渡過之後，毛澤東便立即開展社會主義教育運動。他認為社會主義教育運動是針對資本主義教育而說的，這是無產階級和資產階級在思想和政治領導領域中的鬥爭。雖然1956年以後，中國理論上已經沒有資產階級和小資產階級了，但是他

們的思想仍然殘存在廣大群眾的腦海之中。因此,中共中央必須開展一個社會主義教育運動。主持中共日常工作的劉少奇和鄧小平,在了解毛澤東的想法以後,如何回應?他們力求趕上形勢,也就發起四清五反運動,企圖從基層幹部錯誤行為的檢討和反省之中,求得改革與進步。然而在此過程中,毛澤東又認為最大的問題不是基層幹部,而是主持文宣教育的上層黨官以及黨內學術權威,所以又透過「內庭」人物來發動「大批判」運動。中共的文宣機構在了解毛澤東旨意以後,又是如何落實他的想法的?

一、中蘇分裂:反修正主義

韓戰結束以後,美國視中共為蘇聯的頭號打手,中共則視美國為頭號敵人,彼此在台灣和越南問題上針鋒相對。中共雖然在亞非國家中的聲望逐漸高漲,並在外交上有相當的斬獲,但同時發現其睦鄰政策中有一些難以突破的瓶頸。東南亞國家在華僑和宗教問題上對中共有所疑忌,而印度在中共弭平藏族「叛亂」以後,對西藏邊界尤其戒慎恐懼。美國這一超級大國便利用這些矛盾繼續圍堵和孤立中共。在大躍進期間,台灣曾數度派兵騷擾東南沿海一帶,但隨著三年饑荒結束,中國大陸經濟好轉以後,台灣不再成為軍事威脅。反倒是美國人積極捲入南越的內戰,並在挫折之餘,於1964年製造東京灣事件,以之為藉口大規模轟炸北越,把戰爭帶到了雲南邊界。中美的再次兵戎相見,似乎迫在眉睫。

面對美國的軍事威脅,中共在1950年代,有蘇聯和其他社會主義國家的友誼可恃,因此美國的孤立政策,並不完全成功。1960年代,中蘇兩國由朋友變成敵人,彼此互爭社會主義的正統地位,甚至相互謾罵,用語之尖刻,直可視為歷史笑話。中蘇共分裂的直接影響有二:中蘇邊界長達5,000～6,000公里,原本不用設防,如今蘇聯陳以重兵,中共北方的國界不再有保障,反而由於北京直接暴露在蘇聯的空

中威脅之下，中共的不安全感加強。當時中共的核子研究尚未突破，
故對蘇聯可能進行的核子訛詐，有難以應付的恐懼，尤其害怕蘇軍實
行先發制人的攻擊。因此中共不得不作兩面作戰的準備，在針對美國
可能進行軍事冒險的同時，也必須針對蘇聯的軍事威脅，未雨綢繆，
預作防範。

　　中蘇所以水火不相容，追究其原因，可以從兩國的民族主義和國
家利益著眼，也可以從兩國對世界局勢的看法和對於朝社會主義過渡
方法的差異來分析。1953年9月赫魯雪夫出任蘇共領導以來，中蘇共之
間的關係開始出現起伏。赫魯雪夫像史達林一樣，總懷疑毛澤東的共
產主義信仰，認為他心中只有中國和自己，但是毛澤東對他卻不像史
達林一樣，保有一份後進對先進的由衷尊敬[1]。儘管如此，毛澤東和赫
魯雪夫之間的關係最初還是非常友善的。在史達林死後的權力鬥爭
中，赫魯雪夫亟需毛澤東的支持，所以在取得初步勝利以後，立即藉
著中共國慶慶典的機會，於1954年10月前往北京。他帶去的賀禮，相
當豐厚。不僅清除「中蘇友好同盟條約」中殘餘的不平等象徵，歸還
旅順海軍基地和新疆有色金屬公司的主控權，還把蘇聯援助工程從141
項增加為156項[2]。

　　1957年8月，赫魯雪夫鞏固中共友誼的政策，又邁向一個新的里程
碑。這一個月裡，中共派遣龐大的代表團訪蘇，赫魯雪夫與之簽訂國
防新技術協定，同意協助中共研製火箭和噴射戰機。隨後，他又簽訂
了兩國之間的科技工業協定，答應從1958年起，分五年共同進行或由
蘇聯援華進行重大科研項目103個，並在原已達成的156項經濟合作項
目以外，再增加55項[3]。更多的蘇聯專家，依照這些協定，來到遙遠的
中國，為中國的國家建設投注精力。對赫魯雪夫的慷慨援助，毛澤東

1　赫魯曉夫，《赫魯曉夫回憶錄》，頁457-58。
2　劉曉，《出使蘇聯八年》，頁155。
3　同上，頁53。

當然也心存感激，基於意識形態和東西方陣營對立的考慮，也必須支持蘇聯在社會主義國家陣營的領導地位，所以對赫魯雪夫的政策路線採取密切配合的立場，以便顯示兩國和兩黨之間友誼彌深。

但是毛澤東和赫魯雪夫之間的友誼基礎，畢竟不十分牢固。1956年2月，赫魯雪夫為了鞏固其統治，未事先徵求中共意見，忽然大肆撻伐史達林，嚴辭抨擊他搞個人崇拜，把蘇聯變成人間煉獄。毛澤東雖然承認史達林生前犯過「個人專斷」、肅反過大化和大國沙文主義等嚴重錯誤，但堅持史達林的社會主義建設是正確的道路。他認為史達林所犯的錯誤為進步中的錯誤，只是缺乏經驗所致；既不能視為「敵我矛盾」，就不該全盤否定史達林；全盤否定史達林，徒令親者恨、仇者快而已 [4]。另一方面，赫魯雪夫不理解毛澤東的一些作法，也壓制不住內心深處的懷疑和批評衝動了。他保持基本禮貌，沒有正面批評毛澤東大鳴大放的主張，卻針對中共當時提出的「百花齊放」口號，提出了不同的看法 [5]。

毛澤東和赫魯雪夫之間的嚴重歧見，到1957年底開始出現。毛澤東滿懷著希望，到莫斯科參加十月革命四十週年的慶祝。毛澤東不了解蘇聯內部問題的嚴重，當時只看到蘇聯相繼試射洲際飛彈和人造衛星成功，又相信從1954到1958年為止，蘇聯國民生產總值的成長率在這五年之間比美國高50%，所以認定蘇聯科技上已取得領先地位。他希望先進的蘇聯對於剛完成初步向社會主義階段過渡的中共多多提攜，給予更慷慨的援助。沒想到他抵達莫斯科之後，卻發現自己和赫魯雪夫之間出現了嚴重爭執。赫魯雪夫認為原子彈已改變了世界形勢，如果發生核子戰爭，即便蘇聯有能力報復，本身也將在頃刻之間化為廢墟。社會主義國家沒有必要和資本主義國家暴力相向，因此提出和平

4　中共中央文獻研究室，《建國以來重要文獻選編》，8：224-40；9：560-94；毛澤東，《建國以來毛澤東文稿》，6：59-67，283-85，263-85。

5　赫魯曉夫，《赫魯曉夫回憶錄》，頁461-62。

共處、和平競賽與和平過渡的主張。毛澤東對東西方陣營對抗的看法一向是：不是西風壓倒東風，便是東風壓倒西風，如果資本主義國家一定要打核子戰爭，社會主義國家在全世界的人口死掉一半以後，也會因爲人口眾多，而能在廢墟中取得勝利。何況蘇聯已在世界科技競賽中領先美國！赫魯雪夫沒有理由怕資本主義國家，更沒有理由向西方國家示弱。毛澤東原本無意鼓吹核子戰爭，但如此表達意見，卻嚇壞了本來已對毛澤東懷有成見的赫魯雪夫。赫魯雪夫認爲毛澤東大概是瘋了，是在煽動美蘇動用核子武器，以便火中取栗。毛澤東則反唇相稽，說赫魯雪夫不但誤解他關於核子戰爭的談話，根本就是「滅社會主義威風、長資本主義志氣」[6]。在彼此爭論中，毛澤東不再刻意遮蓋自己對赫魯雪夫的輕視和不滿，而赫魯雪夫也不再刻意掩飾他對毛澤東的疑忌和憎惡。兩人雖然交惡，但是並未對外界公開，也未影響黨與黨、國與國之間原有的良好關係。

1958年毛澤東提出超英趕美的號召，基本上便是對蘇聯建設社會主義經驗的批評和挑戰，顯示中共決心另外走出一條自己的道路。不論主觀上毛澤東是如何想的，他決定採取大躍進的總路線，實行人民公社，便是對蘇聯在世界共產主義運動中的霸權地位提出公開挑戰。所以赫魯雪夫對毛澤東的新政策一開始即表示關懷。這一年，中蘇外交史上發生了兩件事情，不論雙方談判時的原始動機如何，其結果均是加深彼此的疑忌和憤恨。

首先赫魯雪夫在1958年4月建議蘇中合作，蘇聯轉移潛艇技術給中共，中共則允許蘇聯在中國境內建立長波電台。建築經費由雙方按蘇七中三比例分擔，設備也由兩國海上艦隊和潛艇共享，但電台的控制權則歸蘇方擁有。中共對此建議表示歡迎，甚至表示願意負擔全部資

6　毛澤東，《建國以來毛澤東文稿》，6：625-44，49；赫魯曉夫，《赫魯曉夫回憶錄》，頁462-64。

金,然而堅持主權原則,說長波電台既然是建築在中共的領土之上,所有權自然歸中國擁有[7]。面對中方的提議,蘇共表示,費用完全不要中方負擔,不過蘇聯既然負擔全部費用,當然長波電台的所有權應歸蘇方擁有。由於雙方各持已見,談判隨即陷入僵局。

其次,中共在同年7月向蘇聯表示,希望擁有自己的核子潛艇,蘇共則趁機反提建議,要求成立中蘇聯合艦隊。赫魯雪夫爲此親自前往北京訪問,毛澤東刻意羞辱赫魯雪夫,藉口大熱天炎熱,赤身露體,只著泳褲,在中南海的游泳池邊接見,並勉強旱鴨子赫魯雪夫下水。在隨後三天的談判中,毛澤東表示,蘇聯建立長波電台和聯合艦隊的建議,帶有干涉中共內政的明顯意圖,故予斷然拒絕[8]。不久以後,毛澤東爲了表示對美國無所畏懼,下令大舉砲轟金門,發動八二三砲戰[9]。由於毛澤東並未事前通知蘇聯,所以赫魯雪夫深爲不解,反而害怕毛澤東是故意啓釁,以之挑起世界大戰,因此在美國下令出動第七艦隊以後,匆匆忙忙,秘密前往北京一探究竟[10]。赫魯雪夫同意提供飛彈、新式飛機、遠射程大砲和空軍顧問,但是在他表示願意派空軍進駐福建協防時,毛澤東還是以有辱國體爲回應,並斷然拒絕,赫魯

---

7 赫魯曉夫,《赫魯曉夫回憶錄》,頁464-66。赫魯雪夫爲了説服毛澤東,建議中共潛艇使用北極圈附近的摩爾曼斯克,同時允許蘇聯潛艇使用中共海軍基地。毛澤東當時斷然拒絕了此項建議。理由是不容中國主權受到侵損。真正的理由則可能是中蘇兩國的潛艇實力相差懸殊,毛澤東害怕「引狼入室」。

8 馬齊彬等,《中國共產黨執政四十年》,頁149;李志綏,《毛澤東私人醫生回憶錄》,頁251-52。

9 當時美國派兵干涉中東事務,由於蘇聯強烈抗議,已決定撤軍。毛澤東則認爲美國無力東顧,故決定以武力探測美國對防禦台澎金馬政策的底線。砲轟金門過程中,毛澤東放棄任何立即攻占金門的企圖,決定以維持金門現狀暗助蔣中正抗拒美國撤守金馬的主張。楊奎松,《毛澤東與莫斯科的恩恩怨怨》,頁431-32。

10 劉曉,《出使蘇聯八年》,頁86。惟此一記載,並不能爲其他文獻所證實。

雪夫帶著迷惑和不懌返回莫斯科[11]。經過以上幾次不愉快的接觸和經驗以後，赫魯雪夫認為毛澤東已經不可理喻，有意無意之間也在蘇聯境內縱容「黃禍」的說法，兩國之間的關係因而益加惡化。

中蘇關係緊張之後，赫魯雪夫在外交上更加傾向與美國妥協。1959年6月，蘇聯和美英法等國在瑞士日內瓦舉行的禁止試驗核武談判中達成協議，為表示其信守條約的誠意起見，赫魯雪夫片面撕毀蘇聯提供中國原子彈樣品和生產原子彈材料的承諾。兩個月後，赫魯雪夫打破三個月的沉默，在波蘭的波茲南發表演講，借列寧的經驗，批評毛澤東的人民公社政策。他指桑罵槐地說，中國既無物質條件，也無政治條件，居然嘗試向共產主義的社會過渡，實在好高騖遠[12]。不久以後，西藏邊界發生軍事衝突，赫魯雪夫認為中共沒有必要為了一塊「荒涼高地」和印度兵戎相見，公然左袒不屬於共產陣營的印度總理尼赫魯。毛澤東對此感到十分憤怒[13]。

然而，為了緩和中蘇外交關係，赫魯雪夫還是決定親自來華參加1959年中共的十一國慶大典。赫魯雪夫在和毛澤東的談話中，一本大衛營（David Camp）美蘇和平共存的原則，希望中共學習蘇聯成立遠東共和國的經驗，容忍台灣的獨立存在，以便緩和台灣海峽的形勢。對此逆耳之言，毛澤東完全聽不進去，反而縱容外交部長陳毅頂撞赫魯雪夫，斥責赫魯雪夫干涉中國內政，「替國民黨說話」。在赫魯雪夫歸國前夕，毛澤東更奉送了一頂「右傾機會主義」的大帽子給他[14]。赫魯雪夫在極端挫折之中返國。

11　赫魯曉夫，《最后的遺言》，頁267。

12　毛澤東，《建國以來毛澤東文稿》，8：390-92；徐則浩，《王稼祥傳》，541-44。毛澤東要王稼祥研究赫魯曉夫的批評，王稼祥蒐集有關資料，「述而不作」，言下之意卻是：赫魯雪夫並無大謬，毛澤東號召成立人民公社，確實有輕率魯莽的嫌疑。

13　劉曉，《出使蘇聯八年》，頁89-91。

14　楊奎松，《毛澤東與莫斯科的恩恩怨怨》，頁439-40。

　　1960年，中共和蘇共的歧見進一步暴露在世人眼底。在中共和印尼、印度兩國分別發生嚴重衝突時，蘇共表面上採取中立態度，實際卻未站在同屬共產陣營的中共一邊。同年2月，毛澤東對所謂彭德懷反黨集團進行鬥爭。而三年饑荒進一步惡化的時候，蘇聯未徵詢向來持保留意見的中共，再次參加美蘇限武談判，主張世界裁軍。毛澤東對此堅決反對，派康生在華沙公約政治協商會議上公開發言，宣布任何世界性的裁軍協定，只要中共沒有參加談判，便將拒絕接受[15]。

　　四個月後，赫魯雪夫趁羅馬尼亞在布加勒斯特召開羅共大會之便，舉行社會主義各國共產黨、工人黨代表會議，當場大肆抨擊中共說，毛澤東和史達林一樣，都是瘋子，要發動戰爭；中共其實不是社會主義者，而是民族主義的狂徒。當時除阿爾巴尼亞、越南和北韓外，其他與會的各國共黨代表都對中共進行抨擊。中共則針鋒相對，以尖銳的言詞反駁。隨後，赫魯雪夫不顧中共當時正處於經濟危機之中，於1960年7月下令撤回所有尚留在中國的蘇聯技術專家，一共1,390人，並撕毀全部342個合同，甚至不顧中共挽留，帶走所有圖紙、計畫和資料，並停止供應中國建設亟需的重要設備和大套設備中的關鍵零件，大有一副乘人之危、落井下石的樣子[16]。

　　1961年5月開始，赫魯雪夫爲報復中共盟邦阿爾巴尼亞要求蘇聯撤回駐軍之提議，所以逐步切斷與阿爾巴尼亞的關係，同時也致力於改善其與阿爾巴尼亞宿敵南斯拉夫的外交關係。但是真正導致中蘇共關係進一步惡化的倒不是阿爾巴尼亞問題，而是一直存在著的對史達林評價問題。這一年十月，赫魯雪夫召開蘇共第二十二次全國代表大會，決定徹底清算史達林的遺產，一方面更加嚴苛的批判史達林，另

15　劉曉，《出使蘇聯八年》，頁100，104-05。

16　赫魯曉夫，《最后的遺言》，頁269-70。赫魯雪夫回憶說，中共當局在俄國境內縱容留學生從事反蘇宣傳和示威，並在中國境內縱容幹部和群眾進行反蘇活動，逼得他不得不將蘇聯顧問悉數召回。

一方面則把史達林的水晶棺從莫斯科紅場的列寧水晶棺旁移走。當時中國仍然面對有史以來最大的人為饑荒，人民公社的政治路線普遍遭受質疑，毛澤東不能容忍赫魯雪夫對史達林的窮追猛打，所以特別訓令在莫斯科參加代表大會的周恩來，向史達林陵墓呈獻花圈[17]。這擺明是故意挑釁，赫魯雪夫的憤恨，可想而知。1962年春天，至少有6萬名新疆回民，從塔城和伊犁帶著牲畜越過邊界，甚至在伊寧引發群眾包圍和搗毀黨政機關的「少數民族」暴亂，造成軍隊鎮壓、擊斃群眾三人的嚴重事件，毛澤東懷疑這是蘇聯在幕後煽動和支持，所以更加憤怒[18]。中蘇兩國之間的關係持續惡化。

　　1962年的上半年，主管中共與其它各國共產黨關係的中聯部部長王稼祥，盱衡國內外局勢，認為大饑荒的危機雖然已經渡過，但是爭取長期的和平國際環境仍然是中共外交的最高原則。在對蘇聯外交方面，他主張竭力避免兩國分裂，反對針鋒相對、咄咄逼人的辯論方式，主張以「鬆動」語氣，換取對方的「鬆動」，製造良性循環。他也主張，既要強調爆發世界大戰的危險性，更要強調世界大戰的可以防止性；武裝鬥爭不是第三世界「民族解放和人民革命」的唯一道路，和平談判的道路可以並行而不悖；他甚至承認核子戰爭的可怕，要求「禁止核武器的試驗、製造、貯存和使用」[19]。王稼祥這些意見雖

17　劉曉，《出使蘇聯八年》，頁137。

18　李福生主編，方英楷撰著，《新疆兵團屯墾戍邊史》，頁711-16；馬齊彬等，《中國共產黨執政四十年》，頁213。關於外逃人口，馬齊彬公布的官方數字為3萬，實際上則為6萬多人。外逃問題最嚴重的是塔城、裕民和霍城三縣。當時塔城外逃人口占全縣總人口的68%，裕民占50%，霍城占38%，在三縣造成許多人民公社的解體。

19　《王稼祥選集》編輯組，《王稼祥選集》，頁444-60；徐則浩，《王稼祥傳》，頁554-66。王稼祥也主張，建立反美和平統一戰線，竭力避免中美戰爭，並在對外援助時，量力而為。沒想到這些看法在後來文化大革命時代被激進派簡化為對美國帝國主義要和，對蘇聯修正主義要和，對各國反動派要和，以及對各國民族解放戰爭支持要少，也就是所謂「三和一

然受到劉少奇的激賞，卻因為多少包容了赫魯雪夫的一些批評，故爾遭到毛澤東懷恨。只是毛澤東忙於大躍進的善後，一時之間沒有爆發出來而已。

　　1962年冬，中共與印度之間爆發邊界戰爭，中共大獲全勝，印軍死亡和失蹤3,000人，被俘4,000人。由於蘇聯在這一場戰爭中，支持不結盟國家的印度，批評同屬社會主義陣營的中共，毛澤東認為蘇共根本已經喪失了社會主義國家盟主的資格[20]。後來蘇聯在古巴危機中對美國採取退讓立場，更招致毛澤東的冷嘲熱諷。中蘇共雙方於是展開公開論戰。蘇聯批評中共是狂熱的民族主義者，而中共也批評蘇聯和南斯拉夫兩國為修正主義國家，蘇聯更是大國沙文主義。在會議場上相互抨擊，在報刊雜誌上公開叫罵；公開批判之餘，又互相驅逐外交官和學生，雙方像有不共戴天之仇似的。這次中蘇論爭，當然是毛澤東在背後定調，但是從1963年9月起在報刊上發表的九封批評蘇共中央的公開信，卻是當時總書記鄧小平負責主稿的，所以反蘇共修正主義的言論，不能歸毛澤東一個人負責，整個中共中央也有責任。

　　1964年10月，布里茲涅夫在莫斯科發動政變，把赫魯雪夫趕下台，在中共看來，這正是雙方改善關係的千載良機，於是派遣周恩來和賀龍前往莫斯科參加慶典，並尋求善意回應。不料，在雙方大員觥籌交錯之際，蘇聯國防部長竟然建議賀龍效法布里茲涅夫，也把毛澤東趕下台。毛澤東得到賀龍的上報，勃然大怒，不論蘇共當局如何解釋，他已無意改善兩國關係了。尤其是在赫魯雪夫下台後兩天，中共

　　少」，並遭到毛澤東的嚴厲批判。對於為何王稼祥選擇這個時候提出建議，楊奎松認為毛澤東在當時七千人大會中仍然強調「向蘇聯學習」是其中關鍵。後來中共文件中有關赫魯雪夫是修正主義者的指控，是後來加上去的。見楊奎松，《毛澤東與莫斯科的恩恩怨怨》，頁468。

20　雖然赫魯雪夫對即將卸任的中共駐蘇大使劉曉有善意的表示，但是經過仔細考慮後，劉曉認為蘇聯仍然「偏袒」印度，不夠誠意。顯然劉曉大使的判斷，也是當時中共當局的判斷。見劉曉，《出使蘇聯八年》，頁146-52。

成功試爆了原子彈，毛澤東有所仗恃，豈肯輕言退讓？兩國的關係於是繼續惡化，邊界更不時發生武裝衝突。1966年文化大革命爆發後，兩個社會主義國家都以對方為頭號敵人，雖然還勉強維持外交關係，但終於中止了黨與黨之間的原有聯絡。不數年之後，中共更在對外關係方面進行大逆轉，反過來對頭號資本主義國家的美國伸出友誼之手，設法彌補自己的戰略劣勢。

迎頭趕上美蘇。1964年10月16日，中共成功試爆了第一顆原子彈。原子彈爆炸後升起的蘑菇狀煙雲，象徵中共已躋身世界核武強權的行列。

　　中蘇共的分裂，對大陸的發展有兩個很大的影響。第一個值得注意的影響是中共越來越強調自力更生，力求在短短的八年時間內建立獨立完整的國防工業體系，並在更短的三年時間內取得尖端國防科技

研究的突破[21]。1958年，中共成立國防科學技術委員會，在蘇聯的協助下，全力推展所謂兩彈一機（導彈、原子彈和新型高速飛機）的研究。到1960年中蘇正式分裂時，中共已掌握近程地對地飛彈的技術。更重要的發展是，中共已抓緊機會，培養了上萬的尖端科技人才。在蘇聯撤退其專家以後，中共非但沒有放棄研究，反而因為蘇聯的刺激，發誓就是沒有褲子穿，也要發展原子彈，因此對國防科技部門給予特別支持。三年大饑荒中，全國到處是餓殍，毛澤東在極端困苦的環境仍盡可能地照顧軍事科技人員的物質生活，並不讓他們遭受任何外界打擾。經過四年的努力之後，中共終於在1964年成功試爆第一顆原子彈，打破了美蘇等國對核子武器的壟斷局面。

中共雖然成功試爆了原子彈，但中共所感受的蘇聯威脅卻越來越強大，害怕在其核子牙長成以前，蘇聯會進行先發制人的攻擊（pre-emptive attack）。1964年，美國為了解決曠日時久的南越戰事，派飛機轟炸北越，中共處於腹背受敵的嚴重威脅之中。為了南面防美，也為了北面防蘇，中共於是開始了為期長達八年的三線建設計畫。所謂三線是把中國從沿海和沿邊到內陸分為三道防線。而所謂三線建設，一方面是把沿海一線易受攻擊的工廠遷移到內陸山西、河南和兩湖西部的二線地區以及雲南、貴州、四川、陝西、寧夏、青海和甘肅等七省的三線地區，同時在三線地區建立一個完整的重工業和國防工業體系。其中最重要的項目是川滇邊的攀枝花鋼鐵基地、甘肅酒泉鋼鐵廠和四川重慶工業基地。此外，中共極力改善內陸交通，不計工本，興建雲貴、成昆、川黔、滇黔等鐵路。由於三線建設的基本原則是戰備，所根據的原則是靠山、分散、進洞，因此有一半的投資沒有發揮效用，勞動生產率和資金利潤率都很低，消耗了巨額的資金，卻對改善人民生活的助益不大。就經濟觀點來說，雖然改善了中國的工業布

21　黃瑤、張明哲，《羅瑞卿傳》，頁389-92。

局，基本上卻是得不償失。沿海沿江已有的大城市，因為三線建設及
其代表的發展策略當道，從1965年以後，一直到1978年毛澤東時代的
結束，都得不到國家任何財政支援，沿海和城市的建設，可以說完全
處於停頓狀態。

　　中蘇分裂的另一後果是，蘇共成為中共大饑饉的替罪羔羊，而毛
澤東眼裡的蘇聯修正主義更成了中共聲討的頭號敵人。中蘇論爭中，
雙方互爭馬列主義的正統，中共批評蘇聯背棄馬列主義，認為蘇共已
蛻化成為新型官僚階級，以致資本主義悄悄復辟，實現了美國「和平
演變」的預言。中共也批評南斯拉夫修正主義，指責他們借美元外
債，解散合作社，實行工人自治，允許少量僱工從事個體手工業。因
為對外如此批評，中共對內就勢必不能蹈其覆轍，所以在反修正主義
的口號下，要求各級幹部參加生產，不要變成「新階級」，同時對任
何毛澤東認為有修正主義嫌疑的政策都要進行嚴厲批判。外交上，中
共因為蘇共有意杯葛，所以成為社會主義國家陣營的異端。雪上加霜
的是，中共當時對亞非國家的外交攻勢也遭受嚴重挫敗，除與亞非國
家龍頭的印度繼續交惡以外，更喪失了另一龍頭印尼的有力支援。
1960年代初期印尼曾經是中共的可靠盟邦，但1965年右派軍隊發動政
變，一夕之間便幾乎徹底剷除了同情中共的印尼共黨。中共的外交從
此進入了長時間的低潮期。毛澤東為了打破孤立，表示中共在世界各
地都有朋友，更是極力拉攏各國共黨中的親華派系，尤其是傾全國之
力援助北韓、北越和阿爾巴尼亞等弱小國家。對於這些弱小國家的需
索，毛澤東有求必應，可以說是完全不顧及國家的經濟能力，因此難
免招致不恤民命之譏[22]。

22　中共對北韓和北越的軍經援助，當然有國防考慮的因素在內，但是這中間
　　仍然有是否超過國家經濟能力的問題。以北越為例，中共在越戰期間總共
　　提供了200億美元的援助。但在越戰結束後不久，卻必須與北越兵戎相見。
　　關於中共援助北越的情況，參見Roderick MacFarquhar, *The Origins of the*

二、毛澤東退居二線

　　1962年1月，面對大饑荒的嚴峻形勢，中共中央召集7,000人出席的中共中央五級幹部工作會議，劉少奇、周恩來和鄧小平都發表談話。劉少奇代表中共中央確定工作會議的基調，他承認大躍進犯下的錯誤比毛澤東所承認的嚴重多了。毛澤東過去總說大躍進的錯誤與成就相比，是一個指頭和九個指頭的關係，劉少奇則說是三個指頭和七個指頭的關係，並承認實際的情況可能更糟。他還說：三年大饑荒是「三分天災，七分人禍」，把人謀不臧當成三年大饑荒的主要原因，中共中央應該負起全部責任。劉少奇代表中共中央所作的自我批評到這裡為止，他並沒有進一步說明誰應該為什麼負責，反而在承認犯了錯誤以後，仍然強調三面紅旗的基本政策是正確的，也不敢對毛澤東提倡的個人崇拜有所質疑[23]。在劉少奇決定會議的基調後，鄧小平和周恩來作了自我批評，但也都沒有觸及其他人的責任問題，只是站在「向前看」的立場，提出他們恢復經濟的辦法[24]。

　　毛澤東對劉少奇的這番批評，縱使有所不滿，迫於形勢，也不可能明白表達。如前所述，他只是藉著對林彪發言的鼓掌和誇獎，再次提醒劉少奇和其他與會幹部，他的一貫正確性不容任何質疑和絲毫挑戰。林彪發言說，大躍進之所以出問題，是因為執行幹部「沒有照毛

Cultural Revolution: the Coming of the Cataclysm　1961-1966, p. 373.

23　劉少奇在此次會議上的發言，有一部分涉及彭德懷，值得注意。他承認彭德懷對大躍進的批評大多有道理，也承認彭德懷對毛澤東的批評不能算錯誤，但是同時窺伺毛澤東的「上意」，在彭德懷頭上加上子虛烏有的罪名，指控彭德懷曾參加「高崗、饒漱石反黨集團」，「背著黨中央(長期)進行派別活動」，「有國際背景」，因此「所有的人都可以平反，彭德懷同志不能平反」。參見張聿溫，《死亡聯盟：高饒事件始末》，頁517。

24　一說周恩來全面肯定大躍進，見Roderick MacFarquhar and John Fairbank, *The Cambridge History of China*, vol. 14, p. 326.

主席的指示去做」所致。不過，為了鼓勵坦白發言，毛澤東仍然以黨
主席身分，承認他對大躍進中所犯的錯誤負有最後責任。早在1959年4
月大躍進發動中，毛澤東為了集中精力，擺脫國家元首的儀式性責
任，把國家主席的職位讓給了劉少奇。這時為了方便劉少奇、周恩
來、陳雲和鄧小平收拾大躍進帶來的問題，並傾全力以恢復國民經
濟，更自動從黨主席所處的一線退居二線，而任由他們四人主持原歸
一線掌理的一些重要工作。毛澤東之退居二線，並不表示他喪失了領
導中共中央的大權，他像乾隆這種太上皇一樣，依舊掌握有關國家重
大事務的「最後決定權」。只是擺脫了更多的日常事務，也為自己爭
取了更多的時間，可以到全國各地研究社會主義的理論和實踐，繼續
為中共的未來尋找出路，並視情況演變，決定下一步大動作。

　　黨副主席劉少奇、周恩來和總書記鄧小平身負一線責任，遂進一
步實行從大躍進退卻的政策。農業方面是把人民公社的核算單位降低
到生產隊，並繼續恢復自留地和自由市場。工業方面，則是壓縮生產
指標，信賴專門技術人才。整個經濟政策方面，則是壓低城市企業的
生產指標，有多少錢，做多少事，收縮基本建設的戰線。最重要的是
減少城鎮人口，減少城鎮的「福利」負擔。從1961年起，到1963年為
止，大力減少城鎮人口2,600萬，把他們送回農村工作，表面上是增加
農村勞動力，實際則是減少吃商品糧的人口總數。文教方面，為提高
知識分子的積極性，也放寬對他們的控制，承認政治忠貞並不能離開
專業技術來呈現。對待知識分子不可任意戴帽子和打棍子，開始為打
成右派的知識分子平反，同時也試圖改善知識分子的生活，特別強調
對科技人才的尊重和照顧。

　　毛澤東雖然同意劉、鄧、周的善後措施，但是認為其中關於自留
地、自由市場和自負盈虧等的作法，都是權宜的性質，不僅無法成為
常規，尤其不能超過一定規模。毛澤東相信，真理在他的手中，大躍
進的基本構想沒錯，錯的是執行政策的龐大黨官僚體系，尤其是在農

村基層亂颳共產風、特權風等五風的幹部。早在1960年年底，毛澤東便說過，農村社隊領導已有三分之一變色，也就是說，農村基層幹部已經嚴重蛻變，不僅忘記了社會主義的歷史使命，甚而已經蛻化成爲「壞分子」和「階級異己分子」，亟待思想改造。因此他一直希望能再次展開社會主義教育運動，最好是由高級幹部到社會基層，找一個單位「蹲點」，「蹲」在固定地點，仔細調查研究，一方面恢復他們和基層群眾之間的聯繫，另一方面則幫助基層幹部徹底進行整風改造。在大饑荒期間，毛澤東不可能針對幹部問題大有作爲。所以1962年夏秋之間，儘管高級幹部對社會主義教育運動的號召毫無反應，毛澤東也未加以催促。其實，他本人對這個運動如何落實也不清楚，他要等待熱心的地方黨委書記提出具體而明確的構想以後，纔公開號召全黨推廣。

1962年夏收確定正常以後，毛澤東一方面認爲時機對他有利，另一方面也認爲大躍進以後的退卻已經逾越他所能容許的限度了。他認爲大躍進中仍有其光明的一面，不是一片黑暗。鄧子恢「包產到戶」的作法是鼓勵「單幹」，回到傳統小農經濟，而彭德懷要求平反則是向他路線的「一貫正確」挑戰。所以在1962年8月的北戴河政治局會議上，他批評「黑暗風」、「單幹風」和「翻案風」，把這「三股風」提到「資產階級向無產階級進攻」、「抵制和反對黨中央領導」的高度，要求勿忘階級鬥爭，階級鬥爭一定要年年講、月月講、日日講。到1963年2月，湖南有一位省委書記提出如何落實社會主義教育運動的構想，三個月後毛澤東便根據他的這份報告，製定了所謂前十條（即關于目前農村工作中若干問題的決定〔草案〕），正式要求各級黨委，以階級鬥爭模式發動群眾，也就是所謂貧下中農以及工人，對基層幹部展開「四清」和「五反」運動，以便普及和深化群眾的社會主義理念。所謂四清是清工分、清帳目、清財物、清倉庫，主要針對農村幹部，而所謂五反則是反貪汙盜竊、反投機倒把、反舖張浪費、反「分散主

義」、反官僚主義，主要針對的是城市文教廠礦單位的幹部。一場以四清和五反為內容的社會主義教育運動，就這樣展開了。

鄧小平和劉少奇了解毛澤東的決心以後，立即展開行動。他們把工作的重點放在農村，根據內戰時代開門整黨的經驗，派工作組找地方「試點」，以便形成經驗，再全面推廣。中共雖說四清嚴禁打人殺人，但在農村只要工作組調動貧下中農的積極性，就必須對貧下中農放手。不幸經過三年大躍進，貧下中農對基層幹部的不滿已超過了飽和點，中共只要把准予鬥爭的綠燈開亮，不滿便立即爆炸出來，不少地方發生亂扣帽子，亂搞鬥爭，亂罰「人犯」，甚而釀成打殺幹部和幹部自殺的事件。毛澤東說，一定要團結95%的幹部和黨員，在群眾運動中根本沒有人會想到遵守這個團結的原則，貧下中農像內戰時期的開門整風一樣，對黨員和幹部肆行報復。湖北在第一批試點前後，便鬥死兩千餘人。這一年秋冬之間，廣東也因為試點鬥死了500多人。

對毛澤東而言，這些暴力事件乃是群眾運動的必然產物，不算什麼。四清的群眾運動仍在起步階段，雖然他針對「擴大打擊面」的作法，提出了批評，但基本上要求擴大推行，放手動員貧下中農。在毛澤東的嚴厲督促下，劉少奇等負責幹部只問自己對毛的指示是否跟得夠快、跟得夠緊、跟得夠好，當然更不在乎上述的暴力行為。他們反倒為了證明四清和五反有成，而把以嚴峻為特色的試點經驗，鼓吹為樣板。甘肅白銀有色金屬公司所屬的工廠在1962年建成，同時歸甘肅省政府和中共國務院冶金部管轄；1963年四清五反剛開始時，已擁有員工1.1萬人。薄一波負責城市五反工作，在讀過誇大不實的報告後，同意該公司的領導權已被「地主和資產階級」篡奪，進而決定發動工人群眾在總公司、廠礦以及車間，以階級鬥爭為名，進行全面奪權。甘肅省委和冶金工業部為此特派一支五十多人的工作組前往指導。結果公司5名領導幹部中，一人處死，一人處無期徒刑，三人開除黨籍和廠籍。另外數百人受到株連，若非留黨察看，便是逮捕法辦。

陈伯达同志给中央的信

中央：

送上天津小站地区以姜德玉、张凤琴、张玉崇为首的三个反革命集团的社会关系分布图，并附这三个反革命集团头子的历史大事记各一份。

这三个反革命集团的成份問題和他們的罪恶活动，群众早已有所反映。一九六二年，天津市委接受群众意见，已将姜德玉开除出党，并撤除他的一切职务。但是，不論姜德玉的問題，还是张凤琴、张玉崇的問題，都只是在今年四清运动中，群众充分发动以后，才彻底暴露出来。现在运动还沒有結束，他們的政治問題和经济問題，还在继续清查中。

主席吩咐过，这些材料可以发到县级，供給大家参考。如何处理，请中央批示！

除了这些图表和大事記以外，工作組还准备写一篇叙述斗爭发展过程的材料，但要过些时侯才可能写。写出后，当即送中央审查。

陈伯达

八月四日

00037

中共中央文件

中发〔64〕485号

★

〔秘密〕

中央轉發陈伯达同志
給中央的信和所附关于天津小站地区
反革命集团問題的材料

各中央局，各省、市、自治区党委，中央各部委，国家机关各部門党組、党委：

现将陈伯达同志給中央的信和所附关于天津小站地区反革命集团問題的材料，印发給你們参閱。

中央

一九六四年八月十二日

（发省委、地委、市委和县委）

農村四清運動的樣板。四清有大小四清之分。小四清指清帳目、清倉庫、清財物和清工分；大四清指清經濟、清政治、清思想和清組織。中共中央以天津南郊的小站公社為試點，於1964年初派幹部組成一個龐大的工作隊，在中宣部兩位副部長陳伯達和周揚的領導下，經過半年多的工作，終於在這個公社挖出三個反革命集團。這是陳伯達就小站經驗寫給中共中央的信，以及中共中央轉發陳伯達的信跟所附關於反革命集團的資料的命令。另一張相片是這年10月為小站經驗召開的宣判處理大會。

　　另一個起推波助瀾作用的試點經驗是天津小站。小站只有千戶人家，工作組由天津市委派遣，中共中央宣傳部的兩位副部長周揚和陳伯達都參加地方蹲點。這兩個人物在延安整風時，是毛澤東的忠實打手，到這裡調查研究，竟然得出結論，這裡的政權早已「紅皮白心」，表面上仍是共產黨領導，實際上則由三個反革命集團所控制。令人驚訝的是，這三個反革命集團的領導者竟然分別是水稻專家、總支部書記和女勞動模範，他們共有黨羽250人，遍布在這個人民公社的各個階層和角落。工作組根據這個結論發動小站群眾，展開全面奪權，可是這個結論後來證明根本無法成立。

　　1963年11月，在上述四清試點過程中，劉少奇派夫人王光美化名到河北撫寧桃園大隊工作五個月。不論是否受到毛澤東政權三分之一變色指示的影響，她在桃園訪貧問苦以後，下結論說，桃園生產大隊的權力基本上已不在共產黨手裡，大隊支部書記便是一個「壞分子、國民黨分子」，於是王光美開始扎根串連，發動貧下中農起來奪權。劉少奇從其夫人的桃園經驗中，還得出結論說，農村中的四不清幹部，上面有包庇和奧援，必須往上緊追，甚至非追到省委這一級不為功，除惡務盡，切不可姑息養奸。劉少奇此時還公開表示，四清必須像土地革命一樣，除非貧下中農等群眾真正起來，形成對四不清幹部的優勢，否則工作組不得強調團結。易言之，在四清初期，必須把四不清幹部視為階級敵人，毫不留情地鬥爭，把他們踩在腳底之下後，纔開始對他們講團結。

　　1964年8月，劉少奇成立四清和五反指揮部。雖然四清和五反並列，但比較起來，工作的重點仍然是農村。緊接著，中共中央在推薦桃園經驗之後，又發布《後十條》，對階級鬥爭形勢的估計，不僅比《前十條》要嚴重多了，更取消依靠農村基層原有組織和幹部的規定，要求工作組把「放手發動群眾」放在第一位。隨後，中共中央又針對縣級黨幹部對此一指示的抗拒，強調反右傾的重要性，既不可以

「怕左不怕右」，也不可以「寧右勿左」[25]。劉少奇表現得比毛澤東更激進，顯然是要趕上形勢。他為了順利進行工作，更下令中共中央各機關和省地委高幹親自蹲點，並從學校、中央和軍隊調派大批人員組織工作組下鄉工作。原則上，劉少奇要求三分之一左右的科長以上幹部參加。

結果，四清當中，中共中央總共動員了37,000人，軍隊也動員了30,000人，全部工作組的總人數高達一百五、六十萬。天津南郊區只有280,000人口，天津市委卻派了18,000人的工作隊前往工作。該區小站也有一支500餘人的工作隊，平均每兩戶人家就有一個工作隊員。當時有人形容這種作法是搞人海戰術。劉少奇則認為「人多好辦事」，是集中力量打殲滅戰，可以一舉而解決農村基層幹部的所有問題。工作組握有尚方寶劍，當然不愁沒有貧苦農民聞風響應，工作組到處掀起階級鬥爭，而所謂積極分子也到處出現。1965年中國共產黨共吸收了943,000名新黨員，次年又吸收新黨員3,190,000人，幾乎締造了新紀錄。這兩年入黨的新黨員約占全部黨員的五分之一，他們絕大多數都是四清的積極分子[26]。

劉少奇為什麼強調高級幹部蹲點？這可能跟他對大躍進經驗的體會有關。他總認為在大躍進中有兩個根本性的問題：一個是基層幹部蛻化，另一個是中高層幹部脫離群眾，所以發生「到底是你們省委、地委、縣委**領導**基層幹部多，還是基層幹部**領導**你們多一些呢？」（強調部分為作者所加）的問題。所以他要求中高層幹部率領工作組親自到農村長期蹲點，參加勞動，組織貧下中農的隊伍，一方面以階級鬥爭為綱，鬥爭農村的四不清幹部，另一方面也藉此恢復他們和農村群眾的密切關係[27]。在大量派遣工作組的過程中，劉少奇把四清的目標從

25 馬齊彬等，《中國共產黨執政四十年》，頁249-50。

26 趙生暉，《中國共產黨組織史綱要》，頁358，360。

27 江渭清，《七十年征程——江渭清回憶錄》，頁478-527。

帳目、倉庫、財務、工分(小四清)等事務細節升高到經濟、政治、思想、組織(大四清)等基本問題層次，而且要求追查四不清基層幹部的上層關係。

在這波殲滅戰當中，劉少奇警告工作組，不得信賴地方幹部，一定要弄清楚每個人的思想狀況之後，才能重新起用。為此，他特別指令，凡是有工作組的地方，地方黨委受其指揮，而工作組可以不顧地方基層組織，直接動員和指揮貧下中農奪權。儘管劉少奇在指示中，強調處分幹部人數不得超過 2%，實際則因為他稱讚河北桃園和天津小站兩處的經驗，以致工作組紛紛以打倒地方原有幹部為主要關懷。加上貧下中農對農村基層幹部的積怨畢竟也太重了，工作組清理基層，很容易認為農村基層都是所謂「地富反壞右」和「蛻化變質」幹部共治的局面，因而由基層政權已經變色的結論，進而鼓吹徹底將之清除。他們對待這些變色的基層幹部，像對待地主富農一樣殘酷無情，撤職查辦以後，更繼之以花樣百出的清算鬥爭。

內戰時期開門整黨中已出現退賠之類的經濟懲罰，這時又有新的發展。工作組為了滿足貧苦農民的報復心理，逼迫基層幹部賣掉基本口糧、房子、衣服、被褥來賠償。肉體上的迫害，無非是亂逮捕、亂開除、隨便隔離審查、隨便打罵逼供。1964年年底，胡耀邦出任陝西省委書記，發現陝西省有六、七百名地方幹部被整死，更多的人被整得威信全無，無地自容，以致地方幹部人人自危，地方基層瀕臨癱瘓[28]。

另一份資料指出，在陝西省長安、延安和西鄉三個四清試點縣中，平均每一個農村基層幹部要退賠183元，比陝西省當年平均國民收入122元多61元；在批鬥四不清幹部過程中，有430人企圖自殺，364人死亡。陝西的「左」傾，據說是全國第一。胡耀邦因為下令停止捕

28　田國良、孫大勛主編，《胡耀邦傳》，頁60-61。

人、停止奪權鬥爭和停止開除黨籍和公職,而被批評為鼓勵翻案,遭到頂頭上司和包括劉少奇在內的中共中央批評,不得不於百日之內離職他去[29]。江蘇省委書記江渭清頗不以王光美的桃園經驗為然,認為株連太廣,不肯積極推廣,雖然沒有因此而去職,卻也曾因此遭受劉少奇斥責[30]。山西省昔陽縣是四清重點縣,工作組為趕上鬥爭形勢,全力追查化肥帳目,只要稍有疑問,便窮追不捨,以致全縣被控帳目不清的42名大隊級幹部受不了,最後選擇自殺,一了百了。其實他們的問題只是出外採購化肥時請客送禮,拉下了說不清楚的帳。昔陽大寨生產大隊的陳永貴,當時已是全國有名的勞動模範,要不是毛澤東正邀請他到北京中南海赴宴,也差一點淪為四清批鬥對象了[31]。

毛澤東認為劉少奇和鄧小平這種搞四清的作法,擴大了打擊面,是過左的行為,嚴重斲傷了基層單位的士氣,要求糾左。其實,他是在四清過程中,發現退居二線的作法帶來太阿倒持的危險,所以要把政策重點從農村基層移到中共中央。毛澤東退居二線的目的,原本是要爭取更多的時間來思考有關國家的重大問題,並無意真正離開政治核心。不料1964年底,中共中央召開關於社會主義教育工作的會議,劉少奇竟然以毛澤東身體欠佳為由,未親往敦請。毛澤東不辭辛勞前來出席會議之後,卻又發現鄧小平以怕他勞累為由,建議他不要講話。毛澤東不禁疑心大起,以為劉少奇和鄧小平有意迴避他,到了會場又發現劉、鄧的立場與己有異,心裡遂益發憤怒,終於不克自制。甚而拿著「憲法」和「黨章」,質問劉、鄧他是否有說話的權利。

---

29 林牧,〈胡耀邦陝西百日維新〉,《開放》1997年9月號,頁38-54。中共社會科學院近代史研究所的李新教授當時在甘肅蹲點。他也說,情況「和1947年『搬石頭』頗為相似」。見蕭克、李銳、龔育之,《我親歷過的政治運動》,頁229。

30 江渭清,《七十年征程——江渭清回憶錄》,頁487-88。

31 吳思,《陳永貴沉浮中南海》,頁89-93;吳思,《陳永貴浮沉錄》,頁8-20。

四清運動中的雨集村。雨集村位於貴州晴隆西南部的深山裡，交通不便，居民有布依、彝族和漢族，共221人。北京中國科學院民族研究所組織的工作隊在這個偏遠的貧困聚落，發動貧下中農，鬥爭被認為已經蛻化為地（主）富（農）代理人的大隊幹部羅德明等人。

黑龍江阿城的四清運動。所謂地富反壞（地主、富農、反革命分子和壞分子）四類分子，在運動中被看管起來（上）。貧下中農組織的鬥爭大會主席團正在興高采烈地討論如何處理他們，決定他們的未來命運（左）。

當時，劉少奇根據四清五反的經驗，認為社會的主要矛盾是四清和四不清，乃黨內外矛盾交叉。毛澤東認為這種說法根本沒有抓住問題核心，主要矛盾就是資本主義和社會主義的矛盾。就在批評劉少奇的作為中，毛澤東清楚提出打倒「黨內走資本主義道路的當權派」的說法，認為黨內出現了「官僚主義者階級」，騎在「群眾」的頭上作威作福。他批評劉少奇的工作組使用太多的時間學習文件，沒有真正發動群眾。而工作組於實際展開工作以後，控制一切，不讓貧下中農參與，搞人海戰術，對基層幹部吹毛求疵，打擊面過寬，幾乎把所有農村幹部都變成敵人。這些指責都似乎有一點根據，但基本上仍然是欲加之罪，何患無辭。問題的真正癥結是：毛澤東對劉少奇的信心開始動搖了，**也就**在這個時候，他暗中認定劉少奇是頭號走資派，必須鬥臭鬥倒，並開始秘密策畫和部署了。

面對毛澤東的批評，劉少奇和鄧小平雖然並不了解其嚴重性，但是決不敢輕忽其表面意義。他們繼續推行四清五反運動，也抑制了一些過左行為。到文化大革命前夕，全國有三分之一縣社有大四清的經驗，其他縣社則多少遭受了小四清的考驗。對大躍進末期出現的三自一包（多留自留地，多搞自負盈虧企業，多搞自由市場和包產到戶），也展開了嚴厲批判[32]。儘管這些運動可能打擊了個體農業，但整個農村仍在繼續恢復之中。到1965年，農民生活基本上已恢復到大躍進之前的水平。

毛澤東對城市問題所給予的注意較少。城市中的機關單位和廠礦企業所受到「五反」的衝擊，因此也比較輕微。儘管在1964年冬的企業和學校社會主義教育運動中，北京和上海兩大城市也發生了亂鬥死人的事件，但基本上五反是有秩序的，受到黨派遣的工作隊

32　四清運動中農村約有200萬黨政幹部被鬥。見劉國新等，《中華人民共和國歷史長編》，卷2，頁111。

的嚴密控制 [33]。這似乎反映一個事實：在大躍進中，工人階級是遭到特殊待遇的一群，而黨對工人組織的控制遠超過對農民的控制，所以鬥爭基層幹部的情緒不如農村熱烈。可能因為如此，陳雲的「調整、鞏固、充實和提高」的經濟政策在執行時並未遭到嚴重抗拒。由於中共中央也始終把1962年以後的連續四年看成第三個五年計畫的預備階段，並未像大躍進年代一樣再次強調大規模建設，所以工礦部門都在穩健之中次第恢復原狀，甚至有後來居上之勢。

對主管經濟的黨官而言，社會主義的經濟體系已相當固定，但是他們也看到按照行政體系來管理經濟的弊病。各個行政部門，從大行政區到人民公社，都追求自力更生，上下還算通氣，而部門本身卻成了封閉的社會系統，缺乏橫向來往，彼此之間甚至關卡重重，不通消息，以致生產項目重複浪費。針對這些弊端，中共中央試行工業托拉斯，按照行業或是地區組織煙草、煤炭、汽車、機械、電力、航運，製藥等托拉斯。這些托拉斯由中央政府官員經營，按照其業務需要運作，結果地方不但必須把中央下放給它們經營的廠礦企業交回，還必須把原來便由地方管理的相關事業交出。中央政府的權力增加了，也方便了計畫管理，但是托拉斯不是市場導向，不容易迅速了解各地方的需要，也帶來了許多新的問題。

三、大批判開路

毛澤東的社會主義教育運動，一方面透過四清五反整頓幹部，另一方面也想根本改變上層的思想結構。他認為中共雖然在社會主義改造運動中贏得了輝煌的勝利，可是舊思想、舊文化、舊習慣依然充斥，並未隨著下層結構的徹底改造而同步改變。關於這一點，主管思想的文教宣傳機關，難辭其咎。主管文教宣傳的機關何以失職？他們

33　薄一波，《若干重大決策與事件的回顧》，下，頁1126-27。

為什麼仍然讓舊思想、舊文化和舊習慣成為國家向社會主義全面過渡的障礙?毛澤東認為,這和他們大多數人本來都是資產級出身的知識分子有關。他們在加入中共之後,並未徹底改變自己,卻掌握了文教宣傳大權,因此需要重新教育。

面對整個官僚體系,尤其是主掌文教宣傳的機構,毛澤東雖然想到社會主義思想教育,但是感覺有心無力。大躍進中,他起用林彪為軍委常委和國防部長,以之取代被整肅的彭德懷。其中一個理由恐怕就是要為幹部整風確立一個穩定的政治環境,而林彪的表現,也讓他寄以厚望。如前指出,大躍進失敗之後,毛澤東迫於形勢,不得不主動表示,他必須承擔最大責任。林彪獨出心裁,卻強調毛澤東的指示、警告和思想一貫正確,三年大饑荒之所以發生,就是因為負責執行的幹部沒有正確把握毛澤東的指示、警告和思想所致。毛澤東需要林彪這種帶有濃厚個人崇拜意味的公開表態,林彪則可以靠著毛澤東的鼓掌和關愛,厚植勢力[34]。於是一方面改組國防部,徹底清算彭德懷在軍隊內的影響;另一方面則實施黨政軍人事對流和重疊的制度,讓大軍區司令任職於中央局,也讓省委書記擔任軍區政委。名義上,都是加強黨的控制,實質上則是擴大了軍隊的影響力。

林彪上台以後,全力支持現代武器,尤其是原子彈等尖端武器的研發。雖然如此,他同時也強調以毛澤東的思想來武裝軍隊,因此軍隊特別重視思想教育。1962年10月,中印邊界戰爭爆發,中共輕而易舉地擊敗印度軍隊,本在社會上已受尊敬的解放軍,聲望又向上急遽攀昇。不到兩年之後,解放軍成功試爆了中國的第一顆原子彈,解放軍的聲望更是如日正中天。在此一連串勝利的消息傳來的同時,林彪

---

34 其實,林彪對毛澤東的大躍進和反蘇鬥爭都有保留意見。他說,大躍進是「憑幻想胡來」,反蘇鬥爭是「罵絕了,做絕了,絕則錯。」但是毛澤東「言行不一」,所以他「緊跟」毛澤東時,似乎特別重視對毛澤東內心的窺伺。參見張雲生,《毛家灣紀實》,頁225。

學習雷鋒運動。雷鋒是共軍戰士，生前已是一個「為人民服務」的樣
板人物。他手上拿著牙膏，正在向仰慕他的小學生解釋節約的道理。

在軍隊中倡導毛澤東的個人崇拜，突出毛澤東思想，說學化學不一定
要找發明化學的人，學馬列主義也不一定要找發明馬列主義的人。學
化學要學最新的知識，學馬列主義也要學最「高級的」毛澤東思想。
而學毛澤東思想，則不一定要整篇整篇記，只要挑幾個警句熟背，就
可以對任何問題應付裕如了。當時，總政治部主任羅榮桓是毛澤東的
親信，不能苟同這種種作法，兩人常相齟齬。毛澤東雖不直接介入軍
隊內部的爭執，但支持林彪主持軍委會議時所作的所有決議，實質上
便是支持林彪壓制反對林彪的潛在勢力。林彪得到如此的青睞，於是
更加努力宣傳毛澤東思想，並製造各種各樣學習毛澤東運動的樣板。
解放軍戰士雷鋒就是這樣一個樣板，他於60年參軍，1962年夏因公殉
職。雷鋒生前是模範戰士，積極學習毛澤東著作，並利用空閒幫助別
人，曾屢次受到表揚，死後林彪在軍中強調學習雷鋒運動，要大家以
他為榜樣，做黨的螺絲釘，發揚雷鋒默默「為人民服務」的精神。
　　1963年11月，毛澤東提出向人民解放軍學習的口號，以致政府機

關、生產機構和高等教育單位盡皆模倣軍隊的政委制度，設立政治機構。工作幹部或由軍隊從職業軍人中調派，或由各機關單位從復員軍人或軍隊政治幹部中招募，軍隊的影響力因而益爲擴張[35]。1964年5月，林彪在軍隊發行《毛主席語錄》，作爲官兵學習毛澤東思想的教材。次年5月，他以消除等級制度和名利思想爲藉口，由中央下令廢止軍銜制度，從此軍隊上下穿著表面上看來全無差別的黃綠或深灰解放軍制服。對於林彪的這些作法，毛澤東異常激賞，鼓勵和支持有加。

　　林彪在擴大軍權的過程中，和擔任軍委秘書長和總參謀長的羅瑞卿發生嚴重摩擦。羅瑞卿也是毛澤東思想的忠實信徒。他聽從老帥葉劍英和賀龍的建議，提倡郭興福練兵法，因而引起林彪不滿[36]。後來兩人又在宣傳毛澤東思想和越戰問題上發生岐見。在提倡毛澤東思想問題上，羅瑞卿不如林彪極端，譬如羅瑞卿認爲學習毛澤東思想，便不能光學《毛主席語錄》。關於越戰問題，羅瑞卿認爲向中共邊界蔓延的可能性極大，中共應該「禦敵於國門之外」，並接受韓戰的教訓，傾全力於軍隊正規化，發展與軍火工業緊密相關的重工業。同時中共爲避免腹背受敵，盡力對蘇聯和解，或至少低調處理中蘇論爭，以便集中全力對付「美帝國主義」。林彪則對越戰的升高有不同的看法。他基本上認爲越戰不可能昇高成爲中美之間的熱戰。縱使所作假定出錯，而戰爭畢竟到來，則中共也可以誘敵深入，以「人民戰爭」的方式對付之。所謂人民戰爭，林彪指的是發動全民，在軍隊正規戰之外，以游擊戰對敵。因此他要求大力發展民兵。由於在未來的這一

35　馬齊彬等，《中國共產黨執政四十年》，頁239-40，243-44，246。

36　郭興福是南京軍區的一個副連長，據說他練兵的方法有五個特色：一是「帶有敵情、帶著仇恨、帶著問題練兵」。二是「把練思想、練作風、練指揮、練動作緊密的結合起來」。三是「從難從嚴，多學幾手」。四是「民主教學，因人施教」。五是「重視訓練戰場的思想工作」。見黃瑤，《三次大難不死的羅瑞卿大將》，頁218-19。

次戰爭中，中國勢必在武器方面處於劣勢，因此必須特別強調人的因素，鼓吹政治掛帥，以政治熱情彌補武器的落後。同時，林彪雖然同意中共必須疏散工業，避免集中在一起，被敵人一舉摧毀，但並不認為中國可以因為害怕兩面作戰，便置政治原則於不顧，而主動尋求蘇聯的和解[37]。這些政治和軍事上的岐見，加上毛澤東的指示和一些不足為外人道也的個人因素，終於引發了林彪對羅瑞卿的清算鬥爭，把羅瑞卿打成反黨集團的一分子。

　　羅瑞卿被清算，除了現實政治因素之外，還有漫長的歷史背景。中共從正式建軍以後不久，便有所謂路線之爭。1930年代，毛澤東就曾經和留蘇軍人劉伯承有建軍路線的鬥爭。毛澤東強調帶有游擊主義的人民戰爭，劉伯承強調學習蘇聯先進經驗、軍隊以正規化為原則。經過抗戰和內戰兩大戰爭，由於毛澤東唯我獨尊地位的確立，軍隊內部的路線之爭似乎完全消失。韓戰爆發以後，共軍內部更迅速形成建立現代化和正規化軍隊的共識，並決定一邊倒向蘇聯學習，全軍改用蘇式裝備，全盤引進蘇聯的建軍經驗。韓戰結束以後，中共繼續強調軍隊專業化，向蘇聯紅軍學習，改變志願兵制為義務兵制，並實行蘇

37　這是美國學者比對署名林彪和羅瑞卿的文章所得出來的結論。林彪署名的文章是〈人民戰爭萬歲〉。Frederick Teiwes and Warren Sun 說這一篇文章是羅瑞卿組織人寫的，故認為兩人關於越戰看法基本上並無不同。見Frederick Teiwes and Warren Sun, *The Tragedy of Lin Biao*（Australia: Crawford　House Publishing, 1996), p. 27. 其實，這一篇文章的寫作過程相當複雜，初稿有兩份：一份是羅瑞卿組織人寫的，另一份是康生組織人寫的。最後定稿採用的是康生初稿，但是吸收了一點羅瑞卿初稿的內容。羅瑞卿在定稿之前，曾經修改〈人民戰爭萬歲〉一文。奇怪的是，凡是碰到草稿中的林彪原話，即便周恩來已經修改，他也建議把它恢復原狀。羅瑞卿在〈人民戰爭萬歲〉發表前約四個月已經發表過一篇相關文章，但在〈人民戰爭萬歲〉發表後第二天，又發表一篇自己署名的相關文章。這一篇署名羅瑞卿的文章就沒有一點上述羅瑞卿初稿的內容。見黃瑤、張明哲，《羅瑞卿傳》，頁517-18，523-26。陳東林認為羅瑞卿的意見其實是毛澤東的，毛澤東是借羅瑞卿之手批評林彪。

聯紅軍的軍銜制和軍官薪金制。同時更成立專業性質濃厚的各種軍事院校，規定軍隊晉陞必須和學習經歷配合。在建軍的其他各方面，也是唯蘇聯模式是尚，甚至到了完全不問中國國情的地步。在這個一切向蘇聯學習的過程中，軍隊內部出現反彈力量。主張全面學習蘇聯經驗者，如同三〇年代的劉伯承一樣，指責反對者犯有「經驗主義」傾向。而持反對意見者，也像三〇年代的毛澤東一樣，指責贊成者犯有「教條主義」的錯誤，生搬硬套蘇聯經驗，以致中共「以黨領軍」的制度受到蘇聯軍隊首長制的腐蝕，而軍隊也不像從前那樣重視思想的訓練。

上述關於中共建軍路線的岐見，其實並未尖銳到黨內兩條路線鬥爭的地步，雙方可以從團結的立場出發尋找中庸之道。即使1958年反右運動以後，毛澤東表面上也仍然主張用大鳴大放大辯論的方法來解決爭論，只是在實際作法上他把這一個爭論引向不可妥協的黨內鬥爭而已。他透過彭德懷和林彪出面定調，再把意見不同的將領變成錯誤路線的代理人來鬥爭。在一次共有1,400餘位師級以上軍官參加的會議中，積極分子指名批判和揭發主持軍事教育和軍隊訓練的將領，而主持會議的彭德懷也粗暴無理，竟然把劉伯承說成是資產階級的建軍路線倡導人，搞教條主義，玩宗派活動，甚至把他說成是王明路線的追隨者，然後再逼迫劉伯承老淚縱橫，自我檢討[38]。當彭德懷威脅到毛澤東的威信時，毛澤東也以同樣模式對付彭德懷。在他親自出面定調之後，再由師級以上幹部以大鳴大放大辯論為藉口，無限上綱，硬把彭德懷打成資產階級建軍路線的代表人。林彪在這幾次鬥爭中東山再起，當然知道如何投毛所好，並以同樣手法對付異己。毛澤東清除大異己，林彪乘機清除小異己，也透過「群眾」批鬥來達到個人目的。1965年對羅瑞卿的整肅，就進行方式來說，實不過是過去幾次建軍路

38　張宗遜，《張宗遜回憶錄》，頁452-54。

線鬥爭的重演而已。對勢力日益坐大的林彪，毛澤東也不是全無疑
慮，所以後來發動文化大革命前夕，又在賀龍和聶榮臻之外，把活著
的其餘老帥全部擢升為軍委副主席，並由林彪一向看不起的葉劍英出
任軍委秘書長，以便暗中有所制衡[39]。

　　林彪雖然可以穩住軍心，但是毛澤東要批判不合己意的思想，仍
然需要其他的人幫忙。在這一項工作上，毛澤東不但選擇了夫人江
青，也嚴重依仗秘書陳伯達以及康生的協助。江青是毛澤東的第三位
正式夫人，但在中共政治中素無地位。1930年代後期，她和毛澤東結
婚之前，中共中央政治局曾有決議，不讓她以任何方式干預政治。因
此，江青在中共的黨組織中，始終沒有重要名位。在1951年的武訓事
件中，她曾經參與實地調查。當時主持中共文宣部門的黨官，多半出
身1930年代上海的左翼文壇和戲劇界，對其拍電影的歷史相當熟悉，
因而對她視若無物，沒有人願意傾聽她的意見。

　　1962年以後，毛澤東有意整頓文宣機構，江青於是就發揮了「流
動哨兵」的功能，為毛澤東提供情報和組織批判。她全面否定中共建
國以來的文宣路線，首先插手戲劇界，批判新編崑曲《李慧娘》是
「鬼戲」，宣傳迷信，借古諷今[40]。隨後又不斷透過名不見經傳的人
物，針對京劇改良戲、電影和小說創作，以至於學西洋油畫的作品，
展開一波緊接一波的批判，罪名無非仍是借古諷今和崇洋媚外，或是
調和階級鬥爭，宣傳超階級人性主義，或是反對社會主義的藝術，提
倡封建主義和資本主義的藝術。毛澤東口頭上反對「五子——套框子、

39　關於林彪對葉劍英的評價，見 Frederick Teiwes and Warren Sun, *The Tragedy
　　of Lin Biao*, p. 16。文革爆發後，毛澤東也不是完全信賴林彪，他當時特別
　　規定：調動軍隊，即便只有一個排，也要他親自簽字。見李雪峰，〈鮮為
　　人知的「文革」發動內情〉，收入蕭克、李銳、龔育之，《我親歷過的政
　　治運動》，頁315。

40　劇本故事內容如下：李慧娘乃南宋權臣賈似道的小妾，因同情「愛國」太學生
　　裴禹對賈似道的批評，被賈似道殺害，死後變成厲鬼，繼續和賈似道對抗。

抓辮子、挖根子、戴帽子、打棍子——登科」的批判方式和無限上綱。
很奇怪的是,這些批判文章所用的工具全脫不出上面所說登科五子的
範圍。不論如何解釋,在江青的煽動和操縱之下,文藝界一時之間似
乎變得到處都是毒花毒草,至少有50多部電影、60幾部小說被打進黑
名單,接受嚴厲批判[41]。

　　江青對戲劇熟悉,對文化界的其他方面就說不上有特別知識了,
毛澤東在意識形態的問題方面主要依賴身邊文人陳伯達和康生。康生
是撮合毛澤東和江青婚姻的大媒人,但更重要的他是毛澤東推動延安
整風審幹最得力的助手。當時有「東海聖人」美名[42]。1959年廬山會
議以後,毛澤東把他從退休狀態中請出來,在中共中央以政治局候補
委員身分兼管中央黨校工作[43]。1960年代初期,他不但進一步參加中
央書記處,而且在鄧小平領導下主持毛澤東對蘇聯修正主義的思想鬥
爭,成為毛澤東最倚重的馬列主義理論專家。不過,康生最重要的政
治資產應該是,他從1930年以來長期負責中共的組織和情報工作,並
在延安實際主持全黨的整風審幹運動。康生不但手下擁有現成的人事班
底,而且記憶力驚人,腦袋中裝滿了各種檢舉和揭發資料,審查幹部時
也最會在不疑之處找到可疑之點。毛澤東正需要他這位專家故伎重
施;也難怪在他重新主導組織工作後,又不斷有新的冤案發生。

　　1962年首先便爆發了前中共中央西北局高幹反黨集團案。在這一
年夏末秋初,中共西北紅軍創始人劉志丹的弟媳李建彤,寫了一本關
於劉志丹的小說,歌頌劉志丹之餘,當然不免把高崗當作歷史人物來

41　戴知賢,《山雨欲來風滿樓》,頁79-120。

42　「東海聖人」這個稱呼是毛澤東秘書田家英取的,除了說明他對康生的景
　　仰之高以外,並無任何諷刺的意思。李銳對這個稱呼的解釋是,田家英當
　　時尚未「識破其陰險奸詐」,可能也和田家英在延安整風搶救運動中「處
　　於安全狀態」有關。見李銳,《廬山會議實錄》,頁23。

43　戴知賢,《山雨欲來風滿樓》,頁70。

康生和陳伯達。延安時期以來，康生(上)和陳伯達(右)就是毛澤東搞運動的開路先鋒，無論是1940年代初期的整風審幹，還是1940年代晚期的土地革命，無論是1958年的大躍進，或是1966年的文化大革命，他們都希意承旨，為毛澤東掀起轟轟烈烈的群眾運動。

描寫，也當然不免為高崗說了一些好話。對此，在陝北已和高崗勢不兩立的雲南省委書記閻紅彥，甚為不滿，要求審查小說，並請託康生幫忙。當時毛澤東正為彭德懷意圖平反一事感到十分憤怒，康生迎合毛的心理，指責這本劉志丹傳是利用小說反黨，有為高崗翻案的嫌疑。結果，康生奉命成立了專案小組，審查有關人員，最後竟然株連了所有曾經支持、鼓勵和審閱這一部小說的人物，人數多達萬人，康生也透過此案清算了彭德懷的副手習仲勛，以及大躍進中反對毛澤東煉鋼主張的賈拓夫[44]。

　　另一個例子是與劉少奇關係密切的中央黨校校長楊獻珍。楊獻珍哲學上提出了合二為一的主張，意圖抨擊當時幹部思想方法中過分強調鬥爭的片面性。康生在知道毛澤東對此說法的不滿以後，不但在全國各文教宣傳機構展開思想批判，更聯繫楊獻珍本人的過去歷史，把楊獻珍打成為一貫錯誤的「偽君子、野心家和陰謀家」，有意與彭德懷呼應唱和，以致坐過七年國民黨牢的楊獻珍必須再坐八年共產黨牢。為了清除楊獻珍在中央黨校的勢力，康生另外株連了150餘人[45]。以上這兩件案子說明，康生不僅是理論上能為毛澤東依重的大秀才，而他腦袋中裝的人事資料，更是毛澤東進行思想批鬥的最佳憑藉。康生在中共特務系統中有深廣的人脈，毛澤東可以透過他來觀察和控制政局。後來在文化大革命中擔任中央辦公廳主任、兼中央警衛團政委的汪東興，任北京市委書記的吳德，任中央組織部長的郭玉峰，都與康生有深厚的淵源。

　　康生之外，長期任毛澤東政治秘書的陳伯達也因為了解毛澤東意旨，並因為對政治理論有相當的修養，從而擔任了非常重要的角色。1958年毛澤東要他創辦理論性刊物《紅旗》為大躍進提供思想指導。

44　戴知賢，《山雨欲來風滿樓》，頁75-79。
45　同上，頁121-40。

這一個雜誌當時網羅了中共所有的重要筆桿,陳伯達也乘機和中共文宣部門的理論人才建立進一步的交誼。1963年當毛澤東要為大批判開路時,陳伯達在《紅旗》中的地位便更重要了。他以這個雜誌為基地,大聲呼應江青和康生的主張,在馬列理論和中國歷史方面進行嚴厲批判。

《紅旗》雜誌只是北京黨中央文教宣傳機構的一個部門。由於《紅旗》以外的中央文教宣傳機構不能積極配合,毛澤東遂在北京以外地區直接找地方黨委書記響應。當時最能配合江青工作的是中共華東局書記柯慶施。他說過兩句令人難以忘懷的怪話:「相信毛主席要相信到迷信的程度,服從毛主席要服從到盲從的程度」。在大躍進中,他這個從青年時代就雅好文藝,文藝卻一無所成的地方黨委書記,便極力迎合毛澤東的主張,貶低專業作家,扶植工農作家,大力提倡全民寫詩的主張。1962年,毛澤東認為社會經濟基礎(economic substructure)已因為大躍進政策而改變了面貌,中國已經向社會主義過渡,作為上層建築的文藝卻未隨之而變,以致文藝界仍然是「死人統治活人」,帝王將相、才子佳人和洋人古人當道。柯慶施希意承旨,極力強調突出階級鬥爭,號召文藝作家大寫中共建國以後的十三年,大寫「新中國」的新人物。到1963年1月,柯慶施更號召拋棄舊戲目,上演新戲目,徹底改造戲劇界。有了柯慶施的呼應,毛澤東在不久之後便公開指責文化部為「帝王將相部」和「才子佳人部」,柯慶施更立即把張春橋和姚文元介紹給江青,以便順利展開對國務院文化部的批判。張、姚這些人都是文藝創作無成的失意文人,由他們擔任毛澤東批評文藝界的開路先鋒,當然特別賣力演出,尤其不避狠忍尖刻、無限上綱。

1964年6月,毛澤東公開批評中共建國以後的各種文藝刊物,說它們基本上並未執行中共中央的政策。隨後,北京召開京劇現代戲觀摩演出大會,江青和文化部官員發生嚴厲衝突。毛澤東要求在文化圈中

展開內部整風，大批判電影、戲劇和小說。就在這一年 7 月，中共中央書記處成立了以彭真為首的文化革命五人小組，由之進行文化革命，專門處理意識形態範圍內的種種問題。最先，彭真窺伺毛澤東的上意，也讓軍隊政工人員接管政府的文化部。可是當毛澤東想要批判吳晗的新編歷史劇《海瑞罷官》時，他便跟不上形勢了。吳晗是彭真親信，毛澤東特派江青到上海去找姚文元為文批判，並於1965年11月在上海《文匯報》發表全文。彭真不了解毛澤東在幕後的角色，不准北京的報紙刊登該文。後來周恩來傳達毛澤東的指示，彭立即同意刊登，卻仍然聽取了北京黨組的意見，要把姚的文章定位在學術辯論方面。這引起毛澤東的震怒，認為是抗拒指示，應予以迎頭痛擊。林彪則揣摩毛澤東的意思，在1966年 2 月委託江青召開部隊文藝座談會，並任命她為軍隊的文化顧問，可以名正言順地過問軍中有關文化的大小諸事，兩人成立攻守聯盟。

透過江青、康生和陳伯達，毛澤東展開了對上層建築，尤其是電影、戲劇和小說的批判。哲學界除了楊獻珍以外，被點名批判的還有北大副校長馮定，他的哲學被批判是庸人哲學，背離革命立場，宣傳修正主義。比較早被點名批判的是中國科學院經濟研究所所長孫冶方，說他提倡價值規律、利潤獎金、經濟效益和企業自主權，是利潤掛帥，鼓吹資本主義。北大教授翦伯贊被點名批判較晚，說他反對農民戰爭，反對以論代史，反對歷史為政治服務，妄想資本主義復辟。這些被批判的知識分子，基本上都是中共文宣教育機構中的所謂學術權威。儘管文宣教育機構在了解毛澤東的意思之後，也都為文呼應，並發動學術圍剿，但總因為是自己人，看起來聲勢洶洶，其實都有走過場的意思[46]。毛澤東看清楚這一點，越來越不滿，後來終於在林

46　Roderick MacFarquhar, and John Fairbank, *The Cambridge History of China*, vol. 14, pp. 463-76.

彪、江青和康生的協助之下，公開發動了對整個文宣機構的批判，甚至擴大到中共中央，這就是文化大革命的一個起源。

※　　　　　　　　　　※　　　　　　　　　　※

　　大躍進之後，毛澤東表面上退居二線，並不表示他從此不過問政治。他的目的是節省精力，以便鞏固他的思想領導，全心全力守住社會主義優越性這個關鍵點。毛澤東一方面在國外和蘇聯互爭馬列主義的正確解釋權，另一方面在國內展開社會主義教育運動，加強對全國人民的馬列主義教育。不過在這兩方面都談不上成就。蘇聯在社會主義國家陣營中依然擁有其領導地位，而四清、五反和大批判的社會主義教育運動越進行，問題卻似乎越來越多，連中共中央也不像以前那般指揮裕如了。

　　1962年開始的社會主義教育運動是全民的。實際進行時，四清主要針對農村基層幹部，五反則主要針對城市機關幹部，而所謂大批判則是針對知識分子，特別是已經為中共文宣教育機構所吸收的高級知識分子。在劉少奇和鄧小平的主持之下，城市五反流於形式，成為走過場，農村四清倒是轟轟烈烈，甚至在農村基層幹部的心中形成紅色恐怖。在「大批判開路」方面，儘管文宣黨官緊緊追隨毛澤東指示，畢竟因為所批判的對象也是黨文宣機構中的幹部，因此很難滿足毛澤東的期望。毛澤東反而越來越覺得，問題就出在黨上層組織，特別是主持中央宣傳文教的高幹及其直屬上級。毛澤東認為他們不但藉四清誇大了基層問題，而且實際上是轉移視線，為自己的路線錯誤百般掩飾。相形之下，倒是林彪在軍隊方面的表現「優異」，在突出毛澤東思想方面，尤其深得毛澤東的歡心。毛澤東於是決定在林彪的全力支持之下，針對黨的上層權力機構發動一場開門整風，也就是發動文化大革命。

第九章

人類歷史發展的巔峰？

　　文化大革命（簡稱文革）是無產階級文化大革命的簡稱。在毛澤東看來，它是一場思想革命，要用社會主義的文化、思想、風俗、習慣，全面取代早已落伍的封建主義和資本主義舊文化、舊思想、舊風俗、舊習慣。一言以蔽之，它就是破四舊，立四新。對毛澤東而言，一個社會的下層結構（即他所謂經濟基礎）改變之後，上層建築也隨之而變。所謂下層結構指的是經濟形態和階級制度，而上層建築則指文化、思想、法律、教育等等。經過中共革命，中國大陸的下層結構已經徹底改變，根據馬克思主義的理論，上層建築理應跟著發生技術革命和文化革命，可是大躍進的經驗顯示，事實並非如此。毛澤東深所盼望的技術革命和文化革命不僅沒發生，反而爆發了中國有史以來最大的人為饑荒。

　　三年大饑荒過去以後，毛澤東以社會主義教育運動的方式，繼續其「文化革命」的構想，企圖據以清除黨內「官僚主義」、「教條主義」、「主觀主義」、「宗派主義」等一大堆在他看來不應屬於社會主義範疇的東西。可是四清和五反若不是走過場，就變成以基層幹部為替罪羔羊，黨文教機構的大批判運動更是流於形式。毛澤東開始感覺整個黨組織已經變質，已經出現「資產階級的反動學術權威」和「走資本主義道路的當權派」兩類人，而這兩類人的所作所為是「打著紅旗反紅旗」，表面上仍然信奉馬列主義，實際則是「修正主義」，正在試圖讓「資本主義」復辟。因此他要號召所謂「人民群眾」，將他們一一揪出來，予以改造或加以清除。

　　毛澤東所謂的「修正主義」和「資本主義」，除了某些基本觀念外，其實很難弄得清楚，尤其要落實到個人層次，指出誰是「資產階級的反動學術權威」和「走資本主義道路的當權派」，更是見仁見智，難上加難。毛澤東對這個問題或許有他自己的答案，知道誰應該批鬥，可是他從來沒有公開點名，他只是抽象號召說，這兩類人散布在中共黨國體制的各學校機關單位當中，人民群眾必須透過大鳴、大

放、大字報、大辯論等四大自由予以揭發和批判。根據毛澤東的說辭，人民群眾行使四大自由時當然要講道理，要發揮理性，更要與人為善，准許別人改過自新；被揭發和批評的對象則聽到了以後，也要據以反省檢討，「有則改之，無則加勉」。換句話說，各級幹部應該接受四大自由的考驗，「一個不殺、大部不捉」，他們只要在遭受批評後願意坦白檢討，也願意徹底改正「壞」作風和「壞」習慣，便能重新得到群眾的信任，當然執迷不悟者要揪出來清除乾淨。文革就是這樣一場以黨的中上層幹部的改造為目標的開門整風。

可是從歷史經驗的回顧中，毛澤東應該很清楚，這樣具有理性的思想改造運動從來沒有發生過。1940年代延安的整風運動，一旦採用思想改造和群眾運動相結合的辦法，即便是在黨內，也曾造成動員起來的黨員胡亂揭發、胡亂改造、胡亂搶救的情形，政治迫害極其嚴重。只是，當時有黨的組織在暗中嚴密監控，所以在情形沒有惡化到不可收拾之前，中共便能透過細緻的甄別平反工作，來收穫第一階段的成果，搞清每一個黨員和幹部的思想狀況，同時則避免過左、過火現象愈演愈烈，導致各種組織的全面癱瘓。

中共歷史上的三次開門整風也顯示類似的發展：普通群眾或黨外人士一旦接受邀請，幫助整風，就一定在言行方面出現意想不到的過左、過火行為。1940年代末期，中共動員貧苦農民幫助農村基層幹部整風。大門一開，差不多所有農村基層幹部都遭受鬥爭，原來因為他們在貧苦農民看來，早已蛻化成為不折不扣的新統治階級了。隨後黨副主席劉少奇，為了控制農村中到處可見的亂罵、亂打、亂殺等自發性報復，不得不大量派工作組到農村幫助整風，並要求准許基層幹部改過自新。1957年中共邀請知識分子幫助整風，原先噤若寒蟬的知識分子，感於盛情難卻，剎那間砲聲隆隆，雖然言行比農民打殺幹部要文明得多，但用語之尖銳，意見之具顛覆作用，也「迫使」中共中央「食言而肥」，不得不暫停整風，反過來以反右運動來痛擊受邀發言

的「客人」。第三次開門整風是1960年代初期，中共沿用內戰時期開門整風的模式，雖然上級工作組煽風點火是主要原因，但是農村老百姓一旦被授予批評基層幹部的自由，他們也相當興奮地把大部分基層幹部打成了四不清幹部。這些開門整風的經驗顯示，若沒有黨組織從中駕馭，出現「過左、過火行為」的野蠻程度著實令人難以想像。中共常以「虛無主義」和「無政府主義」來形容這些行為，其實這些行為和清末民初流行的虛無主義和無政府主義毫無關係，它們既沒有虛無主義的個人主義哲學基礎，也沒有無政府主義者的反暴力哲學和超階級的人道主義關懷。

響應文革的紅衛兵和造反派，絕大多數都是喝共產主義奶水長大的。他們生活在對毛澤東的個人崇拜當中，具有相當濃厚的理想主義性格。毛澤東對他們有很大的期許，他們不像1957年大鳴大放運動中的知識分子，所受到的舊社會汙染不深，比起農村的貧下中農來，又有文化水準，所以希望他們在被動員起來以後，由於大方向正確，「自己教育自己」，「自己解放自己」，因而可以在所謂革命行動中把自己鍛鍊成為革命的接班人。

這只是美好的期望，紅衛兵和造反派實踐起來，很容易便忘記了文革訓練接班人的初衷，反而因為毛澤東採取群眾動員的方法，建立對立面，強調「敢字當頭」，強調「不要怕出亂子」[1]，所以像所有其它群眾運動一樣，「寧左毋右」之風大行，而在造反和批鬥過程中表露出來的革命暴力，更不免趨於極端。尤其因為文革要徹底剷除的「舊文化、舊思想、舊風俗、舊習慣」，並無明確定義，容許各種各樣的解釋。而所謂修正主義和官僚主義也無確切界說，容許挾帶個人或公或私、或好或壞的願望，因此文革像黃河一樣，挾泥沙以俱下。

1　1966年8月8日中共八屆十一中全會通過的《關於無產階級文化大革命的決定》（簡稱十六條）。見中共中央文獻研究室，《周恩來年譜，1949-1976》，下，頁47。

從這個角度來看文革，除了了解其政治理想以外，還必須了解它所帶來的社會矛盾激化以及各種政治資源的重新分配，否則，看問題終嫌隔靴搔癢，在其外圍打轉。

對毛澤東及其崇拜者而言，文革是他一生最偉大的事業。其重要性僅有推翻國民黨政權可以相比擬。文革爆發後，毛澤東思想在中國大陸被譽為「帝國主義走向全面崩潰，社會主義走向全世界勝利的馬克思列寧主義」。紅色的《毛主席語錄》人手一冊，成為世界有史以來發行量最大的一本書籍。毛澤東的接班人林彪曾說，書中「句句是真理，一句超過我們一萬句」[2]。當時，《毛主席語錄》也在世界其他各地的青年知識分子圈中風行一時。除了古巴、北韓、北越和東歐社會主義國家以外，幾乎全世界都有不少大學生奉之為革命指南，不僅落後的第三世界國家如此，連先進的歐美資本主義國家也一樣。他們把對自己國家的不滿投射到中國，同時也根據理想化的中國，反過來批評他們在本國所感受到的「官僚主義」和「資本主義」。

十年文革末期，毛澤東駕崩，屍骨未寒，中國大陸便發生了宮廷政變。他一手提拔的華國鋒居然下令逮捕其遺孀江青，以及她的同黨張春橋、姚文元和王洪文諸人。消息傳出，全國各地都是走上街頭的群眾，敲鑼打鼓，額手稱慶。國外更有政治觀察家進而指出，江青等人的所謂「四人幫」問題，其實就是毛澤東本人的問題。毛澤東根據黨一元化領導的大權獨攬，翻雲覆雨，愚弄百姓，透過「四人幫」，製造人類有史以來最大規模的個人崇拜，終於造出連秦始皇也相形遜色的暴政。隨著中國大陸對文革看法的迅速轉變，文革期間出現的世界革命熱潮，也迅速消退，毛澤東不再是革命理想的具體象徵，反而被越來越多的知識分子視同為紅色暴君史達林，甚至把他比擬為下令屠殺600萬人的納粹獨裁者希特勒。

---

2 席宣、金春明，《文化大革命簡史》，頁95-96。

　　對文革的評價，為什麼前後有如此鉅大差異？其真相如何？追根究柢，還是要問：什麼是文革？為什麼毛澤東要號召此一革命？它的實際歷程如何？為什麼有那麼多人熱烈響應？又為什麼在其崇高的政治號召之下，會發生那麼多的政治迫害？它對經濟的真正影響如何？

第一節　文化大革命

　　文化大革命在反修反帝的口號中展開。它基本上卻是社會主義教育運動的延伸，只是在矛頭和方向上有很大的不同。在此之前，農村有四清，城市有五反，主要的鬥爭矛頭對準農村的四不清幹部，相形之下，城市不是重點，所以比較平靜。文革爆發後，鬥爭的矛頭對準大中城市黨政文教的高級幹部，而且把對象升高到中共中央，包括中共國家主席劉少奇在內。文革前有黨組織派的工作組控制四清的方向，文革後則由毛澤東直接發動學生、工農和基層黨員和幹部，由他們去考驗其他幹部。用毛澤東自己的話說，做一個「反修防修的大演習」，「要把所有幹部都放到火裡燒一燒」[3]。理論上，幹部經過群眾批評的鍛鍊以後，便能鳳凰涅槃，浴火重生，實際上與搶救運動及開門整黨一樣，儘管毛澤東再三堅持「一個不殺、大部不抓」的政策，仍有成千上萬人受到各種程度的燒傷，傷重死亡的人遍地皆是。

　　文革以群眾運動的形式展開，因此一如所有群眾運動，整個過程的焦點就是鬥爭。由於鬥爭是發洩情緒的場合，而非毛澤東所說「擺事實，講道理」的地方，結果當然是暴力充斥。文革主要群眾是年輕大中小學生，也有青年工人和機關單位的下層職員。他們響應毛澤東的號召，對毛的個人崇拜，固然是重要原因，但同樣重要的是，毛的號召恰好擊中了他們的心坎，而各種潛在的個人和社會矛盾，在「造反有理」的合法性掩護下，得到大爆炸的機會。這些矛盾，非常複雜，有私人恩怨，有「土客」衝突，也有所謂群眾和中共黨國體制成員之間的矛盾。響應毛澤東號召的人，因為文化水平和知識水準，原本就不具備參預國家大政的資格，也很容易受煽動而誤下判斷，進而

3　王力，《現場歷史：文化大革命紀事》，頁32-33。

錯鬥無辜。不過,客觀存在的種種社會矛盾畢竟不容否認和忽視。多數情形下,這些矛盾是上層政治人物用以動員基層群眾的槓桿,但是反過來說,基層群眾利用上層政治人物的指示來達到各自的目的,也是不容否認的事實;其實,雙方經常都是各有所需,各取所用。在各種矛盾中,最值得注意的是社會成員流動管道的窄化。在中共「黨國一體」領導下,人民的教育程度曾相對改善,政治期望水漲船高,可是社會上升的管道越來越窄。這種結構性問題導致的挫折,不僅為群眾動員提供基本條件,而且讓動員起來的群眾表現狂熱。

一、發動文化大革命

文革從什麼時候開始?常見的有兩種說法,一種說是1965年11月,另一種則說是1966年5月。1965年11月,毛澤東秘密透過姚文元,在上海《文匯報》發表一篇措辭尖銳的文章,批評新編劇《海瑞罷官》。這篇文章所以能在上海出版,是因為上海市委書記柯慶施堅決擁護毛澤東。在全國其他各大城市,則因為文化革命五人小組成員的北京市委書記彭真和中共中央宣傳部長陸定一聯手杯葛,根本無法發表。《海瑞罷官》的作者是北京市副市長吳晗。彭真和陸定一兩人一方面是因為先入為主,認定吳晗寫的不是影射史學,毫無為彭德懷喊冤的政治動機;另一方面,也因為吳晗是其下屬,讓姚文元的文章公開發表,無異承認自己對下屬監督不週。況且彭、陸根本不知道毛澤東已經把姚的文章仔細看過三遍,還以為單純是個人見解。不過,當周恩來傳達了毛澤東意旨之後,兩人終於了解到問題的嚴重性,便不敢繼續壓制了[4]。這以後姚文元的文章雖然開始在北京的各重要報刊上

4　《海瑞罷官》一戲是1959年夏廬山會議前,毛澤東大秘書胡喬木建議吳晗寫的。原來的用意是貫徹毛澤東的指示,宣傳海瑞「捨得一身剮,敢把皇帝拉下馬」的精神。據說,當時毛澤東對《海瑞罷官》一戲的反應是贊美的。而此時的批判則顯然有其它政治考慮。關於《海瑞罷官》的緣起,見張化、蘇采青,《回首「文革」:中國十年「文革」分析與反思》,上,頁572。

出現，但他們兩人已經無法挽回毛澤東的信賴了。

　　就在姚的文章發表於上海的當天，楊尚昆喪失了他擔任十六年之久的中共中央辦公廳主任職務。表面上的理由是私裝竊聽器，其實，像尼克森的水門事件一樣，是竊聽器聽到了不應該聽到的毛澤東私人對話。不同的是，毛澤東選擇先發制人。毛所以先發制人，可能也是因為楊尚昆和實際領導他工作的劉少奇早已形成過分的親密關係。在楊尚昆垮台之後不到一個月，毛澤東為了部署文革，必須爭取元帥林彪死心塌地的擁護，於是又根據林彪的檢舉，解除羅瑞卿的軍委秘書長職務，並要他自我反省。彭真和陸定一兩人萬萬沒想到，半年不到，他們不但步上楊羅兩人的後塵，成為被整肅的對象，並且被打成彭羅陸楊反黨集團的成員，變成楊羅兩人的共犯。毛澤東質問彭、陸兩人所司何事？痛罵彭真是「大黨閥」，不分是非，包庇壞人，把北京市委辦成「針插不入，水潑不進」的「獨立王國」，而陸定一不遑多讓，也把中宣部辦成「閻王殿」，專門包庇自己人，壓制正確言論，不容許「小鬼」表示意見。這兩個人在歷史上和林彪水火不容，毛澤東用這樣惡毒的語言指責他們，豈不正中林彪下懷[5]？

　　彭羅陸楊反黨集團，是在1966年5月的一次政治局擴大會議中被定案的。在這一次擴大會議中，毛澤東也設法通過所謂「五一六通知」，宣告撤消以彭真和陸定一為首的文化革命五人小組，而另在政治局和書記處之上成立一個全新的中央文革小組，直接受政治局常委指揮，負責領導對「反動學術權威」和在文化領域「走資本主義道路的當權派」批鬥。兩個星期不到，全新的中共中央文革小組宣告成立，陳伯達任小組長，江青和張春橋任副小組長，康生任顧問，其他

5　1945年9月彭真是東北局書記，林彪和他無法合作，故於次年6月取而代之。陸定一和林彪所以交惡，主要是因為被捲入了兩個女人的戰爭；陸定一夫人嚴慰冰秘密檢舉林彪夫人葉群好幾次，葉群發現了以後，痛恨異常，林彪也是一樣，兩人都怪陸定一本人在幕後煽動。

小組成員有陶鑄、王力、關鋒、姚文元等人。三天之後，陳伯達率領
工作組進駐人民日報社奪權，隨即發表社論，號召人民「橫掃一切牛
鬼蛇神」，確保無產階級專政，並全力推行文革[6]。受到政治空氣變化
的鼓舞，北大哲學系老幹部、黨支部書記聶元梓等七人在5月25日貼出
批評校黨委書記的大字報。毛澤東在閱讀這一張大字報的底稿後，指
示陳伯達通過《人民日報》等宣傳機構出面支持聶元梓等人，稱讚他
們對學校黨委的抨擊。北大本來是五四學生運動的發源地，在得到陳
伯達的聲援後，所謂的群眾立即寫信或致電聲援，北京各學校、機關
和工礦單位的群眾更是大批湧入北大校園，向聶元梓本人致敬。校園
中到處都是大字報和擴音器，誓言不顧學校黨書記的鎮壓，一定要聽
毛主席的話，把文革進行到底。

在北大「造反派」的登高一呼下，北京各大中學校迅即出現大量
批評學校黨委的大字報，大膽的學生和教職員甚至開始揪鬥黨委書
記，學校陷入無人管理的狀態，不得不宣布停課。像任何群眾運動一
樣，群眾一旦認為造反有理，自然採取過火行為，更何況有人煽風點
火。面對這種混亂的局面，劉少奇的直接反應是恢復秩序。他像回到
1947年的土地革命一樣，匆匆組織了二十幾個工作組，於6月初派往北
大等高等院校的校園去恢復秩序。這些工作組，原先並不一定有編袒
學校黨委之意，但是強調控制，便不免會對「造反」的學生和教師有
壓制嫌疑。他們不允許學生四處串連，交換訊息，同時則開始調查學
生，培養自己的「群眾」，打壓和批鬥不聽話者，結果有一萬名「造
反」的學生被打為右派，數千名「造反」的教師被打為反革命[7]。激進

6　值得注意的是，陳伯達之所以率領工作組進駐人民日報社，是劉少奇、周
　　恩來和鄧小平等參加的碰頭會決定的。碰頭會同時也決定派剛轉任高教部
　　副部長的張承先率工作組到北京大學。毛澤東只就陳伯達案批示，表示同
　　意。中共中央文獻研究室，《周恩來年譜，1949-1976》，下，頁34。
7　葉永烈，《陳伯達》，頁280，284；Hong Yong Lee, *The Politics of the
　　Chinese Cultural Revolution: A Case Study*, pp. 37-38．

文化大革命。圖上為北京大學大膳廳張貼批判校長陸平和副校長彭珮雲的大字報。
圖下為聶元梓向北京大學等大學院校的學生，號召打倒走資派（走資本主義路線）的
宣傳情況。

的學生與教職員畢竟和貧苦農民不同,他們自認比工作組更懂得毛澤東思想的精義,於是他們避開工作組,私自在一些系裡鬥爭黨團幹部、教師和學生,甚至採取臉上抹黑、戴高帽子、罰跪,以及扭打的作法[8]。6、7月之間,北京其他二十幾所高等院校的「造反派」東施效顰,也私自揪鬥了他們所不滿的人士。不過,工作組有中共中央撐腰,校園在其強力打壓下,仍然順利地恢復了平靜。

對此一事態的發展,毛澤東極為不滿。他認為群眾運動尚在「放」的階段,豈可進行「收」的工作?劉少奇派工作組的作法實在與打壓「群眾」無異,於是在同年8月初,召開八屆十一中全會,逼令劉少奇在會上自我檢討。在全會仍在熱烈討論之際,毛澤東更突然發表了一張大字報,公開支持北大哲學系聶元梓造北大黨委和北京市委的反,此舉無異表示,他也贊成北大學生揪鬥牛鬼蛇神。經毛如此宣布,工作組完全喪失了「合法性」。校院中的「造反」團體,遂通過毛澤東所謂四大自由(大鳴、大放、大字報、大辯論)而為所欲為,甚而超過限制,以暴力對付曾經「鎮壓」過他們的工作組和學校黨委。在這一次全會中,林彪未經選舉就變成了黨副主席,原來的四位黨副主席則全變成新設的政治局常委,周恩來在十一名政治局常委中排名僅次於毛澤東和林彪。由於林彪不耐煩劇,不願管事,周恩來雖不再是黨副主席,實際上卻代替劉少奇主持中共中央的日常事務,他以從廣東北調的陶鑄為常務書記,指揮中共中央書記處工作。作為黨組織的實際最高負責人,他當然高舉文革的旗幟,重申毛澤東四大自由的主張,但在實際執行政策時,卻多少也像劉少奇一樣,把群眾鬥爭的矛頭指向共產黨以外,而不指向所謂黨內當權派[9]。

---

8 葉永烈,《陳伯達》,頁279-80。

9 印紅標,〈批判資產階級反動路線:造反運動的興起〉,《二十一世紀雙月刊》,1995年10月號,頁61-62;范碩,《葉劍英在1976》,頁17;中共中央文獻研究室,《周恩來年譜,1949-1976》,下,頁48-49、51。

破四舊。群眾運動中，抽象的號召化為具體行動時，經常匪夷所思。毛澤東號召破舊立新——破四舊（舊思想、舊風俗、舊文化、舊習慣）、立四新，但瘋狂的紅衛兵只會破壞歷史文物。圖上為北京紅衛兵遠征孔子的家鄉，砸毀孔廟內的塑像。圖左為被他們挖眼摳心、遊街示眾之前的清雍正朝製孔子像。

反帝反修。反帝是反以美國
為牛耳的帝國主義，反修是
反以蘇聯為霸主的修正主
義。紅衛兵反帝反修，只拿
不會反抗的人和物做出氣對
象。圖上為哈爾濱的紅衛兵
把俄國人興建的聖・尼古拉
教堂夷為廢墟。圖中為北京
紅衛兵把外國使館區的東交
民巷改名為反帝路。圖下為
北京紅衛兵批鬥瑪麗亞方濟
格修女會的加拿大籍修女。

　　受到這一切發展的鼓勵，北京的中學在1966年5月便開始出現了一個叫「紅衛兵」的秘密組織。這個組織，極可能是「五一六通知」發布以後的自發性產物。最初，以學校為單位，成員嚴格限於紅五類（工人、貧下中農、革命幹部、革命軍人和革命烈士）的學生，尤其是以高幹子弟為主。他們是狂熱的毛澤東思想信徒，並無一中心領袖。工作組進駐校園時，各中學正按照社會主義四清運動的模式「審查教職員隊伍」。第一代「紅衛兵」絕大多數都是支持工作組的，但其中少數人夥同出身不好的造反派，要求參與審查工作，因為曾受到壓制，所以對工作組心懷不滿。隨著毛澤東反對工作組態度的逐漸明朗化，這些持保留和反對態度的學生組織受到鼓勵，而益形活躍，並逐漸公開其活動。全國各地大中學的學生也開始仿效，成立他們自己的紅衛兵組織。8月1日，毛澤東發表一封公開信，熱烈支持紅衛兵。江青和林彪等激進派隨後又從中煽動，策畫全國各地的紅衛兵前來北京朝聖。他們在天安門廣場雲集，總人數高達1,100餘萬之多，毛澤東分八次先後接見。紅衛兵熱淚盈眶注視毛澤東，揮舞著《毛主席語錄》，接受毛澤東檢閱，毛澤東的個人崇拜被推到了巔峰。

　　這些紅衛兵年幼無知，以年輕人特有的熱誠，響應毛澤東造反的號召，批鬥學校負責人和有「問題」的老師，經常動手毆打鬥爭對象。僅北京西城區，便有七個中學校長被活活打死[10]。北京紅衛兵隨後又響應毛澤東掃除舊思想、舊文化、舊風俗、舊習慣的號召，走上街頭，或砸爛古老的招牌和神像，或焚毀舊書籍和文物，連孔廟的墓碑也遭到史無前例的破壞。尤其是對所謂「反動學術權威」和反革命分子，進行無休無止的鬥爭，或在他們頭上壓下高帽子，或在他們身上掛上木牌子，或薙陰陽頭，或拳打腳踢，甚至皮鞭抽打之後，再遊街示眾。他們雖然也鬥爭黨政幹部，但是一般說來，鬥爭的都是已經

10　王友琴，〈1966：學生打老師的革命〉，《二十一世紀雙月刊》，1995年8月號，頁37。

　　失勢的黨政幹部,而對現有的當權派則不聞不問。另一方面,「反對
美帝、反對蘇修」的口號,聲震天地。或驅逐外國修女,或包圍外國
使館,全國陷入一片反美反蘇的狂熱之中。

　　當時,北京的紅衛兵甚至組織糾察隊,在學校私辦勞改所,私設
刑堂,濫殺無辜。其中最有名的便是西城糾察隊,他們大多是高幹子
弟,透過個別成員的吹誚,予人印象。林彪已同意出任他們的總司
令,而周恩來也已同意出任參謀長。這些糾察隊不但傾全力打擊「出
身不好」和「造反奪權」者,也迅速把暴力帶上街頭。是年8月下旬到
9月下旬的40天內,北京紅衛兵公布的戰果是,33,695戶被抄家,
1,772人被打死[11]。第一代的紅衛兵組織,後來因為毛澤東的鬥爭矛
頭轉向黨內當權派,竟然要向他們的父母輩奪權,結果在同年12月遭
到中共中央壓制,甚而被迫解散[12]。取代他們地位的第二代紅衛兵,
成員極其複雜,有出身紅五類家庭,也有出身紅五類以外的家庭的。
後者中有不少人曾經被視為思想落後、有政治問題,甚至曾在文革初
期被打為「反黨、反革命、右派分子」,故當毛澤東透過此時已完全
為激進派把持的中央文革小組宣示有意平反,並號召打倒黨內當權派
時,他們熱烈響應,尤其嚴厲批判第一代紅衛兵所主張的血統純正
論。在了解毛澤東的真意以後,周恩來和林彪也對他們表示支持,或
至少不再公然褊袒高幹子弟組成的第一代紅衛兵組織了[13]。

　　在一般學校之外,各黨政軍學術機構內也到處有「激進派」。是

11　王友琴,〈1966:學生打老師的革命〉,《二十一世紀雙月刊》,1995年8
　　月號,頁37;王年一,〈文化大革命第一階段述評〉,《黨史研究資料》,
　　中國革命博物館黨史辦公室編,1985,頁752-53;穆欣,《辦光明日報十年
　　自述,1957-1967》,頁323-327。

12　嚴家其、高皋編著,《中國「文革」十年史》,頁83-85;Hong Yung Lee,
　　The Politics of the Chinese Cultural Revolution: A Case Study, p. 91.

13　印紅標,〈批判資產階級反動路線:造反運動的興起〉,《二十一世紀雙
　　月刊》,1995年10月號,頁63-64。

否允許這些單位實行「四大」自由，是中共內部的一大爭論。林彪主持中共軍委工作12年，了解毛澤東的意向以後，認為軍隊不能例外，其他老帥老將則堅決反對。但礙於毛澤東的指示，這些站在反對立場的老帥老將不得不退讓，最先仍堅持文革只能在軍隊的宣傳和文化部門進行，後來則放寬到包括23所軍事院校。8月底，周恩來宣布紅衛兵可以到各大中城市交換「革命」經驗，全國大、中學生開始串連[14]。這個時侯，容不容許軍事院校學生出外串連，成為軍隊內部的爭論重點。到11月終於發生了軍事院校學生衝擊國防部事件，學生藉口「徹底批判資產階級反動路線」，批評主管軍事教育的副總參謀長張宗遜。軍事單位如此，其他機關單位所受到的衝擊更大。到1967年1月，毛澤東號召奪權，不僅軍事院校響應號召，連軍事中樞也出現了造反組織，甚至抄了總政治部主任蕭華的家。由於在軍隊單位奪權所起的衝擊過大，毛澤東事後下令禁止。在這次所謂一月奪權的過程中，林彪出面保護了一些被鬥的高級將領，諸如黃永勝和吳法憲等。而這些高級將領本來便是他的部屬，感激涕零之餘，又受到林彪的特別提拔，於是很快在軍中形成了一個對林彪個人誓死效忠的小組織。

　　儘管毛澤東在動員紅衛兵和造反派時，一再強調「懲前毖後，治病救人」，不可以隨便侮辱人格，更不可隨便抓人、罵人或打人，要從團結出發，要擺事實，要講道理，「要保護少數」，要「允許申辯」，也要「團結百分之九十五以上」的幹部和群眾。但是除了保衛機關表面上還遵守「一個不殺、大部不捉」的指示以外，絕大多數的紅衛兵和造反派在「群眾鬥爭」中，都沒有遵守他說過的話。言者諄諄，聽者藐藐，這也許像某些中共人士所說的那樣，是中國百姓天生的虛無主義性格。但無論如何，這種情形是群眾運動發展規律所預示的。從中共放手發動群眾以來，所謂過火現象便沒有停止出現過。而

14　Hong Yung Lee, The Politics of the Chinese Cultural Revolution: A Case Study, p. 68.

過火現象本來就是激動群眾的一大力量，此時中共正刻意縱容和運用這種力量。經過毛澤東思想的訓練後，有那一個紅衛兵或造反派不知道「革命不是請客吃飯」，「不是溫良恭儉讓」？其實，毛澤東除「苦口婆心」之外，豈曾採取實際行動制止過火現象？他按照延安整風的模式，把抓人審查批鬥的權力下放到各單位，因此各單位都可以臨時設置扣押間或禁閉室，叫做「牛棚」，意思是收押「牛鬼蛇神」的處所。各單位都可以逮捕和拘禁有反革命嫌疑的人，將其交付專案小組管理。受逮捕者每天除例行審訊、調查和批鬥之外，還要學習《毛澤東選集》以及其他重要文件，學習之後，更必須寫思想匯報和交代。精神折磨不足，更繼之以體力虐待，或清掃廁所，或搬移重物。這樣的日子，也是像延安整風審幹一樣，無休無止。上海復旦大學教授楊寬便坐了兩年六個月的「牛棚」，總算勉強熬過考驗[15]。但受不了侮辱和折磨，憤而尋短見者卻成千上萬，難以數計。

從歷史觀點看，雖然學生群眾的「過火現象」，比土地革命時的農村群眾，有過之而無不及。但是毛澤東要發動學生群眾來達到政治目的，所以不但視若無睹，反而有意縱容。當時公安部部長謝富治便說：「群眾打死人，我不贊成，群眾對壞人恨之入骨，我們勸阻不住，就不要勉強」。其實這正是毛澤東的立場，也是歷次中共群眾運動最常聽見的說詞，只是這次打擊的對象不是地主，而是中共自己的高級幹部。被動員的群眾，並非視野有限、侷促一地的貧苦農民，而是充滿理想，到處串連的年輕學生。這些學生和群眾自以為最懂得毛澤東思想，自認是真理的化身。激進的紅衛兵和造反派豪氣干雲：「毛主席給我們撐腰，我們一定要為毛主席爭氣」[16]。他們背後可能有

---

15 楊寬，《歷史激流中的動盪和曲折——楊寬自傳》，頁284-87。關於「牛棚」經驗，季羨林的《牛棚雜憶》，是目前為止最值得閱讀的作品。

16 印紅標，〈批判資產階級反動路線：造反運動的興起〉，《二十一世紀雙月刊》，1995年10月號，頁65。

個別的「野心家」在煽動，但因為沒有「守紀律」的黨組織控制，所以自主活動的空間甚大。在這個自主活動的空間中，許多紅衛兵和造反派組織同時並立，彼此互爭正統，產生了嚴重的派系之爭。

　　早期，權貴子弟壟斷紅衛兵運動，雖然鬥爭一些學校之內的當權派，但主要精力卻是放在打擊「階級異己」上。1966年9月以後，中共中央決定把文革砲筒對準「黨內當權派」，隨即發出「踢開黨委鬧革命」的指示，要求取消「束縛群眾運動的框框」。在這一個階段，權貴子弟組成的紅衛兵當然不會受到中央文革小組的歡迎和支持，受到歡迎和支持的反而是早期受權貴子弟壓制的紅衛兵組織和造反派。在新政策的壓力下，周恩來也不得不改變立場，轉而支持這些紅衛兵組織和造反派。在中共中央的支持下，原來被壓制的一類人全力反擊以前壓制他們的一類人，奪取紅衛兵和其他造反組織的領導權，更全心全力鬥爭所謂「黨內當權派」。於是全國各地都發生矛頭指向黨委的鬥爭，由學校擴及至政府機關，再向黨務高級領導人發展。

　　受紅衛兵組織的影響，各黨政機關和工廠企業中也出現自己的造反組織，他們有時和激進派紅衛兵組織聯手，鬥爭當權派。由於毛澤東的有意導引，這一個鬥爭的矛頭迅速升級，很快的波及了許多黨政高級領導人。先是打擊「死老虎」，紅衛兵和造反派於1966年12月召開群眾大會，揪鬥已經垮台的「彭羅陸楊」反黨集團，公然侮辱他們。隨後又打「半死老虎」，在1967年1月中南海內部的造反派包圍劉少奇住宅，對他大肆批鬥以後，紅衛兵又假造劉少奇女兒出車禍的消息，誆騙劉氏夫婦到清華大學校園予以鬥爭。連身為國家主席和曾任黨副主席的劉少奇，要求尊重中共憲法所賦與的權利，都遭受進一步侮辱，等而下之者，所受待遇可想而知。這些高幹包括黨的政治局常委、書記處書記、國家副總理、軍隊老帥，政府部長、軍區司令和省委書記更比比皆是。狂熱的紅衛兵連腿已摔斷的羅瑞卿也不放過，把他放在籮筐裡，連拖帶抬的弄上鬥爭會場。羅瑞卿殘廢的腳露在筐

外，所過之處，血跡斑斑。被鬥時，羅的脖子上掛著沉重的木牌，後面還有兩個紅衛兵按著他的身體，批鬥無休無止[17]。然而，羅瑞卿所受的待遇還算不錯的，煤炭部長張霖之則是當場被皮帶抽打得死去活來，在經過四十幾天的批鬥之後，回到「囚牢」不久即斷氣身亡。

這是公開的政治鬥爭，另外還有看不見的政治迫害，即所謂的專案小組。中共針對群眾檢舉和揭發的各類國家幹部，成立不同的專案小組進行審查。這種作法可以上溯至延安時期。當時中共中央成立了由劉少奇和康生負責的「反奸」和「審幹」委員會，專門審查被檢舉和揭發的中央級黨員幹部。中共建國後沿襲故伎，曾為彭德懷和習仲勛兩案分別成立專案小組。文革前夕，劉少奇還成立專案委員會，分別就彭真、羅瑞卿、陸定一、楊尚昆和毛澤東秘書田家英「立案審查」。文革爆發後，隨著鬥爭矛頭指向黨內的「走資派」，專案委員會更名為「中央專案小組」，而且逐漸制度化，變成半永久性的機構。最初兩年，小組成員有康生、陳伯達、謝富治、楊成武、江青、葉群、汪東興、關鋒、戚本禹等九人，由康生領導。林彪不管具體運作，只透過其夫人葉群偶爾表達意見；周恩來負責指揮這個小組，直接向毛澤東負責[18]。中央專案小組下轄黨、政、軍三個辦公室，分別由中央辦公廳主任汪東興、公安部長謝富治和代總參謀長楊成武兼任主任。

17　據高建國，《顧准全傳》，頁452，1959年彭德懷被鬥時，有一位領章上級有四顆金星的大將，在群情激動中，衝到彭德懷面前，當眾給他一個「火辣辣」的耳光，行為與土地革命時鬥地主的農民沒有兩樣。這個大將很可能就是羅瑞卿。

18　中央專案組的工作人員主要是中共中央調查部幹部。中央調查部的先後負責人李克農、孔原和羅青長都和周恩來有密切的關係。中央調查部的前身是中共中央社會部，首任部長就是康生，1930年代他在周恩來領導之下成立中共最初的特務組織，見淡泊，〈中共的情治及外事研究機構〉，《爭鳴》，1996年6月號，頁28；史言，〈有關中共情治機構的補充〉，《爭鳴》，1996年7月號，頁28-27。

鬥爭前後的形象判若雲泥──例一：王光美。王光美是天津大資本家的千金，北平輔仁大學畢業。嫁給中共國家領導人劉少奇，曾於1963年4、5月，以國家主席夫人身分，陪同劉少奇前往印尼訪問（上圖）。隨後她到「桃園」蹲點，把大批農村基層幹部打為「四不清」幹部。文化大革命爆發後，紅衛兵於1967年3月誘騙她到清華大學接受批鬥，並逼她帶上乒乓球做的假項鍊，打扮成她當年出國訪問的模樣（左圖）。

鬥爭前後的形象判若雲泥——例二：羅瑞卿。羅瑞卿外號羅長子，長期擔任中共的政治保衛工作，主持中共建國以來屢次的肅清反革命運動，是1955年中共頒授軍銜時的「十大將」之一（左圖）。1965年在總參謀長任內，被毛澤東打為反黨分子。他在文化大革命中跳樓自殺，跌斷雙腿，但是造反派並不放過他，仍然用籮筐挑著他到鬥爭台上去接受批鬥（下圖）。

文化大革命中的殘酷批鬥。張霖之是煤炭工業部部長，任仲夷是黑龍江省委書記兼哈爾濱市委第一書記。兩人都受到紅衛兵和造反派的毆打和折磨（圖左為張霖之，圖下為任仲夷），任仲夷熬過考驗，活了下來，在1972年官復原職。張霖之忍受不了，很快就去見馬克思了。毛澤東說，文化大革命的批鬥應以「懲前毖後、治病救人」為原則，但批鬥的時候沒有一個紅衛兵和造反派會記得毛澤東的話。

　　理論上，中央專案小組名義上從不逮捕人犯，實際則以「監護起來」和「請假反省」為藉口，把紅衛兵和造反派所檢舉和揭發的幹部扣押起來，然後根據毛澤東的批示，成立專案組審查「案犯」的全部

歷史。他們不僅可以派人到全國各地調查案情，還能夠動員年輕學生幫忙；不僅可以無限期扣押案犯，還可用與案情有關的藉口，扣押一般人民[19]。就在1966年12月中旬劉少奇公開被鬥之前，中央專案小組便在毛的指示下，成立秘密的劉少奇專案組，專門審查他是「叛徒、內奸、工賊」的指控[20]。另外還成立中央清理敵偽檔案小組，根據接收的國民政府和敵偽政府檔案，發掘、調查和處理有勾結敵偽嫌疑的幹部。這類專案組隨著紅衛兵奪權的開展，越來越多。到1967年5月為止，總數達37個，而被立案審查者也有1,262人之多[21]。專案組的實際主持人是中央專案小組的成員，有時是康生，有時是江青，有時是謝富治，但不論是誰具體負責，周恩來都像延安時期的劉少奇一樣，掌控所有審查的細節。

至於專案組的「案犯」則被單獨監禁、不准與任何外人接觸，而且無休止地被迫寫自傳、交代過去和自我檢查。「案犯」之一的前西北局第一書記劉瀾濤回憶：專案組員為了要他認罪，白天不斷毆打，晚上不讓睡覺；姆指出現凍傷脫落的情況後，猶不叫停；即便肚子疼、腎臟盲腸發炎和小便尿不出來，甚至吐血，也不准醫生治療；最後病況惡化到非動手術不可的時候，仍不准醫生使用麻醉劑[22]。劉瀾

19　Michael Schoenhals, "The Central Case Examination Group, 1966-1979", *The China Quarterly*, 1996, 145：87-111. 關於文革專案組審查鄧小平的經過，見宋詞，〈與狼共舞的日子〉，《開放》，1994年9月號，頁36-37。

20　趙生暉，《中國共產黨組織史綱要》，頁373-74。關於劉少奇專案組成立的過程及其運作實情，參閱中共中央文獻研究室、中央檔案館、《黨的文獻》編輯部，《中共黨史重大事件述實》，頁261-74。

21　趙生暉，《中國共產黨組織史綱要》，頁373。

22　Michael Schoenhals, "The Central Case Examination Group, 1966-1979", *The China Quarterly*, 1996, 145：98. 劉瀾濤從1960年以後擔任中共西北局第一書記，曾於1964年以反劉少奇罪名批鬥陝西省委書記胡耀邦，並殃及四十餘名無辜者。劉氏此舉當時曾得到毛澤東、劉少奇和彭真同意。詳見林牧，〈胡耀邦陝西百日維新〉，《開放》，1997年9月號，頁38-54。

叛徒、內奸、工賊劉少奇的罪証

一九二五、一九二七、一九二九年叛卖活动的主要罪证

刘少奇一九二七年在武汉、庐山
等地叛卖革命的罪证

一九二七年三月，正是第一次国内革命战争

刘少奇一九二五年在长沙
被捕叛变的罪证

刘少奇一九二九年
在东北叛卖革命的罪证

一九二五年"五·卅"运动后，阶级斗争反革命大搏斗的紧要关头。伟大领袖毛主席……《农民运动考察报告》，发出建立农民武装十一……

一九二九年七月十四日，刘少奇（当时化名赵之启）到奉天（今沈阳）任满洲（即东北三省）省委书记。八月……在奉天纱厂披大车间找张学良逮捕。

……

中央专案审查小组

一九六八年十月十八日

中央專案審查組的結論。 文化大革命爆發以後，毛澤東把中共國家主席劉少奇打為第一號走資派，特別成立中央專案審查小組，審查他的個人歷史，竟然斷定劉少奇是「叛徒、內奸、工賊」（圖上）。1969年，中共召開第九次全國代表大會，除一個工人出身的女幹部陳少敏（圖左）之外，所有出席者無不舉手同意劉少奇專案審查組的這個不實結論。

濤的遭遇毫不特別，這正是彭德懷、賀龍、劉少奇和更多名氣較小人物的處境。劉瀾濤至少活過文革，彭、賀、劉諸人便無此幸運了。

　　以上所述是文革發生後北京的情形，其他地方大體無別。只是北京的事態發展在先，所以地方黨委有較充裕的時間觀察，也比較知道如何應付黨內外的壓力。他們多半組織自己的紅衛兵和造反派，以便「打著紅旗反紅旗」，甚至和激進派的紅衛兵組織一樣，動員和組織工人，成立所謂「群眾」組織。不過，這種由原黨委自組紅衛兵的作法，並非屢屢奏效。上海就是重要的例外。上海國營第十七棉紡廠保衛科幹事王洪文，具有復員軍人身分，組織跨行業的「上海工人革命造反總司令部」，聯合左派學生領導奪權。他得到毛澤東的支持，匪特驅逐了上海市黨委委派的工作組，也成功地打倒了「海瑞罷官」批判運動中曾經力批吳晗的市委書記曹荻秋，使上海成為中央文革小組最重要的基地。受到上海奪權成功的鼓勵，全國各地的激進派紅衛兵和造反派工人及幹部起而效法，紛紛展開奪權。然而畢竟缺乏政治經驗、統一組織和有效的領導等三個條件，所以成功的機率並不很高。大多數情形下，他們不但不能取代地方上原有的黨一元化結構，反而因為本身內部意見分歧，明爭暗鬥，而把地方帶入更混亂的境地。值得注意的是，在准許造反派奪權的同時，毛澤東逐步取消了各地方局，而由中央直接指揮各省黨委書記。如此一來，無論各省奪權的發展如何，沒有人可能再擁有像地方局書記那樣龐大的權力，而地方對中共中央所能形成的威脅便要小得多了。

　　面對奪權，當權派進行或明或暗的抗拒，其中最有名的是1967年的所謂二月逆流和武漢事件。所謂二月逆流事件，便是四位元帥、三位副總理和其他一些中共黨政軍元老在二月的兩次會議上，公然指斥江青一派人物，衝擊黨委領導，迫害自己同志[23]。其結果是，江青和

23　王力，《現場歷史：文化大革命紀事》，頁31-32。

林彪在毛澤東的支持下，大獲全勝，反對他們的實力派被迫一一自我批評。周恩來也被迫表態，從此對支持毛澤東的文革更不敢懷有貳心。在這一次事件之後，以江青為首的中央文革小組取代了政治局，成為毛澤東以下的最高黨務機構，而楊成武也以軍委常委、軍委副秘書長和代總參謀長的身分，成為最有權勢的軍人[24]。不過，毛澤東了解群眾動員已初步達到目的，再繼續下去，將得不償失，故下令軍隊內部停止奪權，同時則指示造反派團結絕大多數的老幹部。而為了恢復社會秩序，他不久更下令激進派和造反派停止跨越部會、行業和省際的串連。在中央的支持之下，地方實力派軍人按照他們的理解，恢復秩序，進行軍事管制。有的地方實力派軍人，例如武漢的陳再道，甚至藉口中央下令「抓革命、促生產」，解散不合胃口的工人造反組織，並鎮壓他們認為是混亂根源的學生組織。北京是激進派得勢，地方則除上海以外，大體都恢復了文革前夕的政治秩序。

　　儘管毛澤東強調在他的思想領導之下大聯合，群眾組織，尤其是紅衛兵和造反派的團體之間，派系糾紛依然不斷。環繞毛澤東四周的各實力派領袖（江青、林彪、周恩來），也不斷利用毛澤東指示的含混性，彼此角力，甚至支持親近自己的紅衛兵和造反派組織明爭暗鬥。

24　馬齊彬等，《中國共產黨執政四十年》，頁287，299；軍事科學院軍事歷史研究部，《中國人民解放軍六十年大事記》，頁635。兩書都說，中共中央於1967年9月24日成立以楊成武為首的軍委辦事組，成員有吳法憲、葉群、邱會作、李作鵬。又說，軍委辦事組為中共中央和中共軍委聯合決定於1967年8月17日成立。成員有吳法憲、葉群、邱會作和張秀川四人，吳法憲為負責人。據徐達深，《中華人民共和國實錄》，3：295，以吳法憲為負責人的軍委辦事組實際是中央軍委四人小組，又稱看守組，主要任務是看管總政治部和領導駐京部隊、機關的文化大革命運動，成立於7月17日。似乎沒有人注意到，1967年所謂二月逆流發生後，軍委秘書長葉劍英靠邊站，楊成武實際主持中央軍委工作。關於軍委秘書長葉劍英的靠邊站，見軍事科學院《葉劍英傳》編寫組，《葉劍英傳略》，頁269-70。關於楊成武的職務，見劉金田、沈學明主編，《歷屆中共中央委員人名詞典，1921-1987》，頁124-25。

文化大革命的風雲人物。圖上左為
1967年2月，毛澤東之妻江青，在大
專院校紅衛兵代表大會上，發表演
說。圖上右為張春橋(左起)、葉群、
姚文元、吳法憲在天安門城樓上談
話，以江青為首的文人和唯葉群馬首
是瞻的軍人看來水乳交融。圖中為
1966年8月，毛澤東指定的接班人林
彪，在毛澤東、周恩來、江青和康生
的陪同下，發表演說，號召紅衛兵破
四舊。圖下為1973年8月，所謂四人
幫頭頭王洪文、張春橋、姚文元等，
在北京人民大會堂接見參加中共十大
的上海代表。

1967年7月終於爆發了武漢事件，中國大陸瀕臨大規模內戰的邊緣。當時武漢軍區司令員陳再道暗中支持「百萬雄師」的工人群眾組織，動員他們鎮壓工人和學生中的造反派，雙方展開武鬥，難分軒輊[25]。中央文革小組派王力和謝富治前往解決問題，不料王力竟然遭到武漢軍區部隊的扣押，以及所謂群眾的毆打。毛澤東和周恩來親自介入事件之後，武漢軍區領導不得不俯首認罪，接受撤職，並到北京參加毛澤東思想學習班，認罪坦白和自我反省。王力獲得自由之後，回到北京，中共中央文革小組不了解應適可而止，竟然在飛機場組織了盛大的歡迎場面，好像英雄凱旋歸來。

　　紅衛兵和造反派受到英雄凱旋歸來的鼓舞，於是不顧周恩來的強力反對，強行接管外交部，甚至以大字報猛烈抨擊周恩來。文鬥不足，繼之以猛烈武鬥。最嚴重的是，軍隊此時也到處發生奪權的事件，連總政治部等軍事機關也受到激烈衝擊。為了恢復秩序，毛澤東本來便有意拉開自己和江青等意識形態專家的距離，而此時鑑於局勢過於動盪，必須穩定軍心，因此更大聲喊出「還我長城」的口號，並極力安撫實力派軍人，甚而進一步清算王力、關鋒等極左派人物，把奪權鬧事的全部責任都推到他們身上，指責他們形左實右，火中取栗，組織「五一六兵團」陰謀奪權。

　　這時候，周恩來所領導的政府部門受衝擊太大，江青的群眾基礎也無法穩定，林彪遂憑藉軍隊的支持，成為毛澤東體制的最大支柱。早在1967年1月，毛澤東即已希望造反群眾、黨政老幹部和軍隊合作，透過以三者各占三分之一席次的所謂「三結合」下的革命委員會形式，徹底改組黨組織。如今軍隊奉行此項指示更是不遺餘力，不久各省都相繼成立了革命委員會。唯表面的團結底下，上層政治菁英暗中

25　陳再道，《陳再道回憶錄》，下，頁309-59。陳再道的回憶否認曾暗中支持「百萬雄師」，但承認他是同情「百萬雄師」的。他的回憶強調毛澤東並無意打倒他，卻承認毛要他認錯。

仍彼此傾軋，而所謂群眾組織之間的派系鬥爭更有增無減，因此社會
依舊一片混亂。毛澤東迫於形勢，遂再次指示軍隊支左（左指支持奪權
的造反派），甚而成立軍管會，接管黨政機關，並在各工廠、學校、部
門、企業單位，按照系統和層級成立軍人、老幹部和群眾三結合的革
命委員會，恢復政治秩序。軍隊的角色如此吃重，毛澤東不得不讓林
彪繼續擴大權力。1968年3月，總參謀長楊成武等人遭到整肅，林彪的
心腹黃永勝等人出任總參謀長兼軍委辦事組組長等重要職務。林彪從
此以後便直接控制了軍委三總部和空軍、海軍。到1969年4月中共召開
第九次全國代表大會時，修正黨綱，竟然出現以林彪為毛澤東繼承人的
條文。

　　1968年7月下旬，毛澤東認為紅衛兵等造反組織之間的武鬥已逾越
他所能容忍的限度，因此在林彪的通力合作下，採取劉少奇慣用的工
作組的作法，整頓社會秩序。北京市革命委員會派三萬工人組成的毛
澤東思想宣傳隊進駐各大專院校，師法四清運動的模式，以人海戰
術，嚴厲禁止紅衛兵進行武鬥[26]。紅衛兵隨即成為必須再教育的「臭
老九」。不久毛澤東更下令全面解散群眾造反組織，並在機關學校各
單位展開清理階級隊伍，一面繼續批判劉少奇，一面以階級鬥爭為名
義，整肅不合作分子，同時更大量從積極分子中吸取新黨員。一消一
長之間，群眾組織的勢力迅速衰退，而軍人的力量則加速度增高。

　　工人宣傳隊和軍管人員清理階級隊伍，清除各機關單位中的所有
反革命分子，並恢復黨組織的運作。軍管人員和工宣隊，在各機關單
位動員所謂群眾，審查全部幹部。就像1943年延安的審幹運動一樣，
群眾熱誠，審幹人員多疑，加上軍管人員和工宣隊邀功，各地出現無
數的冤錯假案。以清理階級隊伍模範著名的清華大學而言，學校被認
定是由資產階級所控制，全部6,000教職員中竟然有2,000人遭到批判，

26　唐少傑，〈紅衛兵運動的喪鐘：清華大學百日大武鬥〉，《二十一世紀雙
　　月刊》，1995年10月號，頁73-76。

1,228人接受立案審查，審查結果有178人被定為反革命分子。最後一個數字還可能包括了11個系所和學門的黨支正副書記和正副主任98人在內。他們被分別戴上「資產階級學術權威」和類似的帽子。另一個模範是北京大學，在兩次清理過程中，揪鬥和逮捕了千餘人，罪名是反動的地(主)、富(農)、反(革命分子)、壞(分子)、右(派)分子)。以全國範圍來說，清理階級隊伍，導致17.7%的國家幹部受到立案審查，只是不知道有多少人挺過難關[27]。

延安時代，中共中央除在各機關單位審查幹部以外，還按照審查問題的嚴重程度，把一小部分人分別送到反省機關和特務機關處理。此時，無論中央或是地方，也都有類似機關的設置，只是名稱改為學習班和專案組而已。中共中央特別成立的毛澤東思想訓練班，便是學習班的一種，像延安時期的反省機關，專門調訓比較出名的造反派人物，要他們作自我檢討，並彼此檢舉和揭發。正如「延安經驗」所預示一樣，幾乎每一個人都被整得真有「政治問題」，有的人還被戴上「五一六兵團」極左派的大帽子。至於相當於特務機關的專案組，如上所說，設置的很多。前文提到的劉少奇專案小組，便是一個重要例子。該小組由江青負責，江青遂利用職權，拘捕劉少奇的老部下，強迫他們作偽證，終於把劉少奇羅織成為「一個五毒俱全的大反革命、大內奸、大叛徒、大特務」。又例如謝富治主持的中央清理敵偽檔案小組，為了抓黨內叛徒，也製造了無數冤錯假案。另外偏遠地區還成立成千上萬的所謂五七幹部學校，專門調訓幹部和黨員，甚或把他們送到農村裡插隊落戶，接受勞動改造。

在毛澤東看來，清理階級隊伍就是整黨建黨工作，清理門戶是消極工作，積極的是大量吸收運動中的積極分子，重新建立黨的組織。1969年4月九大以後，毛澤東的精力集中在兩方面，一方面是恢復生產

27　趙生暉，《中國共產黨組織史綱要》，頁381。

革命浪漫主義的藝術。毛澤東把中國一分為二,一方面是人民,另一方面是非人民。這種思想反映在藝術上,一方面是北京「鬥爭彭羅陸楊反革命修正主義集團籌備處」印製的「群醜圖」,它攻擊所謂「劉少奇司令部」,把非人民醜化成一群牛鬼蛇神。另一方面則是駱耀棠的宣傳畫「革命人愛看革命樣版戲」,把全體人民描繪成高尚道德的化身,好像毛澤東所說的「春風楊柳萬千條,六億神州盡舜堯」已經全面實現了。

秩序，計畫新躍進，因而高指標現象又開始出現；另一方面則是對蘇聯實行備戰，把企業管理權限下放到地方。為了恢復社會秩序，毛澤東調虎離山，發動知識青年上山下鄉，把紅衛兵調離城市。至於各機關單位，毛澤東則通過鬥（垮）、批（判）、改（造），以求鞏固文革的成果；在抓革命、促生產、促工作、促戰備等口號下，恢復生產秩序，恢復黨的組織。毛澤東根據內戰時期的經驗，提倡開門整黨，在軍管會和工宣隊的指導之下，各單位紛紛成立整黨建黨小組，小組成員的初選名單由所謂群眾提名，有的單位甚至讓非黨員列席或參加，甚至任由所謂群眾主導小組工作。也像內戰時期的開門整風一樣，發動群眾對黨員提出批評，進行審查。除了繼續清查「地富反壞右」五類分子之外，更要求所有黨員「自我批評」，「坦白反省」，凡是挖自己思想不深，得不到所謂群眾同意的黨員，就把黨籍掛起來。一般而言，一個單位平均有7～10%的黨員受到處分或被掛起來，但在河北一省則高達20%的情形相當普遍。到了1970年10月，各級黨組織大體恢復正常[28]。

二、反帝反修和開門整黨

文革的兩大政治口號是反帝和反修。反帝即反帝國主義，以美國為頭號敵人；反修則是反修正主義，以蘇共為抨擊對象。1964年8月，美國製造東京灣事件，轟炸北越，升高越戰。面對此一形勢，劉少奇和羅瑞卿等人主張和蘇聯修好。林彪和毛澤東則認為越戰不可能擴大為中美之間的直接戰爭，因此認為沒有理由自貶身價，降低對蘇共的批判。透過林彪在同年9月發表的《人民戰爭勝利萬歲》，毛澤東似乎有意對外界傳達一個訊息，亦即中共固然主張世界革命，支持各國反帝反修運動，但實際上無意搞革命輸出，更不會干涉各國的革命路

28　趙生暉，《中國共產黨組織史綱要》，頁384-88。

線。隨後中共派防空、鐵道和後勤部隊援助北越，與其說這是對外侵略，不如說是進行自衛，所以如前一節所述，中共同時又在反帝反蘇聲中加緊備戰，開始所謂西南三線建設，把重工業和國防工業遷離沿海沿邊地帶，以備戰爭萬一到來。

在美蘇兩個國家之間，毛澤東的真正關懷還是蘇聯。他批評蘇聯是修正主義國家，已經喪失共產主義的理想，不但對外和帝國主義國家妥協，淪爲新式霸權主義國家，而且對內也和資本主義思想妥協，淪爲官僚主義的淵藪。在激烈的中蘇論爭中，毛澤東越來越相信自己是執世界共產主義運動牛耳的領袖。爲了維持這一個領袖地位，他必須在大躍進失敗之後，繼續走出一條與蘇聯發展不同的社會主義建設路線。毛澤東的心情似乎相當急迫，然而事情的發展卻不如他的期望。早在1961年，文化教育界已出現懷疑大躍進的言論，前《人民日報》社長鄧拓似乎也含沙射影，批評毛澤東患有健忘症，經常「自食其言」，要不是「裝瘋賣傻」，就是「發瘋變傻」。他也批評大躍進說大話吹牛皮，不愛護勞動力，以致有三年饑饉的發生[29]。1962年秋天以後，鄧拓噤若寒蟬，甚至力圖趕上形勢。但如前所述，毛澤東卻不知道爲什麼相信崑曲《李慧娘》影射大躍進以來發生的嚴重社會問題，而在他發動大批判以後，又認定主管宣傳和文教的機關並未能如他所期望的那樣，熱心提倡社會主義[30]。儘管各文宣和文教機關根據他的指示，進行轟轟烈烈的批評和自我批評，毛澤東卻在他們的批判和整風中，只看到整個黨有向修正主義沉淪的危機，甚至認爲他所發起的社會主義教育運動，已變質成以農村基層幹部爲替罪羔羊的運動

29　鄧拓，《鄧拓文集》，3：438-43，471-73，485-87；明報月刊編委會、丁望編，《文化大革命資料彙集》，2：162-67，394，400-04，408-31。文化大革命時期的造反派指控鄧拓含沙射影，這應該是欲加之罪，但也不無可能歪打正著，一語中的。又參閱顧行、成美，《鄧拓傳》，頁108-12。

30　叢進，《曲折發展的歲月》，頁550-61。

了。他從而認為，事態如果再進一步惡化，就有可能鼓勵蘇聯對中共採取軍事行動，裡應外合。在這種危機感的驅使之下，毛澤東逐漸形成文革的構想，決定以群眾運動方式展開整風審幹，未雨綢繆。

　　文革爆發了，中共更高舉反修反帝的旗幟。駐紮各國的使館人員，一時之間，弄不清楚毛的真正意向，很容易忘了外交本來就是統一戰線的工作，遂而盲目響應，以反帝反修的口號，代替敦親睦鄰的政策。因此無論是在蘇聯或東歐，南洋或非洲，甚至外蒙古，中共的外交人員都在使館內張貼大字報，一副極端民族主義者的架式，弄得中共和各國的關係都非常緊張。國內的紅衛兵和造反派，不像海外的使館人員尚有顧慮，於是更肆無忌憚地排外，他們包圍北京的東城、朝陽兩區的使館，改東交民巷為反帝路，改西交民巷為反修路。受到紅衛兵運動的鼓勵，香港也出現了本地的紅衛兵。霎時之間，中共像是在搞革命輸出，左派報紙也盡情煽動，弄得港英政府不得不採取強烈手段，勒令停刊，並逮捕有關記者。面對港英政府的反擊，素來以溫和著稱的周恩來，也因為攸關國體而不敢稍示軟弱，在得悉消息之後，立即向香港提出最後通牒，要求立即放人。受到這些抗議行為的鼓舞，北京的紅衛兵在1967年夏，居然不顧外交禮貌，包圍英蘇兩國使館，甚至火燒英國代辦處。香港紅衛兵和左派人士也在街頭採取暴動形式的示威抗議。中共前駐印尼臨時代辦姚登山以為國內外情勢一片大好，頭腦發燒，竟然於1967年9月展開外交部的奪權，隨後列席部黨委常委會，實際控制外交部事務，不僅召回多數大使，也讓各駐外使館人員進行奪權，致使全部外交工作停頓，影響中共國際聲譽極大。所幸，姚只掌權了兩個月，隨後周恩來便重新控制外交部，也重新派遣大使，並未讓情勢惡化到不可收拾的地步。

　　這種混亂局面，照理讓蘇聯喘了口氣，因為中共自顧不暇，不可能對蘇聯採取大規模的軍事攻勢。可是，另一方面卻也使蘇聯益加寢食難安，認為義和團式的排外運動已經重演，蘇聯可能淪為中共瘋狂

進攻的目標。1967年中共試驗氫彈成功,從事核武戰爭的能力大為增強。蘇共為防患未然,曾數度考慮對中國進行先發制人的攻擊,甚至非正式地向美國試探反應[31]。所幸,蘇共當局也很清楚,拔核子牙固然容易,收拾後果卻殊為困難,故懸崖勒馬,並未真正下定決心。當時中共對蘇、美兩國的外交接觸並不清楚,但是面對蘇聯部署在邊界的百萬大軍,卻從來也不敢低估戰爭的威脅。1968年8月爆發的捷克民主化事件,使他們益加戒慎恐懼。當時蘇聯藉口「社會主義國家有限主權」,忽然乘夜幕低垂,派大兵深入捷克鎮壓反共行動。所謂「社會主義國家有限主權」,就是說,沒有一個社會主義國家擁有完全的主權,內部如果發生反共問題,蘇聯均有權利進行武裝干涉。

中共內部萬一出現動亂,蘇共是否會以同樣的理由為藉口,派大軍入境?毛澤東重估世界形勢,認為來自北方的威脅既然比南方嚴重,便必須遠交近攻,設法大幅度改善對美關係,甚而和宿敵美國修好,以免腹背同時受敵。1969年3月,毛澤東在東北的烏蘇里江發起所謂珍寶島自衛反擊戰爭,此舉固然可能是為了轉移國內的矛盾,鼓吹團結,但更有可能是要激起美國對蘇聯敵愾同仇的心理[32]。這一年9月,蘇聯部長會議主席柯西金訪華,雙方同意在維持邊界現狀的前提下進行談判[33],整個過程很順利,中蘇關係似乎又有改善的跡象。孰料,毛澤東不知為何,認為蘇聯可能利用談判突然發動襲擊,故而在10月17日下令全軍進入緊急戰備狀態,並開始疏散包括自己和林彪在內的重要黨軍人員。次日,總參謀長更以林彪名義連續發布第一、

31　陳偉,〈領土爭端和邊界衝突對60和70年代中蘇關係的影響〉,《黨史研究資料》,1991年第1期,頁18-19。

32　楊奎松,〈從珍寶島事件到緩和對美關係〉,《黨史研究資料》,1997第12期,頁10-18。楊奎松並不認為改善對美關係,是毛澤東發動珍寶島事件的主要原因;但他相信,改善中美外交關係是發動珍寶島事件的一個意外收穫。

33　中共中央文獻研究室,《周恩來年譜,1946-1976》,下,頁320-24,327,329。

文革期間中共的國防科技。文化大革命期間中共並沒有忽略
國防高科技的發展，1967年6月中共成功試爆第一顆氫彈
（上）；1970年中共成功發射第一顆人造衛星（下）。

二、三、四個號令,動用無數國帑,把將近百萬的軍隊、440餘艘艦艇和4,000餘架飛機疏散到比較安全的地區[34]。

毛澤東為了引美制蘇,在1970年12月透過新聞記者史諾,傳話給美總統尼克森,表示有意改善中美關係。雖然史諾的訊息並未引起正式反應,但此時尼克森正想藉中共之助,儘早解決已經拖了很久的越南戰事,並進而引華制蘇,於是兩國迅速開展試探和締交工作。雙方先是藉乒乓球隊互訪,改善彼此關係,隨後進行秘密的穿梭外交,商談建交細節。所謂林彪叛逃事件,僅僅加速了兩國關係的正常化而已。林彪死後一個月,也就是1971年10月,中共在被孤立了四十多年後,終於取得美國的支持,進入聯合國,成為安全理事會的常任理事國,中共的外交地位大為改善。翌年2月,尼克森到北京訪問,並和中共簽署發表上海公報,宣布美國同意一個中國的原則,視台灣海峽兩岸之間的關係為中國內政問題,並將停止駐軍台灣。1973年3月,中共和美國互設聯絡辦事處。美國對中共外交的改善,引發日本的迅速跟進。為了搶在美國之前與中共建交,日本首相田中角榮於1972年9月訪問北京。

從文革時代的外交看來,毛澤東發動文革的口號雖然是反帝反修,但實際上是反修重於反帝,而就反修來看,則是關起門來鬧革命,先解決國內的修正主義問題再說。問題是:究竟修正主義是什麼?毛澤東認為修正主義就是在無產階級思想和資產階級思想鬥爭

34　徐達深主編,《中華人民共和國實錄》,3:1:526-27;汪東興,《汪東興回憶——毛澤東與林彪反革命集團的鬥爭》,頁14-15。汪東興回憶,第一個號令為林彪所擅發,毛看後大怒,當場點火燒毀。只是毛澤東為何焚燬林彪亂權的證據,其動機殊堪玩味,連周恩來被告知後,都覺得驚詫不已。總之,此說待考。又一般說法是,林彪假借第一個號令把類如劉少奇、鄧小平等異己清除出北京。案此說不確。劉少奇被押往開封,與第一個號令無關。其他所謂異己,與毛澤東一起被疏散到外地,只是他們在情勢冷卻以後,未能回到北京而已。張化、蘇采青,《回首「文革」:中國十年「文革」分析與反思》,上,頁575。

中，背離前者而偏向後者的一種具體表現。毛澤東認為蘇聯發生了修正主義，中共也有步蘇共後塵、走向資本主義的傾向。中共為了確保整個黨國體制不像蘇聯那樣變色，過去曾不斷發動黨內整風，甚至藉助黨外力量來幫助整風。只是1957年被邀請幫助整風的黨外人士不識「抬舉」，因此毛澤東盛怒之餘發動反右運動，雖然成功地壓下知識分子的氣燄，卻也同時將黨國體制外僅存的社會力量給剿滅殆盡了。

　　毛澤東想要透過社會主義教育運動和大批判來發動改造黨國體制，卻發現用錯力量，因為一元化的黨國體制內，所有問題都和黨內的高層結構息息相關。正由於黨內高層結構也免不了官僚主義、宗派主義和主觀主義的肆虐，以中下層黨員為目標發動的社會主義教育運動和大批判運動，自然起不了太大作用。所以毛澤東決定再針對高層結構，展開開門整黨。為了從黨外找到幫助黨組織整風的力量，毛澤東一方面任由林彪等人把對毛澤東的個人崇拜，也就是他認為正確的個人崇拜，推到邏輯極致；另一方面則在知識分子之外尋找社會力量，來進行高層結構的開門整黨。從社會主義教育運動中，毛澤東了解到，工人已經成為黨組織下享受「特權」的階級；至於農民則視野狹窄，有他們的獨特關懷，所以儘管號召工農造反，動員的重點卻毋寧是青年學生和城市基層幹部，使他們參加紅衛兵及造反派。不過，毛澤東的思想中帶有許多矛盾和曖昧的成分，紅衛兵和造反派響應打倒修正主義的號召時，也有他們自己的動機。我們無法分析所謂群眾的個別動機，但是可以藉當時社會結構中的矛盾，來說明青年學生和造反派熱烈的響應。

　　從社會結構中矛盾的觀點來看，毛澤東的文革的動力來自三種社會矛盾的激化：第一種矛盾是教育體制中帶有階級性質的矛盾。中共建國以來，工農子弟在社會上升孔道所享有的機會雖有改善，但是相當有限，仍然比不上小資產階級和資產階級子弟，更遠遠趕不上幹部子弟。幹部子弟則帶有新特權階級的特色。第二、中共屢次的政治運

動，表面都是群眾由下到上發動的，實際則是黨政官員由上到下操縱，遭受打擊的有所謂「黑五類」，亦即地主、富農、反革命分子、壞分子和右派分子諸類人物。就中共的黨國體制而言，歷次群眾運動中也都有受到打擊的人員，在打擊者的眼中，他們若不是「黑五類」分子本身，就一定和「黑五類」有千絲萬縷的關係。此外則是有權有勢的幹部和無權無勢下層幹部之間的矛盾。高層幹部不僅生活上享有特別的待遇，而且「刑不上大夫」，幾乎不受法律的羈絆和懲辦。不僅如此，他們仕途得意時的年紀都輕，中共又沒有健全的世代交替制度，所以中下層幹部上升的孔道越來越小，甚至可以說是全然堵塞不通，下層幹部有遭壓制的感覺。第三、工人中出現類似階級分化的現象。國營企業的工人雖然因為國家的特別照顧，成為中共統治之下的寵兒，但是合同工和臨時工等制度的出現，也表示有人數高達千萬以上、甫從農業轉來的第一代工人存在，他們並不能享受到一般工人所享有的工作保障和福利待遇。

關於教育資源，根本的癥結當然在於資源有限，但也有嚴重的分配不均問題。從1951年到1963年為止，中國大陸的大學生人數從15萬增加到82萬，增加了五至六倍。中小學生的人數增長的尤其快。值得注意的是，受益最大的並不是農民，而是城市居民，就算是逃離農村土地革命的地主士紳子弟，也很容易在城市裡再找到教育機會。工人階級子弟受到特別優遇，比起農民，教育機會可以說是大為改善。但是他們的文化水準畢竟不高，如果只是以階級成分為學校招生的唯一考慮，則學校的品質勢必立即降落。然而，採取考試成績為學校招生的標準，也為舊知識分子、公務人員、商人或資本家子弟廣開教育之門。這些人就是中共所說的小資產階級和資產階級子弟，由於他們「階級出身不良」，因而受到社會歧視[35]。1965年冬，北京有些幹部

35　Hong Yung Lee, *The Politics of the Chinese Cultural Revolution: A Case Study*, pp. 78-81.

子弟到教育部抗議，認爲大學招生完全根據高考（高等學校統一招生考試）成績，完全不注意階級成分和政治表現，是有意讓國家權力落入「剝削階級」後代的手中，以便舊社會復辟[36]。這個指控並不符合事實。其實，從中共建國以來，新教育制度的最大受益者就是幹部子弟。幹部子弟，尤其高幹子弟所進的中小學，一般都是所謂重點學校，有最好的設備，也有最好的老師，所以通過大學入學考試的機會比例極高。

爲什麼中學生如此在乎升學標準呢？這還是要從升學機會來說明。中共建國以後，用在教育的國家經費比起國民政府時代，已大幅增加，但是遲至1956年，全部數目也只占了總預算的7.28%。以後情形非但沒有改善，反而稍有惡化。這個預算比率不足以大幅度改善大學教育，所以大學教育仍然帶有濃厚的菁英主義性格。根據中共官方的統計，1965年中國大陸的總人口數72,500萬，假定12～17歲的人口約占十分之一，亦即7,250萬，則其中僅有1,432萬人有機會接受中等教育，能上普通中學念書的約占三分之二，也就是934萬人[37]。這934萬中學生所受教育都是大學預備教育，畢業後卻只有極少數人能進入大學，頂多不超過5%。其他無法進入大學的畢業生，都必須面臨就業的立即壓力。當時，安排就業是國家無可旁貸的職責，然而國家每年所能創造的就業機會不夠多，因此不可避免地引起許多畢業生的失望。就業問題嚴重，加上國家工作分配制度上存在的一些技術缺陷，比如工作和個性不能配合等等，便在中學畢業生心中形成不滿。早在1956年，工作分配問題便已引起學生示威抗議，雖然示威抗議被壓制了下來，但是學生就業的情形並未改善，只是改變形式而已。

---

36 王山，《第四隻眼睛看中國》，頁136-37。

37 國家統計局，《奮進的四十年，1949-1989》，頁350，435-36。1966年的中學生數字減爲1,300萬，但是職業中學和農業中學全部關閉，所以普通中學的學生人數增爲1,250萬人。

　　中共為了解決中學畢業生的就業壓力，曾在1950年代初號召知識分子下鄉，希望有理想主義的青年到農村去，為改造農村的落後面貌而努力。實際上因為城鄉生活的差距，帶有理想主義性質的下鄉，很容易就變成帶有懲罰性質的下放。鄉下學生本來就沒有多少進城讀書的機會，在城市念書的中學生，主要是早期逃到城市的地主和富農子弟，他們階級成分不好，故成為下放的主要對象。緊追在後可能遭到下放的，是資產階級和小資產階級子弟。至於工人子弟，下放的可能性不大，幹部子弟則因政治上有辦法，更不必害怕下鄉。所以下鄉的中學生都感覺相當勉強，遇有機會便想回到城市。

　　文革剛爆發時，下鄉的學生藉著響應聶元梓大字報的名義，大量返回城市。當時返回北京原單位的共有6,000人之多[38]。由於幹部子弟發展出「紅衛兵」組織，強調血統，認為「老子英雄兒好漢，老子反動兒混蛋」，所以歧視階級出身不好的人，甚至拒絕他們參加紅衛兵組織。當文革的鬥爭矛頭指向他們的尊長時，幹部子弟出身的紅衛兵當然很難切斷和家裡的千絲萬縷關係，因此在半年不到的時間，紛紛成為被攻擊和整肅的對象。毛澤東為了繼續推動文革，也不得不強調意識形態決定一切的階級論，這使得文革初期遭到幹部子弟打擊的激進學生、教師和幹部，都有反戈一擊的機會。

　　文革除了有大批學生參加之外，其實也有許多教師和中低級幹部參加。他們的年紀輕，參加中共權力結構的時間晚。比起中共建國前後加入的幹部和教師來說，他們不但爬升的速度越來越慢，而且機會也越來越少。主要的原因有二：建國前後的幹部年輕力壯，中共既沒有幹部退休制度，又在分配職務時講究資格，所謂「論資排輩」、「能上不能下」也，所以二十幾年下來，黨國體制中都是老面孔，雄心勃勃的青年少有青雲直上的可能。屢次反右鬥爭之後雖然有一些職

38　Hong Yung Lee, *The Politics of the Chinese Cultural Revolution: A Case Study*, pp. 54-55.

位空了出來，暫時可以舒緩一下升級問題。但是轉瞬數年又過，升遷困難又再次成為嚴重問題。

此外，積極參加文革的還有歷年被鬥爭的幹部和知識分子。這些人受庇於毛澤東「大部不捉、一個不殺」的肅反政策，雖然淪為反革命分子之類的政治賤民，但畢竟苟全了性命。文革批鬥「黨內走資本主義的當權派」，為他們帶來希望。他們認為過去所受的冤枉，都是因為上級有官僚主義等不良傾向所致，因此對文革極力響應。其中最有名的一個例子便是領導山西奪權的劉格平[39]。1936年中共中央指示華北被捕的地下黨員，以被捕時所用的假名登報「反共」，有六十幾名被捕地下黨員接受命令，劉格平則是少數強調氣節、拒不奉令的黨員。雖然他坐國民黨的牢坐到1944年，但在中共建國之後，他不僅沒有因為高風亮節受到中共褒揚，反而因為「檢舉」過去登報假自首的黨員，而受到黨紀處分[40]。像劉格平這種飽受中共現有體制打擊的忠貞黨員，一旦被告知毛澤東正認為直接領導這個體制的劉少奇有政治問題，他們當然崇奉毛澤東「聖王英明」，所以對迫害他們的現有黨國體制造反，態度相當無情，不鬥臭鬥倒當權派，誓不罷休。

城市工人的生活儘管大有改善，但是技術工人和非技術工人之間仍然有明顯的差距，傳統手工業工人和從事零售商業的人也仍然是社會的底層，遭受各種歧視。學徒制像過去一樣，繼續存在，雖然已經有所改良，但是嚴格管教仍是學徒制的一部分，不時引起學徒憤怒。

39　彭德懷是另一個例子。文化大革命爆發時，他正以待罪之身，在四川成都從事三線設工作。他對文化大革命就是持肯定態度的，認為毛澤東關於黨內出現修正主義的論斷是正確的，希望文化大革命能徹底根除黨內官僚主義。不幸。就在這一年12月，他就被北京來的紅衛兵揪往京城批鬥了。《當代中國人物傳記》叢書編寫組，《彭德懷傳》，頁709-10。

40　《中共研究》雜誌社，《劉少奇問題資料專輯》，頁478。劉格平於1960年以「地方民族分裂主義分子」罪名被免去寧夏回族自治區第一書記的職務。這裡根據的是紅衛兵小報。

另外全國出現了將近一千萬的契約工人和臨時工人。他們來自農村，沒有一般工人所享受的待遇，薪水偏低，一旦患病，不能享受醫藥保險，工作保障更是缺乏，隨時隨地有被解僱的可能，或必須根據契約，返回農村。他們受夠種種不平等的待遇，總希望躋身於正式工人的行列之中。

三、在平衡遊戲中繼續文化大革命

　　1971年9月13日，外蒙傳來驚人消息，有一架「中國民航」的英製三叉戟式噴射客機，在外蒙領空失事墜毀，經檢查受難者的遺體後，發現其中有林彪偕其夫人葉群等人。隨後中共宣布，林、葉諸人圖謀叛逃，因飛機失事而葬身大漠。為何毛澤東屬意的繼承人，竟然會飛向修正主義的蘇聯尋求政治庇護？

　　原來，1970年8月中共召開九屆二中全會時，林彪未獲得毛澤東的明確同意，便聯合毛澤東的秘書陳伯達，提議恢復設置國家主席，並暗中派遣他的一些親信發言響應。陳伯達和林彪的一些親信，以批判激進派張春橋為名，雖然在口頭上堅決擁護毛澤東，實際上卻形成了一股反對繼續文革的風潮[41]。毛澤東知道以後，異常震怒，除責令林彪的同黨自我檢討外，更公開整肅追隨自己將近四十年的秘書陳伯達，要周恩來和葉劍英成立專案調查小組，調查陳伯達「反革命」的歷史和家庭情況。

　　毛澤東雖然沒有直接批判林彪，但是種種「摔石頭、摻沙子、挖牆腳」之舉，仍然令林彪心驚肉跳。所謂摔石頭是在批判陳伯達的文件裡加上看起來相當刺眼的批語，以試探林彪的反應；摻沙子則是在改組的軍委辦事組中加上非林彪系統的親信；而挖牆腳則是改組北京軍區，把軍權付託於林彪無法任意指揮的其他軍人手裡[42]。

41　Frederick Teiwes and Warren Sun, *The Tragedy of Lin Biao*, pp. 148-49.
42　王年一，《大動亂的年代》，頁406-12。

　　此外，毛澤東在政治局下設立中央組織宣傳組，以之取代已經一年沒有運作的中央文革小組，並把中央組織部和黨所控制的宣傳機器，全部交由江青及其黨羽掌握[43]。同時，毛澤東也加重對周恩來的信賴。林彪知道他在毛澤東心目中的地位已經動搖了，但無論是否因此而有發動軍事政變的企圖，也無論是否因此而有逃亡莫斯科的計畫，他終於發現自己並無其他選擇，在匆忙之中搭上了一架噴射客機飛往蘇聯國境。

　　毛澤東雖然說「天要下雨，娘要嫁人」，林彪「叛逃」像生老病死一樣，乃是生命的自然發展，但追隨他一輩子、並由他指定為繼承人的林彪，竟然「叛逃」到修正主義的蘇聯去尋求保護，這畢竟仍是他從政以來的最嚴重挫折。生理病加上心理病，毛澤東的健康情形每下愈況，甚至一度瀕臨病危[44]。但是林彪事件對整個中國的衝擊實在太大了，就算他想要好好養病，他也沒有這個心情。因為從來不曾懷疑毛澤東一貫正確的所謂紅衛兵和造反派，也開始懷疑紅太陽的政治判斷了，他們開始懷疑整個文革是否就是權力鬥爭。而林彪在軍隊中累積幾十年的威信，尤其令毛澤東分外擔憂，他不知道他們如何看待老長官的出亡和噩耗。

　　毛澤東的當務之急當然是安定軍心。林彪飛機墜毀十天後，毛澤東經由周恩來下令，軍委辦事組的林彪系統軍人黃永勝等四人隔離反省，並撤消原有的軍委辦事組，另以老帥葉劍英組織軍委辦公會議，該會議的其他成員還包括親近周恩來系統的李先念，也包括親近江青的謝富治和張春橋。同時成立以周恩來和康生為首的林（彪）陳（伯達）反黨集團專案組，並發動各地軍人揭發與林彪事件有關的人和事。因為牽連極廣，成都和武漢軍區，均有不穩現象。毛澤東親自接見涉案的軍區黨政軍要員，要求知錯能改，但是強調「懲前毖後、治病救

43　葉永烈，《陳伯達》，頁506。

44　李志綏，《毛澤東私人醫生回憶錄》，頁519-29。

人」，自己無意深入追究。

　　毛澤東爲了鞏固下屬對自己的向心力，還爲二月逆流口頭平反，說老帥老將針對林陳反黨集團和五一六反黨集團（王力、關鋒和戚本禹）反擊，抗議有道理[45]。1972年1月，他在要求老帥葉劍英傳達他對二月逆流的新看法後，更打破慣例，親自參加老帥陳毅的葬禮，以行動表示歉意[46]。隨後又以林彪誣告爲由，先後宣布林彪確曾參與的幾件軍事大案爲冤獄。首先是撤消前代總參謀長楊成武的罪名，其後又恢復前總參謀長兼軍委秘書長羅瑞卿的名譽。同時，下令撤消軍管、軍宣隊和支左領導機構。11月，毛澤東進一步透過書面爲二月逆流平反。未幾，全國正式開始批判林彪及其黨羽。

　　1973年8月，毛澤東認爲整頓的工作已告一段落，因此召開中國共產黨第十次全國代表大會，正式全面清除林彪及其在政治局的勢力。同年年底，毛澤東爲避免軍區司令和政委因爲久任地方而尾大不掉，宣布八大軍區司令和政委對調，顯然他注意到地方軍頭勢力的膨脹。地方軍頭在文革中長期掌握一個地方的黨政軍大權，容易導致歷史上藩鎮之禍的重演，毛澤東認爲，必須防患於未然。

　　政治方面，1972年初毛澤東仍把意識形態交由江青等人負責，也仍把實際黨務和政務交由周恩來負責。同年5月周恩來證實得了末期膀胱癌，毛澤東遂開始思考周恩來的繼承人了。7月毛澤東批評周恩來「大事不討論，小事天天送」，有意封鎖他。年底，他除批評周恩來主持的政治局不討論政事外，又批評了老帥葉劍英的軍委不討論軍

45　中共中央文獻研究室，《周恩來年譜，1949-1976》，下，頁485-86，491，495-96。當時武漢軍區政委劉豐，因受林案牽連而自殺。劉豐出身紅四方面軍，長期追隨後來轉任副總理兼公安部長的謝富治，在1967年武漢百萬雄師事件後連升三級，由武漢軍區空軍副政委升爲武漢軍區第一政委。

46　毛澤東是抱病參加陳毅喪禮的，沒有幾天以後，也傳出他病危的消息，中共中央政治局立即組織專門醫療組對他進行搶救。毛要一個月後纔大病初癒。中共中央文獻研究室，《周恩來年譜，1949-1976》，下，頁506-09，512。

事。毛澤東對周恩來不滿，而周恩來又病入膏肓，遂於次年3月決定讓鄧小平復出政壇。不久，老當益壯的鄧小平，便在毛澤東的姪女扶持下，公開露面，並宣布出任國務院副總理。1973年年底，鄧又出任政治局委員，兼軍委委員，開始參與黨務和軍隊的重要決策。翌年10月，毛澤東提名鄧小平為第一副總理，表明態度，將以鄧為周恩來的接班人。鄧小平回到政壇後，首先整頓工業和科技界，把一些中央認為在這兩個部門派（系）性太強的造反派頭頭，調離原有單位，或加以整肅。同時鄧小平也致力於製造比較寬鬆的政治氣氛，一面讓城市企業和農村生產隊採取經濟核算和建立生產責任制，並採行物資獎勵的辦法。另一面則在領導班子中增加科技專家，並強調基礎理論和專業技術的學習，同時在文教界中的紅專鬥爭中，把重點從政治上的「紅」移向技術上的「專」，而且放棄對自力更生政策的堅持，開始從國外進口成套技術設備。

　　然而，毛澤東並不是完全信賴鄧小平，他同時也提拔文革中奉江青為首的一些政治新人，尤其是工農兵出身的上海革委會副主任王洪文。在1973年8月的十大中，他已刻意安排王洪文出任中共中央副主席，同時又讓張春橋擔任政治局常委。由張春橋控制黨中央的宣傳機器，以便為自己製造輿論。1974年1月起，江青諸人便根據毛澤東的旨意，把原來批評林彪的批林整風運動，擴大為批林批孔（孔子）運動，隨後又利用影射史學的方法，把批林批孔運動轉變為打擊周恩來和鄧小平的運動。剎那之間，到處都是批宰相、批周公的文章，也到處都是讚美呂后和武則天的文章。沒有歷史知識和政治敏感度的人，根本不知所云，稍微有歷史知識和政治敏感度的人卻很清楚，所謂宰相和周公指的都是周恩來，而所謂呂后和武則天，則是暗示婦女也能執掌政權。江青等人還在各地方煽風點火，地方上的激進派組織也乘機死灰復燃，於是到處都是示威遊行，綁架官員，占領公共建築，搶奪政府檔案，社會變得動盪不安。江青製造了一個她顯然無法控制的局

面，毛澤東於是懸崖勒馬，強調社會秩序、生產正常和黨一元化領導，下令解散一切非正式的群眾組織。

周恩來所受到來自江青的壓力雖然頓時減少，但是他的身體已瀕臨崩潰。1974年4月，他住進了醫院。毛澤東雖然在這一年7月，批評江青、張春橋等人為四人幫，但並非有意打壓，而是愛之深，責之切。所以江青敢於乘毛澤東出遊外地不在北京之時，繼續指桑罵槐，批判周恩來，並自比為武則天，大造形勢，準備接位。只是同年9月以後，毛澤東認為江青爭奪權力走過頭了，所以接見外賓時不要副主席王洪文陪伴，而把主要工作交給副總理鄧小平處理。一個月後，王洪文到長沙向毛澤東告周恩來的御狀，毛澤東要王洪文和周恩來商談，表示對周恩來仍然信任無疑。11月，毛澤東指示開展學習所謂「無產階級專政下繼續革命理論」的運動，局面似乎又變得對江青有利。但他同時卻要江青停止接見外賓，削減她的政治勢力。1975年1月，毛澤東任命鄧小平為黨副主席、政治局常委和軍委副主席兼總參謀長，正式讓鄧小平代替周恩來實際主持黨政軍工作。但是為了保持文革派對鄧小平的制衡，毛澤東同時任命黨副主席王洪文為軍委副主席，政治局常委張春橋為總政治部主任和軍委常委，並把軍委辦公會議擴大為軍委常委會議，由新任國防部長葉劍英主持會務。

1975年3月，鄧小平聲望正隆，江青藉口批判經驗主義，把鬥爭矛頭指向了鄧小平。但是兩個月後，鄧小平取得毛澤東的指示，迫使四人幫在政治局會議上自我檢討。同年8月，江青根據毛澤東的意思，發動批判《水滸傳》的運動，她所控制的宣傳機器頃刻之間充滿了批判《水滸傳》的言論。毛澤東批判《水滸傳》的宋江，說他接受朝廷招安，是一個「投降主義」者；由於1944年有人檢舉周恩來曾登廣告向國民黨自首，因此批判《水滸傳》即帶有批判周恩來的弦外之音。9月，毛澤東的姪子毛遠新出任毛澤東和政治局之間的聯絡員，他在思想上親近江青，所以一時之間權力的優勢看來又進一步倒向了江青一

邊。11月，形勢對鄧小平尤其不利。毛澤東根據江青和和毛遠新的進言，認為鄧小平有意否定文化大革命，遂以維護文革為藉口，掀起所謂「反擊右傾翻案風」的運動。鄧小平雖未因此去職，但權力隨而大大地縮減。

　　1976年1月8日，周恩來在臥病經年之後，終於不治逝世，恁誰也沒想到，毛澤東此時選定的繼承人，既不是鄧小平，也不是江青派的張春橋，而是在副總理中排名第六的公安部部長華國鋒。華國鋒是山西交城人，大概只有初中的教育程度，抗戰爆發後不久，他就參加了中共活動，到中共建國初期，已升任為湖南的湘潭地委書記。湘潭是毛澤東老家，華國鋒執行毛澤東農業集體化的政策不遺餘力。盧山會議之後，湖南省委機構改組，他終於晉升為湖南省委書記。華國鋒能力並不十分出色，在毛澤東心目中，他恐怕也只是一個實心任事的「老實人」而已。文革爆發初期，他因為積極支持毛澤東的號召，出任了湖南省革命委員會副主任。1969年4月，中共中央召開九大時，他成為湖南省的第一號人物，並首次當選中央委員。林彪事件後的第二個月，他和王洪文同時調往北京，接受毛澤東的政治培養。1973年8月十大時，晉升為政治局委員，到1975年1月，又被提拔為國務院副總理兼公安部部長。

　　華國鋒代理總理職務之後，由親江青的陳錫聯接管軍委日常工作，鄧小平靠邊站。未幾，四人幫又以葉劍英生病為藉口，剝奪葉的權力，並在批鄧小平之外連帶批葉劍英。最初毛澤東並無意破壞他小心建立的權力平衡，仍然讓鄧小平擁有原來的位置。可是事情的發展，似乎不容他不選擇江青一邊了。因為兩個月後發生了群眾悼念周恩來的事件。當時，清明節即將來臨，所以群眾從3月中旬起，紛紛前往天安門廣場向周恩來致意。人民英雄紀念碑四周出現了無數花籃，有人朗頌詩詞，也有人張貼小字報，還有人在場分發傳單，發表演說，廣場聚集了無數群眾。這種情形，持續到4月上旬，群眾越來越難

四五天安門事件。1976年清明節
夕，北京近百萬群眾前往天安門廣
獻花圈、誦詩詞，悼念周恩來，行
逐漸升級為對江青等所謂四人幫的
議(圖左為聲討四人幫的一首詩，圖
為首都鋼鐵公司的工人在天安門廣
上發表演說)。毛澤東在得知詳情後
下令嚴厲鎮壓，並重新估量東山再
的鄧小平，決定將鄧小平流放到
東，永不錄用。

控制。大膽的年輕人，在悼念周恩來之餘，甚至痛批江青等文革派，更有不怕死的人直斥毛澤東為一代暴君。

　　毛澤東在獲知詳情之後，下令鎮壓。4月5日凌晨1時，華國鋒派人移走所有的花圈，並逮捕發表演說的群眾。不料，群眾拒絕散去，公安人員遂擴大逮捕，群眾則不斷抗議，甚而燒毀民兵的小汽車。經過20小時的對峙之後，中共中央乘夜幕低垂，動員十萬民兵和工人，配合警察，以棍棒強制驅離和逮捕群眾[47]。隨後，毛澤東宣布撤消鄧小平的一切職務，僅保留其黨籍，以觀後效。然而在江青和鄧小平的鬥法中，受益最大的仍然是華國鋒。毛澤東雖然懷疑鄧小平曾在此次天安門事變件中扮演「黑手」的角色，但也深切明瞭，江青等人其實已是民心不孚，難成大事。所以在事件之後，寧願真除老實的華國鋒為總理，並打破中共慣例，任命華國鋒為黨第一副主席。

　　當此之際，毛澤東正和極其罕見的肌肉萎縮症搏鬥中，他害怕死後鄧小平可能東山再起，於是又讓江青展開新一波的「批鄧、反擊右傾翻案風」運動。1976年7月28日的深夜三點，北京酷熱，令人輾轉難眠。突然一陣劇烈的天搖地動，有百萬人口的唐山瞬間化為廢墟，共有24.2萬人葬身於斷壁殘垣之中[48]。此時此刻，毛澤東已病入膏肓。他雖然知道發生了地震，卻完全動彈不得，只能帶著鼻飼管，任由保衛人員抬到安全房間。其後不到一個半月，也就是9月9日的凌晨，毛澤東溘然長逝。

　　　　※　　　　　　　　　　※　　　　　　　　　　※

47　北京市委書記吳德負責此次鎮壓，後來承認，在鎮壓行動中當場一共拘捕了二百多人，雖然在一兩天內就釋放了一百多人，但未幾追查參加抗議活動的「積極分子」，又拘捕了二百多人。前後總共拘捕了388人。這些被捕人士在經過審查後陸續獲釋，到1977年7月為止全部出獄。見于光遠，《我親歷的那次歷史轉折——十一屆三中全會的台前幕後》，頁126-28。

48　此為官方發表的死亡累計數字，另70餘萬人受傷，其中重傷16.4萬人。見徐達深主編，《中華人民共和國實錄》，3：1398。

　　文革中有多少人受害？據說有300萬人被送到五七幹部學校中受訓。對大部分當事人而言，這等於是進入了勞改營，但是也有不少人認為，五七幹部學校只是生活稍微清苦一點罷了，甚至有人說五七幹部學校是休養的好去處。比較起來，有「叛徒、特務、走資派」嫌疑被立案審查的幹部，所受迫害最嚴重。中央國家機關和各部委有幹部18萬人，其中3萬人被立案審查。被審查的百分比是16.3%。各地方的國家幹部人數不詳，其中有17.5%被審查。這幾個數字並不足以顯示，文革中遭受立案審查人數的比率比延安的搶救運動為高。不過，由於這一次被立案審查的主要是高級幹部，例如中央副部長以上和地方副省長以上的高幹中，便有五分之三的人受到審查，其中包括國家主席、元帥將軍、政治局委員和國務院副總理，所以特別令人觸目驚心。尤其他們在審查過程中，遭受各種殘酷對待，不少人因而自殺，更有不少人被活活整死[49]。

　　中共的官方歷史強調幹部的遭受迫害，有意無意之間忽略了幾點：第一、文革中全部非正常死亡人數為172萬8,000餘人，其中黨員幹部占9.4%，為16萬2,000餘人，知識專業界人士占15%，為25萬2,000餘人。黨員幹部遭受迫害的比例遠不如一般群眾。第二、在整個文革期間，共有420餘萬人被關押審查和隔離審查。雖然紅衛兵和造反派應該為這些人的被迫害負責，但中共黨國體制中的公檢法機構，應該負更大的責任。因為公安機關逮捕和拘留了其中的130餘萬人，並以現行反革命罪判處13萬5,000人死刑。當然追根究柢，因為毛澤東發動文革，而紅衛兵和造反派的迫害是他這一波整風審幹中不可或缺的一環，也是這一政治機制允許範圍內的暴力，所以他要負全部責任。第三、文革的非正常死亡人數只有大躍進的十分之一不到，從農民觀點來看，其錯誤之嚴重，遠遠不如大躍進[50]。黨員幹部作為一個社會階層和土

49　王洪模等，《改革開放的歷程》，頁10。

50　黎自京，〈二千六百萬人慘死〉，《爭鳴》，頁19。

地革命時的地主階級頗有類似之處，如果貧苦農民對地主的暴力鬥爭是造反有理，則紅衛兵和造反派對所謂黨內當權派的暴力鬥爭也不是完全沒有「造反有理」的成分[51]。

在文革的第一個階段，毛澤東的當務之急是找到他的群眾。由於文革強調破舊立新，所以他從文化教育界入手，並選擇學生運動歷史悠久的北京大學開第一砲，砲轟所謂「資產階級反動學術權威」和「黨內走資本主義道路的當權派」，並立即引起各地大中學生的熱烈響應，紅衛兵的組織隨後便出現了。在這一個階段，毛澤東最關切的是找到他的群眾，當然不容許劉少奇在運動初期派工作組控制一切，甚至為了激化黨組織和「群眾」的矛盾，更故意犧牲負責黨機器日常運作的劉少奇和鄧小平，而不管這些人平日對他的忠心耿耿。

隨著文革的展開，毛澤東逐步把運動擴散到學校以外的黨政機關，甚至任由群眾運動遵循自己的邏輯向生產機關和軍事部門衝擊，並向全國各地方擴展。在這一個過程中，毛澤東不僅動用他的權威，制止被鬥的中上層幹部反制，也動用交通、糧食和其他資源，鼓勵紅衛兵和造反派起來批鬥。問題是：文革的鋒芒所指，青年學生和所謂造反派表現出來的只有狂熱和暴力，到處都是亂罵、亂打、亂殺、亂砸、亂搶，除使黨國體制陷於癱瘓之外，並無任何積極建樹。而紅衛兵內部山頭林立，彼此水火不相容，文鬥不足，又繼之以武鬥，為了武鬥，還到軍隊庫房和營區偷搶武器。毛澤東在紅衛兵達到他考驗高幹的目的、又證明無法接受他的完全控制後，約在1968年底決定釜底抽薪，一方面號召紅衛兵上山下鄉，到工礦工作，或到農村安家落戶，另一方面則強制解散所有的紅衛兵組織，從根本方面來消除一切動亂。

51　關於這個論點，劉國凱在《封殺不了歷史》，頁1-15，〈寫在出版之前〉有很清楚的說明。我所不能同意的是，劉國凱把這些「造反有理」的部分套上西方爭人權爭民主的史觀。

　　文革是開門整黨加上群眾運動，所以毛澤東一號召，黨內沒有一個人敢反對。尤其是毛澤東說，他的文革只是社會主義教育運動的新形式，要負責同志面對批評和揭發。不過像延安整風一樣，這只是文革的第一個階段。到第二個階段，也就是人民群眾的揭發和批評把上中層幹部燒烤之後，中共還是會回到延安傳統，由少數人組成各種專案小組或審幹小組，針對揭發和批判，開始進行隔離或不隔離的審查，以便分清案情輕重，再分別對待之。毛澤東為了做好這一階段工作，必須恢復黨的組織，所以他把紅衛兵趕出政治舞台之際，也命令黨組織重組。不過因為這重組的黨組織基本上是軍隊、幹部和群眾代表的勉強湊合，有文革的受益者，也有文革的受害者，所以黨組織不再有過去的那種緊密團結，而明顯出現了政治派別，彼此互爭，反過來又影響專案小組的工作，往往使其淪為政治迫害的工具。黨組織透過專案小組清除他們認為真正屬於問題人物的同時，為了吐故納新，必須大量吸收在文革中表現熱心的積極分子，所以黨組織不可避免地向激進的造反團體傾斜。

　　毛澤東此一階段所採取的方法，就很像劉少奇的工作組了，不同的只是經由派遣「軍隊黨」而已。軍隊繼續文革，一方面強力恢復黨組織，一方面清理階級隊伍，間接也擴大了「軍隊黨」的力量。毛澤東雖然達到了恢復社會秩序的目的，卻無法防止林彪事件的爆發。這一個事件使毛澤東必須直接面臨一個兩難的形勢，這就是他性格中理想和現實的衝突。光從理想來看，江青和張春橋諸人的言論基本上就是他的言論，可是這些人無論政治上還是思想上都不足以擔當大任，對實際日常工作尤其缺乏手腕。反而老幹部周恩來和鄧小平等人，實際從政經驗豐富，然而這些人除了毛澤東本人以外，無人可以駕馭。毛澤東越來越相信，自己百年之後，他們很可能像赫魯雪夫一樣，背離文革楬櫫的理念，並進而徹底否定自己思想和政治領導的正確性。處在這種進退兩難的困境之中，毛澤東從1971年後便徘徊在兩派人馬

之間，有時批評四人幫，有時也批評老幹部，有時支持四人幫，有時
也支持老幹部。然而畢竟時不我與，在沒有得到徹底解決方案之前，
毛澤東只好選擇能力不足但忠誠老實的華國鋒為其繼承人，所謂「你
辦事，我放心」是也。

第二節　政治掛帥和自力更生

　　文革期間，中共宣傳部門最重要的兩個口號是：農業學大寨，工業學大慶，基本立場是反對資本主義法權。不論資本主義法權的原始意義為何，它在毛澤東時代泛指任何追求利潤的活動，等同於市場活動。在這種思想的宰制之下，商業化等於資本主義化；農村的集鎮市場和自留地，工廠的計件工資制和獎金制度，全都變成了資本主義的尾巴，要接受手術割除。由於這種反商業的立場，整個中國大陸回歸到自然經濟，連大躍進之後恢復的自由市場及小商小販活動，都幾近消失。在這種社會裡，現金沒有太大的實質意義。山東農民在自家後院挖到金子以後，立即全部捐出。這在中國大陸被宣傳為社會主義道德的最高表現，在海外也曾引起地上天國終於來臨的聯想。其實在這種幾乎沒有商業的社會裡，最重要的價值是幹部和鄰里的好感，金錢財寶除了激起嫉妒之外，並不能帶來任何好處。農村回到自然經濟，城市也有同樣的傾向，生產的目的便是生產，可以說和交換無關。城市沒有耀眼的廣告、市招，也沒有活躍的夜市和吸引人潮的娛樂場所。城市人辛苦一整天之後，就只有回家休息，服務業是沒有人聽過的字眼。

　　在沒有市場經濟的社會裡，黨一元化領導的官僚體系，從背後走到面前。這個體系伸展到每一個所謂單位裡，農村的最基層單位是生產小隊，工礦企業的最基層單位是車間、礦坑，城市的最基層單位是街道里弄，每一個人都有一個單位，單位之間，一般群眾幾乎沒有來往。各級行政單位主管，除上下之外，幾乎沒有橫向聯系。彼此追求自給自足，以致全國經濟分割成條條塊塊，到處都是獨立自主的經濟系統。在這樣的制度下，單位首長的權力極大，掌握每一個個人的收入、福利以及其他一切權益。尤其是文化大革命中，一個運動接著一

個，運動中沒有法律，只有「階級鬥爭」，單位首長掌握刑賞大權，他所需要的關切只有上級，而在下級面前他則很容易便變成「土皇帝」。雖然上級的分裂，可能為他帶來困擾，但是隨著紅衛兵運動的終止，這種可能性愈來愈小，單位中的家長制則愈來愈嚴重。

文革期間的社會如此變化，文化又呈現什麼面貌呢？1957年反右運動以後，中共黨國體制外的知識分子大體已不存在了，存在的是體制內的知識分子。但是因為毛澤東徹底否定文革前十七年中共文教機關所作的一切努力，認為他們只是散播資本主義和修正主義的毒素，因此所有文宣機關以及其所控制的文藝、出版、教育、科技團體和機構，都受到嚴重打擊。所有的知識分子都變成臭老九，必須接受工農兵的再教育。同時毛澤東在制度上揭櫫除舊布新，要求建立一個全新的文教體系，在這個體系中沒有資產階級思想的汙染。只是事與願違，新的文教體系始終未能建立，而舊的文教體系卻已橫遭破壞。影響所及，人民的文化品質，有直線下降的趨勢。

一、十年空白的教育制度

為了從意識形態方面改造和重組官僚系統，毛澤東以他個人的聲望發動學生來從事革命，發動紅衛兵來打倒所謂反動學術權威和文教宣傳機構中的黨官僚。一方面是毛澤東成為壟斷一切知識的思想導師，另一方面則是正常的學術和教育活動完全停止。

對毛澤東的個人崇拜，經過文化大革命的激盪，被推到極致，成為一種新型的宗教。1966年8月起，毛澤東先後八次接見紅衛兵，每次接見，都有百萬以上的紅衛兵參加。場面之壯觀，為歷史所未有。紅衛兵來自全國各地，揮舞紅色封面的毛澤東語錄，向天安門上的毛澤東致敬。紅旗如海，歡聲雷動，紅衛兵感激涕零，熱淚盈眶，甚至歇斯底里。另一方面則是全國的出版界，以出版《毛澤東選集》為首要任務，以致其他業務停頓。文革前十七年，全中國大陸總共印了1,000

萬套《毛澤東選集》，但是從1966年文化大革命開始以後，五年之內共印了普及本6.9億冊、合訂本5,400萬冊。當時全中國人口為7.5億左右，所以平均算來，至少每一個成人都有一套《毛澤東選集》在手中。《毛主席語錄》和《毛澤東著作選讀》旨在普及毛澤東思想，當然印得更多，前者在五年內共印了10.58億冊，後者則印了24.09億冊。總計，中共為了宣傳毛澤東思想，以漢文、盲文、8種少數民族文字，以及36種外國文字，在文革的頭五年內，共印了42.06億冊毛澤東著作，使之成為人類有史以來發行量最大的書籍[1]。在文革高潮期間，電視尚屬罕見，但電台每天要按規定，以三分之二的時間廣播《毛主席語錄》。於是通過街頭巷尾和農家阡陌中的廣播系統，每天都是語帶激昂的《毛主席語錄》。剩下的時間，也只有調子高吭的革命音樂。而為了增加政治學習的效果，全國各地的路旁、牆側，甚至商店櫥窗、農舍大門，以及廁所圍欄，凡是能想到的地方，也不分國際觀瞻的城市還是窮鄉僻壤的農村，都出現朱紅或是金黃顏料塗寫的毛澤東語錄，形成當時人所謂的「紅海洋」[2]。

在這個對毛澤東崇拜瘋狂到頂點的時代，除了誦習毛澤東語錄以外，所有文教活動幾乎都停頓。文化大革命紅衛兵除四舊，嚇得許多學校和機構，把文物字畫和線裝書都燒掉了。許多知識分子害怕被羅織入罪，連一生心血的文稿也付之一炬。書店除了毛澤東的著作外，看不到其他出版品。文革前夕，中國大陸每年可以出版45,000種書，到1967年，一年卻只出版3,000種書。市場上的各類出版品總數，一下子便減少了95%。雜誌方面，1964年中國大陸共出版856種，文革爆發後也紛紛停刊，霎時之間只剩下22種。節省下來的紙張，大概全用來印

1　方厚樞，《中國出版史話》，頁264。官方統計顯示，從1966年到1970年，政府共印行毛澤東畫像和攝影像41.55億張，單張毛澤東語錄20.727億張。

2　凌志軍，《歷史不再徘徊：人民公社在中國的興起和失敗》，第2版，頁262；張樂天，《告別理想：人民公社研究》，頁439-40。

對毛澤東的個人崇拜之一。圖①是北京大學學生歡呼《毛澤東選集》出版。圖②是《毛澤東選集》在某大學發行時的情景。圖③是《毛澤東選集》在山區彝族地區發行時的儀式。圖④是印刷工人在檢查、包裝《毛澤東選集》。

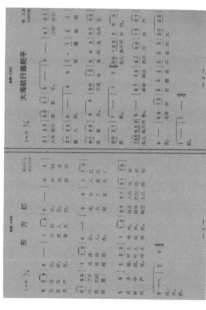

對毛澤東的個人崇拜之一。毛澤東的「寶像」無所不在，到處都是捧著毛澤東「寶像」遊行的人群。瘋狂的人群、紅色的旗海，擴音器的高亢聲浪，乃是文化大革命的三大特色。當時最流行的兩首歌曲是「東方紅」與「大海航行靠舵手」，右下圖為其歌譜。

毛澤東的著作了。雖然這不表示其他的書籍都沒有了，但是要看其他
書籍，讀者總得格外耗費心力，而且經常必須透過私人和秘密管道才
得以取閱[3]。在表演藝術方面，歐美電影和唱片原來便只是少數人物的
享受，這時連本國電影和戲劇也都在打倒禁止之列，全國只有《紅燈
記》、《紅色娘子軍》、《智取威虎山》等八個政治宣傳的樣板戲。
雖然藉口批判「毒草影片」，影迷也可以看到一些很好的作品，但是
樣板戲畢竟演出最多[4]。儘管這些樣板戲也不是全無可觀之處，究竟內
容都是誇張的政治宣傳。何況，一看再看，也容易令人倦怠。總之，
中國大陸的文化活動的範圍狹窄了許多，也單調了許多。

　　在這種政治氣氛中，毛澤東崇拜越來越宗教儀式化了。幾乎每一
個人都穿上毛裝，胸前別著毛像章，口袋中裝著小紅書。住房門口貼
上「忠」字和毛的聖像。每天早上起來後，第一件大事便是大家集
合，向「忠」字和毛的聖像唱歌：「天大地大不如共產黨的恩情大，
河深海深不如毛主席的恩情深……」接著背誓詞，向毛主席、林副主
席以及他們所領導的黨中央效忠；再讀頌詞：「敬祝毛主席萬壽無
疆，萬壽無疆；林副主席永遠健康，永遠健康。」最後請示一天工
作。同樣的儀式，晚上重複一次，不過不再請示，而是匯報一天革命
的經驗。不論「早請示」或是「晚匯報」，都一定會集體讀一段毛主
席語錄，或跳一回忠字舞。總之，毛澤東的肖像和語錄神聖化了，很
快地，連他送給紅衛兵的芒果都被當成聖物來看待；而不小心損毀了
印有毛澤東三個字的報紙，更會惹上「反革命」的罪嫌，遭受無休無
止的批鬥。無論是幹部還是老百姓，平常辦什麼事，講什麼話，首先

3　王紹光，〈拓展文革研究的視野〉，《二十一世紀雙月刊》，1994年2月
　　號，頁101。

4　同上，頁101-2。在此必須指出，官方也放映史達林時代的蘇聯影片，以及
　　「社會主義兄弟國家」阿爾巴尼亞、北韓、越南、羅馬尼亞和南斯拉夫等
　　國的電影，多少為影迷提供了一個紓解的管道。

都要引用一句毛主席語錄；倘使不同意對方意見，想反駁對方，則必須引句毛主席語錄，否則就是輸了場面；連中、小學生的口頭禪都變爲「向毛主席保證」。毛澤東成爲「紅色教主」，他爲十億人民思考，十億人民則以他的思想爲思想[5]。不幸，教主的話留下太多的想像空間，而每一個人在詮釋時，都聲稱自己公正無私，也正確無比，當仁如何能讓？所以紛爭不斷。其實詮釋者縱能完全免於私慾，免於情緒，又真能完全免於主觀和成見嗎？

既然十億人民都不需要思考，難怪知識分子會被稱爲臭老九了。文革一爆發，大中小學裡的許多教授老師都被當成「黑幫分子」或「反動學術權威」，遭受無休無止的侮辱和批鬥。據王友琴估計，文革期間，約10%的老師被當做專政對象毆打，而在她調查過的76所學校中，都發生過學生打死老師的事件[6]。1968年底，紅衛兵運動雖然告一段落，大學的教職員的境遇並無明顯改善。他們像其他機關單位的幹部一樣，大部分都被送往鄉下的五七幹部學校，過集體生活，從事勞動改造。在這種政治大環境中，知識變成無用的垃圾，教育當然可以任由停頓，學生的學業也可以任其荒廢。文革前夕，中共的大專院校每年可以畢業20萬人，文革一發生，連一個大學畢業生都沒有。大學教育停頓兩年後，名義上恢復上課，但到1971年始有真正教學活動。最初學生只有6,000人不到，而且都是根據政治掛帥的原則所招來的「工農兵」學生，其中絕大多數都僅有初中生程度，不過總算又開始有大學生了。後來逐年增加，到1976年，也纔有15萬人。由於上述緣故，十年文革，大陸少畢業了100萬名大學生。中小學教育的情形也是一樣，其中中等專業學校少畢業了200萬名學生。由於施政重點不在教育，國家的教育預算當然少得驚人。以1968年爲例，當年中共用在無

---

5 楊寬，《歷史激流中的動盪和曲折——楊寬自傳》，頁297-99。

6 王友琴，〈1966：學生打老師的革命〉，《二十一世紀雙月刊》，1995年8月號，頁34，40。

償援外上的費用占全部預算的6.2%，可是花在7.5億人口的教育費用只占國民總收入的6.25％。兩相比較，中共似乎寧願打腫臉充胖子，在國外花錢購買友誼，也不在乎國內教育的廢弛和停頓。

諷刺的是，文革的重點原本是教育改革，目的在製造新社會的接班人。早在1964年2月，毛澤東已要求學制、課程、教學方法和考試制度的全面改革[7]。他顯然對文教官員執行此一指示的情形極為不滿，所以文革一爆發，文教界的激進派窺知其意，立即在教育革命的口號下，針對入學和招生方式進行徹底改革。這種改革就是廢止高中和大學的聯考招生，改採推薦方式收取學生，而推薦的標準則為階級背景和政治表現。儘管因為紅衛兵的活動，學校停課，使得這些改革缺乏實質意義，但是到1970年秋大學開始恢復招生以後，其影響便異常明顯了[8]。此時主管教育的部門立即根據前述構想，規定中學畢業生必須先在農村或工廠勞動兩年，纔可以正式進入大學受教。唯落實以後，弊端叢生。由於農村和工廠單位負責推薦，而他們的推薦乃以政治表現和本單位的需要為主要考慮，所以被推薦的學生一般程度低下，根本無法應付課業。而且因為缺乏客觀的標準，賄賂走後門的風氣迅速形成，幹部濫用推薦權力的故事到處流傳。

當時，中共也根據毛澤東1964年的指示，繼續對學校進行改革，比如減少課程、縮短教育年限等，同時強調體力勞動和政治教育。結果四年的大學課程縮為2、3年，某些應修的學術課程遭到削減，工廠和農村實習替代了實驗室的訓練。政治課程更大為增加，學生一天到晚忙於政治，以致原本程度低落的學生，入學後更難於自我提升，所以畢業後仍舊素質低劣，也許能說善道，但夸夸其談，不足以應付職

7　馬齊彬等，《中國共產黨執政四十年》，頁241。

8　席宣、金春明，《文化大革命簡史》，頁175。1967年10月14日，中共中央下令大、中、小學復課，但是實際上因為學校教職員受批評和審查，學生又沒有返回校園，所以絕大多數大學和中學無法復課。

對毛澤東的個人崇拜之三。圖上為紅衛兵在天安門廣場跳「忠字舞」。圖中為廣東博羅縣的一家八口在唱「語錄歌」。圖下為雲南陸良縣的農民在早晨出工前，對著毛澤東像「早請示」。

業上的挑戰。易言之，所謂工農兵學員，紅而難專，只會在政治口號中打轉。當考試繳白卷的張鐵生成為政府宣傳的英雄，並得以進入大專院校就讀時，大學生素質下降得尤其快速。面對這樣的大學生，教授束手無策。學校經過紅衛兵的折騰，已不知何謂尊師重道，師資不足更成為嚴重的問題。工農兵學員畢業後，找不到工作，多數留校任教。可是濫竽充數，無法勝任其職。毛澤東號召「建立無產階級的教師隊伍」，不料卻為學校增加了無數吃閒飯的冗員，形成中國大陸教育資源不足，而教職員和學生的比例高達1比4～5，甚至2～3的奇特現象。學校的教學品質非但沒有改善，反而跌落到谷底。

文革期間，中共規定中學生畢業以後，必須先到農村和工廠勞動工作，向基層工農學習。這個政策可以追溯到1955年下半年。當時政策的著眼點有二：一是畢業生就業困難，國家無法一一分派工作；一是農村需要知識分子擔任技術和管理工作。文革爆發後，大學聯考廢止，學校停課，中學畢業生既不能進大學，政府也不可能為之分配職業。到1967年10月，大中小學復課，應屆畢業生仍然無處可去，只得留在學校搞革命。當時城市有待業青年1,000萬人左右，他們留在城市也只能做紅衛兵。到1968年下半年，毛澤東的主要考慮是恢復社會秩序，要把知識青年從城市調離，於是號召知識青年上山下鄉，到農村中接受再教育，並幫助縮小城鄉差別。霎時之間，上山下鄉蔚為全國的大潮流。上山下鄉主要是志願的，但也不乏強迫動員。當時大批判開路，精神壓力極大，如果拒絕下放，便會被視為反革命。而為了完成動員學生的任務，幹部也使用強遷戶口、斷絕口糧、停發口糧等辦法，造成不得不然的情勢。知識青年到農村以後，名義上都是為農村服務，實際上農民必須負擔他們的口糧、住房、醫療，因此對他們並不歡迎，甚至是懷抱怨恨。從1968年到1978年為止，整整10年之間，全大陸總共有1,623萬青年下鄉或到邊疆和工廠去。

文革爆發後，所有學校都遭受打擊，比較起來，只有五七幹部學

校一枝獨秀[9]。五七幹校是根據毛澤東1966年5月7日的指示設立的，目的是落實「全國人民學解放軍」，讓幹部在軍事管理之下一面從事體力勞動，一面從事政治學習，以便改造自己成為既紅又專、多才多藝的「全面人」，既能從事群眾工作，也能從事農副業生產，既能辦理中小工廠，也能從事政治宣傳。1969年4月的九大閉幕以後，全國各地都在毛澤東的號召之下，大辦五七幹校，中央一級機關共開辦了106所，各省市也開辦了至少1,497所。這些五七幹校，共收容了中央機關幹部119,000人，省級機關幹部258,700人，地委級機關幹部308,000人，縣級機關幹部495,300人。至於實際辦學內容，端視各機關負責辦理人員的想法而定。少數五七幹校像避難所，幹部前去，感覺上像都市人回歸農村自然，絕大多數則根本就是受審查、被批判、被整肅幹部的勞動改造營。下放幹部白天從事超過體力負荷的勞動，晚上則是政治學習，學習階級鬥爭和社會主義，「鬥私批修」，批評所謂走資派，並且要求學員坦白反省，自我檢討，在自己的靈魂深處鬧革命。儘管林彪事件發生後，學員已開始恢復工作，但直到毛澤東死後，仍然有相當多的人繼續在五七幹校接受改造[10]。

二、文革中的農村和城市

文化大革命的最大影響，還在「工業學大慶、農業學大寨」這兩個口號上。大慶是遠在東北邊陲的油田，大寨雖然離北京不遠，卻是太行山上的貧窮村落。向它們學習什麼呢？答案是學習這兩個地方工人和農民苦幹實幹的作風。他們在缺乏專家、毫無外力協助的艱苦環境中，提高了生產；他們為了建設共產主義美好的明天，不論犧牲多少個今天，也不論眼前是否能夠看到實在的報酬，都只是拼命苦幹實

9　楊絳的《幹校六記》是關於五七幹校最引起共鳴的作品。該書收入楊絳，《楊絳作品集》第2卷。

10　趙生暉，《中國共產黨組織史綱要》，頁382-84。

幹。他們群策群力，依靠集體的力量，克服種種困難，造就了一點經濟奇蹟。就這幾點來說，大慶和大寨也確實有值得學習之處。可是一旦化爲學習毛澤東思想的樣板，把所有功勞歸於毛澤東思想，所有成就歸於階級鬥爭時，則不免也把問題簡化了，主其事者甚至開始弄虛作假。其他各地模倣起來，當然就不免橘踰淮而爲枳的命運。

毛澤東、陳永貴和錢學森。陳永貴是農業生產英雄，錢學森是中國原子彈之父。一個代表落後農業的社會主義改造，另一個代表尖端科技的迎頭趕上。毛澤東在1964年底和他們兩人會見，透露了他對中國未來的期望。

　　文革初期的主要活動在城市，農村受到的波及並不嚴重。城市每天都是無休無止的政治宣傳，相較之下，農村要平靜多了，但也不能完全自外於政治影響。當時農村仍是三級所有制，即人民公社、生產大隊和生產隊三級。由於打倒資產階級當權派就是打倒劉少奇，因此劉少奇主持的四清運動遭受批評，農村的工作組被撤回，四清運動中遭打擊的基層幹部又捲土重來。這些基層幹部一般都是貧苦出身，捲土重來後受到毛澤東階級鬥爭的鼓勵，對殘餘的地主富農落井下石。又由於城市的行政體系遭受衝擊，自顧不暇，鄉村幹部比較容易逃避各種監督，有天高皇帝遠之感，甚至成了土皇帝，宰制一方。隨著紅衛兵運動的停止，1968年底政府號召紅衛兵下鄉落戶，原本冀望他們帶來基本的科學知識，饒益鄉村。但實際上紅衛兵並無太多貢獻，反

而因為消耗糧食而成為窮困農村的負擔，經常受貧苦農民的嫉恨。

然而紅衛兵的上山下鄉，也為農村帶來比較激烈的運動。1969年農村在打擊「資產階級復辟勢力」的號召下，不但打擊苟延殘喘的地主富農，也打擊在農村集鎮市場中謀利的富裕中農和手工業戶。這段期間，農村的播音系統相當完備。高度政治化的政策下，每天從早到晚都是政治廣播，若不是宣達政令，便是灌輸意識形態。革命歌曲更是響徹田間，日夜不斷。儘管如此，農村的自然經濟傾向卻越來越明確。各地區間有上下政府的往來，卻缺乏橫向的交換關係。美國學者Vivienne Shue以「蜜蜂窩」形容此時的中國農村，認為蜜蜂窩的每個單位間有難以穿透的保護膜間隔，不容彼此有任何性質的溝通；中國的各個農村之間，也有一層難以穿越的厚牆，妨礙彼此往來[11]。

文革期間，這個「蜜蜂窩」以每年 3.1% 的速度發展農業，比人口增長率 2% 更快。文革前期，即1966年到1969年，農業曾出現明顯遞減的現象，故1970年以後農業成長的速度應比 3.1% 為高。農業部門有如此不錯的表現，其故安在？目前農業專家尚無一致結論。一般西方中共專家認為，大規模的水利建設，對預防旱澇並無明顯效果，耕地面積的增加應該才是重要因素。官方統計數字雖不能支持此一說法，但自大躍進以來，瞞產成風，基層幹部經常不從實申報耕地面積，而中央農政官員害怕竭澤而漁，也有意縱容，因此也不能全然否定。只是有些學者堅持，農業的成長應該歸功於化學肥料的大量進口和農業技術的改良，尤其是植物品種的改良，甚而主張當時曾靜悄悄地發生過「綠色革命」[12]。也有學者反對這種看法，認為使用化肥和殺蟲劑、植物品種改良及農村勞動力的動員，都沒有太大的增產作用，真正起作用的是機器抽水井的普及，以及隨之而擴大的灌溉面積。

11　Vivienne Shue, *The Reach of the State: Sketches of the Chinese Body Politic*, pp. 123-154.

12　例見莊孔韶，《銀翅：中國的地方社會與文化變遷》，頁152，175。

　　無論農業增產的原因為何，陳永貴的大寨經驗是文化大革命中的樣板，象徵毛澤東眼中的中國未來，毛澤東以其為榜樣掀起了全國學習的風潮。早在1964年，毛澤東便已注意到大寨的經驗，但是當時只當做山區生產的典型來看，並沒有人想到把它和四清運動結合，作為農村階級鬥爭的典型來推廣。到文革爆發，毛澤東因為大寨突出政治，強調學習毛澤東思想，有益於生產，「農業學大寨」於是成為中國大陸家喻戶曉的口號。大寨在剎那之間每天擠滿不遠千里而來的取經人潮。然而隨著文革的矛頭指向奪權鬥爭，大寨的人潮迅速退去，一直到各地奪權鬥爭告一段落，文革的矛頭轉向「促生產」後，大寨的人潮纔在1970年以後恢復舊觀。而大寨經驗已成為文革後期最引人矚目的旗幟，受到全國各地的讚美和仿效。

　　大寨經驗的特殊之處，是自力更生及集體生產。大寨位於山西東南太行山區的昔陽縣，是個窮山惡水之地，雖不是十澇九旱，但農民長期以來靠天吃飯，生活始終處於饑餓的邊緣。大寨是一個自然村，在中共的行政體系中，是一個很小的生產大隊，人口不滿500，戶數僅在70～80之間。大躍進失敗以後，全國各地的人民公社都以生產小隊為基本核算單位，這裡的大隊書記陳永貴卻頑強抗拒，堅持仍以大隊為基本核算單位。他口頭上雖然遵奉按勞分配的原則，實際計算農民的工分時，卻明顯摒棄物資獎勵的原則，而由農民根據工作態度和政治思想自報公議，以致各人的工分差距，微乎其微。陳永貴為了堵塞農民對個體經濟的嚮往，不許農民有自留地、自留樹，甚至連自家的糞坑也不得保留。而為了逼迫農民全心全意為大隊奉獻，也禁止農民從事商業、運輸業以及其他副業，甚至關閉農村集市貿易點。他把大隊的力量全部集中在改變地貌之上，或改水換地，變不毛山丘為水澆梯田，或築壩攔水，化河川荒地為沃野膏腴。幾乎在完全沒有政府補助的情形下，單憑著苦幹實幹的精神，使大隊的糧食產量大幅度提昇，並明顯地改善了貧下中農的生活。

　　陳永貴是勞動模範，到大躍進時，纔開始識字，基本上並沒有什麼「文化」，但能說會道，領導才能極佳，是一個天生農民領袖。尤其能以身作則，率領貧苦農民移山換水，生活卻始終一如往昔，克勤克儉，和一般農民沒有兩樣，有墨家摩頂放踵、勞苦自屬的作風。然而自我表率並不足以完全說明陳永貴的全部領導風格，他動員農民大眾，主要還是靠毛澤東所鼓吹的政治掛帥和思想改造。政治掛帥就是把農村社會分成走無產階級路線和走資產階級路線兩類人，領導前一類人對後一類人進行無休無止的階級鬥爭；而思想改造，就是「鬥私批修」、「破私立公」和對「走資派、民主派、壞人、老好人、被階級敵人拉下水的人」等所謂五種人，進行毫不留情的批鬥。

　　由於陳永貴自己解釋什麼是公、什麼是私、什麼是階級鬥爭，又什麼是五種人，所以政治掛帥和思想改造很容易凌駕法律，淪為打擊「異己」的工具。凡是對大寨經驗有不同意見的幹部，陳永貴都把他們當做地富反壞右的黑五類來批鬥懲罰，而凡是他看來不符合「公義」的行為，譬如工作中叫苦叫累，分配時爭先恐後，陳永貴也都召開群眾大會，展開批鬥。

　　陳永貴的批鬥之嚴厲，可以從其大隊中發生的「非正常」死亡人數得知。文革十年加上華國鋒時代，陳永貴是昔陽縣委書記，他的政治批鬥不曾真正遵循毛澤東「治病救人、懲前毖後」的原則，曾經當場活活打死2人，隨後引發大病致死14人，逼上自殺死路125人。自殺的方式千奇百怪，投水窯者有之，栽水甕者有之，跳水池者有之，投水庫者亦有之，稍多者為跳崖，絕大多數人則是投井和上吊[13]。透過無休無止的批鬥，陳永貴對下屬進行思想改造，同時也充分發揮大家長作風，不但什麼事情都是一個人說了就算，更不會容忍任何對大寨經驗不恭不敬的發言。只要力有所逮，絕對還以顏色，甚至從外

13　孫啟泰、熊志勇，《大寨紅旗的昇起與墜落》，頁143，150。

地抓來嚴厲批鬥。在這種嚴厲又不斷鬥爭的緊張氣氛中，一般農民別無選擇，即使心存保留意見，也只好以他為榜樣，發揮所謂大寨精神。因為他們知道，老老實實參加集體勞動，至少還會帶來一些生活改善，否則就完全只有災難了。

　　大寨經驗所強調的農業生產方式，基本上是集約農作，可以大量吸收農村的勞動力，但是對於單位勞動力的生產率，並沒有提高的作用[14]，儘管如此，毛澤東以糧為綱，所注意的只是糧食產量絕對數字的增加。既然大寨經驗具體提供了畝產量增加的證據，毛澤東自然鼓吹提倡。大寨能夠體現毛澤東思想，以「愚公移山」的精神，改土換水，增加墾地，為什麼其他地方不能？大寨能夠政治掛帥和自力更生，為什麼其他地方不能？陳永貴能夠創造大寨奇蹟，為什麼其他地方不能？大寨的陳永貴能夠「為人民服務」，為什麼其他幹部不能？根據這種思考邏輯，毛澤東對全國各地農村提出向大寨學習的挑戰，既沒有注意到大寨經驗的特殊性，也沒注意到其背後所隱藏的政治壓迫。其實，陳永貴所用強迫與志願結合的領導方式，本來就是毛澤東所提倡的[15]。所以當周恩來發現了大寨的經驗而向毛澤東推薦時，很容易便得到了青睞，毛澤東登高一呼，全國風動草偃，各地馬上一窩蜂地展開學習。

14　關於這一點，黃宗智把這個現象稱做Growth without development（沒有發展的增長）。張樂天根據他這個論點、又有進一步的發揮。Philip Huang, *The Peasant Family and Rural Development in the Yangzi Delta, 1350-1988*, pp. 236-41；張樂天，《告別理想：人民公社制度研究》，頁422-23。

15　張樂天研究浙江海寧的人民公社後，下結論說：「公社需要以領袖崇拜為中心象徵的，具有超經濟強制力的，足以有效地規範農民的意識形態」。這個意識形態成為農民「場面文化」的主要內容，但其所以對農民有深刻的影響則是透過「鬥爭哲學」的發揮來表達的。他雖然認為鬥爭哲學發展到極致，會帶來「紅色恐怖」，並不可取，但是他也承認，「鬥爭哲學」是人民公社能夠維持其生命力的主要原因，張樂天《告別理想：人民公社制度研究》，頁434-41。

農業學大寨。陳永貴是山西昔陽大寨生產大隊的書記。他以身體力行,艱苦卓絕的墨家精神,領導大寨農民,發揮自力更生的精神,透過集體勞動的方式,改山換水,增加糧食生產。周恩來把他的經驗推薦給毛澤東,毛澤東把他的經驗當成樣板,號召全國農民學習,沒有人注意到大寨經驗背後的特殊性、專制和破壞性,更沒有人注意到全國一刀切、死搬大寨經驗的不良後果。

　　毛澤東提出農業學大寨的口號後，全國各地競相模倣。許多地方
幹部，不問是否具備主客觀條件，都依樣畫葫蘆。他們因爲大寨樣板
的鼓舞，努力改山換水，殊不知改山換水，雖然製造耕地和增加灌溉
面積，卻極可能只是虛擲人力，徒然造成環境的破壞。農民與草原爭
地，草原退化成寸草不生的沙漠，農民與湖泊爭地，氣候失去自然的
平衡。中國大陸有名的湖泊，無論是洞庭、鄱陽、太湖還是滇池，都
因爲比傳統嚴重數倍的圍湖造田而在迅速消失之中，1975年安徽、河
南兩省甚至因此而發生前所罕見的大水，長江也加速變成新黃河，和
黃河一樣，黃沙滾滾，一樣帶來災難[16]。

　　此外，農業學大寨還帶來幾個嚴重的問題。第一、以糧爲綱，忽
視經濟作物的種植[17]；加上種種「割資本主義尾巴」的作法，比如縮
小或取消自留地，關閉農村貿易點等等，結果使農村回到自然經濟狀
態，基本上只有垂直的上下來往，而無平面上的貿易交換。第二、
「割資本主義尾巴」，使農民的生活完全依賴集體經濟，而誰控制了
集體經濟，誰就能控制農民。各級黨委更能藉口階級鬥爭和路線鬥爭
的需要，來擴大權力揮使的空間。權力越來越大，權力的誘惑越來越
強，農村中的「土皇帝」也越來越多。上焉者猶知「爲人民服務」，
下焉者則不可聞問。文革期間，許多知識青年響應毛澤東上山下鄉的
號召，到農村去，他們就見識到農村「土幹部」的威風；女知識青年
所受到的「性迫害」，也充斥在文革後的傷痕文學作品之中。第三、
有的生產單位在分配所得時，工分所得僅占全部所得的20～30%。然而
工分的計算，又不能遵循「按勞分配」的原則，不論做什麼工作，所

16　王山，《第三隻眼睛看中國》，頁53-54。

17　Dali L. Yang, *Calamity and Reform in China*, 109-112. 文革期間，經濟作物
　　的畝產量增加了6.2%，但糧食作物的畝產量卻增加了42.1%。照平衡理論
　　推測，經濟作物的播種面積應比糧食作物增加很多。可是文革期間經濟作
　　物的播種面積雖然比1962年稍多，但比1957年要小。

得工分都相差無幾,結果工分差別沒有實質的意義,分配像是又回到了供給制。農民有「大鍋飯」可吃,生產的積極性減弱,大多數農民都在混日子。

中共在喊出「農業學大寨」的口號時,知道農村的改造並不能完全依賴農業,仍必須把大多數農民工人化。建立包頭鋼鐵基地的經驗顯示,經過30年的努力以後,基地的人口雖然由最初的 2 萬多人增加到40～50萬,內部也變得相當複雜,卻始終無法改變四圍農村人口的物質生活[18]。大躍進期間,毛澤東要各人民公社自力更生,號召「全民大辦工業」,除大煉鋼鐵之外,也建立了不少的社隊企業。社隊企業規模之大,一度擁有1,800萬職工,然而隨著三年大饑荒的發生,幾乎全部無以為繼[19]。

文化大革命爆發後,城市動盪不安,生產停滯,不少工廠把生產轉移到比較安定的農村,社隊企業於是捲土重來。1966年共有1.6萬個,1970年增為4.5萬個,到1976年更增加為10.6萬個,發展異常迅速。毛澤東動員紅衛兵下鄉,農村擁有一批文化水平比較高的學生。配合這個有利因素,中共中央於1969年撥給農業使用的鋼材增加了一倍,次年又在各省、縣大力發展小型工業——小電站、小煤礦、小化肥廠、小機械廠、小鋼鐵廠,企圖形成為農業服務的地方工業體系。受到上級的影響,各人民公社和各生產大隊,也都紛紛創辦企業,利用農村的剩餘勞力和附近的原料,生產水泥、農業機械、化肥、鋼鐵和電力。其中水泥和化肥的產量最高,約占總產量之半。品質雖然有待改善,但成本低廉,正好符合農村需要,對農村的發展甚有助益。可惜這些社隊企業基本上追求的是自力更生,所以產生的效果是使人民公社更加蜂窩化,而社隊黨委書記則由於掌握社隊企業而權力大增。

城市基本上是行政和工商企業中心。文革期間,行政機關所受到

18　費孝通,《鄉土重建與鄉鎮發展》,頁11。

19　威廉・伯德、林青松合編,《鄉鎮企業的歷史性崛起》,頁10。

的衝擊最大，工礦企業居次。中共實行統購統銷政策後，城市既變成農民心目中的天堂，也變成了禁地。文化大革命期間，城市居民活在票證制度下，生活上的種種需求，皆有賴於所屬單位和街道辦事處轉發的各種票證，除了糧食、食油和棉布定量配給以外，購買手錶、自行車、縫紉機和黑白電視，都需要單位證明，甚至魚肉蛋奶、肥皂、火柴、縫衣線布等基本的生活必需品，也都在政府控制之下。從城市居民所享受的福利和照顧來說，他們比農民幸運。然而正因為這些福利和照顧，城市居民比較容易成為被動員的對象。響應動員雖然影響工作和生產，但生活有保障，也沒有其他選擇，故何樂而不為？這是文革在城市比農村熱鬧的一個基本原因。

文革爆發後，毛澤東最初將紅衛兵運動限制在大中城市的文教黨政機關，後來波及到生產單位時，他也特別強調「抓革命」不能忽略「促生產」。其後，打倒走資本主義的當權派，紅衛兵到處串連，奪權造反活動便難以避免地向工農擴展了。1966年底，首先受影響的便是所謂無產階級工人。工礦企業中，心懷不滿的工人和幹部，紛紛響應，成立造反組織，要求改善生活，甚至不惜破壞生產秩序，罷工請願。他們的背後可能有激進派紅衛兵和中央文革小組撐腰或煽風點火。另一方面，原來的領導幹部，面對造反組織的挑戰和批鬥，有人放棄職責，不聞不問，也有人大開方便之門，造反派要求什麼，就答應什麼。然而更有不少幹部以物資利益來爭取與黨，他們在地方黨委等所謂當權派的暗中支持下，表面上是形格勢禁，不得不爾，實際則是任意揮霍國家的資產，用以鞏固自己同黨的支持。雙方你給我與，形成惡性競爭，「經濟主義」因而大行其道，不僅工礦企業沒有足夠資金運作，反而引發搶購商品的消費歪風，大量減少銀行的存在[20]。

「經濟主義」的歪風，加上工人造反所帶來的影響，使得工礦企

20　有關上海情形，參閱李遜，《大崩潰：上海工人造反派興亡史》，頁272-301。李遜把經濟主義的責任完全歸諸造反派，似乎有為當權派開脫之意。

業的產值急遽下降，中共遂不得不於1967年初開始進行干預，派軍隊接管，強迫成立革命委員會。革命委員會理論上是老、中、青三代幹部的結合，內部有原來的領導幹部，也有群眾組織的代表，但是除了上海是明顯的特例以外，各地區的權力，多半集中在軍隊的代表手中。然而不管在那個地方，革命委員會都有外行領導內行的傾向，而在革命委員會的領導之下，保守派和造反派之間的明爭暗鬥也依舊持續不衰。一直到1968年紅衛兵運動結束，工礦企業纔恢復原來比較穩定的生產秩序。

儘管工礦企業開始恢復生產秩序，但是受到「工業學大慶」口號的影響，工礦企業的內部仍然激盪不已。「工業學大慶」的大慶原名薩爾圖，位於哈爾濱西北一望無垠的沼澤地上，在1959年大躍進時發現石油。中共於次年動員四萬職工，包括三萬復員軍人，在缺糧缺房、缺乏資金和現代化設備的條件下，突出政治，強調自力更生，以「大會戰」方式，集中「優勢兵力打殲滅戰」，「黑天和白天工作一樣」，「壞天氣和好天氣一樣」，在短短的三、四年之間，終於克服大躍進帶來的饑荒，並在這個渺無人跡的低漥草原上建成中國最大的油田之一。

大慶經驗所標榜的英雄鐵人王進喜是鑽井隊隊長，他「一不怕苦，二不怕死」，堅信「人定勝天」，在氣候極端惡劣的冰天雪地中，排除技術上的種種困難，終於完成探勘任務。而其所以有如此驚人的成就，大慶當局完全歸功於學習毛澤東思想，尤其認為是帶著問題學習毛澤東的「矛盾論」和「實踐論」所致。毛澤東注意到大慶工業建設的經驗，於1964年2月首次提出「工業學大慶」的口號。毛澤東把這種大無畏的精神，當成「政治思想、革命幹勁和科學管理」三者結合的具體表現，乃學習「解放軍政治工作」的模範[21]。在1970年代

21　宋任窮，《宋任窮回憶錄》，頁402-05；余秋里，《余秋里回憶錄》，頁563-69，589-710，899-904。精確點說，大慶原指薩爾圖南的肇州縣大同

的政治氣氛中，這三者當中的前兩者，尤其受到重視。中共中央特別強調政治覺悟和群眾路線，不僅要求學習毛澤東思想，特別是「矛盾論」和「實踐論」兩論，而且要求其他工礦企業加以效法，廢除物質獎勵或帶有物質獎勵意味的任何辦法，例如計件制和獎金制等等。

這種推廣大慶經驗的作法，同樣無視於大慶經驗的特殊性和複雜性。文化大革命初期，各廠礦企業已在打倒所謂走資本主義道路的當權派的口號下，形成反對所謂「管、卡、壓」的運動，並且走到極端，使黨委領導下的廠長負責制名存實亡，幾乎沒有任何人敢管事。大慶也在1967年1月遭到衝擊，鐵人王進喜更遭到紅衛兵批鬥，罪名是以抓生產為名，反對工人搞革命。同年2月，周恩來派一師部隊軍管，纔恢復生產秩序。到1970年，油田的舊領導班子幾乎完全歸位。唯鐵人王進喜，因為癌症不治死亡[22]。

隨著大慶油田秩序的恢復，「工業學大慶」的口號再度喧天價響，但是連帶也出現了一些弊端。由於過分強調工人覺悟，而不強調大慶經驗中極為重要的崗位責任制，致使工人的職責依然不明確，反而可以藉口發揮群眾的創造性，而置生產任務於不顧，使工廠繼續陷於「無政府」的狀態。另一方面，片面強調政治覺悟，而不積極設法改善工人生活，工人很容易便因為國家提供鐵飯碗，基本生活已有保障，而忘記工廠中最重要的任務仍然是生產。總之，「工業學大慶」的號召，並未引起明顯而普遍的響應。就算有響應，也頂多產生幾個像王進喜一樣的生產英雄而已，卻無法再創大慶石油增產的奇蹟。革命加拼命的作法，反而經常帶來工作草率、成品粗糙的問題，同時也

鎮，乃中共在松遼盆地第一次發現石油的地方；薩爾圖則是後來大慶油田的地理中心。

22 中共中央文獻研究室，《周恩來年譜，1949-1976》，下，頁110，126，140，364，411。大慶恢復秩序後，王進喜出任革命委員會副主任。1969年當選中共九大中央委員。見陳東林主編，《中國文化大革命事典》，頁17-18。

工業學大慶。1960年代初,中共強調自力更生,終於憑藉政治動員和「人海戰術」在哈爾濱西北地區建立了當時中國最大的油田。鐵人王進喜是大慶的英雄,他發揮人定勝天的精神,冒著嚴寒在泥漿中艱苦奮戰,超前完成鑽井任務。

明顯增加了一些不必要的工業事故。所謂科學和技術的奇蹟，更經常是毫無必要的重複發明和創造，不僅增加不了生產力，反而使工廠的生產紀律受到挑戰。同樣嚴重的問題是，工人像上戰場一樣從事體力勞動，卻始終看不到也得不到物質的報償，拼命生產的意願豈能長時間維持？於是很快地又是每天喝茶、看報、聊天，工作慢慢做，而越來越少人想到大慶所高舉的提高生產力的目標了。

　　文化大革命揭櫫的另一目標，是縮小城鄉差距。農業學大寨、工業學大慶，可能產生了一些效果，但並不明顯。比較有明顯效果的是赤腳醫生制度。1968年中共透過這個制度的實施，把原來集中在城市的醫療資源中的一大部分，轉移到農村，同時也選拔稍有文化水準的農村青年，施予簡單的醫療訓練，然後派回人民公社和生產大隊服務。這些赤腳醫生只處理簡單的疾病，如果發現病情超出他們能夠處理的範圍，立即將病人送請正式醫院治療。此一措施對農村醫療環境的改善，有極大的助益。其中最值得注意的成就，則是協助節育政策的推廣。1970年代開始，中共終於醒悟到人口問題的嚴重，而開始重新推廣節育。當時，推行節育，在農村所受到的阻礙遠比城市要大。政府對志願結紮者，給予獎勵，並要公社幹部自己做模範。可是農民的反對仍然極為普遍，於是規定一家只准生三個小孩。凡是生第三胎者，都要做結紮手術。至於懷第四胎者，則強迫墮胎。此一節育政策的落實，便有賴於赤腳醫生的密切配合。

三、文化大革命的餘暉

　　1976年1月8日周恩來逝世後，毛澤東立即選派華國鋒代理國務院總理。毛澤東選擇資淺的華國鋒，並不是因為他有過人的才能，而是因為他厚重少文，老實人一個，不會在他死後背叛自己。正由於華國鋒資望不孚，毛澤東隨即指示說，「要宣傳華國鋒同志，要讓全國人民認識華國鋒同志」。4月，懷念周恩來的天安門事件爆發，文革派和

華國鋒等文革受益者同感威脅,雙方通力合作,乘機迫使鄧小平下台。事後,毛澤東正式任命華國鋒為總理和黨的第一副主席。9月9日凌晨,毛澤東驟然去世。由於生前未作妥善安排,故爾死後中共中央依舊是三派人馬的角逐之地。一派是以上海為基地、控制中共中央宣傳機器的江青。一派是文革初期受過打擊的中共元老,包括葉劍英和李先念等人。另一派便是搭乘文革列車進入權力核心的華國鋒和汪東興等人。他們三派人馬都對毛澤東忠心耿耿,其中華國鋒派控制北京軍區和特務系統。

毛澤東個人的情感和思想,傾向於支持文革派,但是恨鐵不成鋼,認為他們的格局失諸褊狹,得罪太多人,無法操持大局。另一方面,葉劍英和李先念兩人,雖然資望均皆高隆,卻缺乏高瞻遠矚的能力,尤其意識形態上並不完全合他的胃口,對他們難以放心。加之兩方人馬各持己見,勢如水火;鷸蚌相爭之際,老實的華國鋒便以中共第一副主席的身分脫穎而出,繼承大統。對此江青心有未甘,屢次以毛澤東未亡人身分,唐突華國鋒。王洪文甚至越過汪東興的中央辦公廳直接發號施令,並透過其所控制的宣傳機器,說毛臨終時曾囑咐「按既定方針辦」。這種高姿態的作法激怒了華國鋒和汪東興,以致一向服從毛澤東慣了的他們,在毛澤東死後28天,接受葉劍英和李先念的建議,藉口中央政治局的決議,出其不意地逮捕江青等四人。江青等四人因猝不及防,全部束手就擒,張春橋辛苦經營的上海基地,反抗無力,也迅速瓦解。這次政變是由上到下,事後華國鋒在政治局的擁戴下,正式繼任毛澤東黨中央委員會主席和軍事委員會主席的職位,同時仍擔任國務院總理,集黨政軍最高名位於一身。

華國鋒清除四人幫雖然得到許多幹部的擁護,但是畢竟彌補不了眾望難孚的弱點。他在短短數年之中,由名不見經傳的地委,一下子躍居一人之下,萬人之上,這完全是因為毛澤東的提攜所致。在一般幹部的眼中,實在難以理解他究竟何德何能,得以出任中央領導。如

今居然更上層樓，繼承毛澤東的衣缽和大位，怎不令人懷疑他如何得此權柄。華國鋒是文化大革命的受益者，思想格局超越不了對毛澤東的個人崇拜；四人幫說，毛澤東的遺言是「按既定方針辦」，他則咬文嚼字說，根本是「照過去方針辦」，有三個字不同。半年前天安門事件發生時，毛澤東聽取報告，隨便寫了一張「你辦事、我放心」的紙條，這張紙條便在此時權充繼位遺詔。緊接著華國鋒做出兩項重要決定，一是竭盡全國之力，在天安門廣場日以繼夜地趕工，建立起一座比列寧墓更雄偉的陵墓，讓毛澤東躺在水晶棺中，供世人懷念和膜拜。一是決定盡快出版《毛澤東選集》第五卷，並籌備出版《毛澤東全集》。這樣做惟恐不夠，華國鋒還在毛澤東葬禮的照片和錄音上消音消影，封鎖任何有關「四人幫」活動的證據。他自己還梳起毛澤東式的大背頭來，望之儼然小毛澤東一個，難怪市井中開始傳言他是毛澤東的私生子了。

面對如何處理四人幫及其餘黨的問題，華國鋒採取文革成立專案小組的辦法來負責審理。另外，他也成立宣傳口，掌握整個國家的宣傳工具，全力揭發和批判四人幫的罪行。華國鋒對於這些工作最初指示：凡單純反四人幫的案件都要予以平反，如涉及反對毛澤東、中共中央、文化大革命或其他反革命罪行者，則不在此列。其後，華國鋒進一步提出他對毛澤東思想的主張：「凡是毛主席作出的決策，我們都堅決維護；凡是毛主席的指示，我們始終不渝地遵循」。這些原則落實在工作上，表現出以下幾個特點：第一、文化大革命是正確的，因為它基本上是左的，所以做為文革叛徒的江青只能是右的，「形左實右」，打著紅旗反紅旗。第二、毛澤東是英明的，所以生前已看出四人幫的真面目。他不但發明四人幫這個謔名，而且早已開始批評四人幫了。第三、任何毛所批辦的案子都不准翻案，鄧小平的案子是毛欽定的，當然不能例外。負責落實這些原則的專案組和宣傳口負責人是汪東興。汪是康生特務系統的人，侍候毛澤東數十年如一日，文革

中長期主持中央辦公廳，並統率保衛毛澤東和高級幹部的八三四一部隊。他反覆強調自己是毛生前最接近的下屬，所以最了解毛，並擁有其生前所有指示的原稿，也是唯一知道文革全部歷程的見證人；除此之外，他也就只會提出上述華國鋒的兩個「凡是」主張了。

中共的對外宣傳。1967年，中共政治局常委陶鑄，因為下令技術處理官方照片，把照片中陳毅的頭改為鄧小平，遭到毛澤東整肅。但是華國鋒在逮捕所謂四人幫後，故伎重施，竟然毫無顧忌地把江青、張春橋、姚文元和王洪文等四人的身影，從中共發行的宣傳圖片中抹去。

四人幫審判。江青在審判庭的被告人席上說：她是毛澤東的一隻狗，毛澤東要她咬
誰，她就咬誰。但是沒有一個審判官追究她這個說法的真假。審判庭從政治角度考
慮刑度，最初判處江青死刑緩刑兩年，後來減為無期徒刑。1991年5月，江青據傳在
北京秦城監獄自殺身亡。另說在女兒家結束生命。

　　1977年8月，華國鋒在中共第十一次全國代表大會上宣布文化大革
命結束，可是兩個「凡是」的主張仍然縈迴腦際。所以他還特別指
出，這不是從此以後不要階級鬥爭，而是在當時的情況下，以安定團
結爲要，以後還是要進行好幾次同樣的文化大革命。換言之，就是要
持續推動無產階級專政下的革命，現在只是進兩步前的退一步罷了。
同年10月，華國鋒宣布召開各級人民代表大會，由各級人民代表選舉
革命委員會，把革命委員會改變成單純的政權機構，在黨一元化領導
的前提下，總算給政權機構一些獨立自主的活動空間。
　　華國鋒的工農業政策，基本上是因襲舊章。他所說的現代化，實
際上便是周恩來1975年所提過的農業、工業、國防、科學四個現代
化。只是他和毛澤東一樣，好大喜功，急於求成，要求短時間就見到

效果。至於實際作法方面，華國鋒則重新強調文革時期已叫得喧天價響的兩句口號──「農業學大寨，工業學大慶」──只是叫得更加響亮而已。1976年底，他首先召開全國農業學大寨會議，次年初，又召開全國工業學大慶的會議。農業方面，他要求今後以每年 7% 的速度增長，在四年之內完成全國農業機械化，並把三分之一縣變成大寨縣，也就是說，把基本的核算單位由生產隊向生產大隊過渡，過一個，算一個。全國各地於是派人前往大寨取經，大寨每天又是人山人海，當地農民根本無法正常生產。幹部取經回去後，則盲目搬弄大寨經驗，不但破壞生態環境，也降低實際產量。1978年拜天候之賜，農業僥倖豐收。其後，則是難以為繼。農業學大寨，到底不是突破農業困境的辦法。

工業方面，華國鋒根據周恩來生前的構想，以1975年鄧小平所作的規劃為藍本，在作了小部分修改後，於1978年2月提出新的十年計畫，計畫在今後十年當中，每年把財政預算的30%用於基本建設投資。目的是新建十個石油田，把石油產量提高三倍半，新建兩個煉鋼廠，把鋼產量提昇兩倍。次年工業的快速成長，使華國鋒對自己的方案深具信心，認為中國的經濟發展可從工業突破。當時負責經濟計畫的余秋里、康世恩、姚依林諸人也告訴他，石油的資源無限，可以換取大量外匯，不必擔心資金匱乏。在他們的鼓勵之下，華國鋒遂於1978年提出，在本世紀結束前，也就是在二十年左右的時間裡，完成農業、工業、國防和科學技術等四個現代化；工業水平一定要趕上歐洲國家，而農業要達到機械化和自動化的目標，使中國變成農業高產國家。為達到這個目標，華國鋒提出一個有一百二十個大項目的計畫，要建立十大鋼鐵基地、九大有色金屬基地、十大油氣田、三十個大電站等等。全是重工業建設，計畫宏大無比。

1978年3月，寶山鋼鐵廠建廠工程上馬，不久武漢鋼鐵廠工程也相繼開工。這兩個廠的規模龐大，可以和鞍山、首都和包頭等中國三大

鋼鐵廠相比，從日本和德國引進最先進的成套技術和設備。但是運用
先進技術能力不夠，計畫和管理方面，尤其是問題重重。武鋼在煉鐵
爐落成以後，發現如果全部開工，湖北全省所有其他工廠的機器都會
因為電力不足，而停止運轉。寶山鋼鐵廠開工後，發現地質不佳，原
來設計的碼頭設備會出現下沉現象，必須另行重新興築。隨後又發
現，煉鋼設備太先進，不能煉製品質低劣的國產鐵砂，原料必須另外
從國外進口。設廠計畫一再更改，預算遂不斷追加。類似的問題也發
生在其他重大建設上面，結果中央政府財政收入的41%用於基本建設。
不料，大慶油田開始涸竭，國家雖然打破毛澤東時代自力更生的原
則，大舉借外債，卻無法防止巨額財政赤字的出現，並進而帶來物價
上漲，以致民怨叢生。儘管中共在1977年調整工資，使3,000萬工人受
益，但分配到個人時，杯水車薪，不僅無法紓解人民的渴望，也無法
減少通貨膨脹帶來的困苦。這次新一波的大躍進，得不償失，只不過
不是1958年的土躍進，而是所謂洋躍進。

　　華國鋒為調動知識分子的積極性，1977年夏，擴大改善知識分子
生活的規模。他在鄧小平協助下，開始恢復教育，並主導文化教育部
門的平反。一方面肯定文革前的教育政策，另一方面則為知識分子恢
復名譽。雖然物質條件改善不易，但是知識分子不再是臭老九，視為
勞動者的一部分。華國鋒同時強調尊師重道，不得任意批鬥改造。他
也恢復全國高等院校的聯合招生制度，不僅統一考試，而且擇優錄
取，任何人都可以報名，不考慮政治資格，尤其不考慮階級背景。當
時，教育已停頓十年，故有570萬人參加高等院校的聯合招生，錄取的
新生僅27.3萬人，錄取率不到5%。華國鋒根據鄧小平的意見，要求提
升高等教育的品質，特別強調理論教育和基礎教育的教學，並增派留
學生出國，也主動聘請更多的外國專家前來中國。1977年底，他下令
占領大、中、小學校園的工宣隊全部撤出，把原來用於教育的資源，
歸還學校。

※　　　　　　　　　　※　　　　　　　　　　※

　　文化大革命是大躍進的回響，雖然形成災難，但其規模還不是大躍進所能相比。由於對資產階級法權的抨擊，農民即便仍然享有自留地和自由市場，也因為規模太小、限制太多，而嘗不到私有經濟的滋味，他們都成為國家雇用的工人。國家像對待工人一樣，控制農產品生產、分配和消費的整個過程。私有財產制度可以說已經消失。在這樣一個由國家徹底控制的社會裡，城鄉的差距很小，工農的差距很小，勞心者和勞力者的差距也很小。社會中唯一有意義的層級，是每一個人在黨一元化領導體制中所占據的地位。黨控制每一個人在這個層級制度中的升遷，以及其地理上的流動。對社會一般大眾而言，他們屬於單位，附著於土地，平面上的流動意義不大，可能性也很小。

　　中國回到了自然經濟。每一個人的生活都受到保障，當然城市居民所受到的保障要比農村為大、為多，但是無論城市和農村，老百姓基本上都沒有失業之虞。醫療制度雖然比不上先進國家，但是從人口成長率來看，也都享有最低水準的保障。在這樣的國家裡，一般群眾有大鍋飯吃，鐵飯碗捧，生活相當穩定，生活的節拍也相當緩慢。然而在這樣的社會裡，大家都是低收入，都一樣貧窮，講究的是低消費，社會看不到經濟的活力。經濟上如此，政治上卻是反常的熱鬧。對毛澤東的個人崇拜被推到極致，各種各樣的政治運動接踵而來，一波緊接一波。紅色的旗海、紅色的毛澤東語錄、巨大的毛澤東肖像、喧天價響的革命廣播，提醒每一個人「毛主席萬歲萬萬歲」。在這「萬歲不離口」的時代，政治正確成為最大的關懷，它決定每一個人在中共黨國體制中的地位、所享受生活的品質，甚至於榮辱生死。政治正確雖不一定能致人於九天之上，政治不正確卻一定能致人於九地之下，成為千夫所指的政治賤民。文化大革命十年是政治吞噬其他人生層面的時代，也是「個人理性」必須以「政治瘋狂」示人的時代。

政治當然影響經濟，但是像後來中共當局所指控那樣，硬說文化大革命把國家經濟帶到崩潰邊緣，也不符合事實。文革時期，中共經濟所面臨的問題，與其說是沒有總體成長，毋寧說是老百姓的生活並無任何實質改善[23]。1958年以後，中國大陸的平均國民所得便沒有增加過。到文革結束時，全國農民有8億之多，每人年(平)均所得僅76元人民幣。其中有2億人的年均所得低於50元。這種生活上的缺乏改善，對照正在快速發展中的四鄰地區，尤其明顯。1950年代，中國大陸的生活水平與台灣、香港、韓國等地相差無幾，可是到文化大革命告終，中國大陸和這些地方之間卻出現了至少20年的差距[24]。1970年代初期，因為恢復對美、對日外交關係的緣故，中國大陸極少數的電視觀眾已經注意到中國比資本主義國家落後，但是當時中國大陸畢竟是一個閉關自守的國家，人民囿於意識形態，又彼此忙於政治鬥爭，而南韓、台灣、香港、和新加坡等亞洲四小龍仍在起步飛跑當中，所以他們受到的震撼不大。習慣於中國大陸與美、日等資本主義國家的經濟差距，中國大陸並沒有多少人想問：美國和日本可以，中國為什麼不可以？資本主義國家可以，社會主義國家為什麼不可以？文革結束時，中國大陸人民開始環顧四圍，忽然發現，不僅他們的生活越來越落後於美國和日本這些資本主義國家，連跟在它們後面的亞洲四小龍也都把中國大陸遠遠拋在後面，這就很難不讓人質疑：南韓、台灣、香港、和新加坡，同樣是東方人，又有同樣的文化背景，他們行，為什麼中國大陸不行？這些國家受資本主義先進國家「剝削」，中共堅決走社會主義現代化的「優越」路線，在文化大革命中高倡農業學大

23　中共官方估計，文革十年期間的工業總產值年增長為8.5%。因為以工業總產值跌到超低點的1967年為比較基礎，應該是過高估計。中共的官方統計顯示，這十年的工業生產總值的提高和能源過度開發和浪費有關，而能源過度開發和浪費則與工業學大慶有關。張化、蘇采青，《回首「文革」：中國十年「文革」分析與反思》，上，頁387-90。

24　陳一諮，《中國十年改革與八九民運》，頁1-2。

寨、工業學大慶，為什麼越努力學習，人民的生活水準卻離所謂亞洲四小龍的標準越來越遠？文革期間中國大陸的封閉發展，終於迫使中共重新思考整個國家發展的基本策略了。

　　華國鋒政權批判四人幫，但預先設下底線，不准觸及毛澤東思想的正確性，因此對文化大革命未能徹底清算，反而在許多政策方面延續文革的作法，仍然是農業學大寨，工業學大慶。比較明顯的差別是，毛澤東當年強調土躍進，華國鋒則在毛澤東改善對歐美國家的外交關係後，大搞洋躍進。他認為石油可以代替農村的勞動力，解決中國現代化所面臨的一切難題，他可以利用「無限」的石油資源，大舉引進世界最新設備。但他所沒想到的是，石油資源畢竟有限，而武鋼和寶鋼所擁有的世界先進設備，缺乏基本建設配合，不僅不能充分發揮作用，反而會導致預算不斷追加，進而帶來嚴重的財政困難。政府要搞高積累，人民便無以改善生活，鉅大的財政赤字又刺激物價上漲，使得民怨沸騰，因而渴望形象老成的鄧小平復出政壇。華國鋒在洋躍進中失足，而經濟一旦出現問題，其他弱點便成為他的政治致命傷。其實從他對待毛澤東思想的態度來看，他完全不能自成格局，以致在控制毛澤東著作的編輯權之外，只能模倣毛的小動作，儘管不妨礙他是一個忠厚老實的黨同志，卻對世人明白顯示，他本來就是不足以成大事的過渡性人物。

第三部

告別革命

今天的中國大陸已經出現了巨大的變化。城市的廣告市招越來越多，人潮車潮形成的市囂越來越喧鬧，不再像毛澤東時代，觸目皆是毛澤東的肖像，入耳均是高亢的政治口號。如今女性的服裝彩色耀眼，款式新穎，再也不像毛澤東時代那樣千篇一律，不是寬鬆的綠色解放軍裝，便是灰色或淺藍色的幹部裝。毛澤東時代罕見的傳統私營飲食店，現在又到處林立。現代摩天大廈的飯店旅館，如雨後春筍，已成為新的市標。甚至美國麥當勞速食店，紅底黃色醒目的雙拱橋招牌，也不讓人陌生。汽車交通的發展一日千里，有些「先進」地區已出現塞車的現象。

這些巨大的變化背後，其實是從鄧小平到江澤民的中共領導人，公開揚棄毛澤東時代的階級鬥爭和群眾運動的結果，也就是告別革命。中共不再以意識形態掛帥，動輒講政治大道理；他們拆除了計畫經濟體制所建立的天羅地網，讓市場經濟和商品經濟重新抬頭，並把中國的大門打開，根據經濟規律辦事，不僅大量吸收資本主義國家的資本和技術，也大量推銷中國的工農業產品，使中國的經濟變成世界經濟體系的一環。不過，中國大陸改變的同時，也從毛澤東時代繼承了許多遺產，包括世界上最龐大的共產黨組織及其統治形態、進步和落後並存的經濟體系、相當現代化的重工業和國防工業體系、生產技術仍然極端落後的農業部門、鐵飯碗的雇用制度，以及比國民政府時期超出一倍的龐大人口等等。

鄧小平堅持，他所作的改革並未超出預先設置的政治底線。或許大多數人都同意他的看法。但是兩種南轅北轍的聲音卻更加響亮。一方面是所謂極端「保守派」，他們認為改革開放帶來的變化太快、太激烈，中國「資本主義社會化」，已快要超越鄧小平所預設的底線。另一方面則是所謂極端「改革派」，他們認為變化不夠快，也不夠激烈，其所以如此，正因為鄧小平的底線起了鳥籠作用，他們必須為改革開放爭取更廣闊的空間。不論兩派的爭執如何激烈，恐怕雙方都會

同意一件事：亦即鄧小平發展生產力的政策和他對社會主義體制的堅持，這兩者之間已經產生了值得注意的矛盾和衝突。

其實關於這個矛盾和衝突，鄧小平可能早就覺察了。只不過他始終在言辭上加以否認而已。他自己的思想也有二元傾向：經濟上改革，政治上保守。他敢向毛澤東的經濟政策挑戰，尋求創新，但是在意識形態和政治體制這兩方面，卻依然保守，難於擺脫毛澤東加在他身上的枷鎖。正因為他的思想中暗藏著這兩個相對立的因素，所以在他建立的權力結構之中，迅速浮現改革和保守這兩派人馬。這兩派人馬，同時效忠於鄧小平，卻是各持己見，彼此攻伐。鄧小平也似乎有意讓這兩派人馬在他的監督下，相互激盪，所以時而採納改革派的建議，盡快提升生產力，時而接受保守派的警告，宣示對四個堅持的偏執。當改革派的主張危及他預設的框框時，他鼓勵保守派活動，壓低改革派的氣燄。當他預設的框框對經濟發展產生窒息效果時，他即撤消對保守派的支持，特別為改革派打氣。鄧小平的原則是執兩用中，在左右徘徊中，建設所謂「具有中國特色的社會主義」。

這種作法，有兩個潛在危機。第一、改革和保守的激盪是否能保持在一定範圍之內，而不升高成嚴重衝突，甚至破壞鄧小平所強調的安定團結？第二、改革開放的政策，太強調經濟手段，會不會得魚忘筌，違背原始初衷？會不會發展了生產力，卻忘記了當初的目的在於強化社會主義的體制？會不會準備向社會主義的「高級」階段邁進的同時，反而使中國越來越像資本主義國家？社會主義革命的理想本是反對私有財產和雇工制度，可是實行改革開放，怎麼能再談反對私有財產和雇工制度呢？引進外資，就勢非尊重外來資本家的私有財產不可；鼓勵少數人和少數地區先富裕起來，就必須讓傳統社會的「富農」和「私營工商業業主」以嶄新的面貌重新出現，由他們雇用職工，形成一個建立在私有財產制度基礎上的新「資產階級」。面對這些發展，鄧小平一再強調，外來資本家的人數有限，而所謂「新資產

階級」不成其為階級，所謂「萬元戶」也不過擁資二、三千美金而已，不值得大驚小怪。至於新雇工的人數，遠遠不如國營企業，更是不值得杞憂。然而，在過去二十幾年鼓勵發家致富的過程中，「向錢看」成為社會風氣，不但越來越無人引以為恥，反而越來越多人視之為理所當然。萬元戶不再是奇聞罕見的新生事物，取而代之的是百萬元戶、千萬元戶，甚至是億萬元戶了。另一方面，純粹個體戶、私有企業業主和外來資本家所雇用的職工雖然還是少數，但是他們在整個經濟中所占的比例越來越高，而且形成了一股莫可逆轉的趨勢。相形之下，國營企業日漸萎縮，中共一再強調治理改善，但虧損的慘況每下愈況，工人被迫「下崗」，失業、待業或是轉業，已經引起工人的罷工請願，而中共中央也必須有即刻斷腕的念頭，開始思考破產法的猛藥了。

總之，中國大陸變了，而且變得和毛澤東的時代非常不一樣。我們固然不必像保守派所說那樣，在這一徹底變化和「資本主義化」之間畫上等號，但也沒有必要接受鄧小平的說法，認為他的政治底線在改革開放的衝擊之下始終一成未變，而中國仍然是不折不扣的社會主義國家，終將朝向更高級的社會主義社會過渡。其實就共產黨的領導體制而言，鄧小平時代已出現全新的局面。毛澤東時代黨主宰一切的體制雖仍繼續存在，而人事審批和法律審批制度等兩大支柱也仍繼續暗中運作，但是黨受到嚴重的衝擊，已不再像過去毛澤東時代一樣直接出面，而必須退居幕後操作了。目前大陸的法律比以前重要，「法制」也成為共產黨所提倡的觀念，甚而有人敢於公開倡導多黨議會制和全民普選制。鄧小平的繼承人雖然還控制著意識形態的解釋權，但是馬克思主義和毛澤東思想在意識形態上的壟斷地位已經動搖。共產黨因為市場經濟的重建，也已不能完全壟斷權力、財富、名譽和各方面社會流動的孔道了。

六四天安門事件以後，中共何去何從？鄧小平的血腥鎮壓，雖然

恢復了社會秩序，也鞏固了政治穩定，卻引起全世界輿論的大譁，有
邦交的國家紛紛停止示好，外資也陡然停止湧入，甚至出現撤資動
作。面對險峻的國際形勢，鄧小平以上海市委書記江澤民繼任總書
記，大力整頓內部，同時也多少針對學生運動的抗議和訴求作了一些
改革，紓解民怨。然而，鄧小平了解關鍵仍在自己是否能繼續改善大
多數人民的生活，如果經濟上能夠繼續更上層樓，就是貪汙腐敗等問
題嚴重了一點，中國共產黨的政權仍然可以高枕無憂，否則就只好聽
任時局擺布了。所以在世界輿論逐漸忘記天安門事變以後，年紀已老
的鄧小平親自到南方的廣東，向全國人民宣示：對外改革開放的政策
不但不改變，反而還要加強和深化；中共追求政治穩定，但決不放鬆
其追求經濟快速發展的決心。1997年2月，鄧小平逝世，江澤民繼承大
業。他基本上蕭規曹隨，經濟激進，政治保守，在安定團結的大前提
下，繼續全力追求經濟的快速發展。至於快速的經濟發展會形成什麼
樣「具有中國特色的社會主義」，尚難確知，只知道中國共產黨已告
別革命，走上了一條完全不同於毛澤東時代的道路了。

第十章

鄧小平時代

鄧小平。在加入中共以前,年輕的鄧小平好賭好玩。加入中共以
後,他努力學習做一個職業革命家,紀律性極強,嚴守組織機
密。毛澤東對他的評價是「綿裡藏針,行方思圓」,說他這個人
外表看起來柔和圓滑,實際上卻很講原則,而且一旦掌握原則,
反擊起來絕不手軟退讓。中共建國以後,鄧小平喜歡打橋牌。據
說他打橋牌時冷靜果決,而且講究與牌友的默契,這頗能反映他
的治國風格。

　　毫無疑問，鄧小平不是華國鋒。華國鋒只是毛澤東時代的落日餘暉，鄧小平則開創了一個全新的時代。他是1920年代莫斯科訓練出來的職業革命家，在留俄學生中可能是最早擺脫學校灌輸的理論，而在實踐上服膺毛澤東領導的一員。他在1930年代中共中央的反羅明路線鬥爭當中，被當做毛澤東的代理人批鬥。毛澤東東山再起以後，他當然成為毛澤東最信賴的部屬之一。抗戰期間，他率領共軍在華北敵後開闢晉冀魯豫根據地，所部129師漸次擴大，在隨後的國共內戰中，發展成為中共四大野戰軍中的第二野戰軍。他指揮第二、第三野戰軍，參加內戰三大戰役之一的淮海戰役，運籌帷幄，是政委出身的中共大軍統帥。隨後他率領第二野戰軍，配合第一野戰軍的攻勢，占領老家四川，並出任中共建國之後的西南局第一書記，統轄雲、貴、川、黔和西康五省，有西南王之稱。1952年鄧小平內調北京，首先出任政務院總理周恩來的副手，主管財政；兩年後又相繼出任中共中央組織部長、中共中央秘書長以及總書記等職，成為黨副主席劉少奇身邊最重要的助手。

　　從鄧小平的簡單經歷來看，不難了解毛澤東對鄧小平的青睞，但從毛澤東時代的幾件大事的處理來看，更容易了解毛澤東對鄧小平的倚畀之深。1954年高崗和饒漱石案的調查和處理是鄧小平負責的，1955年中共解放軍將領軍階的評定也是他領導的，1957年反右運動的開展由他指揮，1960年代對蘇聯的理論論爭也由他籌畫的。他的黨性堅強，綿裡藏針，思慮周詳，務實隱忍，就是這樣一個鄧小平，在蘇共書記赫魯雪夫面前，曾受到毛澤東的公開稱許。

　　文化大革命爆發以後，毛澤東雖然把他打成地位僅次於劉少奇的中國大陸第二號走資派，但毛澤東並沒有像對待劉少奇一樣，予以致命的迫害。在鄧小平從中共政壇消失七年之後，國務院總理周恩來病危，毛澤東又將他從流放中召還北京，恢復他在黨政軍三大系統中原有的領袖地位。雖然如此，毛澤東卻始終懷疑鄧小平對文革有不同於

他自己的看法，覺得自己生前可以駕馭其人，但是死後意識形態方面
所能信賴的幾個繼承人根本無此能耐。所以1976年第一次天安門事變
發生時，毛澤東當機立斷，寧願損失一個有治國能力的領袖人才，也
不願為自己的接班人留下一個可能的心腹之患，於是下令撤消鄧小平
在黨政軍內的一切職務，再次將其流放出京。

　　毛澤東逝世時，鄧小平還在廣東，雖然受到當地軍頭的款待，但
基本上仍是一個流放在外的待罪之身。兩年之後，也就是1978年底，
他不但名義上是中共的副主席，而且實際上已是中共內部最有權力的
領袖。他徹底顛覆了黨主席華國鋒在意識形態上的霸權，並迫使中共
權力結構中支持華國鋒最力的人士紛紛求去，另外代之以一批唯他馬
首是瞻的老同志。這些老同志，絕大多數資歷比華國鋒久，聲望也比
華國鋒高，在華國鋒脫穎而出以前，他們曾經是鄧小平的同僚或部
屬。在華國鋒青雲直上的年代，他們步鄧小平的後塵，在政治上靠邊
站，遭受紅衛兵的屈辱，甚至下放坐牢。他們視華國鋒如阿斗，結果
華國鋒雖然是黨主席，卻終究不能「名至實歸」，而鄧小平只是副主
席，卻能秘密取得中共歷史上只有毛澤東才有的最後決定權，「實至
名歸」，迅速成為新時代的開創人。

　　鄧小平是一個實用主義政治家，政治理念並不深刻，卻非常簡單
清楚。他沒有毛澤東的革命浪漫主義，對無政府主義的思想從來也沒
嚮往過，是一個腳踏實地的人物。他知道，經過十年文革後，中國老
百姓已對建設社會主義的地上天堂喪失信心，不再有犧牲奉獻的興
趣。既然對政治理想失卻興趣，當然更關心切身生活。鄧小平就抓住
這一點，來尋求政治和經濟出路。追隨毛澤東多年的政治經驗使他體
認到，本世紀結束之時，縱使他還能活著，也必定無法看到共產主義
理想的實現。因此對他而言，到那個時候如果中國大陸的平均個人年
所得能達到800元至1,000元美金，就是可堪告慰的偉大成就了。800～
1,000美金這個目標，雖然與1978年的中國大陸平均個人所得的250元美

金相比，是翻了兩番，但比起台灣目前的平均個人年所得，仍然不到十分之一，可以說是瞠乎其後。但是鄧小平認為能夠做到這一點，就表示中國大陸已經進入了小康局面。1970年代末期的中國大陸距離這個目標仍遠，依舊在所謂「社會主義的初級階段」中。鄧小平認為，中國大陸舉國上下必須有此體認，以發展生產力為主要目標，而不要像毛澤東一樣，幻想立即向共產主義的社會過渡。鄧小平的看法，令人聯想到1923年的孫中山、越飛聯合宣言，兩個人在此宣言上說，共產主義的理想雖然很好，但不適合於目前的中國。

　　至於中國如何發展生產力？鄧小平雖然是毛澤東的忠實追隨者，但是從切身的慘痛經驗中，他深刻地體認到，毛澤東改變生產關係以提高生產力的一套辦法，已證明行不通了。中國不能再搞政治掛帥的群眾動員，必須承認經濟自有規律，必須強調按勞分配，必須重建市場經濟，更必須對資本主義國家開放自己的門戶。用他自己的話來說，中國的唯一出路是改革開放，搞好經濟。除此之外，他並無成見。所謂「黑貓白貓，能抓老鼠，便是好貓」，也不管所採用的辦法姓「資」姓「社」，屬於資本主義的範疇，還是屬於社會主義的範疇，只要證明有效，能夠提高生產力，也就是說能提高個人平均所得，他都樂意採用。

　　鄧小平以「摸著石頭過河」自許，逐漸開展他的改革開放政策，而改革開放政策的內容也在他的摸索中深化，所涉及的領域越來越廣，並形成一股沛然莫之能禦的潮流。鄧小平很清楚，新的嘗試帶來人民生活的改善，也帶來以前沒有的問題；是契機，也是危機，又是挑戰。尤其是就他曾奮鬥數十年以求實現的社會主義體制而言，如此不斷改革開放下去，漫無底止，是否會越來越遠離本初的社會主義理想，尚未可知。因此隨著改革開放政策的深化，他也預先提出了一個改革開放的底線。那就是所謂「四個堅持」──堅持社會主義、堅持無產階級專政、堅持共產黨的領導，堅持馬克思列寧主義和毛澤東思

想。這四個堅持,看來意思相當明確,其實可以讓鄧小平有很大的解釋空間。一般說來,鄧小平的解釋因時制宜,實事求是,帶有相當大的彈性,但是從提出四個堅持以來,鄧小平在「共產黨的領導」這一個堅持方面,決不容許有任何讓步和妥協的餘地。在他看來,改革開放政策的成敗,端視中國大陸有無安定團結的環境而定,而中國大陸有無安定團結的環境,則胥賴於共產黨的穩固領導。

鄧小平由於推行改革開放政策,最初深得民心,北京如有遊行,「小平你好」的聲音一定不絕於耳。可是改革開放政策也加重了一些毛澤東時代已有的問題,更出現了一些毛澤東時代所沒有出現的新問題。就在改革開放政策和內部矛盾惡化的競賽中,從1986年以後,青年學生和知識分子中間,開始出現質疑鄧小平的聲音,取代「小平你好」的是敲打小玻璃瓶的抗議動作。到1989年天安門事件發生,他竟甘冒大不韙,下令武力鎮壓無武裝的學生。此後直到1997年2月逝世為止,他總算做到「安定團結」,也總算把中國大陸轉變成為一個經濟上不容忽視的強權。至於中共的這次脫胎換骨,是否已經發展出一種「具有中國特色的社會主義」,尚有待觀察。下文將嘗試回答以下幾個問題:鄧小平如何把中國帶上改革開放的道路?改革開放的政策如何形成並落實?它為中國帶來什麼變化?而在變化過程中,又遭遇到那些困難?鄧小平所謂「具有中國特色的社會主義」,在繼續向資本主國家學習的過程中,究竟會演變為一個什麼樣的社會?

第一節 改弦易轍：摸著石頭過河

　　文革初期，鄧小平被認為是走資派的第二號人物，地位僅次於劉少奇。毛澤東在打倒鄧小平七年後，卻再度起用他。其後不到三年，毛澤東在臨死前夕，又再度撤消他的職位，逼得他只能靠軍隊中老部下的庇護度日。鄧小平在華國鋒打倒「四人幫」時，基本上仍是一個政治靠邊站的人物。他憑藉什麼力量重返權力核心？鄧小平回到北京政壇，雖然是華國鋒在各種壓力下所作的決定，但是沒有華國鋒的點頭也是不可能的。在這個意義上，他的權力基礎是華國鋒的恩准。為了延續恩准，鄧小平必須口是心非，複述他所不相信的華國鋒見解。然而不旋踵之間，兩人的關係倒轉，他雖然名義上仍然是華國鋒的下屬，可是華國鋒已經必須事事仰其鼻息，而且不久以後，必須自動請辭黨主席的職位，由鄧小平的推薦人選取而代之。鄧小平是用什麼辦法確立其在中共黨內至高無上的地位？有如毛澤東檢討六大以來的中共黨史，鄧小平也利用中共建國以來的黨史，尤其是藉由檢討文化大革命的歷史，來樹立他自己思想的一貫正確性，同時也利用檢討歷史所掀起的平反和翻案風，為自己建立權力的新基礎。

　　鄧小平為了爭取民心，展開了一連串的改革。首先他為了站穩腳步，承認毛澤東1956年以後的種種措施是錯誤的。他回到毛澤東當年所提的「不要四面出擊」方針，恢復統戰工作，承認宗教、華僑、民主政黨和少數民族都是歷史的產物，不能以共產黨的「最高」行為標準，強予改造或鎮壓。他恢復公檢法(公安、檢查、法院系統)，承認法律有其一定程度的自主性，不能完全以黨紀代替法制。鄧小平最重要的措施還是經濟面的。他強調發展生產力，而且為了發展生產力，不惜讓歷史倒退到1950年代初期，恢復小農經濟，並承認私營企業的活力。在此基礎之上，他進而要求發展鄉鎮企業，改革國營企業。在

他的領導之下，中共黨一元化的領導體制仍然存在，但至少在名義上，黨的領導和政權的領導是分開了，各級黨委書記不能再直接發布「黨委決議」，並以之取代行政部門的程序和命令，而必須透過「黨團」間接控制政府和其他非黨組織。

鄧小平的作法，曾經在國內外引起幻想，認為他有意建立類似歐美的民主法治國家。其實，他從來不認為歐美國家在政治制度方面有什麼好學習的。然而他強調政治安定是經濟發展的前提，因此在對外關係方面，盡力改善中共與世界各國的關係。他和毛澤東不一樣的是，不再刻意拉攏第三世界的貧窮國家，而把外交重點放在資本主義的富裕國家。根據此一政策，中共與最大的資本主義國家美國正式建交，國家領導人物彼此之間更開始互訪，鄧小平自己便親自到華盛頓從事親善訪問。1970年代以來，美國的國力似乎日漸削弱，華盛頓雖然擺脫了頭痛的越南問題，伊朗問題卻接踵而來，令美國頭痛不已。美國在軍事外交上有求於中共，而中共也正渴望得到美國的技術和資金協助，因此鄧小平仍然遵循毛澤東的外交路線，開展聯美制蘇的政策。中共儘管仍視蘇共為首要敵人，但在對蘇政策方面，也力求降低雙方的敵意，為改革開放政策製造一個比較安全的周邊環境。不過，鄧小平為了打破蘇聯的軍事合圍，仍然發動了所謂「懲越」戰爭。這一場戰爭異常不順利。所幸，鄧小平懸崖勒馬，很快鳴金收兵。相形之下，蘇聯則為了圍堵中共，介入了阿富汗內戰，不料卻步上美國在越南的後塵，陷於泥淖，使國力大損。總之，鄧小平時代，中共的對外關係越來越像資本主義國家，鄧小平在歐美資本主義國家的形象也因此越來越好，其國際聲望一直不斷上升。

一、鄧小平復出

四人幫垮台後，老幹部雖然看不起華國鋒和汪東興，但是老幹部龍頭葉劍英和李先念也不足以服眾。兩派人馬雖在反四人幫的前提下

攜手合作，卻始終貌合神離。權力核心出現罅隙，已經復出的中共元
老便有了活動的空間。他們利用民間對四五天安門事件(悼念周恩來所
引發)的同情，由陳雲提出鄧小平復出的意見。葉劍英和李先念雖然暗
中另有打算，卻也不便公然提出異議。只是華國鋒堅決反對，此議終
遭擱置。然而鄧小平認為時機成熟，立即上書華國鋒，保證效忠，請
求恢復工作。他是否另外有信，保證不翻四五天安門事件的案，不得
而知[1]。但他這封流傳在外、畢恭畢敬的書信，已足以讓華國鋒這個老
實人解除警惕了。加上黨內黨外輿論的壓力，華國鋒終於在1977年初
夏，違背初衷，恢復鄧小平在中共中央的職務，由其繼續擔任政治局

從華國鋒到鄧小平時代。1977年8月中共召開第十一次全國代表大會，選舉華國鋒為黨
主席，葉劍英、鄧小平、李先念和汪東興為副主席。當時鄧小平正式恢復原職不到一
個月，但官方攝影師「數蒼茫大地」，似乎已經知道，不久將來「誰主浮沉」了。

1　王洪模等著，《改革開放的歷程》，頁52-53。王強調鄧小平批評「兩個凡
　　是」，並且說鄧小平拒絕華國鋒請求，不肯承認天安門事件是反革命事
　　件。這很可能是日後為維護鄧小平形象而製造出來的神話。

常委、中央軍委副主席、總參謀長和國務院副總理。鄧小平雖然有充分的工作經驗、豐沛的人脈，以及無人可匹敵的聲望，但是他認為取而代之的時機尚未成熟，表面唯恭唯謹，實際則是伺機而動。

即便鄧小平曾經保證不為自己平反，但他並沒有說過輿論不得為鄧小平叫屈。他很清楚，不論毛澤東是否曾經冤枉過自己，他這個文革第二號走資派都必須否定文化大革命，尤其必須為1976年的四五天安門事件翻案，否則他永遠只能戴罪立功，居於人下。華國鋒在鄧小平復出之前，已經指出，四五天安門事件乃單純的反四人幫案件，群眾到天安門悼念周恩來的逝世，是合乎情理的。但他深深了解，這是讓步的底線。如果超出這條底線，進而公開為四五天安門事件平反，那不僅會增加鄧小平的聲望，也無異於自毀立場和自掘墳墓。因為這一個案件，和其他絕大多數文革中發生的政治案件一樣，都是毛澤東所欽定的，而他和汪東興等人，都是執行命令的大員，絕對無法避免牽涉。

鄧小平用的辦法是迂迴戰術。華國鋒和汪東興早在1977年3月，就已任命胡耀邦為中共中央黨校主持日常事務的副校長。華國鋒是黨校校長，汪東興是第一副校長，他們把訓練高級幹部的工作完全托付給胡耀邦，可見其信任之專了。然而，他們顯然錯估了胡耀邦和鄧小平的親密關係。胡耀邦在文革中也曾靠邊站，後來追隨鄧小平復出，擔任中國科學院黨組書記，負責推行鄧小平恢復知識分子地位的政策。胡耀邦這次復出，並實際主持中央黨校的日常工作，不論他內心深處是怎麼想的，在面對前來接受訓練的高級幹部時，也不得不解釋文革的歷史，並且必須從理論的高度來澄清他們心中的疑點：為何有那麼多高級幹部在文革期間受到批鬥？胡耀邦參加過延安整風，他非常明白，自己所面對的理論和黨史這兩個大課題，必須盡快地解決，不容許拖延。關於這兩個課題，他的立場很簡單：一是「完整地、準確地理解和運用毛澤東思想」，一是「以實踐為檢驗真理、分辨路線的標

準」[2]。胡耀邦的立場，也就是後來鄧小平的立場。用比較易懂的話說，便是以「實事求是」的原則來掌握毛澤東思想的詮釋。不論有無其他動機，他從這個角度出發，無可避免地就要和華國鋒的「兩個凡是」（凡是毛主席作出的決策，我們都堅決擁護，凡是毛主席的指示，我們都始終不渝的遵循）的主張衝突。明顯地，他無法公開向華國鋒和汪東興正面挑戰，因此必須見機行事，伺機而動。

1978年5月，華國鋒和汪東興到北韓訪問，胡耀邦的機會來了。他利用南京大學哲學系教師胡福明的文章，展開「實踐是檢驗真理的唯一標準」的討論，實踐既然是檢驗真理的唯一標準，那麼「兩個凡是」的主張便大有問題。毛澤東不也說過，「只有千百萬人民的革命實踐，才是檢驗真理的尺度，此外再無別的檢驗真理的辦法」嗎？誰敢反對毛澤東說過的話呢？不等到汪東興和華國鋒返國，文章就以「實踐是檢驗真理的唯一標準」的標題，公開出現在中央黨校的內部刊物上。當中共三大報《人民日報》、《解放軍報》和《光明日報》予以轉載之後，其他高級幹部也紛紛加入論爭，表示支持。水到渠成，鄧小平遂公開發表意見，強調胡耀邦的主張正是毛澤東所說的「實事求是」。最後全國到處都表態擁護，報紙的言論完全一面倒。等到華國鋒和汪東興發現中共的宣傳機器已不聽他們指揮時，「兩個凡是」的主張已遭到致命性的打擊了[3]。

在奪取毛澤東思想的詮釋權的同時，已經復出的鄧小平也卯盡全力，暗中支持為冤錯假案平反輿論。他復出後不到兩個月，也就是1977年9月，離天安門廣場不遠之西長安街，便出現了張貼大字報的所謂民主牆，上面登載關於天安門事件的詩詞和文章。有人更撰文為天安門事件申冤，公開指斥汪東興、吳德、紀登奎和陳錫聯為「小四人

2　王洪模等著，《改革開放的歷程》，頁65。
3　參閱吳江，《十年的路——和胡耀邦相處的日子》，頁34-42。

幫」，在事件中助紂爲虐，要求爲所有的被捕者平反。一時之間，如響斯應。內外輿情如此，華國鋒只好承認天安門事件的處理是有問題的，因而讓被捕的388人全面平反，恢復其名譽。鄧小平在逼使華國鋒作了這些退讓以後，也沒有進一步要求追究事件的責任。他只是在1977年底，建議華國鋒任命胡耀邦出任中央組織部部長，負責重新審查過去所有的政治案件。

胡耀邦取得組織部的大權之後，全力爲所謂冤錯假案進行平反，不但慰問和照顧被平反者及其家屬的生活，也替他們安排工作，並指示下級把受害者檔案中的誣陷材料、派性材料以及其他有關材料一律銷毀。他在半年不到的時間裡，雖然不能觸及一些毛澤東親自過問的重案，但是對於毛澤東沒有親自過問的較小案件，卻可以無所顧忌地著手清理。他先後爲中央國家機關幹部5,344人平反，並一一安置和分配工作。後來平反的案件越來越多，也不限於文革，甚至開始重新審查當年劉少奇和鄧小平親自主持的兩個大案（亦即反右運動和四清運動）中橫遭打擊的幹部和右派分子。許多在文革中慘遭迫害的高級幹部，以前都是反右運動和四清運動的熱心參與者，因此胡耀邦受到他們的抗拒頗大。前高教部部長蔣南翔雖曾嚴厲批判過延安的搶救運動，但因爲實際參與反右，無法否定自己而全力反對平反[4]。鄧小平了解平反的重要，雖然不承認反右是根本錯誤，卻承認反右過程中犯了嚴重的擴大化錯誤，只要不觸及他的個人責任，也任由胡耀邦爲右派分子平反。

到1980年爲止，約有10萬右派分子被宣布平反，加上文革前已經摘掉帽子、恢復名譽的30萬人，幾乎所有右派分子都被宣布無辜而還其清白。胡耀邦在替他們摘帽子後，恢復他們的待遇，並安排工作。地方上的平反，雖然歸中央組織部領導，但畢竟不是由胡耀邦親自主

4　阮銘，《鄧小平帝國》，頁37。

導，所以平反的速度慢多了。廣東的情形便是一個典型，應該清查文革期間發生的近3萬件反革命案件，到1978年底，只清理完四分之一的案子。

　　1978年11月，元老派向華國鋒挑戰的時機終於成熟。當時，華國鋒召集中央工作會議討論經濟計畫，不料這一次竟然成了埋葬他政治生命的會議。會議上，元老陳雲首先發難，要求徹底解決文化大革命中的重大案件，並為一些重要人物的是非功過作定論。其他老幹部紛紛響應，進而要求檢討華國鋒兩年以來的領導工作，尤其批評他對「兩個凡是」的主張。時移勢轉，華國鋒迫於指斥，終於逾越他對平反天安門事件的底線，甚至宣稱群眾的參與其實是革命行動。同時也宣布比較沒有爭議的死人和老人，像彭德懷、陶鑄、薄一波、楊尚昆等人無辜，必須立即恢復名譽。先例既開，文化大革命中的其他重大冤錯假案便不難重新審查了。尤其是透過這一次中央工作會議，鄧小平徹底剝奪了中央辦公廳成立專案組的權力，把審查幹部的權力完全集中轉移到胡耀邦控制的中央組織部。華國鋒開始潰退了。

　　鄧小平乘勝追擊，隨後舉行十一屆三中全會，重申毛澤東在1957年說過的一句話：「大規模急風暴雨式的群眾階級鬥爭，已經基本結束」，而同年反右以後毛澤東所掀起的一連串階級鬥爭，包括文化大革命在內，都違反了毛澤東的正確思想。鄧小平為了增加自己的實力，讓元老陳雲出任黨的副主席，讓胡耀邦等人出任政治局委員。鄧小平顯然師承毛澤東的辦法，「摻沙子」和「挖牆腳」，進一步架空華國鋒已然是有名無實的黨主席權力。鄧小平很清楚，越多老人進入權力核心，對他越有利。這些老人已在垂暮之年，能夠出掌大局，自然對老同志或舊長官鄧小平有感激之心，對後生小子的華國鋒卻難免有輕慢之情。然而，權力鬥爭講究節制。畢竟華國鋒是毛澤東一手提拔的，不可逼人太甚，然而翦除其羽翼，代之以自己的心腹，卻不容半點婦人之仁。因此鄧小平逼迫汪東興請辭中央辦公廳主任，也逼迫

吳德請辭北京市委書記。同時為了製造逼人的形勢，讓新進政治局的
胡耀邦出任新設置的中央秘書長，並兼中央宣傳部長之職，進占新的
領域，另以老部下宋任窮繼任中央組織部長，以成其未竟之功。鄧小
平架空了身為黨主席、軍委主席和國務院總理的華國鋒，成為中共實
際的最高領導人。

　　鄧小平取得最高權力以後，加速平反。當時估計，總數約1,700萬
的中共脫產幹部中，有17%在文革中被立案審查。也就是說約200萬人
可能被「冤枉」。他們的平反工作，在各省遭到相當的抗拒，並不順
利。浙江有11萬個幹部遭受迫害，經過兩年調查，只有不到一半的人
被平反。遼寧被認為是文革的重災區，有54萬幹部需要糾正，卻有80%
的人仍待重新審查。經過四年，到1982年底，全國約有300萬黨員和幹
部被平反，其中有47萬人恢復黨籍。

　　除了文革中受害的幹部和黨員以外，中共也為文革中受害的黨外
人士、台港僑屬、投共的前國民黨人員，以及所謂「地富反壞右」分
子摘帽子，不再視其為政治賤民。這幾類人的總數遠超過幹部和黨
員，但因為其範疇有重疊的地方，所以很難估計。據云，被平反的前
國民黨人員總數是45萬人。地富反壞右則有2,000萬人，包括440萬地主
和富農，以及他們在文革中遭殃的家屬。這些地主和富農的家產早已
被沒收，只能夠苟全性命，可是在摘帽子前的三十幾年，每遇運動，
輒被無理揪鬥。在這些政治賤民之外，還有70餘萬小販、小商人和小
手工業者。他們在1950年代被貼上資產階級的標籤，也是被歧視的政
治受害者。最值得注意的卻是文革期間上山下鄉的2,600萬學生，他們
被允許回到城市，在1979年春形成一股回城颶風，北京和上海等大城
市為平息颶風，手忙腳亂地幫他們安排職業。

　　1980年2月，文革的第一號走資派劉少奇終於獲得平反。劉少奇的
罪名不但是由毛澤東所欽定，也由全國黨代表大會正式通過，當時除
了一位紗廠女工出身的陳少敏外，無論是周恩來、葉劍英和李先念，

都曾舉手贊成 [5]。因此，這次平反可說是執行平反政策過程中的最高潮，也是最重要的榜樣。此後，便不再有不可平反的政治案子了。

另一方面，鄧小平透過各種途徑繼續削弱和打擊華國鋒的政治實力。大寨和大慶是華國鋒經濟政策的兩大支柱，鄧小平控制的報紙只要有揭發和批評的機會，決不放過，甚至加以誣蔑，迫使大寨農民出身的副總理陳永貴去職。當時，大字報的輿論稱呼汪東興、紀登奎、吳德和陳錫聯為小四人幫，官方媒體也有意無意地予以支持。1980年2月，鄧小平一面支持胡耀邦出任新恢復的總書記職位，一面藉口輿情，逼迫汪、紀、吳、陳等四人請辭政治局委員的職務。從該年3月到翌年6月，中共中央更集中全力來討論中共建國以來的歷史。在此過程中，不可避免的要觸及文化大革命前後的歷史。被孤立的華國鋒受到更大的壓力。鄧小平首先於1980年9月，以黨政分立為名，迫使華國鋒辭去國務院總理之職，另由親信趙紫陽代替之。隨後，從1980年11月開始，接連兩個月，發動黨內輿論，對華國鋒展開嚴厲批評，指責華國鋒阻止平反，熱衷於個人迷信，並延續文化大革命的錯誤。權力已受架空的華國鋒此時終於了解他只是孤家寡人一個，遂於次年6月請辭黨主席和軍委主席的職務。鄧小平則像毛澤東處理王明一樣，故示寬大。雖然否定了華國鋒的一切努力，但至少肯定華國鋒逮捕四人幫的功勞，並以此特別保留其政治局常委和黨副主席的職位。鄧小平繼任軍委主席，另外支持胡耀邦出任黨主席。理論上軍委主席是黨主席的下屬，實際上真正擁有一切大權的卻是擔任軍委主席的鄧小平。

中共中央憑藉法律的名目，審判四人幫。這一次審判雖然帶有現代法制的意味，卻是一次不折不扣的政治審判。無論罪名和刑度，都已事先決定。審判過程中，江青對她個人的角色交代得非常清楚：她

5　中共黨史人物研究會，《中共黨史人物傳》，14：104；陳東林主編，《中國文化大革命事典》，頁115。陳少敏在事後被流放到河南羅山，從事體力勞動。

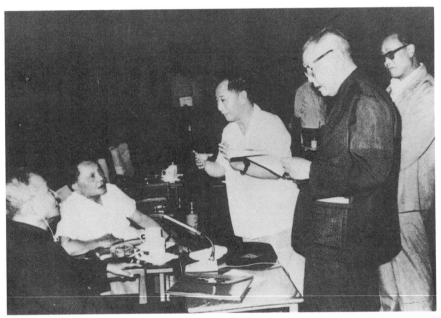

1980年中共的新領導班子。坐在沙發上的兩位耄耋老人，分別是中共中央軍事委員會主席鄧小平和中共中央顧問委員會主任陳雲。鄧小平是中共黨內有名的聾子，陳雲要靠助聽器來聽人講話。站著向他們請益的是穿短袖白襯衫的中共黨主席胡耀邦，以及戴著墨鏡的國務院總理趙紫陽。

是毛澤東的走狗，毛澤東要她咬誰，她就咬誰。儘管江青有此證詞，法官也無意追究毛澤東的政治責任。中共中央僅含混地承認，毛澤東對文革中的慘劇負有一定的責任，並在這樣表示以後，基於維護毛澤東威信的考慮，硬把毛澤東的一生一分為二，指出1957年以前毛澤東是一貫正確的，1957年以後，他纔因為年老體衰，而屢次犯下嚴重錯誤。一言以蔽之，毛澤東65歲以前，在政治判斷上可說是一無失誤。如果在他領導之下曾經出現冤錯假案，那是因為必須鎮壓「反革命分子」；鎮壓「反革命分子」沒有錯，錯在難以避免的肅反簡單化和擴大化而已。就錯誤的性質而言，這乃是毛澤東正確路線下執行層面的錯誤，而且如日月之蝕，都經由甄別或平反，早已補救過了。

　　鄧小平復出的過程，令人回想到毛澤東在延安確立其唯我獨尊地位的過程。鄧小平有意無意之間加以模傚，他像毛澤東一樣，從檢討中共黨史開始，也是從檢討中共的最近歷史著手。毛澤東檢討六大以來的歷史，鄧小平則檢討文化大革命的歷史。毛澤東通過對歷史的檢討，以及對路線和權力鬥爭中之犧牲者的平反，為自己的過去「平反」，也同時削弱對手國際派王明的黨內威望。鄧小平亦步亦趨，透過同樣過程，為自己的過去「平反」，也同時侵蝕華國鋒的權力基礎。毛澤東在被平反同志的簇擁下，建立起個人崇拜，無論是名義上還是實質上，都總攬黨政軍大權。鄧小平則在被平反同志的支持下，架空華國鋒，名義上只是政治局常委兼副主席，實質上卻擁有毛澤東一樣的「最後決定權」。他要胡耀邦出任黨主席，提高其政治聲望，卻讓趙紫陽擔任國務院總理，形成兩人分庭抗禮之勢。

二、經濟體制的改革

　　1978年底的十一屆三中全會，象徵鄧小平時代的來臨。鄧小平從「實事求是」的角度重新詮釋毛澤東思想，號召全體黨員把工作重點放在「社會主義現代化建設」上面。但是關於如何實行社會主義現代化建設，他並沒有清楚的概念，基本上仍然延續華國鋒的政策，只是根據新任中共副主席陳雲的意見作了一些修正。陳雲是工人出身的中共元老，從1944年以來，長期主持中共的財經工作。鄧小平根據他的意見，批評中共的經濟管理體制，既權力過度集中，復強調政治掛帥，全然否定經濟規律和價值規律。因此主張精簡各級行政機構，把大部分職權交給企業性的專業公司或聯合公司，由它們按照經濟規律辦事。鄧小平仍然重視思想、政治工作，所以強調要與經濟手段密切結合，也就是說，必須思想動員和物資獎勵兼顧。此外，他針對洋躍進過程中大量引進大型工廠，以及盲目借外債產生的問題，進一步採取陳雲的意見，主張量力而為，循序而進，引進大型工廠設備之前，

尤其注意能源、交通和材料等可能產生的瓶頸，絕不貿然行事。

鄧小平也同意陳雲的看法，特別重視改善農民的生活。在方法方面，他最初只是延續華國鋒後期的作法，針對農業學大寨、增產不增收（收入）的問題，推廣四川和安徽的經驗，揚棄以糧爲綱的口號，強調農林牧副漁並舉，必須從事多種經營，尤其重視副業和經濟作物的種植，並擴大和恢復農民的自留地以及農村集鎮市場。此外，他也強調生產隊的自主權，停止鼓勵提高經濟核算的單位[6]。十一屆三中全會以後，鄧小平爲穩定農村的生產意願，特別把農村各地的徵購數量固定下來，並陸續提高糧食和其他農產品的價格約20%；如果政府超過規定數額收購糧食和其他農產品，則另外提高價格50%。這兩個價格的提高幅度，是中共建國以來所僅見。同時，鄧小平也降低農業機械、化學肥料、農藥和農用塑膠工業品的出廠和銷售價格約10～15%，使城鄉剪刀差的幅度稍微縮小。他爲了滿足農民收入增加以後的消費需求，還開始每年進口大量糧食，讓農民可以把種糧食的用地轉爲經濟作物的種植[7]。國營工業也配合此一措施，把用在重工業的一部分資源轉移到輕工業上，以農產品爲原料擴大生產。儘管此一措施所增加的農民消費品有限，只占全國生產總值的3%～4%，但對患有長期消費飢渴症的農村居民而言，畢竟表示在收入方面有看得見的實質增加了。

鄧小平體制獨特的農業政策，嚴格說來，要到1980年以後才逐漸形成。這項政策，簡單說來，便是實行包產到戶（又稱包乾到戶），回歸1950年代農業集體化前的小農經濟[8]。安徽是這次農業革命的發端

6　馬齊彬等，《中國共產黨執政四十年》（增訂本），頁410。

7　同上，頁428。

8　嚴格說來，包產到戶和包乾到戶是不一樣的，前者的產品要由生產隊統一核算和統一分配，後者則完全取消此一過程。參見高輝，〈中共農業經濟體制改革之研究〉，《共黨問題研究》，1985年，第11卷第6期，頁68；吳象，〈陽關道與獨木橋〉，頁9。

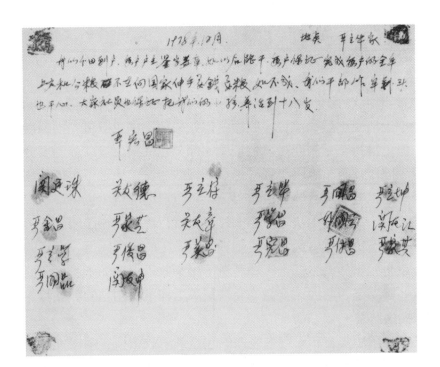

包產到戶的先驅者。1978年12月，安徽鳳陽縣小崗村生產隊的農民遭遇乾
旱，隊長嚴宏昌為了應付天災，帶頭冒犯當時法律，實行分田到戶。上圖
為生產隊各戶戶主的簽名蓋章，他們集體宣誓，在實行分田到戶後，不僅
各自如數負擔政府規定上繳的糧食數量，而且保證不再向政府要求救助；
倘若幹部遭受懲罰，則全體隊員負責養活幹部子女。下圖為當時帶頭簽名
的三位生產隊幹部。

處。1978年秋,肥西縣的山南公社,為了抵抗大旱災,在上級的支持下,把土地交由農民承包,收穫所得如果超過承包數量,則歸農民享有,但仍維持工分制度,承包上繳的部分包括農民按工分制度分配的口糧。同年12月,鳳陽小崗村採取同樣的辦法,只是不再掩耳盜鈴,完全廢除工分制度。農民自有部分,可以自己消費,也可以送往自由市場銷售,完全自由決定。小崗村農民實行此兩種辦法的結果,據說一年生產所得,相當於1967年到1970年三年的全部所得。一年的食油生產量也相當於過去二十年總產量,副業收入更增加了將近三倍。不論這些數字是否誇大,安徽省委書記萬里在推廣兩地的經驗時,畢竟可以振振有辭。

這些辦法其實和大躍進後期的包產到戶政策沒有兩樣,當時安徽省就靠它們勉強度過三年經濟難關。只是不久便被毛澤東嚴厲批評為單幹風,沒有人再敢冒大不韙,重新提倡。此時,萬里在安徽重提舊議,當然引發了激進派攻擊,但是毛澤東已經長逝,敢於採行的地方基層幹部越來越多。從1979年夏開始推廣,半年後便有15%的全國農戶採取包產到戶制度。1980年鄧小平不但發言支持,而且任命萬里為主管全國農業的國家農業委員會主任。兩年後,萬里就把包產到戶的全國普及率擴大到67%,1983年,更高達97%,可以說整個國家都揚棄了集體經濟的道路。實行包產到戶以後,土地雖然名義上仍為國家所有,但是承包農家只要繳納固定數量的「租賦」,便擁有土地的使用權。伴隨著分田到戶而來的是分農具到戶,分資財到戶,農村的生產模式又回到農業集體化前夕的情形。農民可以出售多餘的農產品,農村集鎮市場的恢復和發展因而加速。有些農民甚至把握此一變化提供的機會,做小生意和小買賣,以便增加現金收益,改善物質生活。

包產到戶提高農民生產的積極性。從1979~1983年,全中國大陸的糧食產量不斷增加,從33,212萬噸增加到40,731萬噸。其後開始出現減產,似乎包產到戶政策所起的經濟效益已發揮到了頂點。中共政權

於是一方面宣布頒發土地承包使用證，保證土地承包後15年到20年內不收回，農民可以安心改良，或增加投資。然而如果農場規模有限，則此種鼓勵效果不大。中共試圖增加農場的規模，於是在同一年准許擁有土地承包權的農民把土地轉租他人。從另外一個角度來說，此舉勢需減少農業人口，於是又不得不准許農民有更多的就業自由，可以繼續本業，也可以選擇離業，或從事經商，或經營採礦，或從事運輸，或是經營工廠。除可以在本鄉本土從事社隊企業的經營之外，更可以到大中小城市尋找工作，完全轉業，農民不再附著於土地；在此情形下，株守舊業的農民則可以向轉業農民租用土地，以便擴大農業經營的規模。

農民一旦有自由從事農業以外的工作，他們便會放棄本業，集中精力於非農業的經營，因而發家致富，成為所謂萬元戶。政府也配合這個發展趨勢，停止平均分田，而把大部分土地劃成商品糧田，交由特定農民承租。這些農民，中共美其名為「種田能手」或「種糧大戶」，其實就是傳統「大佃農」或是「大富農」的復出。不同的是，國家是地主，而「種田能手」或「種糧大戶」負有維持糧食產量的任務，因此享有傳統「大佃農」和「大富農」所享受不到的種種國家優惠。其實，包產到戶政策實施以來，不僅這種「大佃農」和「大富農」相率復出，農村也重新出現商品化和專業化的現象，與明清經濟史家所說的「資本主義萌芽」如出一轍。農村商品化和專業化的現象逼迫中共接受專業零售商存在的事實，進而衝擊原本壟斷一切的國營商業體系，使其不得不承認專業批發商以及省際長程商人的合法性[9]。就在這個發展過程中，農村中的萬元戶越來越多，而其中最初以經商

9　關於市場的恢復，參閱 Andrew Watson, "The Reform of Agricultural Marketing in China since 1978", *The China Quarterly*, March 1988, no. 113, pp. 1-28；李圭澤，〈中共商業流通體制改革(1978-1990)〉，《共黨問題研究》，1990年，第17卷第4期，頁28-37。

致富者爲主，有些臨時性市集還發展成永久性的市鎮。1983年，湖南一個縣裡，三十幾個市集中就有六個申請成爲行政鎮[10]。

農村大踏步地走出自然經濟，農民的現金收入自然大爲增加。以農民的平均個人收入而言，從1956年農業集體化以後，一直徘徊在100元人民幣上下，可以說毫無變化。但是從1978～1987年，農民的平均個人收入由134元增加到463元人民幣，增加了二倍半。即便扣除通貨膨脹所產生的扭曲，增加率也高達 1.9 倍。1978年以前，約有三分之一的農民，平均個人收入不到100元，100個人當中只有 2.5 個農民，收入超過300元。但是到1985年，收入未達100元的農民不到 1%，而收入超過300元的農民更有62.1%之多，其中超過500元的也有18%。儘管包產到戶及其相關政策對市場經濟比較發達的東南沿海地區比較有利，但是比較落後的西北內陸省也沾到包產到戶制度的效益，因此這個政策受到絕大多數農民的歡迎。

受到包產到戶政策的影響，農村開始出現非農業的個體戶。發展到一定程度，個體戶集體投資和經營，建立所謂經濟聯合體。在此發展的同時，人民公社和生產大隊也根據包產到戶的原則，開始把所擁有的社隊企業，交由農民承包。農民只要繳納固定租金，便可盡情發揮其經營長才。在這兩股趨勢的衝擊之下，社隊企業即便仍歸集體經營，卻放棄自力更生的原來目標，而開始強調商業交換。1983年底，這些以集體所有和地方所有爲主、個體所有爲輔的企業，被合稱爲鄉鎮企業，擁有從業人員3,200萬人，共吸收了農村約十分之一的勞動力。從1985年起，農業部門的發展遇到瓶頸，中共更把發展鄉鎮企業當成突破瓶頸的不二法門，全力加以推動，以致鄉鎮企業的發展益加迅速。兩年之後，全國鄉鎮企業的總產值便超過了農業。官方估計，

10　Andrew Watson, "The Reform of Agricultural Marketing in China since 1978", *The China Quarterly*, March 1988, no. 113, pp. 25-26.

1988年此項總產值迫近全國生產總值的三分之一，共吸納了約四分之一的農村勞動力，約1億勞動人口[11]。鄉鎮企業的個別規模不大，技術層次也不高，但是勞力密集，所花費的資金不多，成為吸收農村多餘勞動力的最好途徑。

在包產到戶政策的衝擊之下，農村幹部逐步退出原屬於他們職權範圍的經濟管理。他們只能收取一定的「租金」，至於包產到戶後的土地和企業經營，便不再是他們的權責範圍。人民公社、生產大隊和生產小隊長的權力都明顯萎縮，其中小隊長更幾乎喪失了所有機能，而名存實亡。1982年中共實行黨、政、社分離的政策，把人民公社和生產大隊的行政功能劃歸鄉鎮和行政村政府，由其獨立行使計畫生育、宅基審批、物資分配和承包合同等方面的權力。新制度實行以後，共產黨雖不曾真正退出政府部門，不僅仍然有黨員，而且仍然有黨團運作，並未改變黨一元化領導的政策，但是新制度下的鄉和行政村幹部理論上畢竟有一些自主活動空間，所以多少可以抗衡一下向來唯我獨尊的基層黨組織。

非農業部門的經濟改革，也是由地方發其嚆矢，鄧小平隨之給予全力支持。最先，他為了取得支持，在1978年秋，提高全國約9,000萬工人的薪水，儘管每位工人平均一個月只增加10元的收入。但這是1962年以來工人第一次享受到薪水的調整，所以還是熱烈歡迎。國家為此雖然增加約100億元的預算，甚至引發物價上漲，鄧小平卻贏得了寶貴的時間，及時摸索出一套關於非農業部門的改革政策。其中最重要的是下列兩項：第一項是放權讓利(利潤)，一方面讓國營企業有一些自主權，增加它們處理問題的彈性。另一方面是在財政上對各省下放，不再厲行中央集權，允許各省在繳納一定的稅收之後，得以自由

11　江振昌，〈大陸農村社會階層化的現況與問題〉，《中國大陸研究》，1993年，第36卷第5期，頁52；蕭眞美，〈大陸農村鄉鎮企業之發展〉，《東亞季刊》，1989年，第21卷第1期，頁1。

運用本身的剩餘。第二項是承認「資本主義」生產方式所強調的經濟規律和經營方式，肯定其優越性。因此一方面採取台灣加工出口區的經驗，在廣東建立經濟特區，引進外資及其經營理念，另一方面則恢復私營企業，先從小型工商業做起，然後擴及大型產業及服務業。

擴大企業自主權的具體內容是，允許國營工業企業在完成國家任務以後，以剩餘的資金和多餘的利潤自行生產，自行購料，自行銷售，並在一定幅度內自行決定價格。同時也允許國營企業自行處理多餘和閑置的資產，自行決定配備編制人員，甚至允許企業負責人提名高級幹部、任用中級幹部、並對外公開招工或招聘技術和管理人員，以及開革「違法亂紀」的一般幹部和工人。1978年，四川省委書記趙紫陽最先提出這幾項企業改革措施，次年國務院即予以推廣，由點及線，然後推廣到全國各地。1982年為止，幾乎全國八成左右的工礦企業都進行了改革。根據放權讓利的原則，中共加強企業經理或廠長的權責，要求黨委退回幕後，不要在政治掛帥的藉口下，越俎代庖，干涉技術性質的事務。稍後從1983年以降，中共為落實企業承包經營責任制，開始推行利改稅。所謂利改稅就是，政府不再要求國營企業上繳固定利潤，而只要求國營企業根據固定稅率繳納所得，剩餘可以留為自用。1984年10月，中共中央更正式決議實行廠長（經理）負責制，減少黨委書記對非政治事務的干涉[12]。另一方面，中共也一反文革時期的作法，允許物資獎勵，恢復獎金制度，甚至採行計件工作制，以激勵工人的生產效率。

不過，放權讓利並未產生類似包產到戶所創造的經濟奇蹟。比較起來，工商業方面，反而是對外開放政策，帶來了明顯的經濟績效。華國鋒已開始大借外債和引進技術，鄧小平則有過之而無不及。他在1979年批准廣東和福建等省，模倣台灣加工出口區的辦法，引進外

12　趙生暉，《中國共產黨組織史綱要》，頁442，462。

資、僑資、港資和先進技術，更藉由成立和擴大經濟特區的辦法，帶
動全國經濟發展。經濟特區對內隔絕，特區之內以減免關稅、提供廉
價勞工和土地、興建基礎設施和其他優惠措施來吸引境外商人。境外
商人可以採取合作經營或是獨資經營方式設廠，易言之，他們可以擁
有經營管理權。至於負責經濟特區工作的幹部，則享有一定自主權，
可以審批規定投資案件，可以享受規定之內的外匯和貸款，更可以截
留規定以外的利潤。深圳和珠海出口特區出現後，廣東省委便有權審
批一定金額以下的投資。至於特區的收入，除一部分繳納中央外，其
餘可以留用。後來，深圳的經驗逐步擴大，先擴大到汕頭和廈門。到
1984年5月，又擴大到十四個港口城市。七個月後，更擴大到沿海省分
的精華區，如長江和珠江三角洲一帶。1987年9月，海南島建省，這時

深圳。1979年中共中央決定在深圳、珠海、汕頭、廈門試辦經濟特區，大量
招徠僑資、港資和外資，從事出口加工和城市建設。經過多年的努力，深圳
已經成為中國現代化的櫥窗，在市貌上和世界其他各大城市幾乎沒有二致。

山西平朔安太堡露天煤礦。美國西方石油公司的老闆，素有紅色資本家之稱，是十月
革命以後，蘇聯最重要的資本家友人。他掌握鄧小平改革開放政策所帶來的商機，首
先在中國作巨額投資。1987年9月，終於建成這座中國規模最大、現代化程度最高的露
天煤礦。

全部一個省都可以變成經濟特區。不同特區雖然擁有不同程度的自主
權，但其設立的目標一致，都是為了吸引外來資金和技術，以便繁榮
經濟。因此其負責幹部對貨物進出、境外人員進出、資源進出等事務
均擁有不同程度的自由。中共在特區內把過去壟斷的行業作不同程度
的對外開放，准許外來商人參加經營和競爭。

　　在對外開放的同時，鄧小平也對內開放。1978年，中國大陸經過
不斷的「割資本主義尾巴」後，仍有10萬家小商小販和小手工業戶苟
延殘喘。到1980年，這些個體經營戶的命運改變了，鄧小平在法律上
肯定他們的存在。次年7月，中共中央更正式規定，私人可以從事小型
手工業、零售商業、修理業、餐飲服務業，以及非機動工具運輸業等
集體經濟難以顧及的行業，並允許業主雇用工人和招收學徒各數人。

雖然最初開放的空間不大，但是1981年9月調查的結果顯示，當時的個體經營戶已增加到100萬家，到1983年更增加到580萬家。此時他們雇用的員工已高達750萬人，兩年後更增加為2,400萬人，甚至帶來所謂第三產業（包括金融業、旅遊業、批發商業、服務業及出口貿易）的出現，並成為其主力。第三產業中雇用人員最多的是飯店和修理業，它們對恢復和繁榮城市生活作出了巨大的貢獻。

1979年，陳雲出任財政經濟委員會主任。在財政管理體制內試行中央統一領導下的大包乾辦法。鄧小平早在1950年代初期擔任財政部長期間，就曾一度實行包乾制[13]。陳雲此時在北京、天津和上海三大城市以外，根據這個辦法，先由中共中央畫分其與地方各自的收入和支出範圍，然後按各地方情形規定各省應上繳的比例或是列出中央補助數額。各地方首長則在上述範圍之內，「多收多支、少收少支」。在落實此一政策時，中共對少數民族地區以及福建提供特別補助，對廣東所要求的上繳比例較低。地方首長由於「自負盈虧」，增大了責任，也開始擁有一些財政自主權。這種作法被視為中共中央權力式微的表徵，地方首長在決定國家預算時，有比較多的談判本錢，因而導致某些省分有「鬧獨立」的傾向。其實放權讓利來自中共中央的主動，放權讓利的目的在於鼓勵地方首長發揮其工作的積極性，並不能視之為地方權力相對於中央權力有所增長。

三、資產階級自由化？

鄧小平復出之後，最初主管科研和教育工作。他一方面為文革前十七年這兩方面的政策平反，另一方面則為知識分子恢復名譽，並改善其物質生活。由於國家的財力有限，鄧小平所帶來的物質生活改善並不是很多，但是不再被視為臭老九的知識分子，做為勞動階級的一

13　鄧小平，《鄧小平文選，1938-1965》，頁182-83。

部分，也不再是「團結、教育、改造」的對象，而是能夠放手加以任用，且必須充分利用的國家資產。顛倒的師生關係也被顛倒回來。鄧小平開始強調尊重教師，不得妄加罪名，隨意予以批鬥。被指責為歧視工農的大學聯考制度重新恢復，中學畢業生可以直接報考，沒有必要先接受貧苦工農的再教育。同時，鄧小平努力恢復正常的教學，主導各工宣隊和軍宣隊退出學校，把校園用地還給學校。中共中央宣傳部門與鄧小平相呼應，也採取比較開放的政策，開放部分禁書、禁戲，讓文藝界批評。這種種開明作法贏得了知識分子的好感，鄧小平因而成為知識分子深為愛戴的領袖。

就在這種政治氣氛中，1978年底出現了「北京之春」。一些青年知識分子利用毛澤東大鳴、大放、大字報和大辯論的四大自由，在壁報上發表官方不願看到的言論，也有人開始討論官方不願討論的各種課題，組織官方所不樂見的民間社團。他們中間甚至有人出版地下刊物，要求在四個現代化以外，增加第五個現代化，也就是所謂政治的民主化。面對這類事件，鄧小平及其支持者的最初反應是有意縱容，因為這些言論對華國鋒體制，產生莫大的輿論壓力，可以用來打破華國鋒「兩個凡是」的主張。這些青年知識分子受到有意縱容，誤以為時代已經改變了，因此主張越來越大膽。1979年年初，他們要求民主的聲音匯為強勁的風潮，引起某些外國學生和記者的注意，有些來自資本主義國家的外國學生和記者，也參加了這些青年知識分子的政治討論。最令中共當局難以容忍的是，竟然有一些年輕人膽敢公然反對無產階級專政，抨擊無產階級專政為萬惡之源，並進而提出反饑餓、要人權的口號，遊行示威，甚至要求美國總統，出面關心中國的人權問題。這一次運動伴隨下鄉知識青年的回城風而生，大批下鄉的知識青年回到城市以後，面臨生計問題，要求政府分配工作。他們到各黨政機關請願，或遊行抗議，或靜坐絕食，造成交通不便，有時群情激憤到了極點，甚而占領辦公室，更嚴重影響了各機關的正常運作。

　　這股風潮高漲之時，鄧小平正在美國訪問，他的國際聲望如日中
天。回到中國以後，他認為青年學生的活動已超出可以容忍的限度，
於是立即下令逮捕民運人士魏京生諸人。魏京生的罪名是洩露國家機
密。這是欲加之罪，何患無辭。所謂國家機密，沒有一點來自國家機
密文件，都是報紙上可以看到的消息。但是魏京生還是被判處了15年
的徒刑。目的顯然是殺雞儆猴，以扼止民主運動的繼續發展。這一年3
月，鄧小平便發表了四個堅持的主張，宣布言論自由的底線是：一是
社會主義道路，二是無產階級專政，三是共產黨的領導，四是馬克思
列寧主義和毛澤東思想，任何違背這四個堅持的言論都要受到國家壓
制。可是同年夏天，北京西單一地還是再次出現大批大字報鼓吹民
主。北京市委必須依賴高層的禁令，才能取締大字報，控制住情勢。
鄧小平發現，毛澤東生前主張的四大自由對中共所謂社會主義民主不
利，必須予以全盤否定，進而由政府下令取消。

　　鄧小平體制之下比較活躍的知識分子，對四大自由被取消不敢有
所爭論，他們的主要關懷是四大堅持應該如何詮釋。關於四大堅持，
黨內文化人有兩類意見。一類比較傳統，他們把社會主義道路、無產
階級專政、共產黨的領導，馬列主義和毛澤東思想，都看成是早已有
共識的東西。社會主義就是指生產關係而言，當然比資本主義的私有
制優越，應該予以堅持。共產黨是目前的執政黨，它代表人民實行無
產階級專政，至於怎樣的共產黨領導纔值得尊敬，既無必要討論，也
無必要加以說明。同樣的，馬列主義和毛澤東思想根本就是科學真
理，勿須跨出已有的範疇，作進一步探索和討論。以上述解釋為前
提，這些人強調意識形態的正統性，認為中共控制一切資源是理所當
然的，中共搞計畫經濟也絕對正確，主宰人民的意識形態更是天經地
義的事。

　　另一些人則認為社會主義的目的是發展生產力，不容躐等而進，
弄巧成拙。在中國目前的情形下，有「補（資本主義）課」的必要，也

就是說應該採用資本主義的方法來發展生產力。馬克思所謂無產階級專政，是人民真正當家作主。為何不促其進一步落實？既然主張人民當家作主，為何不准許老百姓批評黨內的官僚主義和特權思想？他們固然認為馬列主義和毛澤東思想的目的是解放全中國和全人類，但認為它們可能有時代的限制，而且認為其中含有許多互為矛盾的因素，不能隨意厚此薄彼，選擇這點，而不選擇那點。比如為什麼強調馬克思主義的階級鬥爭，而不強調馬克思主義的人道精神？總而言之，這一類的人，認為馬列主義和毛澤東思想只是一種學說，可以隨著時間的改變而修改其內容，因此對意識形態，並不強求其統一。他們也認為，發展生產力，可以學習任何資本主義方法，為避免文化大革命悲劇的重演，更必須防止「一言堂」的獨裁政權重新出現，因而中國大陸必須向西方國家學習，甚至向歐美資本主義國家學習其多黨式的民主。他們在思想方面採取的態度是開放的，為文介紹東歐的馬克思主義、歐美的新馬克思主義，以及過去被等同為修正主義的南斯拉夫馬克思主義，使知識分子的視野擴大到非馬克思主義的國家，熱心引介這些國家的哲學思想、文藝理論和社會科學。

上述兩類思想都在鄧小平四個堅持的大框框內彼此爭論。前一類人可以說是保守派，他們奉鄧力群和胡喬木為領袖，彼此之間的共識較強。後一類人則可以說是改革派，分別托庇於胡耀邦和趙紫陽，雖然相互之間也有一些共識，但內部成員之間的歧異性比較大。前一類人批評後一類人，玩弄文字遊戲，實際目的是「與黨分道揚鑣」，搞「資產階級自由化」。後一類人則批評前一類人「教條主義」，思想僵化，不能與時俱變。其實上述左右之分，很像1950年代初期毛澤東和劉少奇之間的爭執。只是當時的歧見，再如何重大，也都不能破壞他們之間的共識：他們對共產主義均有十足的信心。而今歧見發生在信仰危機的關頭上，前一類人認為後一類人拿捏不住分寸，已經逸出鄧小平的體制之外。平心而論，後一類人中也確實有人在悄悄尋找替

代馬克思主義的思想，只不過未對鄧小平的四個堅持展開正面攻擊而已。對前一類人而言，這就是「精神汙染」，必須加以批判，甚至使用過去文化專政的辦法，來予以「消毒」。後一類人則認為這種擔心根本是多餘的。思想和行動畢竟不同，雖然也應該批判，但不應該使用「粗暴」的語言，尤其是動輒使用組織和行政處分，或開除黨籍，或調離中央，或撤消工作。這兩派人馬，彼此爭執，水火不容。鄧小平並不直接介入其間，只是徘徊於兩派人的意見之中，維持平衡，以便維持他的政治體制而已。在鄧小平新威權體制的籠罩之下，兩派人馬也力圖影響他們共同的領袖，以便擴大各自的勢力。

胡耀邦擔任宣傳部長時，對黨內的知識分子比較寬容。1978年文藝界發生了話劇《假如我是真的》事件。這一部話劇諷刺文化大革命中權力至上的心態，因此一個騙子只要自稱是某某高幹的子弟，便可無往而不利。雖然是小說家言，但一些高幹看了之後，自動對號入座，憤怒異常，要求禁演，甚至加作者以「反革命」之罪。由於胡耀邦一言九鼎，批評纔沒有無限上綱。胡耀邦這種寬容作法，使許多知識分子願意團結在他四周，為他效勞，當然也間接鼓勵了一些敢於反省中共統治的作品。此時，知識分子已經喪失了貼大字報的自由，但是透過文藝和政論作品，還是能夠發表以前不可能發表的意見。鄧小平黨國體制之內的知識分子，尤其能夠如此。例如軍隊中的白樺，著有《苦戀》，批判知識分子對中共的愚忠。又例如黨文宣機器中的周揚和王若水提出青年馬克思思想中的人道主義問題，認為社會主義的國家雖然是為人民服務，但也可能「異化」成為官僚主義的壓迫政權。又例如黨內研究理論的李洪林敢於指出：馬克思對資本主義的預言並未實現，中國還有許多地方要向資本主義國家學習。這些主張，表面上都還在鄧小平體制的範圍之內，但是對強調意識形態的黨內知識分子而言，已經是明明白白地宣傳「資產階級自由化」了。

這些強調意識形態的人，其實對開放開革政策所引發的社會現象

也相當敏感。1982年春，保守派大將鄧力群等人，控制了中央黨校和中央宣傳部，他們對私營企業中雇用關係的重新出現、深圳類似租界特區的擴展、海南島洋浦開發區的開放投資項目等等，都深感震驚，因而嚴加批判。次年，他們公開批評「改革派」宣傳抽象的人性論和人道主義，宣傳抽象的民主和言論自由，甚至誤用馬克思的「異化」理論。他們也批評一些作家熱心於陰暗面和灰色面的揭發。尤有甚者，他們藉著控制中央黨校的局部優勢，或文字圍剿，或逼迫檢討，或開除黨籍，把黨校內部的所謂「自由派」分子調離北京，或撤消職務。1982年10月，鄧力群更說動鄧小平，發起清除精神汙染運動，以反資產主義自由化為中共的當務之急。一面批判所謂自由化思想，另一面則宣傳所謂社會主義精神文明的建設。一面是文字圍剿，組織懲罰，另一面則是強調道德重建，思想改造。一時雷厲風行，終於影響到對外開放政策，而使經濟出現逆轉現象。有此可乘之機，胡耀邦終於說服了鄧小平，中途叫停。然而，鄧小平也沒有改變他的思想，他只是叫黨內保守派暫時韜光養晦，停止吶喊進攻而已。

另一方面，學生運動隨著外在的政治環境而上下起伏。1979年北京之春已有學生參與，隨著北京之春的終結，學生運動被迫進入了冬眠狀態。1980年底，中共開放省人民代表的選舉，不意竟然導致了學生運動的短暫復蘇。霎時之間，校園中出現許多社團和雜誌。湖南的學生遊行示威，絕食抗議，甚至到北京上訪告狀。惟後繼乏力，不旋踵之間，即為當局軟硬兼施的手法擺平。1984年以後，物價上漲影響到學生的伙食，貪汙腐化的現象也特別引人矚目，學生運動這時纔有真正擴大的機會。首先是北京和廈門的大學生走上街頭，抗議示威，遊行請願。由於規模不大，尚未引起社會普遍注意。次年秋天，日本首相參拜靖國神社，激起反日情緒，終於給學生運動帶來了擴大的機會。北京學生到天安門廣場靜坐，成都、武漢和西安的大學生也在抗日的藉口下，紛紛走上街頭。由於政府本來便在製造反日興情，加之

學生開始示威後，政府也能針對學生的不滿，改善學生的生活條件，因此運動很容易控制下來。可是，1986年底的學生運動便不然了。這次學生運動的最初導火線是省人民代表選舉不公，安徽中國科技大學的學生走上街頭，不再以民族主義的議題為掩護，直接要求媒體如實報導他們的抗議行動，並且要求准許成立跨校的學生組織，一場全國性的學生運動遂由此爆發。全國共有150所大專院校的數十萬學生參加，他們分別在十七個大城市中示威遊行，要求民主，要求新聞自由，也要求進一步改革經濟和政治體制，引起了社會的動盪不安。

這一次學生運動既大又猛，保守派認為背後有改革派知識分子煽風點火，也認為總書記胡耀邦處理的態度過分軟弱。學生運動中出現的一些亂象，例如妨礙交通，破壞公物，遂成為抨擊改革派的口實。鄧小平估量時局，天秤開始偏向保守派，非但接受了他們反對「資產階級自由化」的口號，也開始加強意識形態的控制。頃刻之間，風雲突變，1987年初是改革派知識分子心中最寒冷的冬天。鄧小平同意胡耀邦辭職，但並不希望政治上的鎮壓影響到改革開放政策的執行，所以在打擊改革派的同時，重用當時被認為思想開明的趙紫陽，讓一些改革派知識分子在趙紫陽的庇護之下，能夠繼續引進有利於經濟發展的各項措施。這些知識分子也利用他們在鄧小平體制中的單位，例如國務院農村經濟發展所和中國經濟體制改革所，或是社會科學院文學研究所、政治學研究所和馬列主義毛澤東思想研究所等，繼續鼓吹開放改革，提倡被保守派認為是異端邪說的思想和理論。

　　　　　　※　　　　　　　　　　※　　　　　　　　　　※

經濟上改革開放，是鄧小平體制的特色。落實此政策，不可避免地會帶來一些和平演變的現象。雖然這裡所說的和平演變並不一定是美國政治人物所講的和平演變，但是鄧小平的中國和毛澤東的中國確實大為不同。鄧小平認為他的改革是以四個堅持為先決條件的。其

實，在他的思想中，毛澤東思想和馬列主義都已經被化約了，凡是不符合鄧小平所謂「實事求是」原則的東西，都被當作糟粕而予以揚棄。鄧小平四個堅持的真正底線是共產黨統治。唯有符合共產黨統治利益的，纔被保留。正因為在鄧小平實事求是的原則之下，毛澤東思想和馬列主義遭到一分為二的處理，其正當性便不可避免地遭到打擊了。因此，在馬、列、毛之外，其他思想主張也可能受到注意和研究。為了支撐搖搖欲墜的意識形態，中共黨人甚至運用流行的西方理論或傳統的中國思想。意識形態方面如此，制度方面也莫不皆然。中共仍然保持其黨一元化的體制，也仍然是一黨專政，繼續維持其在法律和人事兩方的嚴格控制。但是在黨政分離和黨群分離等口號下，中共畢竟在很多方面是由台前退到了幕後。法制和憲法也比以前受到重視和強調，當然這些變化距離西方的標準極遠，但至少是從毛澤東一個人控制的黨治制度邁出了好幾步。

鄧小平對待資本主義的態度是洋為中用，以資本主義的方法，為中國社會主義之用。對外開放，吸引外資、僑資和台資進來，不可避免地要利用到一般人認為是資本主義的觀念和方法。問題是，這些資本主義的觀念和方法，一旦落腳生根，是否會影響到中共的社會主義體制？以深圳經濟特區而言，在特區內，三資企業享有特別待遇，不受國家計畫經濟控制，是否特區的擴展，將會反過來影響一般地區？鄧小平的答覆是，特區只是固定地區，中國擁有主權，其發展並不能改變中國是社會主義國家的事實，因此也不必有變色之慮。問題是，經濟特區內的生產方式是資本主義模式的，它固然改善了當地老百姓的生活，也帶動了其他地區的經濟發展，但這些變化畢竟不是中共所強調的社會主義文明。否則，中共也無需建築圍牆，嚴格控制老百姓出入特區了。

圍牆的存在，予人帝國主義租界復活的聯想。特區的設置，也證明中共社會主義體制沒有效率，地方的自主權不夠大。增加效率，強

調宏觀的調節與控制，其實也是權力的下移。特區政府有用人權，深圳從全國各地招訓人才，培養業務人才，打破黨國體制。中央和地方之間不可能處處契合，地方也越來越敢對中央的指示表示不同意見。不過有了圍牆，可以令人放心不少。其實有了圍牆，也不可能完全圍堵經濟特區的擴展。經濟特區不但越來越多，中共對三資和個體經濟開放的範圍也越來越大。從某一個意義上說，這是多種經濟成分的自然發展，可是從各種成分的比重來看，可以說是「資本主義」經濟力量的愈益強大，發展到現在這個程度，已成為不可逆轉的形勢。在整個經濟中，原來一支獨秀的國營企業，所占比例越來越小，縮小到一定程度後，中共所謂社會主義體制就很難說不會變色了。

反映在意識形態上的是保守派和改革派的論爭。兩派人馬都贊成改善人民生活，但是要對外開放到什麼程度，他們卻有相當歧異的意見。在統治理念方面，改革派的要求有越來越高的趨勢。他們中間比較激進者，甚至回到五四時期自由民主的口號，甚至主張模倣歐美多黨政治，實行民選議會。但是有此主張的只是極少數。絕大多數可以稱之為改革派的知識分子，只是意在挑戰中共階級鬥爭的教條，他們要求當局承認人道主義是超階級的，要求承認原本理應代表人民利益的社會主義國度，現在有可能異化成為壓迫人民的統治機器。這些改革派的知識分子要求民主改革，但彼此之間並沒有組織聯繫，也沒有大家所同意的具體改革方案，因此他們基本上只是在要求中共給予表達上述意見的自由而已。但是強調四個堅持的中共黨國體制，能長久容忍他們的存在嗎？

第二節　天安門事件

　　鄧小平在知識分子的歡呼聲中重返權力核心，曾幾何時被公認為
是撥亂反治、中興中共的偉大領袖，如今卻成了不少知識分子咒罵的
獨裁暴君。為什麼在短短不到十年之間，鄧小平的聲譽，有如此霄壤
之別？這當然和1989年6月4日的天安門事件有關。北京在這一天凌
晨，突然成為世界媒體注意的焦點。自認為是學生運動產物的中國共
產黨，竟然發動軍隊和坦克，鎮壓在天安門廣場手無寸鐵的學生。中
共的人民解放軍自認為是人民的軍隊，竟然不顧北京市民的誓死反
對，開進天安門廣場，並對阻擾他們前進的群眾射擊。為什麼鄧小平
採取如此極端的辦法來結束學生一、兩個月來的和平示威呢？為什麼
不久之前，自動歡呼「小平，你好」的遊行群眾，竟然會走上和鄧小
平意志衝突的道路呢？

　　從形式來看，1989年的天安門事件很像70年前的五四運動，都是
以北京為中心，然後擴向全國各大城市，也都是以學生為中心，然後
吸引社會其他各階層參加。但論其規模和時間，則天安門事件遠遠超
過五四運動。以規模而言，五四期間北京最大的一次示威也只有25,000
名群眾走上街頭，但這一次的天安門事件，最大的一次示威竟然有上
百萬群眾參加，參加的除學生之外，還有北京各界人士和政府官員。
五四期間全國有五十多個城市響應，這一次學生運動發生後，全國各
地卻有八十幾個城市響應。再以時間言，五四期間學生的直接行動在
北京持續了將近一個月，但這次卻持續長達一個半月之久。兩次學生
運動之間最明顯的差別則是：1919年的北洋軍閥政府大概只出動了京
師警察，總共逮捕了七百多名學生，隨後便在輿論壓力下全部予以釋
放；可是1989年的中共政權竟然從全國幾個軍區調動了幾十萬的軍
隊，甚至出動大批坦克，導致至少二百人犧牲。五四運動時，世界尚

無電視，注意到此事的外國政客和知識分子恐怕人數有限，但在70年後的天安門事件中，由於電視記者在場，鄧小平的血腥鎮壓過程，經由清晰的電視畫面傳播到了全世界各個角落。

　　天安門事變的發生，是兩個因素的互動所致。一方面是鄧小平改革政策的內在矛盾，尤其是它對知識分子的衝擊，另一方面則是中共內部的繼承人問題。不同的繼承人，對學生運動有不同的看法；有主張強硬鎮壓的，也有主張溫和互動的，更有想利用學生運動鞏固既得權力的。學生運動因為中共高層的分裂而遲遲難以平息，反而愈演愈烈，甚至帶動其他社會階層，而終於讓鮮血染紅了北京街頭。

一、鄧小平體制的內在矛盾

　　一個單純的學生示威為什麼會演變成北京各界響應，乃至於全國各大中小城市聞風響應的運動？像這樣一個聲勢浩大的運動，為什麼會因為軍隊鎮壓而轉瞬之間煙消雲散？要回答這兩個問題，不能不從鄧小平的改革開放政策說起。其實，鄧小平的改革開放最初僅有方向，並無固定的具體內容。他只是隨著政策的演變，而「摸著石頭過河」。他的每一項具體政策，發展到一定程度，便遇到難以突破的瓶頸，若欲更上層樓，則必須採取新的具體政策。鄧小平的改革始自農村，實行包產到戶以後，激發了農民生產的積極性，農民的收入以15%的驚人速度成長，但是從1985年以後，速度開始放慢。到1989年，反而出現了負成長的現象。其根本原因便是包產到戶政策的內在限制。因為採取這一個政策的本身便意謂著土地必須零細化，而農場規模必須變小。這對機械耕作極為不利，單位生產量提高到一定限度，便再也無法提高了。可是農業生產資料的價格卻仍然不斷提高，於是農戶便只能靠自我剝削，不計成本地投入逾量人工，提高絕對生產量，從而改善生活。由於人均產量已經遞減，報酬增加到一定限度也就難以進一步再改善。再以鄉鎮企業為例，1984年至1988年為止，每年平均

吸收1,200～1,300萬的農村剩餘人口。可是從1989年開始，由於產業無法升級以及無力對外競爭等原因，連續三年表現欠佳。即便沒有釋出原來已經雇用的勞動力，但其吸收的勞動力卻只有過去的零頭，平均每年僅吸收200～300萬人而已[1]。鄉鎮企業的成長速度明顯減緩，吸收農村剩餘勞動力的能力趨弱，也就出現經濟效益遞減的情形。

除了人均報酬遞減現象以外，改革開放也帶來種種難以解決的矛盾和問題。毛澤東曾說過，任何政策都會引起左、中、右三種反應，改革開放的政策自不例外，也分別產生擁護、中立和反對三種態度。理由很簡單，改革開放政策所帶來的經濟利益並非一體均霑，因為天時、地利、人和殊異，每個人所獲得的經濟利益不同；因為允許少數人先富裕起來，遂開始出現明顯的貧富差距；因為放棄物價控制，百物騰貴成了揮之不去的夢魘；因為私營經濟的蓬勃，國營企業的弱點便嚴重暴露；因為經濟掛帥，法制又不健全，犯罪行為乃急遽暴增，甚至腐蝕中共政權的合法性；因為市場經濟帶來快速的人口流動和節育失控，各種社會問題都成倍增加。以下分五方面進一步討論。

1 貧富差距的重新擴大

毛澤東時代的中國大陸，基本上只有權力分配不均的問題。貧富不均的問題雖然也存在，但在毛澤東的全力打擊之下，所謂三大貧富差距——城鄉之間、沿海和內地之間、勞力者和勞心者之間——均遭到全力壓縮。其中最明顯的是勞心者和勞力者之間的差距，兩類人的收入變得相差無幾。沿海和內地的差距，因為計畫經濟偏重內地，三線建設又不惜以犧牲沿海發展為代價，故明顯減小。但是城鄉之間差距，非但積重難返，反而因為農民附著於土地，其戶籍與城市居民不

1　董瑞麒，〈大陸農村股份合作企業的發展趨勢〉，《中國大陸研究》，1994年，第37卷第5期，頁33。

同，始終不得去除 [2]。鄧小平東山再起後，對所謂三大差距問題，明顯有了不同態度。過去他和毛澤東一樣，主張大家一起富裕起來，此時他認為這一個政策除了形成均貧現象，也就是大家一樣窮以外，其實於事無補。他從而主張讓少數人、少數地方先富裕起來，再帶動貧窮落後地區，並讓貧苦階層分享經濟發展的餘潤。他實行改革開放以來，由於包產到戶和鄉鎮企業為農村帶來繁榮，所以農村出現經濟轉型的契機。儘管如此，城鄉之間的差距，在統計數字上大體仍然維持原狀，只是不曾明顯惡化而已 [3]。但是農民因為不再附著於土地之上，有比較大的遷徙自由，甚至可以改業，農村內部的貧富差距反而變得越來越刺眼。

　　至於勞心者和勞力者之間的比較，則因為勞心者依賴國家的程度超過勞力者，所以最初受益於鄧小平改革政策者，以勞力者為多、為高。1986年為止，就有2,000多萬勞力者脫離集體經濟的羈絆，而成為個體勞動者。我們沒有勞力者成為私營企業業主的統計人數，但以私營企業的家數推估，也應該以百萬數。無論如何，確有不少靠勞力賺錢的個人把握機會，從而發家致富。一般勞心者在這些「成功」個體戶和私營企業主比照之下，發現到一種他們所難以忍耐的「倒掛現象」。那就是說，勞心者的收入不如勞力者。在毛澤東時代，勞心者都是政府直接雇用的人員和幹部，政府提高待遇是他們改善生活的唯一途徑。到鄧小平時代，政府要照顧工農階級（尤其是減低農業稅和提高收購價格），所剩餘的資源有限，不可能再有多餘的經費來照顧勞心者了。勞力者所受中共黨國體制的照顧不多，比勞心者更願意冒險成為個體戶和私營企業主，正因為如此，他們享受恢復個體經濟所帶來發家致富的機會也較多，而這些敢於脫離集體經濟保護的個人，在收

2　馬克・薛爾頓著，柯志明譯，《中國社會主義的政治經濟學》，頁189-91。

3　朱慶芳，〈城鄉差別與農村社會問題〉，《社會學研究》，1989年第2期，頁26。據朱慶芳估計，城鄉收入的差距是3比1，或更多。

入方面增加極快。1988年5月的調查顯示，中學教師一個月的收入接近人民幣100元，醫生的收入比他們好多了，但也只有460元的盞盞之數，可是一個出租汽車司機的月入至少是3,000元，而私營企業業主的收入更多。中國大陸因而出現「十年寒窗苦，不如個體戶」之嘆。這種勞心者不如勞力者的狀況，在相當長的一段期間，導致「讀書無用論」的盛行，不少青年學生寧願早點進入就業市場，尋求賺錢致富的好機會，也不願在學校辛苦讀書[4]。

個體戶和私營企業戶出現以後，農村內部的貧富差距開始拉大。1986年的農村調查顯示，各占農村人口20%的高低收入戶，他們之間的貧富差距，在過去六年內擴大了24%。另一個數字則顯示，1978年到1987年，農村內部貧富差距由2.9倍擴大為4.2倍[5]。所謂「萬元戶」和非萬元戶之間的差距倍數自然更驚人，已經在社會上引發普遍的「紅眼病」。最引人矚目的還是內陸和沿海間迅速擴大的差距。一方面是包產到戶和鄉鎮企業的改革，對自然條件比較好的沿海農村較有利，另一方面則是經濟特區主要位於沿海，多少帶動附近地區的發展。再加上稅制「包乾」，稅額固定，沿海省分上繳的利潤和稅收便相對減少，內陸省分的財政負擔則相對增加。雖然內陸省分可從中央獲得一些調節，但中央財力畢竟有限，所得數目始終難於滿足需要。反倒是中央政府為了吸引外資，加強沿海城市的基礎建設，相對投入更多資金，使沿海和內陸的反差越來越大。同樣地，經濟特區和非經濟特區間的貧富也日益懸殊。中共中央的盤算是，在差別尚未擴大到不能容忍的程度之前，讓經濟特區因為經濟的快速成長，及時回饋非

4　江振昌，〈論中國大陸的貧富差距〉，《東亞季刊》，1991年，第22卷第4期，頁58、69；〈大陸腦體勞動者的收入差距問題〉，《東亞季刊》，1992年，第23卷第3期，頁42-59。

5　朱慶芳，〈城鄉差別與農村社會問題〉，《社會學研究》，1989年第2期，頁28。

1980和1990年代的延安。農民最關心的還是個人生活的改善。掛在牆上的無數飯碗,顯示了鄧小平時代的中國還有幾千萬人口生活在貧窮線以下。他們像傳統農民一樣,願望是非常實際的「銀滿貫」和「錢堆山」,以及「榮華富貴一輩子」,可是許多農民在年華老去以後依舊是孑然一身,空盼「有人進里我的門」(晉方言)。這是延安黑氏四兄弟眼中的今日陝北。(黑建國、黑建邦、黑明、黑建軍,《看陝北》〔浙江攝影出版社,1995〕)

經濟特區，再讓沿海經濟的快速成長，及時帶動內陸省分。問題是，直到1990年代中期，帶動的跡象仍不十分明顯，反而是東西部之間的差距明顯拉大，1981年到1985年，其差距是過去30年的總和。

2 城市百物騰貴

改革開放並未雨露均霑，卻連帶引發了難以控制的通貨膨脹。不論其是否為改革開放所必須付出的代價，我們可以確定，通貨膨脹的現象出現以後，除了投機倒把者之外，全中國大陸可說不分貧富，皆受其害，而比較貧苦的社會大眾，受害尤烈。至於通貨膨脹的原因，言人人殊，唯一可以確定的是：中共中央的財政出現了龐大的赤字，而為了應付財政需要，不得不大量增加通貨的發行。為何中共中央政府會出現那麼龐大的赤字，這就和鄧小平改革開放以來的稅制有關了。中共中央自從實行放權讓利以及財政大包幹的制度以來，准許各省截留超出規定的盈餘，也准許廠礦企業截留越來越多的利潤。中央政府的財政收入在全國生產總值中所占的比例明顯減少，然而中央政府的財政支出卻因為改革開放政策的推動，而不得不大量增加。無論是投資基礎建設、增加工人薪資，或提高農產品收購價格，在在都需要擴大支出。在這種情況下，預算如果不出現巨額赤字，可真是奇蹟。既然沒有奇蹟出現，就很難不發生通貨膨脹，所以重要的問題是：中央政府能否減少通貨膨脹對人心所產生的衝擊，同時讓通貨膨脹的現象，在經濟的快速發展中逐步收縮。通貨膨脹在1979年開始出現端倪，最初的百分比只有個位數，可是這對過去27年通膨率每年只有0.5%的中國大陸來說，卻是極嚴重的生計問題。職工們早已習慣收入不增加、開支也不增加的平淡生活，所以這種通貨膨脹率雖然只是個位數字，但也讓他們感覺左支右絀，不知如何應付。中共中央迫於輿情，在1979年9月對全國40%的職工提供物價補貼。雖然是挖肉補瘡，勢必再添國家財政的赤字，但是短期內卻可減少不少職工的抱怨和抗議。

　　實行職工物價補貼的辦法，只是為了紓解內部的壓力，並不能解決通貨膨脹的困難，反而可能加劇通貨膨脹的問題。果然，1980年的通貨膨脹率達到6%。這是單就合法市場的價格計算，若考慮到黑市和自由市場，則所得到的百分比會更高。對歐美等先進國家而言，6%的通貨膨脹率仍然是微乎其微，根本不是什麼嚴重問題。問題是：當時中共為了使經濟改革更上層樓，正要廢止物價控制，然而廢止物價控制可能刺激物價上揚，以致通貨膨脹益形惡化。中共踟躕再三，終於痛下決心，廢止物價控制，但為了減少此一舉動的衝擊，採取逐步漸進的辦法，先允許主要商品恢復市場價格，再慢慢視情況逐步廢止所有官定價格，從而形成一種非驢非馬的價格雙軌現象，任何主要商品都有官定價格，也都有市場價格[6]。所幸，此舉果如所料，並未帶來影響中國大陸經濟成長的惡性通貨膨脹。1984年冬，由於全國生產總值的成長率連續兩年在10%以上，中共趁此良機，想把計畫經濟完全轉化為市場經濟，讓所謂市場規律決定商品價格，於是宣布全面廢止統購統銷，讓全部農產品的價格自由化，也讓全部工業產品的價格鬆綁[7]。不料，命令甫下，政府的商業部門立即調升原料以及燃料的價格，迅速帶動百物上漲。不但商人開始囤積居奇，百姓也開始搶購物資，甚而形成風潮。通貨膨脹於是成為越來越嚴重的夢魘，政府則不得不回到從前的辦法，再三調整物價補貼，並維持民生必需品的低廉價格，把原已存在的價格雙軌現象制度化。

　　價格雙軌，賤買貴賣，為投機倒把製造空間。價格雙軌制度化後，果然帶來新一波的投機倒把風潮。政府以補貼政策增加薪水階級的收入。如前所說，這並非對症下藥，而只是紓緩民怨，爭取時間。

6　閻淮，〈論中共的價格體制改革〉，《中國大陸研究》，1993年，第36卷第12期，頁33-34。

7　胡鞍鋼，〈能否控制通貨膨脹是中國經濟增長的關鍵〉，《明報月刊》，1995年1月號，頁43。

不幸，通貨膨脹的問題愈演愈烈，令當局倍感棘手。官方的統計顯
示，1988年以後，物價連續兩年上漲17～18%。大城市的物價上漲特別
嚴重。1988年還到處出現群眾搶購、銀行擠兌的風潮[8]。對此情形，工
人儘管不滿，卻多少還受到一些特別照顧；文化教育、科技界的知識
分子就只能咬緊牙關，勉強度日了。大學生像以前一樣，受到國家照
顧，但隨著通貨膨脹的日益嚴重，伙食也大不如前。他們不像老一輩的
知識分子，有學生運動的「光輝」歷史可以憶苦思甜。加上有民主化和民
族主義等大問題可以做文章，校園遂不再安寧了。

3 國營企業虧損累累

引進國外資金和技術的作法，固然帶來快速的經濟發展，但是比
較大規模之私有經濟的興起，不但沒有對國營經濟帶來應有的刺激，
使其迎頭趕上，反而暴露出國營經濟的種種弱點。爲了改善國營企業
的經營，中共中央放出一些企業自主權，可是落實到廠礦企業，因爲
積習難改，經常受到預想不到的扭曲。例如，企業自負盈虧，利潤不
必上繳那麼多，原本可以用來實行獎金制，提高生產率。但實際上，
不少廠礦企業因爲物價補貼趕不上通貨膨脹的速度，於是把獎金變成
各單位的變相補貼。由於平均主義的思想牢不可破，廠礦企業在發獎
金時一視同仁，結果發揮不了刺激生產的作用，工人反而認爲工作有
鐵飯碗保障，依舊不能敬業。工人在思想上也不一定相信社會主義的
優越性，只想改善切身的生活，因此「上班一條蟲，下班一條龍」，
每天總是等下班以後，千方百計，賺錢貼補。國營企業的生產率不但
沒有提高，反而出現虧損狀況，且有每下愈況的趨勢。據估計，1985
年便有五分之一的國營企業處於虧損狀態。虧損以後，國營企業還不

8　宋國誠，〈中共「八屆人大二次會議」後的發展情勢與對策〉，《中國大
　　陸研究》，1994年，第37卷第5期，頁18。

能宣布破產，以致虧損像無底洞一樣，成為國家財政的一大負擔。

城市的國營企業本來有合同制，廠方雖然無法開除原有工人，卻對訂有合同的工人握有解雇權。這些合同工人沒有鐵飯碗，工作毫無保障。在文化大革命時代，他們是造反派的主要來源，在新的鄧小平時代，沒有「四人幫」可以奧援，他們因為人數有限，只能忍氣吞聲，自求多福。所幸，1989年以前，經濟一般景氣，有了工作以後再失業的情形並不嚴重。另一方面，私營企業和外資、僑資、港資等企業出現以後，進入這些企業工作的職工們，雖然絕大部分沒有工會組織，保障不如國營企業，但是因為他們的一般待遇均比國營企業為佳，所以儘管勞資有矛盾，中共卻不必擔心他們的政治反應。從整個中國大陸的經濟來說，最令人擔心的還是，經濟快速發展所創造的工作機會仍不夠多，不足以滿足每年新增千百萬勞動人口的需要。

4　經濟轉型中的脫序行為

改革開放以後，發家致富不再是官方批評的行為。無論普通百姓或是國家幹部，都發現政治權力以外，另有私有財富可以追求了。伴隨著私有經濟領域的重新出現，是兩個嚴重問題的發生。首先，私有經濟的主導思想是發家致富，「向錢看」更迅速成為新的社會風氣。這種牟利心理固然帶來前所未有的經濟發展動力，同時卻導致了經濟犯罪率的高漲。從1950年代中共消滅了私營工商企業業主以後，私營企業倫理以及支撐私營企業的法律基礎就已經完全不存在了，所以私營經濟恢復以來，發家致富的手法千奇百怪，各種欺騙手法也開始出現，甚至翻陳出新，令人防不勝防。其次，中共對私有財產制度的保障不足，例如人民最多只有土地使用權15年，城市也一樣，頂多租期較長。除了造成強調盡快賺一筆以外，業者很容易忽視長期投資所必須具備的倫理和制度建設。因為這兩個緣故，所有1950年代中共三反和五反運動所攻擊的不法行為，都再度隨著鄧小平的開放改革一起出

現，而且來勢之洶洶，令人震驚。一方面是老百姓透過各種公關手段，或合法或不合法，謀取各種方便、情報和暴利。另一方面則是幹部貪汙浪費，謀取個人財富。同時地下經濟也開始大量出現，不法分子除仿冒、造假、逃漏稅之外，甚至還有人爲了發財，從事走私和販賣人口。各種犯罪和法律邊緣的行爲，形形色色，千奇百怪。

最引起社會不滿的，還是幹部腐敗的問題。在農村基層，不肖幹部利用職權，打抽豐（秋風），索取煙酒賄賂。甚至優先承包穩賺不賠的鄉鎮企業，或借取國家銀行的貸款，開始「資本主義化」起來。他們以權謀私，種種假公濟私、損公肥私、公私不分的情形，不一而足。更有一些幹部，自己不從事企業，卻利用職權分享管下農民的企業利益，不論基於機關還是個人需要，硬要鄉鎮企業和個體戶分擔費用。據中共官方對江蘇十二個鄉的調查，從1987年5月到1988年5月爲止，總共發生了381件以幹部爲報復對象的事件[9]。這一個統計數字反映的，恐怕不限於基層幹部權威的失墜，也包括了官僚腐化現象的日益普遍。

城市基本上是農村的翻版，只是更加引人側目而已。公有和私有經濟並立，爲公家賺錢和爲私人牟利，很難截然畫分。於是中共像國民政府時期，也發生類似國民政府的官僚資本問題，出現各種各樣以權謀私、化公爲私的情形。1980年代最爲輿論攻擊的是所謂「太子黨」現象。所謂太子黨是一群有共同家世和教育背景的權貴子弟，其成員之間並無正式組織，他們以前頂多只能仗著父親的權力，做游手好閒的「衙內」，現在則可以搖身一變，成爲得意商場的紅頂商人，利用改革開放來累積財富。1984年前後，政府幹部和黨政機關發現只要有上級批文（批示的文件）在手，便可以成立皮包公司，進行倒買倒

9　John Burns, "China's Governance: Political Reform in a Turbulent Environment", *The China Quarterly*, September 1989, 119: 492.

賣，獲取暴利。這一年冬天，政府廢止官定價格不成，又恢復了一些重要商品的官價，正式形成價格雙軌制度；有辦法的人，遂可以按照比較低廉的官定價格取得商品，再以比較昂貴的市場價格銷出。由於倒買倒賣物資，轉手之間，獲利巨萬，所以在短短三個月之間，僅十個省市便出現了兩萬個這樣的公司，到處都是令人側目的「物資倒爺」。其中不少人就是幹部或是權貴子弟。鄧小平的長子鄧樸方便不能免俗，他原來有一家專為殘障人士募款的公司，此時網羅了不少軍界元老的子弟，也倒賣官方批文，或透過特殊的關係，以超低的官方價格取得短缺物資，再按照市價售出。或許鄧樸方所得的利潤悉數作為殘障福利之用，但是所引起的社會風評卻是極壞極壞[10]。

　　經濟犯罪的層出不窮，引致中共高層的注意。1985年春以後，中央紀律檢查委員會副主任薄一波，便一再就黨內腐敗問題的嚴重程度，提出警告。薄一波曾經負責1960年代初期的四清和五反，他不是對腐敗問題一無了解的中共領導人，他此時主張把黨內整風的重點，從清查文化大革命的所謂「打砸搶」分子，轉移到經濟犯罪上面。可是從1983年到1987年，中共雖然以貪汙腐敗的罪名開除了15萬個黨員的黨籍，另外予50萬名黨員較輕的處分。但在全部65萬位被處分的黨員中，僅有97個人是省級或省級以上的幹部，只占全部人數的0.01%。在鄧小平時代，中共中央從沒有明令廢除過黨管人事和法律的審批制度，這個數字說明，中共中央懲治的都是社會基層的「小老虎」，「大老虎」極少被打，引人注目的「大老虎」尤少。民間的輿論對中共中央反腐敗的成果顯然不能滿意，認為還不是過去官官相護、刑不上士大夫那一套。1988年，有人就二十幾種職業的形象作民意調查，有1,700人作答，結果基層幹部、機關幹部和黨務幹部的形象都不及

10　葉稗英，〈論中共領導階層的「太子黨」〉，《中國大陸研究》，1994年，第37卷第5期，頁87-88。

格，落在最後七名之內。他們的形象雖然比稅務員要好一點，卻遠遠
不如鐵路工人[11]。

5、人口成長失去控制

農民收入增加以後，為了改善生活，要增建房舍，而要增建房
舍，便不免使用農地。比農地流失更令人擔憂的，則是人口成長問
題。文化大革命末期，毛澤東已經了解人口問題的嚴重性了，開始厲
行一胎制。任何一對夫妻，只要生產超過一胎，幹部便要強迫墮胎。
鄧小平復出以後，繼續推行此一政策。但是從1980年以後，人口成長
率又明顯上竄，從1.2%漲到1.4%以上。增加的百分比雖然很小，但是
因為中國大陸的人口基數龐大，約有10億人口，只要增加0.2%，人口
便要多增加200萬，也就是說，原來每年增加1,200萬的中國大陸人口，
現在每年至少要增加1,400萬人以上。這相當於1980年代整個澳洲的人
口。正由於這個緣故，中國大陸人口到了1994年便已超過預定計畫，
達到了12億之多。人口成長率何以上升？其中一個原因便是改革開放
以後，農民比以前富裕，不怕政府巨額罰款，縱使付不起巨額罰款，
也可以逃避幹部，流竄到城市裡以打工維生。農民所以不顧禁令，一
定要生男孩，這和小農經濟的恢復有關。他們現在除了養兒防老之
外，還有比以前強烈的增加家庭勞動力的動機。負責執行生育計畫的
農村基層幹部，因為社會風氣丕變，也心生懈怠，比較敢於玩忽上級
交代的任務[12]。

11　Roderick MacFarquhar, *The Politics of China: the Eras of Mao and Deng*
　　(Cambridge University Press, 1993, 1997), pp. 370-71, 422.

12　張保民，〈人口爆炸──中國大陸社會的最大危機〉，《中國大陸研
　　究》，1995年，第38卷第2期，頁57-58。根據中共官方的資料，1992和93
　　兩年的人口增長率跌到1980年的水平，但是張保民相信，中共的官方統計
　　並未考慮到「黑市嬰兒」的存在，從1980年以後，每年中共都有500萬到
　　900萬之間的「黑市嬰兒」，這可能是12億人口超前達到的原因。又參見鄧

農村多餘的人口急速增加，鄉鎮企業即使發展一日千里，也無法完全吸收，中共又逐漸放寬對農民的管理，農民因此大量向城市移動，在各城市尋找工作，形成所謂盲目流動人口。開放改革之前，農村閒置的勞動力，因為有嚴格的戶口和糧票制度，故爾難以移出。到1980年代，農村剩餘的勞動力約有 1 億5,000萬人左右。他們只要有錢，不怕在城裡買不到食物，也不怕沒有地方居住，於是群起前往城市謀生。平常他們分散在城市的各個角落，還不引人注意，但是每年春節前後在許多城市形成的民工浪潮，卻叫人看了心驚肉跳。年關將屆，在城市打工的民工準備回家，過完年後則回城市繼續工作，只見上海、廣州等各大城市的火車站擠滿民工，火車更像沙丁魚罐頭，民工擠在車箱裡，常常十幾個鐘頭的連續旅程，根本動彈不得。農民或是從四川、湖南、江西蜂擁到廣東、福建尋找工作，或是從山西河南擁向平津、東北，甚至前往玉門關外的新疆各城市謀生[13]。

城鄉之間不再有難以踰越的壁壘，人口附著於土地的戶口制度迅速淪為具文。單位對個人的控制，也迅速鬆弛。除了「逐水草而居」的流動人口以外，還有循其他管道遷移到城市的大量農村人口，他們使原本超過負荷的城市基本設施更成問題。過去只有第三世界國家的都市才會面臨的問題，現在開始逐一浮現：遊民、娼妓、乞丐、流氓、失業、幫會、犯罪、用水和環境汙染等問題，無一不有。當然這些問題不限於城市，農村也有，但是在城市特別明顯，根本不容許視

辛未，〈中國大陸面臨的人口問題〉，《東亞季刊》，1990年第4期，頁45。關於農民瞞報漏報人口，如何影響中共官方的人口數據，莊孔韶根據他在福建玉田的實地觀察，提供了一些具體而有趣的例子。見莊孔韶，《銀翅：中國的地方社會與文化變遷》，頁299-303。

13　這個問題到1990年代，並沒有紓緩的徵候。中共官方統計數字顯示，1990年代，中國大陸常年流動的民工數字為5,000萬到6,000萬之間，其中跨省流動的民工數目約為2,000萬。見劉應杰，〈中國城鄉關係演變的歷史分析〉，《當代中國史研究》，1996年第2期，頁9。

大地反撲。早在1940年代，中共就強調人定勝天、改變地貌。從大躍進以來，濫伐濫墾的情形變本加厲，而「農業學大寨」，改山換水，圍湖造田，更使得生態環境愈益惡化。到鄧小平時代，「向錢看」的社會風氣，隨著改革開放政策的逐步展開，彌天蓋地襲來，對自然資源又造成新一波的掠奪。長江和黑龍江上游的原始森林都遭到嚴重破壞，以致這兩條大江也都成為無窮的禍患。圖上為1991年江蘇省江寧縣浸泡在洪水中的民屋。圖下為1988年雲南金沙江兩岸集體和國有山林被盜伐的情形，一些盜伐者在路旁望風，而另一些盜伐者則在窩棚內議事。

若無睹，而不積極處理。這些問題的原因也相當複雜，但是人口的快速成長絕對是問題加倍惡化的重要因素。到1983年夏，刑事犯罪之多，治安情況之糟糕，已引起鄧小平的注意，他要求針對此一問題，發動群眾打擊犯罪，並施以嚴刑峻法[14]。儘管如此，犯罪率仍不斷升高，犯罪的嚴重程度也越來越大。自從改革開放以來，水資源不足和空氣汙染的問題也都越來越惡化。西北地區缺水，西北城市的缺水尤其嚴重；空氣汙染所帶來的煙霧迷漫，竟然使得一些城市從衛星所攝的地圖中消失[15]。

以上種種矛盾，在歡呼開放改革聲中，有識者已看出是嚴重隱憂。雖然因為大多數人受益於經濟的發展，矛盾並未激化，但各式各樣的批評已經出現。其中，最為人詬病的是通貨膨脹和貪汙腐化問題。儘管這兩個問題，可能是集體經濟解體過程中所無法避免的問題，但是卻最容易激動人心。中共也針對這兩項問題，提出各種對策，只是效果始終不彰，不斷引發各種抗議行動。在各種抗議行動中，學生尤其扮演急先鋒的角色。雖然他們的請願和抗議活動，並未引發大規模工人罷工以及農民抗議的響應，卻也受到私營企業及一般城市居民的歡迎，而居然形成廣大都市群眾與中共中央相對峙的險峻情勢。影響所及，甚至牽連到中共高層政治的鬥爭，造成高層政治的嚴重分裂，而終於難以收拾，最後更成為中共歷史上最大規模流血鎮壓群眾事件的導火線。

二、繼承人的問題

繼承人的問題有兩個層次：一個是核心的繼承人，另一個是一般繼承人。在一個沒有正式選舉制度的社會裡，核心繼承人是很嚴重的

14　鄧小平，《鄧小平文選》，3：33-34。

15　張保民，〈人口爆炸——中國大陸社會的最大危機〉，《中國大陸研究》，1995年，第38卷第2期，頁57-61。

問題。毛澤東死得突然，並沒有預先安排好繼承人，因此出現華國鋒和江青爭權的問題，結果讓他所不能完全信賴的鄧小平捲土重來。鄧小平面臨繼承人問題，比毛澤東有更深刻的體會。因為他深知指定繼承人之後，繼統者是否為各方所接受，而成為眾望所歸的領袖，仍在未定之天。這尚須看繼承人能否控制整個政治局面，能否把中國帶到他所期望的方向去。鄧小平掌權之後，曾經三次改變核心繼承人選，從胡耀邦到趙紫陽，再從趙紫陽到江澤民。在1997年初看來，江澤民已經控制住局面，繼承人暫時不會成為嚴重的問題。

鄧小平之成為毛澤東以後最有實力的領袖，是經過一番輿論的準備工作的。在他復出以後，雖然在黨內是天與人歸，但是他所形成的統治體制仍然有其不穩定性。他靠被平反的幹部支持他的統治。這些被平反的幹部，尤其是一些為共產主義理想奮鬥了幾十年的老幹部，過去多半是鄧小平的同僚。他們之間有些人的資歷比鄧小平還老，並不一定事事唯鄧小平馬首是瞻。在大多數問題上，他們支持鄧小平，但畢竟不會像過去服從毛澤東那樣死忠地服從鄧小平。他們在一些關係切身利害的問題上，尤其不一定能百分之百地支持鄧小平。在選擇胡耀邦作為政治繼承人的問題上，這些元老有他們自己的看法。胡耀邦本人熱心於平反，所以1980年2月書記處恢復後，出任總書記，主持中共中央日常工作，而到1981年6月取華國鋒而代之，出任黨主席，這些都得到元老們的歡迎。胡耀邦也有自知之明，知道自己在黨內的資歷和聲望均淺，對元老們畢恭畢敬，因此彼此相安無事。然而胡耀邦示意他們正式退出政壇時，他們的態度便完全不同了。這些政治元老，一生致力於共產主義的實現，本來已有鞠躬盡瘁、死而後已的心理。而他們有過文革中的悲慘經歷，了解失去權力以後的下場，對權位更是戀棧把持。

鄧小平也有這種心理，所以1981年6月華國鋒下台時，他把黨主席職務禮讓給後生晚輩的胡耀邦，但是對華國鋒留下來的中央軍事委員

會主席位置，卻當仁不讓。1982年9月，他更廢除黨主席的職務，並明定政治局常委會（胡耀邦、葉劍英、鄧小平、趙紫陽、李先念、陳雲）爲中共中央領導核心。只是基於幹部「革命化、年輕化、知識化和專業化」的主張，他讓胡耀邦繼續擔任總書記，總綰全黨的日常工作。不過，爲了建立廢除幹部終身制，建立退休制度，他在黨中央成立中央顧問委員會，自任主任委員，以維持全部特權待遇爲條件，鼓勵大批元老退出原有工作崗位，並讓他們擁有列席黨重要會議和否決黨重要決定的權利[16]。儘管這是一個妥協的作法，但總算是使中共在廢除幹部終身制方面邁出了一大步。隨後鄧小平可以引此爲模範，進一步要求建立幹部退休制度，並著手培養更年輕的第三梯隊接班人。到1984年4月前後，中共就有90萬超齡幹部進入離休狀態[17]。次年，離休的幹部更增加一倍，高達180萬人之多。軍隊迫於形勢，不得不跟進，這一年年底就有大批超過60歲的將領離休，中共中央宣布計畫在1986年年底以前再安排十分之一的軍官退休[18]。

　　儘管胡耀邦在建立幹部離休制度上有鄧小平的支持，但是因爲建立幹部離休制度和審查幹部同步進行，所以遭受的壓力很大。尤其是因爲負責管理黨組織工作的中央紀律檢查委員會第一書記陳雲、中央顧問委員會副主任委員薄一波和組織部長宋任窮諸人，都是黨內元老級的人物，所以胡耀邦必須小心翼翼，何況這時他的背後又出現了覬覦權位、並有後來居上之勢的政治局常委兼國務院總理趙紫陽。胡耀邦在清理文化大革命時期加入的黨員和培養接班人兩方面，非常注意元老黨員的意見。從1983年年底起，他在黨內進行審幹，最初一年主

16　趙生暉，《中國共產黨組織史綱要》，頁455，458-59；鄧小平，《鄧小平文選》，3：6。

17　高新，《中共巨頭喬石》，頁188-89。

18　Roderick MacFarquhar, *The Politics of China: the Eras of Mao and Deng* (Cambridge University Press, 1993, 1997), pp. 377-78.

要是在中央和省級單位展開工作，一直到1984年冬，纔把注意力集中在縣暨縣以下階層幹部。這次審幹雖然也是從上到下，但和過去不同，沒有特別號召坦白和檢舉。在審查幹部的基礎上，大量年輕人進入各級領導階層，光是1985年胡耀邦便提拔了230萬幹部，無論是中央還是地方，雖然都還有不少老幹部，但是幹部的平均年齡明顯降低，教育程度明顯提高，而且受過專業訓練的人也明顯地增多。但在清除文革中的積極分子方面，胡耀邦的成績實在有限。從1983～1985年，中共在兩個冬天共審查了1,400萬人，其中約有96萬人是省以上的幹部。結果中共只開革了3～4萬黨員幹部，而其中只有四分之一是所謂文革極左分子，其他人的罪名則是貪汙腐化和投機倒把等等，這些被開革的文革極左分子，只是300萬文革期中加入中共黨員中的極少一部分[19]。

　　儘管胡耀邦在審查幹部中注意黨內元老的反應，也強調「五湖四海」的原則，但是吐故納新的結果總難令各方面都滿意，尤其是他當年擔任第一書記的共青團老部下大量脫穎而出，這便給予離休幹部，尤其是元老們抨擊的口實了。意識形態問題方面，老幹部也非常擔心，認為過度對外開放，已帶來西方觀念的嚴重衝擊。他們強調反和平演變，反精神汙染，反資產階級自由化等主張，並仍然要求用整風和批判的方式來達到四個堅持的目的。胡耀邦顯然相信，隨著大環境的變化，道德和思想改造運動不僅行不通，對改革開放尤其不利，所以明白表示，反對資產階級自由化的主張太刺眼了，特別是不贊成大張旗鼓來搞運動。鄧小平在政治上是個保守主義者，但更了解開放改革的重要，認為最好的辦法是執兩用中，游走於兩派之間，時而支持保守派的元老，時而支持胡耀邦，並沒有一定的立場。不幸，胡耀邦

19　Roderick MacFarquhar, *The Politics of China: the Eras of Mao and Deng* (Cambridge University Press, 1993, 1997), pp. 355-57, 361-63.

說話不夠謹慎,容易落人口實。鄧小平本來便有點不放心胡耀邦,直到胡耀邦引起老幹部的激烈批評以後,他便不得不重新考慮與胡耀邦之間的關係了。

1986年底的學生運動使得鄧小平的天秤偏離了胡耀邦。這一年的年底,各地大學生在安徽中國科技大學的帶頭之下,開始請願遊行,旗幟是民主、新聞自由,以及經濟和政治體制的進一步改革。學生運動受到方勵之、劉賓雁和王若望等有名改革派知識分子的鼓勵,愈演愈烈,甚至在示威活動中發生了推翻汽車、阻斷交通的亂象。這些亂象,極可能是社會其他不滿分子假借學生名義所為。即便如此,學生運動畢竟是直接的背景,不僅造成了社會的不安感,也打擊了中共政權以及總書記胡耀邦的威信。黨內元老於是乘機發難,公開指斥胡耀邦在反精神汙染問題上處理無方,控制不了局勢,以致有此嚴重動亂。在一次會議中,胡耀邦面對突然指責,張皇失措,居然痛哭流涕,承認自己遭到「自由派」人士的利用,以致學生運動有失控之虞。黨內素有開明聲望的趙紫陽未能合衷共濟,縱使不曾落井下石,卻也沒有給予胡耀邦任何的支持,以致胡耀邦在政治局中成為孤家寡人 [20]。次年年初,胡耀邦迫於黨內壓力,終於請辭總書記。此時,趙紫陽脫穎而出,成了鄧小平的新繼承人選。元老派乘勝追擊,重組安徽中國科技大學的領導班子,並開除知識分子領袖方勵之、劉賓雁和王若望的中共黨籍。

1987年十三大,趙紫陽名義上成了總書記,但是他的實質權力仍然有限。雖然所有老人都離開了政治局,鄧小平仍舊擔任軍委主席,而由元老陳雲接任他中央顧問委員會主任的職務。在政治局秘密會議中,鄧小平甚至正式取得了以前只有毛澤東纔享有的黨國大事最後決定權,所以實際上仍然是中共的最高領袖,他也讓陳雲取得有關經濟

---

20 《中國時報》,1997年11月2日。

事務的最後決定權[21]。在政治局裡頭,趙紫陽只是五位常委的一位,其餘四人——姚依林、李鵬、胡啓立和喬石——都各有背景,有那一位會完全聽他指揮,非常難說。趙紫陽除繼續推動鄧小平的對外開放政策之外,並不能真正掌握全局。次年9月,他迫於價格改革帶來的通貨膨脹和倒買倒賣,更把國務院總理的職位讓給了同爲政治局常委的李鵬;趙紫陽雖然保住了總書記的職位,從此以後卻喪失了主導經濟事務的大權[22]。在這種情勢之下,不論趙紫陽是如何以開明著稱,中國大陸的政治氣氛卻異常冷峭,民主化運動也潛入了地下,像是長夜漫漫的冬眠到來,而且一眠不止一冬,直到1989年的春天。

三、中共黨史上最黑暗的一天

然而,內外的環境一旦趨於有利,中國大陸的民主化運動又很快地走出冬眠狀態。1989年春天,東歐出現了民主化運動,消息傳到中國大陸,知識分子爲之歡欣不已,又開始串連活動。同年四月中旬,在改革派知識分子心目中形象極好的胡耀邦,突然心臟病發而逝世。北京市民和知識分子遂藉口悼念胡耀邦,開始示威請願,要求中共中央從事政治改革,並徹底鎮壓權貴子弟的投機倒把活動。這時大學中出現自發性的學生團體,也要求中共當局給予公開的承認。

對如何處理學生運動,中共中央的意見並不一致。當時掌握中共實權的是政治局五人常委,外加軍委會主席鄧小平和中顧委主任陳雲兩位元老。這七個人中,除陳雲之外,都和學生運動有過密切關係。鄧小平可以說是勤工儉學時代的老學運,姚依林和趙紫陽學運資格較淺,但都是1930年代初期一二九學運的積極分子。姚爲了從事學運,從清華難念的化學系轉到好混的歷史系,而在開封讀初中的趙紫陽則

21　Roderick MacFarquhar, *The Politics of China: the Eras of Mao and Deng*（Cambridge University Press, 1993, 1997）, p. 409.

22　楊中美,《江澤民傳》,頁221;馬齊彬等,《中國共產黨執政四十年》,頁567。

曾參加鐵路臥軌請願[23]。李鵬、胡啓立、喬石三人的學運資歷則晚，
均爲1950年代共青團的團員。李鵬的父親李碩勛是五卅運動的學生領
袖；胡啓立在1948年加入中共，曾任北京大學學生會主席；喬石則是
1940年代末上海學生運動的領導人之一，曾透過同濟大學中的學生外
圍組織，抗議國民黨各項疵政[24]。儘管中共中央和學生運動的關係如
此之深，但除了趙紫陽、胡啓立兩人之外，沒有幾個人同情學生運
動，都主張對學生運動採取強硬手段。至於趙紫陽和胡啓立兩人的同
情立場是否摻雜有政治動機，則難有定論。

　　無論如何，在中共中央舉行胡耀邦追悼會的第二天，也就是4月23
日，趙紫陽離開北京到北韓作一個星期的訪問。這是他正式出任總書
記一年五個月後的第一次出國訪問。當時北京的學生運動已蔓延到西
安和長沙等大城市，國內情勢動盪不安。爲什麼在此緊張時刻，他竟
然敢於遠離國門？是低估了學生運動的嚴重性，還是高估了自己控制
政局的能力？恐怕兩個原因都有。無論如何，趙紫陽出國後第二天，
中央政治局常委碰頭會便召開了。碰頭會在強硬派李鵬的主導下，似
乎沒有經過什麼爭論，就一致通過決議，譴責學生運動是「一場有組
織、有計畫的反黨、反社會主義的政治鬥爭」，並立即成立制止動亂
小組，動員「群眾」，以便強力應付學生，並對學生運動陣營採取分
化措施[25]。鄧小平並未參加這一次會議，可是李鵬的作法應該就是他
的想法，他只是故意表現得被動一點而已。鄧小平要到第二天纔對外
發表談話，宣布完全接受李鵬等強硬派的主張，不但把這一次學生運
動打爲學潮，而且進一步說，這一個學潮「不是一般的學潮」，而
「是一場動亂，一場否定共產黨領導，否定社會主義制度的政治動

23　趙蔚，《趙紫陽傳》，頁19。

24　高新、何頻，《高幹檔案：中共權貴關係事典》，頁204；高新，《中共巨
　　頭喬石》，頁23-34。

25　徐達深主編，《中華人民共和國實錄》，4：1390-91。

亂」，必須大肆撻伐，全力制止[26]。4月26日，《人民日報》發表有名的社論〈必須旗幟鮮明地反對動亂〉，就進一步把這一立場公開披露出來了[27]。

奇怪的是，中共中央已把學生運動定位為反黨動亂，4月27日卻仍然有3萬名學生不顧禁令，走出校門，走上街頭；八小時後，甚至衝破公安人員設置的層層封鎖，進入天安門廣場，並在廣場上和警察對峙七個小時，吸引了十數萬群眾圍觀和參加[28]。所以4月30日趙紫陽回到北京以後，面對的是中共中央和示威學生互相對立的局面。一方面是中共中央把學生運動打成政治動亂，要求學生立即停止示威行動，另一方面則是學生強調愛國無罪，反貪汙，爭民主，是社會良心，要求中央承認他們有合法結社的自由，並和他們進行公開對話。5月4日，更有數名學生以紀念五四運動七十週年為名，不顧禁令，上街遊行，甚至人群中偶然會傳出「打倒共產黨」的口號聲。參加大遊行的學生來自全國各大城市以及香港，沿途吸引了數十萬群眾圍觀，還有不少市民自動提供飲料和食品。學生受到英雄似的對待，信心愈來愈大，甚至新聞記者要求新聞自由，他們也組織遊行隊伍予以聲援[29]。5月

26　馬齊彬等，《中國共產黨執政四十年》，頁575；徐達深主編，《中華人民共和國實錄》，4：1391。

27　北京市長陳希同主張對學運強硬對付，他在天安門事件後指出，趙紫陽當時在北韓訪問，政治局常委曾設法徵求其意見，趙紫陽回電說：「完全同意鄧小平同志就當前動亂所作出的決策」。趙紫陽回國後，最初也支持鄧小平的強硬決策，他改變態度是後來的事。見陳希同，〈關於反政府暴亂的報告〉，頁13。

28　馬齊彬等，《中國共產黨執政四十年》，頁576；徐達深主編，《中華人民共和國實錄》，4：1395-96。北京市委常（務）委（員）袁立本後來代表政府和高校學生對話，他強調當時公安人員並沒有認真攔阻學生，只是擺擺樣子。見劉曉波，《末日倖存者的獨白》，頁89。

29　《人民日報》，1989年5月5日；劉曉波，《末日倖存者的獨白》，頁94，96，98。據中共官方指控，早在4月18日的遊行中已有一些人喊出「打倒共產黨」的口號了。陳希同，〈關於反政府暴亂的報告〉，頁8。

13日，學生認爲兩天後蘇共總書記戈巴契夫的來訪，提供他們逼迫中共中央改變對學生運動定性的良機，因此宣布到天安門廣場絕食請願。最初有數百名學生報名，後來響應的人越來越多，最多的時候超過一千人。中共中央的溫和派，透過有改革派形象的官員和學者進行勸說，都被學生斷然拒絕。戈巴契夫是中蘇分裂三十年以來第一個訪問北京的蘇共總書記，學生也不顧中共中央的顏面，拒絕讓出中共中央預定舉行歡迎儀式的場地，反而向他這個外國領袖爭取同情。更令中共中央擔心的是，學生運動發展到這個地步，已經得到社會其他階層不同動機的支持。工廠工人有組織地參加，雖然人數猶不爲多，但是普通市民和改革開放中出現的個體勞動者、私有企業業主的參加人數急速增加[30]。他們提供學生需要的財物，並以機車幫助傳遞信息。

　　鄧小平的反應如何呢？如果記得他對1956年匈牙利事件的反應，就不難預測他此時面對北京學生運動的心情了。1956年當布達佩斯的學生運動擴大成爲匈牙利全民的反蘇暴動時，劉少奇應邀率團參加赫魯雪夫召開的中蘇緊急會議，討論蘇聯如何因應挑戰。鄧小平隨團前往，在出席的蘇聯領袖還拿不定主意之前，他站起來慷慨陳辭，認爲匈牙利的社會主義體制瀕臨解體，蘇軍必須立即全面鎮壓，不容猶豫。在他的大聲疾呼下，赫魯雪夫終於下令出動蘇聯坦克[31]。匈牙利事件結束後，鄧小平害怕匈牙利事件在中國重演，在他實際主持1957

30　北京國營企業工人約2萬人，模倣波蘭的團結工聯，成立工人自主工會。他們的主要關懷是通貨膨脹和幹部貪汙及特權。官方工會也一度支持學生，甚至捐款人民幣10萬元。但當鄧小平表明其對學生運動的立場後，官方工會立即改弦易轍，強調黨對工會的控制。到天安門事件發生後，更全力打擊自主工人工會。參閱Elizabeth Perry, "Labor's Battle for Political Space: the Role of Worker Association in Contemporary China", *Urban Spaces in Contemporary China: the Potential for Autonomy and Community in Post-Mao China*, pp. 316-20.

31　師哲，〈波匈事件與劉少奇訪蘇〉，《百年潮》，1997年第2期，頁16-17；赫魯曉夫，《赫魯曉夫回憶錄》。頁410-11。

1989年4月15日胡耀邦逝世，北京出現
群眾自發性的悼念活動。

5月4日，北京
部分高校學生
上街遊行。

6月4日凌晨，戒嚴部隊開始對天安門廣場進行清場。

這次事件期間，共有三百多輛軍車被燒毀。

六四天安門事件。1989年4月胡耀邦逝世，對胡耀邦的悼念引發了上百萬人參加街頭遊行和天安門廣場的學生絕食抗議。中共中央宣布在北京部分地區實行戒嚴後，從全國各地秘密召來20萬軍隊，進行武力鎮壓。北京市民以路障、石塊、燃燒瓶，甚至血肉之軀阻擋進入市區的軍車和坦克。6月4日凌晨，天安門廣場的示威學生被迫撤退，但共軍動用武器，已造成大量學生和群眾的傷亡。這一天，「人民的軍隊」鎮壓人民，是比魯迅所說民國史上最黑暗的一天還要黑暗的一天。

年的反右運動時，曾全力鎮壓已成強弩之末的所謂右派知識分子。此刻他內心深處可能也有一連串的疑問：這次學潮爲什麼愈演愈烈？難道「必須旗幟顯明地反對動亂」的指示，在執行上出了什麼問題？是否處理學生運動失諸軟弱？是否也像當年匈牙利事件一樣，已到了社會主義生死存亡的關頭，必須對學潮採取更嚴厲的手段加以制止？是否也要效法當年赫魯雪夫那樣，下令坦克大舉鎮壓？

總書記趙紫陽的反應大相逕庭。即便他內心同情學生運動，畢竟一輩子都是黨員，而且黨性堅強，知道有「最後決定權」的鄧小平也已經拍板決定了，當然害怕公然支持學生運動，成爲缺乏黨性、分裂中共中央的罪人，所以他也不敢大膽冒險。儘管如此，5月4日，他還是公開發表了一場與鄧小平不搭調的講話：斷言中國不會出現「大的動亂」，學生運動並無意推翻現行制度，只是要求改革而已[32]。5月17日凌晨，趙紫陽又發表書面談話，肯定學生運動的愛國熱情，但是要求學生停止絕食。就在這一天早上，北京走上街頭的群眾由數十萬人暴增爲百餘萬人。不獨黨政機關打著單位旗幟參加，還有解放軍千餘人助威，甚至出現了要鄧小平和李鵬下台的標語。追隨趙紫陽的高級知識分子誤以爲形勢大好，也火上加油，竟然發表宣言，公然主張打倒「沒有皇帝頭銜的皇帝」鄧小平，顯然想在學生運動中掀起打倒鄧小平擁護趙紫陽的浪潮[33]。上海、天津、武漢各大城市高校的學生，得到北京再次大遊行的消息，立即示威聲援。儘管學生群眾有越來越認同趙紫陽的趨勢，但當趙紫陽於5月18日清晨率領李鵬等政治局常委，到醫院探視絕食病倒的學生時，學生仍然拒絕停止絕食，北京依舊有百餘萬人參加大遊行。次日清晨，趙紫陽在李鵬的陪同之下，親

32　《人民日報》，1989年5月5日。

33　劉曉波，《末日倖存者的獨白》，頁138-39；包遵信，《六四的內情——未完成的涅槃》，頁135-37；又參閱陳小雅，《天安門之變——八九民運史》，頁300-04。

自到天安門廣場看望學生，再次要求學生停止絕食，並立即撤出天安門廣場，還是沒有獲得任何積極的反應[34]。

學生意氣高昂，拒絕趙紫陽的請求，沒想到就在5月19日這一天晚上，鄧小平接受李鵬和姚依林的意見，認為軍隊必須介入的關鍵時刻已屆，否則將「亡黨亡國」，萬劫不復。政治局的強硬派於是以趙紫陽處理學生運動不力，迫其請辭，並決定翌日宣布全市戒嚴。5月20日，從全國各大軍區調往北京的二十幾萬軍隊，開始進入北京市區布防，不料無武裝的北京市民湧到街頭，試圖阻止戒嚴部隊的汽車和裝甲車前進。他們或是樹立路障，或是試圖說服戒嚴部隊轉向。第二天北京更有百萬市民走上街頭，抗議軍事戒嚴，以致中共中央不得不於次日下令戒嚴部隊全部撤往郊區。

就在市民認為勝利已經在望的第三天，也就是5月24日，鄧小平不僅褫奪了趙紫陽總書記的位置，而且暗中部署好軍隊，要求軍隊在6月4日凌晨前，清除所有在天安門廣場靜坐的絕食學生[35]。鄧小平所未料到的是，這一次下達命令以後，居然有部隊不肯奉行命令，而北京市民和學生再次以血肉之軀阻止軍隊前進。手無寸鐵的市民和學生怎能擋得住正規軍的機關槍和坦克呢？雖然在天安門廣場，因為軍隊的自我克制和學生的適時撤退，並沒有發生血腥屠殺，但是在天安門廣場外仍然發生了大量的死傷。西方學者的估計是600～1,200人喪生，6,000～10,000人受傷[36]。中共官方公布的數字是200人死亡，3,000人受

34　徐達深主編，《中華人民共和國實錄》，4：1406。另說，李鵬並未到天安門廣場看望絕食學生。

35　馬齊彬等，《中國共產黨執政四十年》，頁576-77；鄭義，《朱鎔基傳奇：中共經濟沙皇評傳》，頁172。

36　Roderick MacFarquhar, *The Politics of China: the Eras of Mao and Deng* (Cambridge University Press, 1993, 1997), p. 456.

傷 [37]。這兩組數字之間存在著明顯的差距。

　　不過，就算官方的數字接近真相，我們也不難發現，這次學生運動傷亡的數字早已打破民國史上的記錄了。63年前，也就是1926年3月18日，北京的學生和市民示威請願，國務院的衛隊旅對他們開槍，50餘人不幸罹難。魯迅哀悼死者，認為這是民國史上最黑暗的一天。有誰會想到，在毛澤東宣布「中國人民站起來了」之後不到40年的時間，天安門廣場竟然發生了「中國人民解放軍」流血鎮壓北京學生和市民的慘劇。鎮壓的軍隊不僅召自各地方軍區，而且動用機關槍和坦克等現代武器。在此前後，上海、廣州、武漢、成都、哈爾濱、蘭州等地也都對學生運動分別進行了鎮壓，只是不像北京那般出動軍隊和坦克。

　　天安門事件甫告一段落，鄧小平便召集中央全會，正式罷黜同情學生運動的中共總書記趙紫陽，另以政治局委員兼上海市委書記江澤民繼任。1940年代底，江澤民參加過反國民黨的學生運動，但在上海市委書記任內曾對學生運動採取強硬手段。他雖然並未動員軍隊，但是派工人糾察隊強力維持秩序。他在得知上海的《世界經濟導報》刊出一連串追悼胡耀邦的文章後，也秉持鄧小平的意見，派工作組前往整頓。儘管所謂整頓只是撤除總編輯的職務，而並未肆行逮捕，但在學運立場上，他顯然是堅決支持鄧小平的地方大員 [38]。江澤民在出任艱巨之後，接受鄧小平的領導，繼續在全國各地逮捕民運分子，對知

37　馬齊彬等，《中國共產黨執政四十年》，頁576-77。據羅冰，〈中共內報「六四」傷亡密情〉，《爭鳴》，1996年6月號，頁6-7。天安門事件中，北京共有群眾死亡523人，受傷11,570餘人；軍警死亡45人，受傷6,240餘人。群眾死傷者多為外地職工、學生和待業人員。此外，在成都、武漢、貴陽、哈爾濱、鄭州、蘭州六城市共有群眾死亡352人，群眾受傷2,980餘人，軍警受傷1,285人以上。

38　鄭義，《朱鎔基傳奇：中共經濟沙皇評傳》，頁160-70；李國強等，《江澤民剖析》，頁36-39，59。

識分子網開一面，對一般市民，則速審速決，立即予以槍斃，以儆效尤。他在黨內展開幹部審查，清除參加學運的所謂「反革命暴亂分子」，同時也加強意識形態方面的控制，大肆整頓同情學運的報章雜誌和其他傳播媒體。江澤民一面派工作組，徹底審查《人民日報》的工作人員，一面把反資本主義和掃黃連成一體，關閉將近190種其他報紙 [39]。在學生運動中心的北京大學，除了開除學運積極分子外，他更積極對學生展開軍事和思想訓練。

　　鄧小平很清楚，武力鎮壓之後，不做些收攬人心的工作，難保不會有下一波的動亂。所以江澤民在處理被捕知識分子時，任何人只要俯首認錯，願意合作，便立即開釋。在加強控制媒體的同時，也讓它們在報導非政治性資訊時有更大的自由。比較起來，江澤民紓解民怨的重點，毋寧說是放在示威群眾對各種「官倒」和特權現象方面的指責上。他加速整頓各級黨政機關、群眾組織和社會團體所創辦的公司，針對政企不分、官商不分、違法經營等問題，痛下針砭。江澤民首先明文規定，一般黨政機關的幹部，包括離退休者，不得在任何非營利性勞動服務公司以外的公司兼職，內資或外資均無例外；黨政機關、群眾組織和社會團體，原則上不得成立公司，若已成立，則撤消、合併、獨立，端視情況而定；凡違法經營而查有實據者，必定嚴重懲治。上述種種整頓方法，基本上是重申和貫徹原有的政策，多少帶有例行公事的味道。比較值得注意的是，江澤民針對天安門事件中反映出來的特殊民怨，採取行動。他下令調查權貴子弟控制、並傳聞介入官倒的五家大公司，並撤銷鄧樸方經營的康華公司。雖然在調查之後，江澤民仍是不了了之，並未依法追究到底，但他未雨綢繆，至少是下令嚴禁高幹子弟經商，並開始要求所有高幹實行迴避政策，不

39　王玲玲，〈從資訊流通看中國大陸的社會變遷〉，《中國大陸研究》，1994年1月，第37卷第1期，頁58。

准他們的配偶、子女以及子女的配偶再涉足流通領域的經濟活動了。
江澤民也針對高幹的特權和腐化現象,採取了一些步驟,例如宣布停
止對高幹的食品特別供應,高幹若有需要,一律按市價自行購買;公
家若有公家配車,則一律按照規定辦理,不得隨便進口轎車;此外,
不得隨便請客送禮,不得隨便出國遊歷和考察。江澤民爲顯示政府反
腐敗的決心,還藉「以權謀私」的罪名,撤查了支持趙紫陽改革的海
南省長梁湘。當時海南省以倒買汽車聞名於全國,然而梁湘其實是替
罪羔羊,因爲他只是鑽法律的漏洞,爲開發海南島籌措所需的資金;
他是以權謀公,而非圖利私人[40]。

　　　　※　　　　　　　　※　　　　　　　　※

　　鄧小平保持改革開放的信念,「摸著石頭過河」,儘管帶來毛澤
東時代未曾有過的經濟繁榮,但是也爲社會帶來了許多難以避免、也
難以解決的問題。首先,改革開放以來,各種形態之私營工商業和農
業的恢復,動搖了黨一元化領導體制,迫使黨一元化體制讓出一些活
動空間,供私人活動。只是社會主義體制一旦鬆綁,就像毛澤東預言
一樣,幹部馬上便被吞沒在「經濟主義」(中共術語,指物質利益至
上)的大海中,「向錢看」迅速成爲社會風氣,思想上出現異於官方信
仰的價值。等而下之者,更唯個人發財和享受是尙,以權謀私,化公
爲私等行爲,不一而足。雖然農民和知識分子在改革開放之間,得利
不少,但是比較之下,黨國體制中的官僚和幹部獲利最多,權貴子弟
尤其如魚得水。改革開放中最感失落的知識分子,便成爲時代的代言
人,挺身出來抗議和請願。

　　對絕大多數人而言,只要改革開放能夠改善生活,便不會鋌而走
險,即便是走在社會尖端的學生也是如此。天安門廣場的示威請願,

40　馬齊彬等,《中國共產黨執政四十年》,頁573-74,579,581-82,584。

要求的只是民主化和清除官倒現象，並沒有人想要推翻中共統治。只是中共上層缺乏共識，讓彼此之間的權力傾軋和路線鬥爭捲入了學生運動，結果學生運動喪失自我節制，瀕臨失控，而面對學生的抗議，政府也進退失據，甚而下令血腥鎮壓。雖然從現實政治觀點來看，天安門的鎮壓為中共後來的改革開放政策，帶來了比較長期的穩定局勢。但是大規模的動用軍隊，以坦克和機關槍鎮壓首都地區的學生和平民，畢竟在中共歷史上史無前例。從此之後，解放軍很難再叫人相信他們是屬於人民的軍隊了。

六四天安門事件的考驗顯示，鄧小平的四個堅持其實是以共產黨專政為真正底線，其他三個堅持都可與時俱變，不斷修正和退讓，但共產黨專政卻不容任何挑戰。在此專政之下，毛澤東思想和馬列主義有不斷空洞化和邊緣化的危險。中共能否冒此危險，經由開放改革，而趕在貧富差距、通貨膨脹、官箴失墜、社會脫序、國營企業賠累以及人口問題失控等社會矛盾爆炸之前，達成經濟上的小康局面，而繼續維持其專政局面，並度過意識形態的危機？這個問題的答案尚在未卜之列。但是天安門的鎮壓的確為後來的中共統治，帶來一段比較安定的時間，雖然事件所反映出來的各種矛盾，仍在暗中繼續腐蝕中共的統治，但是政治的穩定卻給經濟發展帶來良好的條件。中共的未來可以說是在借來的安定環境中，繼續求經濟進步，從而消解人民大眾的積怨。

第三節　社會主義市場經濟

天安門事件發生後不久，蘇聯和東歐社會主義國家紛紛解體。中共雖然成功地鎮壓了學生運動，可是東歐擺脫共產主義的統治，似乎已經蔚為一股不可抗拒的歷史潮流。天安門事件的同一天，波蘭的團結工聯在選舉中獲勝，從此以後，東歐的社會主義國家一個接一個地瓦解變色。1991年8月，共產主義的祖國──蘇聯──也從地圖上永遠地消失。面對世界的劇變，中共當局更認為對天安門事變的鎮壓是正確的。

中共雖然在政治上趨於保守，在經濟上卻得到必須加強開放的相反結論。他們認為天安門事變所以能夠迅速平息，工農大眾基於對經濟的滿意而決定置身事外，是主要原因。為了繼續改善百姓的生活，中共非但沒有停止改革開放，反而決定擴大其規模。另一方面，天安門的血腥鎮壓造成整個社會非政治化的嚴重傾向。政治既然沒有出路，一般百姓便只好把精力放在賺錢方面，而一味「向錢看」了。這激起了前所未見的「全國皆商」熱潮。

鄧小平在歐美各國的杯葛之下，決心在中國大陸進一步擴大市場經濟的規模，甚至公開宣布建立「社會主義市場經濟體制」，把指令型的計畫經濟，轉變為指導型的計畫經濟，國家本身雖然不放棄主導整體經濟的角色，但也不再巨細靡遺地管理或干預經濟生活，不但擴大了私有經濟的活動空間，也讓集體產業，也就是縣、區、鄉、村等行政單位所經營和管理的工商企業，積極投入市場，和國營經濟部門從事競爭。

總而言之，以前是微觀控制，現在則是強調宏觀調控；以前是直接管理經濟生活，現在則由中央政府透過經濟槓桿(例如法律制度、金融政策、匯率政策)加以管理和指導。

一、經濟繼續開放

　　天安門事件震驚了世界輿論，歐美各國同聲譴責，並實行政經制裁。一時之間，前往中國大陸的觀光客門可羅雀，富裕國家的銀行團代表或私人企業家也拒絕前往。儘管北京的政治氣候進入了嚴冬，但是鄧小平仍然再三強調，中國大陸絕不會再退回到鎖國時期，仍要繼續改革開放。為了說明他的決心，他大張旗鼓地宣傳上海浦東新市區計畫，以便帶動長江流域的整體開發[1]。雖然外資急遽減少，但此時台資卻乘虛而入。所謂台資企業，早在1980年代中期，已在中國大陸出現，不過為了自保，台資都採取極端秘密的形式，否則也是以美資和僑資的面貌出現。1987年，台灣政府開放探親，兩岸之間的經濟關係纔逐漸有公開的可能。次年，中共決定大量引進台資，台商反應冷淡。不料，天安門事變後，各西方國家緊急撤資，台商反倒認為這是取而代之的大好機會，投資者因而絡繹於途。到1992年6月，台商所設立的工廠至少已達到3,000家，遍布全中國大陸各省，投資的金額則高達30億美元。台資加上港資和僑資，鼎足而三，正好填補美、日等國中斷投資以後留下的一小部分真空。

　　雖然台資企業對中共經濟起了一些彌補的作用，但是畢竟外有歐美國家的杯葛，內則強調控制通貨膨脹和治理整頓經濟，經濟發展的速度還是停緩了下來。另一方面，天安門事件仍有許多後遺症亟待處理。事件之後，中共逮捕了千餘人。到1989年底，情勢完全穩定，中共纔宣布北京解除戒嚴。經過調查之後，從次年初開始審判罪名嚴重者，對「罪嫌」較輕或願意合作的被捕者，則「坦白從寬」，分批釋放。為了爭取國際輿論的好感，中共不但宣布留學在外的民運分子，既往不究，也對一些有國際知名度的民運分子，低調處理，讓他們流

1　鄧小平，《鄧小平文選》，3：366-67。

亡到國外[2]。面對學生運動中顯現的民怨，中共中央也加強對幹部的管理和整風。

1991年，內部的整頓告一段落，農村發展瓶頸卻愈益明顯。這一年鄉鎮企業有1,800萬家，共雇用一億多職工，和國營企業一樣多[3]。農民的人均年收入從1988年的人民幣545元增加為709元，扣除通貨膨脹的因素，平均每年只增加0.7%，農民生活的實質改善極其有限。如果考慮沿海和內陸的差距，沿海農民生活的改善非常清楚，但是內陸近3億農民的收入卻沒有那麼明顯，有的地方可能不增反減。無論如何，鄉鎮企業的產值增加得很快，1992年的產值已相當於1985年開始起飛時的全國社會總產值。到1996年，產值又比1991年增加約六倍，為國民生產總值的四分之一強[4]。只是雇用人員的增加沒有產業增值快，到1996年只有1.3億左右，但這已經把純粹農業人口降到勞動人口的六成左右[5]。另一方面，大中型國營企業，經過多年的整治，依然每下愈況。各國營企業之間，甲拖欠乙，乙拖欠丙，丙拖欠甲，可能是三角，也可能四角或五角，還可能是更多角的關係，債務的情況非常複雜，基本上反映週轉資金的缺乏[6]；國營企業既然缺乏週轉資金，又加上其他各種原因，以致虧損的情形越來越嚴重。1990年中國大陸有三分之一的大中型國營企業虧損。

1992年春，鄧小平決定擴大開放政策。他以耄耋高齡，親自南巡，到深圳訪問，要求停止姓社(會主義)姓資(本主義)的理論爭執，

2　劉勝驥，〈論中共對「八九」民運人士的處理〉，《中國大陸研究》，1993年，第36卷第7期，頁24-26。

3　張鎮邦，〈論資產階級在中國大陸的興起〉，《中國大陸研究》，1994年，第37卷第3期，頁12。

4　《信報》，1997，10，23。

5　蕭真美，〈當前中共面臨的農業危機〉，《中國大陸研究》，1994年，第37卷第12期，頁39-40。

6　李谷城，《中國大陸政治術語》，頁59。

務實地集中所有精力來提高生產力。隨後，對外資開放的地區，擴及
福建和廣東全省；沿江沿海，從上海到重慶的廣大地區，也迎頭趕
上。接著，一向視為敏感地區的邊疆城市，亦相繼開放，允許對外貿
易。除了開放地區外，也開放所謂第三產業，准許台商、僑商和外商
投資服務業，例如旅遊、金融、保險、房地產、諮詢、信息、港口建
設，以及交通、郵電、教育、科學研究等等。這些服務業，在中國大
陸是新的發展，雖然落後於歐美國家，但足以發揮經營長才的空間夠
廣，對外資和三資的吸引力極大。自從上海第一百貨商店和日本八佰
伴流通集團，合資在浦東興建綜合型的購物中心以後，北京、廣東、
福建各省也紛紛跟進，千方百計地向國外爭取資金，彼此激烈競爭[7]。
各國商人也認為這是投資良機，蜂擁而至，而且廣及中國大陸各個角
落，簡直是無遠弗屆。1993年，外商直接投資成倍增長，高達200億人
民幣之多[8]。

　　外資大量湧入，國內則出現投資狂潮。只要申請投資，不管是否
項目重複，也不管有無經濟效益，一定都獲得批准。於是到處都是堆
土機和挖掘機，到處都是正在動工中的高樓和其他各種工程。全國各
地熱氣沸騰，出現「上項目熱」、「開發區熱」，「房地產熱」，
「集資熱」。1991年底，全國僅有3,000多家房地產公司，可是一年不
到便新增了10,000家左右。房地產開發投資增長了117%，開發土地面
積增加了175%。開發區以同樣驚人的速度成長，不僅各省各市各縣，
甚至鄉下和村里也出現開發區，從事投資開發[9]。在政府的鼓勵下，黨
政機關藉口精簡，把部分幹部裁汰下來，成立和經營各種經濟實體，

7　葉穉英，〈論大陸國營商業企業的改革中〉，《中國大陸研究》，1993
　　年，第36卷第6期，頁51-53。

8　陳德昇，〈一九九三年中國大陸的經濟情勢〉，《中國大陸研究》，1993
　　年，第37卷第2期，頁19。

9　林理建，〈大陸的金融問題與中共的對策〉，《中國大陸研究》，1993
　　年，第36卷第10期，頁50-51。

證券業捲土重來。證券業是資本主義的
典型特色。中共從建國以來，就以這種
觀念灌輸人心，1953年實行向社會主義
過渡的總路線以後，證券業更從中國大
陸徹底消失。自從鄧小平實行改革開放
政策以來，證券交易獲得新生。1988年7
月，上海萬國證券公司成立，中國大陸
終於出現了第一家以證券業為主的股份
制金融機構（圖左）。1992年中國大陸出
現證券熱，在北京西單附近的中國建設
銀行證券交易部內，大型證券牌價表標
明國庫券和債券買賣價格（圖下）。

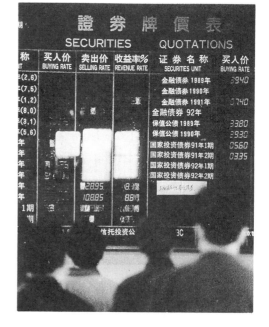

不料卻在幹部當中掀起了第三波經商熱潮。黨政機關為了湊積資本，趕上這股熱潮，甚至高利借款，國家銀行也趁機贏利，不顧體制，隨便拆借鉅款[10]。據說，1992年，共有570億人民幣被投入股票和地產的投機生意中，國務院主管經濟事務的副總理朱鎔基必須下令銀行收回所有未按法令貸出的款項，並下令政府各部門緊縮開支20%，纔勉強把這一股強勁的投機風潮抑制下來[11]。

儘管鄧小平南巡有不良的影響，但是經濟蕭條的景況消失了。伴隨著經濟景氣的是新企業體制的普及化，這就是股份制所蔚成的一股熱潮。在鄧小平南巡以前，中共已在地方實驗股份制，希望透過股份制的引入，成立董事會和股東會，在黨和職工會以外，形成監督和管理企業負責人的新機制[12]。鄧小平南巡後半年，中共中央為了進一步落實政企分離，改變全民所有制的工業企業，決定授與企業十四項自主權。霎時之間，沿海各省到處是股份公司，總數達到20萬家之多。次年又增加到50萬家[13]。受到這股熱潮影響，鄉鎮企業也迅速改變經營體制，1992年他們中間只有16萬家採取股份制，到第二年便激增為130萬家，占全部鄉鎮企業家數的十五分之一[14]。

中共同時繼續價格改革。1993年5月開放大部分糧油的銷售價格，以及全部鋼鐵及部分統配煤炭的出售價格。國家對各種價格的控制越

10　丁偉，〈中共政經轉型期中權力與產權的關係〉，《中國大陸研究》，1993年，第36卷第10期，頁36；董瑞麒，〈論大陸的「三亂」與「反三亂」〉，《中國大陸研究》，1993年，第36卷第12期，頁19-20。

11　Roderick MacFarquhar, *The Politics of China, the Eras of Mao and Deng* (Cambridge University Press, 1993, 1997), p. 513.

12　何清漣，〈中國股分制：社會主義的免費午餐〉，《二十一世紀雙月刊》，1994年2月號，頁147。

13　丁偉，〈中共政經轉型期中權力與產權的關係〉，《中國大陸研究》，1993年，第36卷第10期，頁32。

14　董瑞麒，〈大陸農村股合作企業的發展趨勢〉，《中國大陸研究》，1994年，第37卷第5期，頁36-37。

來越少,到是年年底,中共官方控制的價格除一小部分外,其餘全部
開放。中共官方控制價格的商品中,零售類剩下5%,農民出售的農產
品類剩下10%,而工業企業銷售的生產資料類剩下15%。隨著市場經濟
所占比率的擴大,指令性計畫經濟以相同速度遞減。1987年工業產值
中有70%受指令性計畫經濟控制,到1993年只剩下5%。政府也致力於
改善法令,1993年先後制定了「商品質量法」和「反不正當競爭
法」,改善經濟法規。顯然中共開始了解到,「縱深配套」比「放權
讓利」更重要。所以過去是以權力和利潤來調動積極性,現在則是針
對這一政策的副作用,確定經濟的遊戲規則[15]。

　　鄧小平在外交方面繼續其實際掌權以來的獨立自主路線。整個政
策的基本取向是敦睦鄰邦,決不奢談輸出革命,而是強調建立一個和
平的外交環境,所以爭取與國的重點不再是亞非落後國家,而是美、日、
英、法等先進資本主義國家,然而也不故意與前社會主義的蘇聯(或社
會主義崩潰後的俄羅斯)為敵。由於1990年代世界經濟普遍不振,中國
大陸以其廉價勞工吸引外資,變成世界經濟發展最快速的國度。中共
除繼續爭取外資之外,更積極進入以美、日、歐等為主的國際社會。
同時為了爭取外資,中共不再顧慮自己是一個泱泱大國,也向世界銀
行和亞洲開發銀行等國際金融機構爭取借款,甚至不顧第三世界國家
的抗議,能爭取到多少就爭取多少。1990年代,鄧小平仍繼續其開拓
對外經貿的既定政策,1992年對外出口在國民生產總值中所占的百分
比昇高到19.5%[16]。這個百分比或許看來不高,但是不僅使中國大陸變

15　陳德昇,〈一九九三年中國大陸的經濟情勢〉,《中國大陸研究》,1993
　　年,第37卷第2期,頁16-17。

16　《中國對外經濟貿易年鑑,1993/94》(香港中國廣告公司),頁440-41。1980
　　年中國大陸出口額只占國民生產總值6%。據董瑞麒,〈大陸轉變經濟增長
　　方式之研析〉,《中國大陸問題研究》,1996年,第39卷第6期,頁6;1995
　　年中國大陸外貿總額占GDP的40%。若這裡所說的外貿總額是指出口額,而
　　GDP指國民生產總值,則短短三年間,中共的外貿依存度已增加了一倍。據

成世界第十一大的出口國，也使其對外貿易成為整個經濟不可或缺的
重要部分。

　　鄧小平南巡帶來兩位數的經濟成長率，但是改革開放以來所出現
的種種矛盾也隨之惡化。其中最具爆炸性的問題之一仍是物價上漲。
隨後三年當中，農業依舊緩慢成長，工業卻以20%以上的驚人速度向前
邁進，在美日德各大國一片經濟衰退聲中，一枝獨秀，中國大陸被認
為是全世界經濟最具發展潛力的地區。只是隨著經濟的快速發展，甚
至過熱，惡性的通貨膨脹又死灰復燃。1992年官方公布的通貨脹率只
有5%，但光從零售物價來看，物價已比前一年高了13%，大中城市更
高到20%左右。從1993年起，兩位數的通貨膨脹率成為官方揮之不去的
夢魘，而且愈演愈烈，次年竟然高達20%以上。這一年10月，關係民生
的食品價格上漲尤劇，而北京、上海、廣州等大城市的通貨膨脹特別
嚴重[17]。所幸到1994年底，一般人民因為經濟的快速發展，相對地，
吸收通貨膨脹的能力也相當驚人，加上天安門事件以後出現的政治冷
感症，社會的精力集中在發家致富，故一時之間，這一問題尚不致於
危及政局的穩定。儘管如此，危險的訊號已經頻頻出現了。

　　高速度發展所需要的資金是無限的。儘管外資大量湧入，但是資
金仍然不足以應付現況。尤其是各級政府在攀（高）比（較）的心理之
下，都必須擴大基礎建設的投資，但是他們的財政收入有限，於是便
挪用原本應該用於農業的預算，甚至假借名義，以攤派的方式向農民
集資。另一方面，在放權讓利政策的庇護之下，各級幹部，尤其是
鄉、鎮基層幹部，受到物質的引誘而擅自增加對農民的攤派。政府雖
然已經警覺到這些問題的嚴重性，規定鄉以下地方政府從農民所徵的

　　同資料，到1995年年底，實際使用的外資金額已累積到1,333億美金。

17 董瑞麒，〈論大陸的「三亂」與「反三亂」〉，《中國大陸研究》，1993
　　年，第36卷第12期，頁23；《中國時報》，1994年12月17日、12月18日，
　　1995年1月2日；《聯合報》，1994年12月28日。

稅項，不得超過農民每年平均收入的5%，但根據調查顯示，攤派的名
目依舊繁多，許多地方對農民攤派的總額已超過10%，超過20～30%的
也不罕見[18]。政府的「苛捐雜稅」急遽增加，收購農產時，卻經常不
付現金，而代以白色的欠條。農民左等右等，白條子無法兌現，怨氣
因而沖天。1992年底，四川仁壽縣富加鎮的農民，由於政府修建公
路，要每戶人家攤派30元人民幣，遂攻擊稅務局以為抗議。事情愈演
愈烈，到了次年5、6兩月，甚而搗毀黨政官員住家，並焚燒兩輛警
車。這一事件其實就是中共所宣傳惟獨「舊中國」纔會發生的抗糧抗
捐活動，不料卻在土地革命幾十年以後，死灰復燃，而且不是孤立案
件，類似的集體抗議行動，也在其他十一個省發生。其中最常見的
是，抗議郵局挪用匯款和幹部強制徵地的事件。領款人領到的匯款是
不能兌現的綠條子，憤怒之餘，攻擊郵局；農民發現擁有使用權的土
地，被幹部私自出售，或因毫無補償，或因補償過低，忿懣之餘，便
與警察發生了流血衝突[19]。

　　經濟的快速發展，改變了原為國營企業所獨霸的產業結構。三資
企業的登記家數，到1993年為止，已達到13萬個。至於個體戶以外的
私營企業，在1992年底更高達1,500萬家左右。被認為是集體所有制的
鄉鎮企業發展得最快，約有2,000萬家，雇用的職工約為全部就業人口

18　董瑞麒，〈論大陸的「三亂」與「反三亂」〉，《中國大陸研究》，1993
　　年，第36卷第12期，頁17；蕭眞美，〈當前中共面臨的農業危機〉，《中
　　國大陸研究》，1994年，第37卷第1期，頁40-41。

19　江振昌，〈從四川「仁壽事件」看大陸農村的社會衝突〉，《中國大陸研
　　究》，1994年，第37卷第2期，頁71-75；《中國時報》，1995年1月2日；
　　夏文思，〈江澤民驚呼國難當頭〉，《開放》，1994年5月號，頁10-11。
　　參閱劉國光編，《國家、市場與社會：中國改革的考察研究，1993至今》
　　等，頁179-183。1995年和1996年，類似的農民抗稅事件又在安徽、江西和
　　湖南等省發生，其中最大的一起，參加農民達十萬之眾。見《中國時
　　報》，1995年12月6日；江振昌，〈大陸農民負擔與農民騷動關連性研
　　究〉，《中國大陸研究》，1997年，第40卷第1期，頁46-60。

的一半 [20]。這些企業不像國營企業，他們面臨激烈競爭，必須講求經濟效益，否則難以生存，所以強調降低勞工成本。另一方面，職工們發現，要改善待遇並不需要以國家為直接抗爭的對象，所以爭取個人權益時，也比較積極而大膽，勞資糾紛逐漸引起注意 [21]。在這一個新的產業結構中，國營企業雖然有比較好的福利制度，但也不能將所有「勞資衝突」消弭於無形。因為實行自負盈虧，國營企業如果不能提高自己的生產力，便只有虧損之一途了。1993年，中國大陸已有三分之一國營企業虧損，另有三分之一虛盈實虧，而這種情形似乎仍在繼續惡化之中。國營企業除了嚴重虧損以外，尚彼此欠債，如前所說，債權和債務的關係異常複雜紛亂。積欠國家稅款不說，還依賴國家銀行的貸款勉強維持。一旦國家銀行決定收緊銀根，停止借貸，不少企業便立即陷入絕境。可是不收緊銀根，則企業的虧損像無底欲壑，永難填平。

對於這種狀況，中共中央實在感到進退維谷。東北是中國大陸的重工業中心，工業化程度無出其右，國營企業的規模也最大。正因為如此，債務和貸款的問題也特別嚴重。1993年東北國營企業的虧損面，便由上年的60%蔓延到80%。虧損嚴重的時候，不僅發不出薪水，更必須停工。這一年東北國營事業到處發生罷工抗議。次年1月，黑龍江雞西煤礦積欠工人的薪資達數個月之久，萬餘名工人忍無可忍，發動罷工。春節前，黑龍江的國營企業虧損太大，200多萬工人失業在家，更有80%的工廠積欠工資，為時長達半年，以致幾十萬工人有斷炊之虞。工人要生存，要吃飯，當然走上街頭抗議。情況之嚴重，引起

20　吳國光編，《國家、市場與社會：中國改革的考察研究，1993至今》，頁192-93。

21　同上，頁88-89；Elizabeth Perry, "Labor's Battle for Political Space: the Role of Worker Association in Contemporary China", *Urban Spaces in Contemporary China : the Potential for Autonomy and Community in Post-Mao China*, pp. 321-22。

中共中央注意，派大員前往處理，甚至派軍隊前往維持治安。同年 5
月，南昌也有 2 萬工人到省府請願，靜坐示威[22]。儘管問題如此嚴
重，但中共似乎束手無策。1995年，國營企業的虧損有增無減，到年
底為止，共有41,000戶國營企業實在支撐不下去了，決定停產或半停
產，待業的下崗（離開崗位）職工增加到665萬人，並在次年春天達到
1,000萬人之多[23]。

　　為解決國營事業的虧損問題，中共所開的藥方是「市場化」。換
句話說，是轉換國營企業的經營機制，把國營企業推向市場，或是成
立股份有限公司和有限責任公司，或是經由合資、拍賣和租賃，改由
私人經營[24]。這些作法引起嚴重的國有財產流失問題，卻不見得能迅
速提高企業的獨立自主性，因為要求政府原有的管理單位和企業黨委
書記放棄手中既有的權力，並不容易[25]。另一方面，即使國營企業成
為獨立的經營實體，也會因為沒有破產法，而讓其中毫無競爭力者繼
續虧損。可是實行破產法談何容易。早在1985年2月，中共已在瀋陽大
城市試驗企業破產法，而且在1986年公布實施「企業破產法」，並於
1988年年底正式生效。但是直到1994年底，法院受理的企業破產案件
纔3,010件，平均每年500件而已，而其中准許宣布破產的只有1,000多
戶，法院受理的3,010件案子幾乎全是集體企業，國營企業屈指可數。
1994這一年受到影響的全部職工只不過3萬人，然而所引發出來的問題
卻足以讓人怵目驚心。不僅有個人自殺抗議，更有集體自殺抗議，還

22　夏文思，〈江澤民驚呼國難當頭〉，《開放》，1994年5月號，頁10-11。

23　董瑞麒，〈大陸國有企業破產制的研析〉，《中國大陸研究》，1996年，
　　第39卷第10期，頁30。

24　董瑞麒，〈中國大陸國有企業市場化之研析〉，《中國大陸研究》，1994
　　年，第37卷第11期，頁19。股份有限公司和有限責任公司的差別，似乎在
　　有無股份，而它們共同點為不負無限責任。

25　董瑞麒，〈大陸國有企業改革面臨的難題〉，《中國大陸研究》，1995
　　年，第38卷第11期，頁40-42。

有失業職工，在百無聊賴之餘，打殺企業負責人 [26]。雖然如此，中共還是在1997年開始擴大試點，不過阻礙依舊很多，在115個城市僅宣布282家破產 [27]。

國營企業虧損，政府財政赤字增加，使得原本捉襟見肘的中共更加無力解決城市基礎建設不足的問題。再加上農村剩餘人口的大量移入，城市基礎建設不足的問題遂益加嚴重。農業集體化後，城鄉差距雖然驅使農民前往城市，但受限於嚴格的戶口和配給制度，農民基本上是附著於土地的農奴。自從改革開放實施以來，農民開始向城市流動。1983年，有人估計農村有7,000餘萬多餘人口等待轉業和移出。1984年以後，鄉鎮企業的大量發展雖然吸收了其中一大部分，但是每年春節之後，仍然有大量的農民湧向城市，形成所謂民工潮。他們在城市沒有戶籍，到處移動，是故稱之為盲流人口。1992年以後，全國皆商，農村和內地的資金大量流向城市和沿海，城市和沿海的經濟飛快發展，鄉鎮企業的發展速度隨而放慢，城鄉差距、內地和沿海的差距都再度擴大，民工潮有如噩夢 [28]。1994年全國共有民工5,000萬人，為尋找生計，來往奔波於各縣省之間，甚至遠赴新疆打工，光是湧往廣州、上海和北京等大城市之間的工人，便達到2,000萬人 [29]。因為人

26　《中國時報》，1994年12月17日。

27　董瑞麒，〈大陸國有企業破產制的研析〉，《中國大陸研究》，1996年，第39卷第10期，頁25-27；《信報》，1997年10月23日。

28　林理建，〈大陸的金融問題與中共的對策〉，《中國大陸研究》，1993年，第36卷第10期，頁54；據殷志靜、郁奇虹，《中國戶籍制度改革》，頁23，民工中約有3,000餘萬為跨省流動。民工淨出口的主要省分為四川、安徽和兩湖。又據同書頁49-101，中共迫於民工潮的嚴峻形勢，從1992年底以後討論戶籍制度的改革，到1993年10月才完成改革文件的起草。改革的主要內容即是承認農民可以轉業和移居的既成事實。但是農民仍不容許隨意把戶口遷到大城市裡。

29　〈江澤民在中央農村工作會議上的講話〉，《中國大陸研究》，1994年，第37卷第9期，頁95。

數實在太大，遠遠超過鐵路運輸的正常負荷量，所以經常發生類似衡陽車站踩死民工的慘劇[30]。民工潮對城市基本設施所起的壓力更大。為應付大量湧入的農村人口，各城市勢必加強基本建設。只是財政捉襟見肘，僅能勉強應付。

二、黨一元化體制的動搖

中共的黨國體制究竟有多龐大？1992年，有人估計中共黨政機構有900萬工作人員，事業單位有2,200多萬工作人員。也有人說，兩者總數是3,400萬。不論那一個數字是正確的，大約占總人口0.3%的幹部，消耗了將近四成的國家預算[31]。至於這些工作人員當中，有多少是國家幹部？多少是共產黨員？並不清楚。關於黨員的人數，資料顯示，1989年是4,800萬，1994年是6,000萬，五年之間共增加了1,200萬，增加率為25%。同一期間，總人口纔增加了8%。因此黨員在總人口中的百分比已升高到5%。顯然中共這個黨是開始以數量來彌補質量之不足了。雖然黨員絕大多數沒有國家幹部的地位，但黨仍然不是任何人可以隨便加入的，依舊保持精英黨的性質，因此黨員可以視為幹部階層的擴大。

中共黨員和幹部這個統治階層在天安門事變之後，有以下幾種延續發展的趨勢：第一、鄧小平實行改革開放以後，黨的思想領導遭到不斷腐蝕，而天安門事件以後則有掏空之虞。第二、黨的直接控制從社會基層退出，社會基層的單位制度開始解體，民間力量因而有了恢復和發展的空間，黨的觸角雖然仍廣，但政治在各個領域掛帥的時代

30　《聯合報》，1994年2月19日；《中國時報》，1994年2月19日。

31　趙建民，〈論中共的政治體制改革〉，《中國大陸研究》，1993年，第36卷第6期，頁14；董瑞麒，〈論大陸的「三亂」與「反三亂」〉，《中國大陸研究》，1993年，第36卷第12期，頁7；張保民，〈人口爆炸——中國大陸社會的最大危機〉，《中國大陸研究》，1995年，第38第2期，頁57。

已經過去。第三、中共仍全力追求經濟成長，但國家已回到國營、私
營和集體經濟並存的舊時代。官僚階層受到「全國皆商」風氣的衝
擊，加上制度上的變革不能配合，於是出現前所未有的貪汙腐敗問
題。所幸，經濟的快速發展還能轉移人民對幹部腐敗和其他問題的痛
恨。下文將仔細討論這三種趨勢。

1 意識形態方面霸權的腐蝕

在改革開放政策的衝擊之下，馬列主義和毛澤東思想的光環越來
越弱。在它們左右兩邊，一邊是恢復對傳統中國文化的敬意，另一邊
則是恢復對歐美資本主義文化的崇拜。前者的具體表現是，准許成立
中國文化書院，以及新儒學蔚為流行。後者則是重新承認西方的社會
科學——經濟學、政治學、社會學、心理學、人口學、人類學等等，輸
入西方思想，以至於學生蜂擁至不久之前仍被視為不共戴天之仇的資
本主義國家留學。價值觀念開始多元化，馬列主義和毛澤東思想的壟
斷地位被打破，研究傳統中國文化的人不再是被批判的對象。歐美國
家衡量文化的標準也成為中國的標準，所謂資本主義經濟學家弗里曼
（Milton Friedman）和政治學家杭亭頓（Samuel Huntington）也突然變成學
術界所崇拜的明星。即便中共堅持一黨專政，也不再以馬列主義為辯
護的唯一根據了，而必須求諸歐美國家的社會科學理論，以便為其政
權的合法性辯護。這是中共大陸當權派中，一度出現新權威主義主張
的由來。

前人民銀行副行長陳元是保守派大老陳雲的兒子，也是所謂「太
子黨」的佼佼者。1991年，他便公開承認，馬克思主義已經沒有吸引
力了。由於一般人根本不相信，以致強調馬克思主義意識形態的教
育，徒然引人反感。儘管如此，陳元仍自認是一個馬克思主義者，也
仍然重視意識形態方面的宣傳，只是他認為在新的社會情況之下，必
須強調中國的愛國主義和特殊國情。換句話說，他雖然相信「具有中

國特色的社會主義」，但是主張在實際宣傳時，少強調「社會主義」
這四個骨幹字，多強調「中國特色的」這一個形容詞。陳元還主張，
面對「激進」言論的挑戰，最好「借助中國近現代改革史上的新保守
主義和西方理性主義」，利用前者維護「傳統和現行秩序的合理因
素」，同時也利用後者「主張實證，循序漸進」的思想[32]。總之，在
陳元看來，馬克思主義固然有其存在的價值，但其在中國的絕續存
亡，必須求助它原來所抨擊的中國傳統和西方思想。

　　這種信仰危機反映在學院中，就是杭亭頓所謂「文明的衝突」、
薩伊德所謂的「東方主義」，兩者頓時成為顯學。不少知識分子根據
他們的理論，批評西方的政治和文化霸權主義[33]；反映在民間日常生
活，則是崇洋心理，迷信外國貨，盲目引進外國設施，非法偷渡美、日、
澳諸國。1992年鄧小平南巡以後，由於中國大陸成為世界經濟發展最快
速的地區之一，中國大陸乃出現了一股新的自信心。雖然如此，原有
的民族自尊心，加上愛國主義的大力提倡，結果全國各地都是介紹傳
統文化的作品，與其說是新民族自信心的建立，不如說是崇洋心理的無意
識反動。

　　因為有信仰危機，第一流的人才不一定願意加入中共。他們知道
中共已不再壟斷社會上升的孔道。他們可以選擇進入三資企業，也可
以選擇自辦企業，甚至還可以選擇出國留學或工作而一去不返。他們
縱使沒有黨籍，在學成歸國之後，也可以依仗外國的學歷，進入政府
工作而平步青雲。中共面對的局面不復是「天下英才盡入我彀中」，
黨組織不比從前，能完全控制社會上升的孔道，所以整風越來越像走
過場，連短暫的效果都沒有。以前整風的績效雖然不如中共所想像的

32　葉稚英，〈論中共領導階層的「太子黨」〉，《中國大陸研究》，1994
　　年，第37卷第5期，頁86-87。

33　劉曉波，〈家奴的民族自尊──大陸近年民族主義思潮評述〉，《開放》，
　　1994年11月號，頁18-19。

彰著，但在自然經濟和匱乏經濟的環境當中，官員孤陋寡聞，沒有外界資訊可供比較，所以生活上的欲望也不高。這就是為什麼毛澤東時代雖然不免有貪汙、腐敗和特權等問題，但問題總不如開放改革之後來得嚴重的根本原因。自從開放改革之後，黨員和幹部的權力雖然受到削弱，但畢竟只是喪失一些不重要的小權。中共這個擁有5,000萬左右黨員的大黨，仍然緊緊掌握人事和刑罰等大權。通過這些大權的運作，中共依舊牢牢掌握軍隊和整個官僚體系。在這個黨國體制之內，一般人民和黨員幹部過去只有政治運動的經驗，從來沒有養成遵守國法的習慣，現在政治運動都沒有了，所以各種違法、玩法、弄法的問題，比起毛澤東時代似乎越來越多，也越來越嚴重。

2 共產黨組織從檯面退入幕後

開放改革以來，中共雖然一再強調「政企分離」和「黨企分離」，但是沒有要求黨組織完全從政權和企業退出。口號的存在僅僅表示，黨組織不再強調直接控制，而是透過「黨團」間接控制企業，中共所關心的不再是任何事情都積極干預，而是比較消極的監督企業。中共不再強調巨細靡遺的「微觀控制」，而改採只強調原則的「宏觀調控」，讓政府和企業有自主活動的空間，可是仍然不容許政府和企業完完全全脫離，成為獨立於黨組織之外的實體。

農村中農民雖然沒有土地所有權，但是擁有長期土地使用權，而土地使用權也可以有償轉讓，甚至由子女繼承，所以實質上就是傳統個體農業的復活。政府恢復個體工商業之後，農民以外的個體從業戶和從業人員，已從微不足道的數目成長至極為可觀的數量。到了1992年，個體從業戶有1,500多萬戶，而個體從業員也有2,600多萬人[34]。儘

34　到了1994年9月底，雇工七人以下的個體戶達2,015萬3,000家，從業人員達3,438萬5,000人。見《中國時報》，1995年11月23日。

管在總人口數字中，他們所占百分比不超過 2%～3%，但是製造出來的工業產值卻占全部的 6% 以上，而他們的年平均收入已經接近人民幣 1 萬元，比一般國營企業工人還要高，更是普通農民所望塵莫及。隨著個體戶的不斷成長，中共也同意恢復私營工商企業。個體戶雇用的人員不超過10人，超過10人，便被視爲私營工商企業。1992年爲止，私營工商企業至少有14萬戶，從業人員至少有232萬人 [35]。此外，三資企業還雇有大量職工。這些個體戶、私營工商業戶和涉外企業的員工，年收入超過萬元以上的，已到處可見，其中還不乏擁資百萬、千萬人民幣以上的富翁級人物。

從國家機器控制的角度來看，前述這些經濟方面的從業員（包括農民）都在國家和集體經濟體制之外，不屬於國家的任何單位管理。換句話說，經濟體制恢復到1956年以前的局面。他們就是中共當時所極力要消滅的「資產階級」── 富農和私營工商企業業主。這些人自食其力，擁有相當的獨立自主性，並不認爲國家是其「衣食父母」。中共對他們採取曖昧的態度，一方面鼓勵其他農民效法，將其扶植爲人人欣羨和模倣的對象。另一方面則把他們看成政治上的問題人物，禁止他們加入中共，以免帶來汙染。儘管官方的態度如此，他們仍然對國營和集體企業造成衝擊，帶來「私有化」的趨勢。一方面是個體戶和私營工商業業主，透過各種經濟承包制，承包國營和集體企業，另一方面則是政府透過租賃和拍賣的方法，把國營和集體企業的經營權，甚至所有權，轉移到私人手中，政府主動退出。其實，因爲集體企業享有免稅和其他優惠，有一些所謂集體企業根本就是私人企業。

1992年以後，這兩種形態的私有化都越來越普及。股份制的推廣，更起了推波助瀾的作用。一些企業名義上仍然歸集體所有，實際卻透過增資招股，淪爲私人壟斷的對象。不過，問題並未嚴重到動搖

35　張鎭邦，〈論資產階級在中國大陸的興起〉，《中國大陸研究》，1994年，第37卷第3期，頁7-11。

中共集體所有制的地步。這些股份公司的負責人，絕大多數仍是中共黨國體制內的成員。至於鄉鎮企業，絕大多數都是由社隊企業發展而來，爲集體所有，其股權不可以買賣，集體的每一個成員，不論其所擁有的股權大小，在企業的股東會議上都是同樣一票，因此很難完全化公爲私，變集體所有爲個人所有[36]。

至於黨政企一體化的人民公社，中共也屬行改革，於1982年實行政社分離，首先把行政和經濟分開，人民公社－生產大隊－生產隊成了單純的經濟單位，原來管理的行政事務分割出來，另由鄉－行政村－自然村的政府體制管理。行政體制的幹部，雖然沒有過去人民公社幹部的權力大，但是擁有收繳農業稅、計畫生育、宅基審批、物資分配、承包合同、購買化肥和處理政府貸款的權力，在面臨個別農民時也不是全無過去人民公社幹部的威風，但是比較起來無可奈何多了。另一方面，人民公社－生產大隊－生產隊被剝奪了行政功能，只能管理社隊企業（工業、商業和農業技術服務），也就是集體所有制下的鄉鎮企業。就在農業生產方面，「集體」的權力也在縮小之中，前此直接領導農民生產的組織，尤其是生產隊，現在都名存實亡。這種政企分離只是政策上如此，實際上並不可能完全分離，兩者之間仍然有人事重疊，彼此權力互通的情形。正因爲如此，許多地方發生基層政府爲了發展鄉鎮企業，胡亂向農民「攤派」的現象。

黨組織方面，則由明處退到了暗處，理論上仍然是黨一元化領導，只是必須透過「黨團」來間接控制[37]。如果黨員的忠誠度不夠，組織控制就變成了紙上談兵。一般說來，黨部的基層幹部是無給職，

36　李國強，《江澤民剖析》，頁190、37：3：15、37：5：44；何清漣，〈中國股份制：社會主義的免費午餐〉，《二十一世紀雙月刊》，1994年2月號，頁148。

37　根據張樂天的觀察，鄉鎮黨委和村支部書記決定大政方針，對人事權尤其不容旁落，但其意旨是透過黨政聯席會議或從政黨員來貫徹的。爲了確保鄉鎮長和村長聽話起見，在決定基層人事時，中共一般採取「強書記、弱鄉長」的政策。張樂天，《告別理想：人民公社制度研究》，頁514-15。

沒有固定收入。他們在「向錢看」的社會潮流衝擊下,迅速失去模範
和監督的作用。行政村這個層次尤其明顯。這個層次的支部書記在
「向錢看」的衝激之下,常忙於工商業,賺錢養家,自顧已然不暇,
更遑論要照顧其他農民了。可是另一方面,強調行政和企業單位的自
主性,很容易過猶不及,形成實際擔任行政和經濟職務的幹部,脫離
黨羈絆而有「鬧獨立」的傾向。中共必須不時耳提面命,防止此一傾
向的出現和惡化。

農村之外的工商企業,在1989年以前,因為強調政企分離,已開
始試驗「黨委領導下的廠長負責制」的改革,計畫把黨政兩個指揮中
心的雙軌領導制,轉變成為廠長全面負責的單軌制。換句話說,黨委
名義上尚有監督和保障「黨的路線、方針和政策」實施的職掌,實際
上則讓企業主管擁有經營和管理企業的充分權力。另一方面,政府也
要求減少職業黨工的人數,要他們走向業餘化和兼職化[38]。1991年,
各省在合資企業的刺激下,已開始嘗試以股份制來改變國營企業的管
理機制。雖然這種股份公司的股東大會名存實亡,權力多半還是掌握
在政府任命的董事長和總經理手中,但是從黨的觀點來看,國營企業
股份制化的結果是,黨委書記進一步喪失權力[39]。面對此一挑戰,中
共中央組織部在1994年硬性規定,各企業的董事長由其黨委書記兼
任,以免黨的控制完全喪失[40]。工商企業如此,專業性比較強的文教
單位則有更明顯的類似趨勢。城市居民除受所屬機關單位管理之外,
還受各地方的街道辦事處控制。這些街道辦事處,因為配給制的取消
以及戶口制的削弱,權威已大不如前,其控制能力也迅速式微。總
之,黨的控制已不可能像過去那麼嚴密了。

38　李國強,《江澤民剖析》,頁161。

39　何清漣,〈中國股份制:社會主義的免費午餐〉,《二十一世紀雙月
　　刊》,1994年2月號,頁146-48。

40　《中國時報》,1994年12月18日。

中上層的組織也一樣。在鄧小平的時代，中共建國以後所建立的黨一元化領導體制受到挑戰，由明處退回暗處。雖然黨一元化領導的實質並未改變，但是政府、軍隊和群眾團體都因為憲法上明定職責，多少有一些自主性。黨中央不能明目張膽地干涉它們的事務，至少表面上要擺出尊敬的態度。反過來說，黨委書記失去往日的威風，有時還要聽任行政系統的專家來指揮。這種情形尤以工廠和高等教育機構為普遍 [41]。黨在意識形態方面，已經無法令人信服，而組織方面也開始出現漏洞。黨既然聲望下墜，而不能壟斷一切社會流動的資源，自然喪失黨員的向心力。不少城鄉黨部便出現了一批三不黨員：不繳黨費、不參加黨的活動、也不做黨的工作。黨組織明顯出現了素質的問題，於是以量代質。1993年黨員有5,100萬人，次年增加為6,000萬人。黨組織擴大的速度殊屬驚人。中共雖不斷強調整頓文風、學風、黨風，反腐敗、反官僚、反貪汙，可是效果越來越不能令人滿意，整風改造變成例行公式，徒然浪費精神而已。

由於黨員在公事上的自動自發精神減少，既不主動暴露自己的問題，也不主動檢舉揭發，黨組織失去了過去的耳目和爪牙，所以在控制方面，越來越依賴公安部門和安全部門來掌握和解決各種問題。天安門事變以後，中共特別規定北京大學的學生必須接受一年的軍訓，而一般大學生，凡政治課程不合格者，即不得畢業。此外，中共並針對重點大學和社會科學院，審查其教學和研究人員最近五年的著作，檢查其中是否有「不正確」的思想。以上這些辦法都不是靠思想動員、政治號召，而是赤裸裸的強制，暴力強制成為維持社會秩序的主要工具。

隨著中共黨國體制的鬆綁，自發性的民間社會組織開始恢復。在所謂「中產階級」萌芽的同時，民間社會中也恢復了某些傳統意味濃

41　方明，〈評述「和平演變」對中共造成之影響〉，《共黨問題研究》，1992年，第18卷第4期，頁3。

厚的制度。早就在農村中消失或已經融入黨國體制的舊組織，如宗
教、家族、幫會等，開始復活。最明顯的例證便是家族。在中共統治
下，家族制度雖然飽受壓制和摧殘，卻未完全消失。即使實行人民公
社以後，許多同姓村的自然村，表面上實行的是集體所有制，其實與
同姓所有制何異！鄧小平體制實行政企分離，家族便從地下冒出來。
不但農民基於資金、技術、勞動力的不足，必須借重家族的關係來彌
補，而且以前大權在握的支書和隊長，也因為無法完全依賴黨國體制來
支配村民，所以也求助於宗族制度。他們組織祭祖，修撰祖譜，製定族
規，主持婚喪喜慶，進而利用宗族來成立同姓或同宗的經濟體，以便
對外競爭。這一現象的出現，目前似乎僅限於華南的兩廣、閩贛、兩
湖和浙江等省，以及西北的甘肅和寧夏等地。如果連幹部都懂得與時
俱變，農民中自然也會出一些強人型的領袖人物，憑藉家族的力量與
幹部相抗衡(有些族規牽涉婚姻禁忌、宗族復仇和分類械鬥)。不過，
因為衝突的層次太低，並未對國家機器構成嚴重的威脅[42]。

　　在城市裡，地方勢力以宗教、幫會和犯罪團體等舊有模式出現[43]。幫
會和犯罪團體受到壓制，但宗教團體則不再是官方歧視的對象。因為
官方承認其存在的長期性，反而恢復原有生機。不過中共要求宗教人
士在組織活動上，接受政府的監督和管理。地方勢力最值得注意的還
是個體戶和私營企業主。鄧小平南巡後所帶來的股市熱、期貨熱和房
地產熱，在以農村萬元戶為主的第一代富戶，以及以科技人才和技術
工人為主的第二代富戶以外，又造就了以幹部和權貴子弟為主的新
富。這些新富戶，擁貲不再只是萬元，而是動輒千百萬，1995年還出

42　錢杭、謝維揚，〈宗族問題：當代中國農村研究的一個視角〉，《社會科
　　學》，1994年第4期，頁21-24、28；江振昌，〈大陸農村宗族勢力的復
　　甦〉，《中國大陸研究》，1995年，第38卷第2期，頁67-78。

43　1990年，中共公安部在中國大陸已經發現了五百多個幫會組織。到1992年3
　　月，發現的「黑社會組織、幫會、聯會」增加為一千八百多個。見何頻、
　　王兆軍，《中國大陸黑社會》，頁13。

意識形態危機中的宗教復甦。馬列主義認為宗教是麻醉人心的鴉片，所以中共從建國以來就一貫歧視宗教，直接或間接地打擊各種宗教信仰。文化大革命後，馬列主義的信仰不再能滿足人心，各種宗教於是捲土重來。無論佛教、回教、道教、基督教、天主教，乃至仍受禁止的所謂邪教，譬如一貫道等，都在比較寬鬆的政治氣氛中得到新生。圖為1980年代以來天津天主教老西開教堂每年聖誕夜出現的望彌撒人潮。

現歐美資本主義國家認爲是世界級的富豪。這些富戶的總人數高達百萬。他們屬於非公有經濟部門,和中共的黨國體制的關係卻異常複雜,有共生共榮的景象,也有相剋相制的地方。他們之間也有組織,如各種「個體勞協」、鄉鎮企業協會、外商投資企業協會等組織。不論是否出於自願結合,均帶有利益團體的性質,要求政治和法律保護既得利益。只是中共要他們事先向政府登記,從事活動時,也要事先向政府申請批准。鄧小平時代初期恢復的中共統戰部門,除其他職司以外,負責對各級宗教協會和工商聯合會這兩類團體進行統戰工作。雖然給予新興工商團體比過去較大的獨立自主性,但根本的考慮則是調動兩者的積極性,以便達到政府發展生產力的目的,另一方面則不讓他們完全脫離黨國體制的控制[44]。

改革開放所追求的是多樣化經濟,其實就是在國營和集體經濟以外,恢復個體和私營經濟。國家幹部和權貴子弟則利用政府中的人脈,從事商業。1992年夏出現各級官員「下海」的熱潮,連金融機構的幹部也未能免俗。而各機關單位爲了彌補經費的不足和改善同仁的福利,更在「創收」的名義下,做生意、辦公司。北京大學把學校圍牆拆除,以便開設店舖;中央黨校這種訓練幹部的高級單位也開了十幾家公司。有的機關單位不但自己做生意,還投資私營企業,倘使他們缺乏資金,則以提供土地使用權的方式投資[45]。這是1940年代延安經驗的擴大。延安時期中共爲了度過經濟難關,也一度縱容和鼓勵軍隊黨政學校機關經商賺錢,只是現在「全國皆商」,規模更大[46]。在

44 〈袁啓彤在福建省統戰部會議上的講話(下)〉,《中國大陸研究》,1994年,第37卷第5期,頁92-95;熊自健,〈近年來中共的宗教政策〉,《中國大陸研究》,1994年,第37卷第7期,頁38-43。

45 丁偉,〈中共政經轉型期中權力與產權的關係〉,《中國大陸研究》,1993年,第36卷第10期,頁32。

46 陝甘寧邊區財政經濟史編寫組、陝西省檔案館,《抗日戰爭時期陝甘寧邊區財政經濟史料摘編》,4:22-24,165-66,219-27,561-62;陝甘寧邊區

這種多樣經濟混合存在的情形下，缺乏法制管理，國民黨時期公私不分的官僚資本情形因之重現，隨著經濟的蓬勃發展，問題更難免惡化。官商利用關係借錢，炒作房地產、股票和地方的開發。政府挪用公款，就是農村出現白條子(白色借條)和綠條子(綠色借條)的根本原因。天安門事件以後，為減少民憤，禁止高幹子女經商，查處貪汙和投機事業。但是各種以公濟私、化公為私的情形，豈能輕易根絕？

3、黨官僚體系的腐化

1992年以後的快速經濟發展中，不僅沿海和內地之間的貧富差距拉大，城鄉之間和工農之間的差距也開始擴大。最窮和最富省分的(個)人(平)均國民生產總值相差高達七倍多，如果略去上海、北京和廣州三大城市不算，則兩者的差距也有三倍多，遠超過資本主義最發達的美國。農民則發現他們的生活越來越不如城鎮工人，城鎮工人的平均收入是他們的2.3倍，如果計算所得時，在城鎮工人的收入部分列入各項補貼和福利，並在農民的支出部分列入各種額外負擔，包括集體攤派和用於擴大生產的開支，則兩者的差距更高達3.1倍[47]。中國至少仍有8,000萬人生活在貧窮線下。少數富戶的窮奢極慾，揮金如土，所引起的不滿，可想而知。比較膽大的農民則離鄉背井，出外謀生。每年春節出現的民工潮蔚為奇觀，也為城市犯罪率的攀昇提供了部分動力。犯罪模式在迅速轉變之中。1990年代還出現了極不平常的犯罪行為。例如，湖南出現受人雇用的職業殺手，西南鐵路沿線出現集體

財政經濟史編寫組、陝西省財政廳財政科學研究所、陝西省檔案館，《解放戰爭時期陝甘寧邊區財政經濟史資料選輯》，下，頁38-41。參閱陳永發，〈「延安模式」的再檢討〉，《新史學》，1997年，第8卷第3期，頁150-54。

47　王紹光，〈效率、公平、民主〉，《二十一世紀雙月刊》，1994年12月號，頁27-28。

搶劫火車的事件[48]。最令人注意的還是各式各樣的經濟犯罪。老百姓
對各種行賄、逃稅、走私、造假和貪汙行為,司空見慣。比較起來,
真正引起民憤的還是幹部以公謀私的各種卑劣行為。

幹部中等而下之者,利用行政和經濟職務上的職權,優先承包利
潤機會比較大的鄉鎮企業,或借取國家銀行的貸款,自己「資本主義
化」起來。其他以權謀私、假公濟私、損公肥私,公私不分的情形,
更罄竹難書。也有一部分幹部,自己不從事企業,卻利用職權分享其
他農民的企業利益。還有「官商勾結」,基層幹部忘記應有的分際,
幫助個體戶以種種不法方式蠶食鯨吞社隊企業,損公肥私,或根本化
公為私。或以各種名目,向各個體戶進行攤派,個體戶的營業受到極
大限制。為避免一些幹部的無理欺壓,他們經常尋找其他幹部保護,
讓自己的事業以集體所有制面目出現。

不論是那一種情形,都顯示官僚腐化的情形,有每下愈況的趨
勢。還有自己不介入,或引或讓親屬介入。至於太子黨現象,六四天
安門事變後的整頓,似乎只有短暫效果,他們隨即因為鄧小平南巡帶
來的經商熱,而更加令人側目。1985年前後,他們倒買倒賣物資已招
致抨擊。根據1992年的資料,他們炒房地產、炒股票、炒期貨,有貨
幣倒爺之稱,更是不避清議[49]。還有一些高幹,利用股份制的推廣,
或化公為私,或以權謀私[50]。甚至連銀行和郵局也都被捲入了經商熱
潮,挪用不該挪用的存款、資金和匯款,造成爛賬和呆賬[51]。面對這
種種問題,中共中央只是重申天安門事變以後的政策,屢次掀起反腐敗

48　王山,《第三隻眼看中國》,頁74-76。

49　林理建,〈大陸的金融問題與中共的對策〉,《中國大陸研究》,1993
　　年,第36卷第10期,頁54。

50　丁偉,〈中共政經轉型期中權力與產權的關係〉,《中國大陸研究》,
　　1993年,第36卷第10期,頁32-35。

51　林理建,〈大陸的金融問題與中共的對策〉,《中國大陸研究》,1993
　　年,第36卷第10期,頁54-55。

運動，嚴禁縣級以上幹部經商、在各類經濟實體兼職、買賣股票、收受禮金和各種有價證券的餽贈。

1994年冬1995年春之間，中共中央為了振奮人心，終於查辦大案，打起「大老虎」，首先以挪用公款罪名槍斃了貴州省委書記夫人，接著逮捕涉及重大經濟犯罪的首(都)鋼(鐵)控股(香港)公司董事長周北方，並逼迫其父親首鋼董事長周冠五離休。周冠五是鄧小平的老部下，「內舉不避親」，而周北方則任用鄧的兒子鄧質方為控股公司的經理。如今中共當局居然積極調查周北方案，甚至傳訊鄧質方。雖然全案難脫不了了之的結局，但整個案子使人一新耳目。1995年3月，中共繼續打擊官僚犯罪，不僅以涉嫌收賄的罪名逮捕了廣東東莞市委書記兼市長歐陽德，也針對涉及集體貪瀆案的北京官員展開調查，首先便拘留了約60名秘書級官員，後來逐漸升高調查層級。就是因為這一個案子的牽連，北京副市長王寶森自殺。到1995年7月，前北京市委書記、政治局委員兼書記處書記陳希同，也終於被證明涉案，在開除黨籍以後撤除一切職務。另一方面，儘管這些大案改變視聽，但以懲效尤的實際效果似乎不彰，中國大陸仍然在海外調查的世界貪汙排行榜中名列前茅[52]。

黨一元化體制在腐蝕和動搖之中，人口問題也是危機四伏。官方統計顯示，人口增長的速度在1992年緩慢了下來，回到了十年前的最

52　吳安家，〈一九九三年中國大陸的政治情勢〉，《中國大陸研究》，1994年，第37卷第2期，頁11；Roderick MacFarquhar, *The Politics of China, the Eras of Mao and Deng*（Cambridge University Press, 1993, 1997), p. 520；林海克，〈中共腐敗制度的根源〉，《明報月刊》，1995年5月號，頁19-22；羅冰，〈鄧病況與高層部署〉，《爭鳴》，1995年2月號，頁8；黎自京，〈特大貪汙案衝擊元老層〉，《爭鳴》，1995年8月號，頁14-15；羅冰，〈陳希同家抄出軍火〉，《爭鳴》，1995年9月號，頁6-7；岳山，〈江澤民：反腐不進則垮〉，《爭鳴》，1995年9月號，頁14-15；南海濤，〈陳希同案的「雷區」〉《爭鳴》，1995年8月號，頁29；顧而金，〈貪瀆文化今昔談〉，《爭鳴》，1995年10月號，頁78-81。

低點，每年在1.2%左右。但是人口失控的夢魘揮之不去。到1995年
初，中共官方不得不承認，中國大陸的人口已經達到12億，比預定的
時間，提早了五年。人口增加，但耕地面積有減少趨勢，加上農業利
潤遞減，農民無利可圖，缺乏增加生產的動機，平均每個人所能分配
的糧食因而減少。進口糧食是遠水救不了近火，加上其他困難，到了
1994年，不少大城市為了確保城市的糧食供應，竟然一度恢復糧票制
度[53]。糧票制度的恢復，主要的著眼點是減少盲流人口對城市人口糧
食供應的威脅。人口激增，除了帶來諸如前述的問題以外，同時也像
放大鏡一樣，對各種資源有需求加倍的作用。除耕地不足之外，國家
其他各項資源也承受越來越大的壓力。例如水資源便有涸竭之虞。又
例如教育和福利問題，政府的預算本來已經減少，人口激增以後，政
府更是捉襟見肘，難以應付。

　　鄧小平時代的政府部門(包括政府機構、事業機構和企業機構)，
和毛澤東時代並無二致，不僅繼續膨脹，而且速度加快。鄧小平時代
恢復市場經濟以後，國家各部門發現他們有了新的職責，尤其是為了
有效管理人民的經濟行為，必須增加工作人員。美國學者Vivienne Shue
便發現河北省束鹿縣的政府工作人員，從1979年的4,538人增加到1989
年的8,702人[54]。另一個材料指出，從1979年以來，中共的黨政機關，
已經有過兩次縮編，但是行政和事業人員，仍然以每年增加百萬的速
度成長，到1992年，全部人數已達到3,400萬，成為全世界最大的官僚
體系，每年要消耗四成左右的總預算[55]。最近中共的一位政治分析家

53　《中國時報》，1995年2月21日。

54　Vivienne Shue, "State Sprawl: the Regulatory State and Social Life in a Small
　　Chinese City", in Deborah Davis et al eds. *Urban Spaces in Contemporary
　　China: The Potential for Autonomy and Community in Post-Mao China*, pp. 97-
　　111.

55　董瑞麒，〈論大陸的「三亂」與「反三亂」〉，《中國大陸研究》，1993
　　年，第36卷第12期，頁7。

就指出，這是中共所面臨的最大問題，而為了解決這個問題，中共國務院副總理已經準備重提精兵簡政改革[56]。可是連延安時代都沒有辦法收到成效的精兵簡政，真能在延安精神早已成為明日黃花的九〇年代收到成效嗎？這只能讓人拭目以待。

三、鞏固江澤民核心

天安門事件以後，政府的主要關懷，經濟上是繼續改革開放，政治上則是如何鞏固中共中央。江澤民以上海市黨委書記的身分入主中共中央，先擔任總書記，再於年底出任中共中央軍委會主席，集黨權和軍權於一人之手。1993年他更出任國家主席，成為名義上的國家元首。江澤民雖然擁有的重要職位比鄧小平還多，又得到鄧小平的全力支持，但畢竟缺乏全國性的威望，因此最初幾年總讓人覺得他權位不穩，尚無法控制全局。不過，有了政治名分，只要有時間，加上能確實把握住時機，便不難名至實歸。在天安門鎮壓中扮演重要角色的政治局常委李鵬，則顯然因為民心不孚，而未能更上層樓，仍然擔任國務院總理。

在任用人才方面，江澤民相當謹慎，強調用人唯才，德才兼備，而盡量少用上海時代的老部下。1993年以前，上海出身的官員之中，只有朱鎔基一人進入政治局擔任常委。1993年以後，才有曾慶紅出任中央辦公廳主任，次年又有政治局委員吳邦國出任書記處書記。朱鎔基和吳邦國兩人都是治理上海口碑極佳的技術官僚，鄧小平親加揄揚，而外間傳言，朱鎔基在上海時代為官即相當強勢有為，並不為江澤民所喜[57]。所以輿論雖有江澤民任用上海幫私人的抨擊，終究聲音

56 《中國時報》，1997年11月9日。

57 王玲玲，〈中共「十四大」人事之分析〉，《中國大陸研究》，1993年，第36卷第1期，頁16；何念恆，〈中共上海市委吳邦國〉，《中國大陸研究》，1994年，第37卷第5期，頁98-99。

1992年底的領導班子。中央政治局常委江澤民、李鵬、喬石、李瑞環、朱鎔基、劉華清、胡錦濤等七人接見新聞記者。改革開放的所謂總設計師鄧小平，猶如毛澤東般，仍然擁有最後決定權。

不大，不足以影響整個政治局勢。反而，因為中央顧問委員會完成其階段性任務以後，在1992年10月遭到廢止，原來擔任中顧委的元老，喪失表達意見的正式孔道，江澤民可以說是少了一個後顧之憂[58]。

　江澤民儘管說開放改革，和四個堅持之間沒有矛盾，實際上卻針對兩者之間的可能衝突，提出對策。所以在持續開放改革的同時，讓保守派主控中央宣傳部、文化部，甚至在必要時展開意識形態的批判。因而從1990年到次年起，先是批判「私有化潛行論」，隨後掀起姓社姓資的爭論，再來便強調反對朝資本主義和平演變。一直到保守

58　吳安家，〈中共「十四大」修改黨章的政治意涵〉，《中國大陸研究》，1993年，第36第1期，頁10-11。

派的言論引起外界猜疑，影響到改革開放的政策以後，江澤民才在鄧小平的支持下，出面予以制止，然而他並無意改變中共中央的權力結構，所以參與意識形態批判的官員依舊在位，得以伺機而動[59]。1993年，保守派領袖鄧力群便成立「中華人民共和國歷史唯物主義學會」，企圖壟斷中共建國以來歷史的詮釋權。另一方面，保守派控制的中央宣傳部也非常積極地控制新聞媒體，明確禁止外國人和私人辦報，只准官方和官方許可的人民團體和民主黨派辦報，並要求總編輯負全部責任，由黨組織在背後控制報紙的內容。此外，安全單位則展開反洩密運動，不斷懲治所謂「洩密犯」，以儆效尤[60]。在江澤民看來，保守派的存在，似乎有其必要的理由。他們一方面可以製造毛澤東和鄧小平思想一貫的神話，另一方面也可以制衡激進的經濟改革派。同樣重要的是，他們代表過去的泛道德主義，表達改革開放所帶來的嚴重社會不滿，尤其是幹部和黨員的腐敗，為社會提供了一個宣洩憤怒的孔道。江澤民似乎迫切需要他們的批評，來警告胡作非為的高幹和高幹子弟，一方面藉以收攬人心，另一方面則藉以鞏固本身的權勢。

　　江澤民體制所面臨的第一個挑戰是軍隊。軍隊鎮壓天安門事件，是維護中共黨國體制的最重要支柱。江澤民和軍隊一無淵源，出任軍委會主席以後，運用制度化和幹部年輕化等無從公開質疑的手法，例如巡視、調動和晉陞等等，樹立和鞏固自己在軍隊中的威信。1992年10月，鄧小平對所謂「楊家將」擴展勢力頗為不滿，一舉更換以楊尚昆為主的軍事核心，而另外拔擢了一批年輕的軍事將領，這更有利於

59　陳墇津，〈九〇年代中共意識形態的變與不變〉，《中國大陸研究》，1993年，第36卷第11期，頁6-7。

60　陳墇津，〈「改革開放」後的大陸思想變化〉，《中國大陸研究》，1994年，第37卷第2期，頁61；王良能，〈市場衝擊下的大陸報業變革〉，《中國大陸研究》，1994年，第37卷第9期，頁77-78；《中國時報》，1995年1月1日。

江澤民對軍隊的領導[61]。同時，江澤民根據專業化原則，大規模擴大
公安、安全、武警和情治等部門。其中全國武警到1995底已有100萬人
之眾，裝備較過去精良，簡直就是另一支正規軍。為了有效控制武
警，江澤民在1994年前後，更把各省武警總隊司令的任命權收歸中央
軍委，由他自己以中央軍委主席的名義直接任命[62]。

　　江澤民所面臨的第二個挑戰是各地方的離心力量。雖然在少數民
族居住的西藏和新疆等地仍有分離主義運動，但一來因為這些地區極
端貧窮，二來因為漢族大量移民到彼地，基本上都不太可能成為嚴重
的威脅。少數民族的分離運動反而可能提醒這些地區的領導人，他們
對中共中央依賴極深，因而不敢和中共中央形成對抗的格局。儘管如
此，這些邊疆省分的黨政首長，在改革開放帶來的「地方主義」影響
之下，勢必會像內地省分一樣，擁有比過去更大的自主性，而比較有
自己的聲音，在一些關係地方利益的問題上，他們不太可能跟在中共
中央後面亦步亦趨。

　　文化大革命中，毛澤東廢除了政治局地方分局，各省再度成為地
方行政的最高單位。雖然在鄧小平時代，有跨越省際的所謂經濟協作
區存在，但從黨政指揮體系來看，省是地方最高單位，仍是不變的原
則。省的黨政領導人因為改革開放和放權讓利，取得了一些前所未有
的權力。這些權力不僅限於經濟管理，也包括經濟計畫和資源分配。
例如擴大地方固定資產的審批權、擴大地方對商品價格的定價範圍。
除了關稅和匯率以外，地方政府在利率、信貸、稅率、稅賦，甚至經
濟政策和法規制定方面，都有某種程度的自主權。中央政府下放權力
的目的，是調動地方政府的積極性。但是地方政府掌握到各種權力以
後，未必處處都能配合中央政府的政策需要。它們反而因為過分認同

61　王玲玲，〈中共「十四大」人事之分析〉，《中國大陸研究》，1993年，
　　第36卷第1期，頁19。

62　《聯合報》，1995年4月29日。

地方，或因為謀求地方利益，乃至於為謀求個人私利，而可能與中共中央摩擦。從各省黨政領導人的觀點看來，改革開放以來，百廢待興，他們為了追求轄區內的經濟建設、效益和成長指數，也很容易便忽視了國家整體的需要。有的省分因為面向國外市場，對國外貿易的依存度高，甚至形成彼此之間的競爭，相互設立關卡，形成關稅壁壘，在資源、技術、人才和市場方面，對其他各省實行壟斷和封鎖，變得像「獨立王國」[63]。對中央而言，各個省分在取得以前所沒有的權力以後，指揮起來不能像過去一樣容易，難免有太阿倒持之嘆。無論是在政策推動上或是人事任免上，地方都有越來越大的影響力和發言權，中共中央必須透過類似談判的機制始能達到目的[64]。對這些現象，有人以諸侯經濟四個字形容，或許言過其實，但是中共中央的權威確實遭到前所未有的挑戰。

從國家收入在生產總值中所占比率的遞減，更可以理解，中共中央為什麼感覺地方負責幹部難以控制。1979年，中共的國家財政收入相當於國內生產總值的27%，支出相當於國內生產總值的32%，但是天安門事件後的第一年，收入所占的百分比便遞減為17%，而支出也遞減為20%。這還不是一時形勢，因為1979年以後的統計數字顯示，這根本是一個長期發展的趨勢，一直持續到1990年代仍然如此。國家財政收入在全國生產總值中所占的比例越來越少，換句話說，集體和私人企業所保留的財富，在全國生產總值中所占據的比率越來越大。就政府有中央和地方之別來看，雙方所能控制的財富比例大致未變。但因為財富主要分散在地方和民間，地方政府發現，對中共中央的依賴越來越小，同時對地方利益的認同則越來越強。如果地方政府因為對地方利益的認同，不惜與中共中央唱反調，拒絕遵守中共中央的決策，這

63　吳國光、鄭永年，《論中央—地方關係》，頁90-91。

64　張雅君，〈論中共的地方主義〉，《中國大陸研究》，1993年，第36卷第10期，頁10-16。

在中共中央看來，無異是過去「地方主義」或「軍閥主義」的具體表現，從而指責這些地方官員只顧部分，不顧全體，只有本位，沒有全局。可是時代變了，中共必須在黨性原則以外，尋求解決這個問題的針砭之道了。

　　為了削弱地方官員認同地方的傾向，江澤民在天安門事變後不到兩個月，便已嘗試建立幹部的迴避制度，規定幹部不得在本籍擔任官職，但是積重難返，似乎本地人擔任各省黨政負責人的比率仍有增無減[65]。在此之外，他很清楚不能再走回頭路，學毛澤東那樣利用整風建立黨內的思想共識，也不能再搞權力一收一放的遊戲，先下放權力，調動了下級的積極性後，隨即上收。江澤民所採取的辦法，主要是強調間接調控，一方面透過立法和司法，釐清中央和地方之間的權限；另一方面則是增加中共中央的財政收人，以加強對地方的影響力。同時，他從改革金融體制、投資體制和財稅體制等，來增加國家「宏觀調控」的能力。例如提高國家計委的功能，嚴格控制固定資產投資建設的規模。又例如加強人民銀行的職能，嚴格控制貨幣的發行，由人民銀行派調查組調查各省的金融、投資和財稅措施。尤其是強調資訊的搜集，政策細緻化，不隨便到處「一刀切」，必須因時因地制宜[66]。

　　增加中央的財政收入，是間接調控政策的主要項目。因為放權讓利的政策，企業和政府單位在經濟方面享有越來越多的自主權，各省黨委書記尤其如此。另一方面因為全國皆商，軍隊做生意，文教機關亦然，中央政府所能控制的財政資源越來越少。其實從中央財政收入在政府總財政收入所占的比率來看，鄧小平時代比毛澤東時代還是有

65　吳國光、鄭永年，《論中央—地方關係》，頁111。

66　〈中共中央文件：中發(1992年)4號〉，《中國大陸研究》，1993年，第36卷第1期，頁86；〈中共中央文件：中發(1992年)6號〉，《中國大陸研究》，1994年，第37卷第2期，頁104-10。

明顯增加，只是全國財政總收入在國民生產總值中所占的比重急遽下減，而地方政府對中央的財政依賴度也降低。有鑑於此，中共中央又認為地方政府執行中央的命令時大打折扣，甚至是陽奉陰違，所以再三強調擴大對財稅資源的控制，並提出對財政包乾制的改革。所謂「包乾制」，簡單說來，就是各省級政府只要呈繳固定量額的稅收，其餘留歸自用[67]。自1980年開始實施「包乾制」以來，經濟快速發展的省區，因為承包額每年變動不大，因此留用部分越來越多。中央政府得到的比例卻越來越少。相形之下，貧窮省分所能得到中央的財政支援也每下愈況，影響它們對中共中央的向心力。1993年底，實行分稅制。中央和地方各建立一個相對獨立的財政體系，把稅收分為中央獨享、地方獨享和中央地方分享三種。儘管實際執行此一改革並不容易，勢必七折八扣。但是改革的基本目的卻是很清楚的。中共的計畫是把中央政府的歲入，從占全國總歲入的40%，增加到55%以上，以便有多餘的經費幫助地方辦教育、建設和福利事業。其實，中共中央也是透過此一改革，避免地方政府的尾大不掉[68]。

　　江澤民的最大挑戰，還是改革開放帶來的老問題。雖然他在幹部控制方面，並不能一掃中共黨國體制的貪瀆風氣，但是打了幾隻「大老虎」後，畢竟稍微紓緩了一些民怨。關於國營企業體質的改善，似乎仍在原地踏步；關於人口成長率的降低，雖然有所成就，但是只能使問題不繼續惡化。江澤民的最大成就，還是在經濟成長和控制通貨膨脹兩方面。到1996年底，他終於把中國經濟帶到高成長、低通膨的新境界：經濟年成長仍然在9%以上，但通貨膨脹率跌到可以容忍的6%

67　蕭眞美，〈當前中共面臨的農業危機〉，《中國大陸研究》，1994年，第37卷第12期，頁36。

68　吳安家，〈中共「十四屆三中全會」後的政治動向〉，《中國大陸研究》，1994年，第37卷第1期，頁16；蕭眞美，〈當前中共面臨的農業危機〉，《中國大陸研究》，1994年，第37卷第1期，頁45-48。

圖一⇧　　　　　　　　　圖二⇩　　　　　　　　　　　圖三⇩

改革開放帶來的明顯變化。圖一為1989年開始運轉的浙江秦山核電站。這是中國第一座自行設計和建造的30萬千瓦核電站。圖二為1993年通車的首都機場高速公路。圖三為長征二號捆綁式火箭，正整裝待發。圖四為上海飛機製造廠和美國麥克納‧道格拉斯公司技術合作、聯合生產的首架MD-82客機。圖五為清華大學畢業生穿博士袍合照。圖六為模特兒在大城市街頭表演時裝。

圖四⇧

圖五⇨

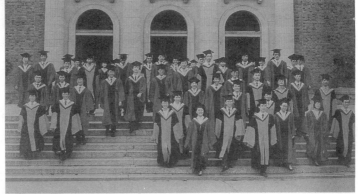

圖六⇩

左右[69]。同樣重大的成就是：吸收了全世界所有開發中國家外來投資的四成，把中國變成世界僅次於美國的外國投資地點[70]。這些龐大的外國投資，不僅迅速把中國大陸變成一個高度依存外貿的國家，而且為中國大陸的經濟，帶來高速度經濟發展所必需的資金。13億人民中的大多數都受益於經濟發展，所以整個國家也比較能夠忍受改革開放政策帶來的負面效應，何況有些負面效果，似乎已有一些改善的跡象。難怪1997年2月鄧小平的逝世，並沒有為江澤民體制帶來任何嚴重的衝擊。江澤民反而認為國內問題已在控制之中，他可以安心在這一年10月訪問華盛頓，改善中美兩國的外交關係。

※　　　　　　　　※　　　　　　　　※

　　鄧小平實行開放改革的政策，基本上是經濟上追求解放生產力，政治上維持既有秩序，穩中求進。實行的結果，雖然是國民生產總值的激增和人民生活的改善，但也帶來許多問題。其中最大的問題就是社會越來越不像毛澤東時代的中國，而和所謂資本主義國家近似的地方越來越多。不論這個變化是否可以用「和平演變」這四個字來形容，中共的一些所謂保守派人士已經提出警告：中共有和平演變的可能。為了防止和平演變，鄧小平還提出了四個堅持，強調中共實行改革開放政策是以四個堅持為底線的；中共千變萬變，不能改變其對馬列主義、毛澤東思想、無產階級專政和共產黨領導的信仰。不過，任何一個客觀的觀察者都會發現，鄧小平所謂的底線本身，已在變化之中，中共對馬列主義和毛澤東思想的解釋便起了明顯變化。中共至少承認在兩者之外，還有同樣可以視為知識的經濟學、政治學等社會科學，同時也容忍一些漠視甚或不相信馬列主義和毛澤東思想言論的情

69　「後鄧小平時期中國大陸情勢」座談會記錄，《中國大陸研究》，第40卷第3期，頁19；《信報》，1997年10月27日。

70　《信報》，1997年10月23日。

形。中共所說的兩個「專政」，其中的無產階級專政，早在共產黨領導的影響之下，變得名實不符，所以中共所堅持的，實際上只有共產黨專政這一點。改革開放並未改變共產黨領導，雖然因為大部分人生活獲得改善，使得政權得以鞏固，但是一元化黨國體制在意識形態上所受到的動搖、在制度上所遭遇的鬆綁或削弱，或是在道德上所孳生的貪汙腐敗現象，仍然對民心產生難以忽視和難以估量的衝擊。

　　1989年六四天安門事件以後，中共雖然在政治上採取高壓手段，但是在情勢穩定以後，立即針對天安門運動所抗議的一些問題，例如太子黨買空賣空等，提出一些整治之道。固然這些措施並不能長期有效地解決所有問題，然而畢竟紓解了部分的民怨。這些短期的整治，配合政治高壓所帶來的非政治化效果，為中共經濟上進一步的改革開放提供了新的動力，所以從1992年以後，中共的經濟以無與倫比的活力高速度發展。儘管貪汙腐敗和國營企業虧損等問題似乎同步惡化，但是國家總算提供了基本的穩定，而且從1996年以來，中共似乎有效控制住了通貨膨脹，經濟成長度雖然稍慢，但是成長速度依舊傲視世界各國。比較引人注目的是，外資的大量投入與出口金額的同步增加。1997年，中共的貿易順差至少在300億美金以上，而外匯存底則高達1,300億美金以上。由於大多數人民從高速經濟發展中獲得明顯的生活改善，江澤民核心似乎就越來越穩固了。1989年天安門事變發生後，鄧小平提拔江澤民，努力形成以江澤民為主的新政治核心。截至目前為止，江澤民可以說並未辜負鄧小平的期望，他在鞏固權力、發展經濟和收攬人心等方面均卓有建樹，不過畢竟無法全面繼承鄧小平的強人地位，他在1997年鄧小平逝世之後，仍必須面對如何在沒有政治強人的時代仍然有效地的統治12億人口的巨大挑戰。

第十一章

結　論

　　20世紀初，中國面臨三大彼此間具有互動關係的挑戰。第一是民族主義的浪潮，第二是國家的分崩離析，第三是凝聚內部的共識。任何政治力量要想取得政權，都必須針對這三大挑戰作出適當的因應。首先，在民族主義蔚為浪潮的世紀，中共要想革命奪權，就必須爭取民族主義的桂冠。中共如何歷經考驗，而終於被大多數中國人認為是高舉民族主義旗幟的革命政黨？其次，中國長期積弱不振，國家權力不彰，要現代化，就必須扭轉局面，使國家能擴大對社會資源的汲取，以從事整個文化、社會和經濟的全面改造，迎頭趕上英美各國。中共建黨之初，當然沒有必要回應這個挑戰，但自1927年走上武裝鬥爭的道路後，中共終於真正體會，要動員所需的人力和物力，國家機器的末梢，非得深深進入社會基層不可。可是要如何纔能達到這個目標呢？再次，中國廣土眾民，國情異常複雜。科舉制度廢除後，皇帝制度接著崩潰，中國變成一個難以團結的國家。中共在其奪權過程中，到底用什麼辦法先將自己團結成鐵板一塊，進而主宰全國動向？

　　面對三大挑戰，中共的對策和國民黨明顯不同。第一、中共的民族主義是馬列主義框架中的民族主義，所以中共的民族主義中有其特有的世界革命和階級鬥爭考慮，而國民黨沒有。世界革命照理應立基於國際主義的理念，然而在蘇聯共產黨的主持之下，經常只是服務於蘇聯國家利益的工具。另一方面，階級鬥爭以局部利益為基礎，必須常從某一個階級的觀點考慮問題。所以如何處理民族主義、世界革命和階級鬥爭三者之間的複雜關係，遂成為中共取得中國民族主義桂冠的關鍵所在。第二、中共相信馬列主義，認為社會進化的動力是階級鬥爭，其實也經由階級鬥爭的經營，調動所謂群眾的積極性，藉以取得重建國家機器的力量。例如，中共在農村中進行土地革命，動員貧苦農民鬥爭地主士紳，然後憑藉貧苦農民的支持，建立縣以下的基層政治結構，不僅有效的控制廣大農村，並成功地動員廣大農村的人力和物力，以與國民黨爭奪天下。第三、中共在革命奪權過程中，發展

出整風審幹的一整套辦法，經由思想改造和人事清查，消除內部可能存在的反對力量，從而建立黨組織的道德形象，並促進黨的內部團結。國民黨缺乏這一套辦法。不過，隨著毛澤東時代的終結，中共在這三方面都改變了許多。其中最重要的改變是，馬列主義的意識形態越來越不重要，因為世界革命和階級鬥爭的主張不但不利於中共的經濟發展，並且破壞性極大，所以它一方面以實際行動把世界革命的理想架空，另一方面則透過正式文件，公開放棄以階級鬥爭來動員資源的方法。所謂群眾路線遂成為歷史追憶，而中共的整風審幹也有越來越形同具文的明顯趨勢。就發展目標而言，中共則越來越像後進的資本主義國家，強調國民平均所得的成長，並以改善國民生活來鞏固其政權，而不再楬櫫社會主義意識形態中的平等理想了。

　　以下就中共如何因應中國近代史上的三大挑戰，作進一步討論。討論的重點在於1920年到1978年的中共歷史，尤其是毛澤東時代。關於鄧小平時代，則僅簡單說明鄧小平在面對同樣的三大挑戰時，究竟走出一條和毛澤東怎樣不同的道路。最後則嘗試總結過去七十年的中共革命進程。

褪色的「紅海洋」。文革時期最為風行的，是以毛澤東與革命大批判為題材的木刻，它們曾是紅海洋的一部分。現在紅海洋標語已褪色，它又留下甚麼呢？(1995年4月，王明賢攝於北京)

第一節　民族主義、國際主義和階級鬥爭

從根源來看，中共毫無疑問是中國近現代民族主義的產物。大部分黨員們是以民族主義為起點，走上馬列主義的道路；一旦皈依了馬列主義，又讓馬列主義回過頭來影響他們對民族主義的詮釋。所以中共的民族主義中帶有國際主義和階級鬥爭的考慮，從而有別於國民黨所謂的民族主義。必須注意的是，中共從馬列主義出發，認為民族主義是資產階級用來欺騙工人階級的工具，所以諱言「民族主義」一詞。但是從中共始終高舉愛國主義和反帝國主義的旗幟來看，他們是不折不扣的民族主義信徒；從憚心竭慮、以求迎頭趕上西方國家一點來看，他們也是不折不扣的民族主義信徒。

中國近現代民族主義者的終極關懷是國家的存亡絕續。五四的民族主義者認為，救亡圖存壓倒一切，因而為了救國，可以不惜徹底揚棄傳統文化。中共繼承了這一部分的五四遺產，但不同於當時大多數愛國主義者的是，他們同時也是「激烈」的(列寧主義的)反帝國主義者，認為近代中國的主要威脅來自歐、美、日等國家；這些歐美國家之所以成為帝國主義國家，乃是因為它們採取了資本主義的生產制度，對殖民地或半殖民地強取豪奪，使中國不能根據馬克思主義的歷史進化原則，向資本主義社會發展。他們相信，蘇聯的十月革命已充分證明，未來的世界是社會主義的，一場反資本主義的世界革命正在展開。正因為中國革命要在這一場世界革命中展開，所以比俄國要落後許多的中國，可以透過以俄為師，直接從事共產革命。一方面追求民族的自我解放，洗雪鴉片戰爭以來的國恥；另一方面則切斷先進的資本主義、帝國主義國家的資源供應，使其喪失「賄賂」國內工人階級的力量，而不得不走上社會主義革命之歷史的「必然」道路。從此觀點來看，中共只是世界革命的一環，而蘇聯則是世界反資本主義和

反帝國主義的中心，中共尊奉蘇聯為社會主義以及反帝國主義的祖
國，當然不會妨礙中共對愛國主義的認同。

　　除意識形態以外，中共尚有直接或間接聽從蘇共指示的理由。蘇
聯是世界第一個宣布廢除對中國不平等條約的國家，雖然後來沒有完
全信守其承諾，但所表現出來的善意，卻沒有一個歐美國家可相比
擬，更遑論他們主動提供中國各種經濟和軍事援助了。在中共看來，
中國為了擺脫帝國主義和「封建主義」（特指地主統治）的雙重枷鎖，
必須以俄為師，學習蘇聯的先進經驗，所以中共願意成為共產國際的
支部，並不顧當時主流輿論對赤俄的疑忌，接受蘇聯的盧布支援和生
活津貼。從1921年以來，中共就視莫斯科為其合法性的終極來源，基
本上也以下級支部的身分服從共產國際的指示，甚至在共產國際的指
示之下，高喊保衛工人階級祖國蘇聯的口號，並派員參加過「入侵」
中國領土的中東鐵路戰爭，有許多個別黨員更曾加入蘇共或參加蘇聯
的特務機關，為所謂世界革命盡其一己之力[1]。

　　中共接受蘇聯的援助，唯蘇聯馬首是瞻，因此招致反共人士的指
斥，認為是民族主義的叛徒。面對這種批評，中共當然嗤之以鼻。然
而尊奉蘇聯為國際共產主義運動老大哥的作法，畢竟在實際革命的過
程中，曾導致一些嚴重問題和摩擦。首先，中俄兩國的共產黨人，都
同意服膺共產主義世界革命，但由於國籍不同、文化不同，對世界革
命的看法也就不可能完全一致。再加上種種自私或非自私的原因，兩
國共黨所體認到的中國「革命」需要，當然更不可能完全吻合了。職
是之故，中共從建黨開始，便不斷和莫斯科發生摩擦。只是因為在經
驗、經濟和意識形態等方面都高度敬仰和依賴蘇聯，所以摩擦在很長
的時間裡都隱藏於檯面之下，而不容易為外人所察覺。也因為這個緣

1　余敏玲，〈國際主義在莫斯科中山大學，1925-1939〉《中央研究院近代史
　　研究所集刊》，1996年第26期，頁258-62；唐有章口述，劉善慶整理，
　　《革命與流放》，頁37-40。

故，從1922年起，到1927年國民黨分共為止，中共儘管自認為愛國絕不後人，更多的知識分子卻寧願相信國民黨的宣傳，認為中共追隨莫斯科的指揮棒起舞，並沒有充分的獨立自主性。

這種情形因為中共在窮鄉僻壤建立所謂革命根據地而開始改變。一方面是，中共的農村根據地遠離上海，不但中共中央感覺鞭長莫及，莫斯科更是覺得遙遠難制，無法針對瞬息萬變的中國各地情況立即決定方略、做出指示。另一方面則是，農村中共領袖發展出自己的革命戰略，而由於有獨立的財政收入，比較敢於堅持自己的主張。雖然此時「馬克思主義中國化」的概念猶未具體成型，但是中共中央已開始在這一個問題的外圍展開討論，甚而引發了「國際主義」和「本土主義」兩方面人馬的正面衝突。毛澤東所代表的本土化馬克思主義遭到重大挫折，而他本人在政治上也靠邊站。情勢雖然如此，一股馬克思主義本土化的伏流卻已初步形成，當思想和政治的環境一旦成熟，便會衝出地表，蔚為洪流。

1934年國軍的第五次圍剿，對毛澤東而言，正是「禍兮福之所倚」，為他的東山再起創造了一個有利時機。國際派中央遭致慘重的軍事失敗，不論受挫的真正理由是對手太強，還是本身犯有嚴重錯誤，毛澤東在黨內都很容易展開義正辭嚴的批評，並很容易激起大多數人的共鳴，而在此過程中重新返回中共中央的權力核心。毛澤東重返中共中央權力核心以後，史達林了解從莫斯科遙制的困難，更加放鬆對中共中央的控制。其實，就算是他想要控制，當時也因為中共中央喪失了與莫斯科聯絡的電台，而變得不可能。毛澤東便利用莫斯科控制的放鬆，突出並鞏固其在黨內的領導地位。他雖然不敢也無意挑戰共產國際的權威，卻在黨內鬥爭中藉著對「教條主義」泥古不化的批判，而逐漸揭出馬克思主義中國化的主張，強調中國國情和調查研究。只是「中國化」以後的馬列主義，究竟是像中共所堅持，類似林毓生所說的「創造性的轉化」，還是如同美國學者史華慈所說，是一

種破壞性的分解？那就見仁見智，莫衷一是了[2]。

　　中共中央對蘇共的態度，雖然攸關黨組織的擴大，但是如何處理民族主義和階級鬥爭之間的關係，也同樣重要。上海時期，中共在反帝國主義的口號下，與國民黨合作，其實也就是和潛在敵對階級建立統一戰線。這種作法固然凸顯了中共對民族主義的認同，但是因為他們在國共合作的架構中也同時追求階級關係的改變，力圖把貧苦工農動員和組織起來，結果出現階級鬥爭和民族主義難以相輔相成的情況。民族主義以國為單位，強調全體，「異中求同」，富有包容性；而階級鬥爭強調局部，「同中求異」，突出排他性。當工人運動和農民運動都按照階級鬥爭的模式，向既有社會秩序進行挑戰，就發生了所謂過左、過火現象。在這個時候，中共反帝國主義的號召便受到普遍質疑。再由於中共的軍事和政治力量均不足以挾制國民黨的重要領袖，所以一旦國民黨軍事領袖下決心壓制工農運動，中共的工農運動便立刻像強弩之末，難以為繼了。

　　中共失去它和城市工人階級的聯繫，卻很快地又在廣大農村找到建立所謂根據地的機會。在這些農村根據地裡，中共憑藉軍隊和政權動員貧苦農民，起而從事階級鬥爭的土地革命，同時透過土地革命，鞏固並擴大軍隊和政權。根據馬列主義的信仰，中共並不認為貧苦農民是可以冀望於未來的階級，但堅持貧苦農民推翻地主士紳所統治的既有社會秩序，是符合國家民族利益的。在各根據地內，中共同時也大力鼓吹反帝國主義，卻無法在貧苦農民心中激發共鳴。各根據地的地理位置應該是關鍵理由。它們都位處長江中游的窮鄉僻壤，既沒有幾個農民看過真正的「外國人」，更沒有幾個農民懂得帝國主義。難怪中共鼓吹「非基（督教）運動」，他們以為講的是「飛機運動」；中

2　史華慈的見解，見Benjamin Schwartz, *Chinese Communism and the Rise of Mao*, preface to 1958 edition, p. xi.

共鼓吹「收回租界」，他們又以為講的是「收回豪紳地主租的田界(原文)」[3]。相形之下，土地革命所激起的階級鬥爭，倒是威力驚人。然而，國民政府在了解中共工農割據與軍閥割據的不同之後，停止對殘餘軍閥的積極進攻，並實行先安內、後攘外的政策，傾全力進剿中共各根據地。國民政府在軍事上截長補短，加上中共本身的錯誤，尤其是對農村地主和富農不留後路的種種過火作法，終於讓國軍得以在1932年以後，予以一連串致命性的打擊。1932年，中共在鄂豫皖和湘鄂西的紅軍主力被迫流竄，不到兩年之後，江西蘇區的紅軍主力也被迫放棄根據地了。

　　至於根據地以外，大多數關心國事的知識分子雖然有反帝國主義的情懷，但是很難看到中共的前途。在城市地區，尤其是大都會上海，確曾出現一批傾心馬列主義的愛國主義人士，但他們的人數不多，並不能在國民政府的統治下擴大力量。工人階級有了第一次國共合作失敗的經驗，對中共沒有信心，更害怕報復，也沒有多少人敢以行動響應。至於缺乏馬列主義觀點的知識分子，非但看不出在農村推行激烈土地革命的中共，和救國救亡有何直接關連，反而可能認為南京政府在經過一連串以殘餘軍閥為對象的戰爭後，已逐漸走上軌道，寄望國民政府承擔起恢復中國固有國際地位的民族主義使命。他們對帝國主義即使有所不滿，卻沒有十分緊迫的感覺，尤其害怕土地革命和階級鬥爭危及既有的社會秩序，因此默認、甚至支持蔣中正動員全國之力剿除中共根據地的政策。當時中共仍以反帝國主義的先鋒自誓，也曾針對1931年九一八事變以來日本帝國主義的肆意侵略，發出救國號召，但是一般知識分子和城市居民處在國民政府的穩定統治下，很難受到感動，反而認為中共處在遠離日軍威脅的窮鄉僻壤，根

3　中共江西省委黨史教研室、江西省檔案館，《中央革命根據地史料選編》，1：471-72。

本是在利用日軍挑釁，趁國民政府無暇他顧，來擴大自己的根據地。

中共的政治轉機來自日本侵略的昇高。1935年中共紅軍在國軍的追擊下，抵達窮山惡水的陝北。侷促在這一塊軍事上被視為絕地的黃土高原上，加上共產國際的督促，中共從1936年底以後，極力想促成所謂第二次國共合作。當時國民政府採取先安內、後攘外的政策，但是由於日本不斷的武力挑釁，終於引起知識分子的嚴重質疑。面對沿海地區、尤其是各大城市蔚為浪潮的反日輿論，中共再次以民族大義為號召，並要求國民政府停止內戰，共赴國難。為了促使國民政府停止武裝進剿，中共更主動宣布，願意奉國民政府的「正朔」，並停止激烈的土地革命。

在民族主義情緒高漲的情形下，中共這些作法，使國民政府陷入尷尬無比的境地：如果國民政府代表的是中國的民族主義，為什麼大敵當前不能共禦外侮呢？從1935年的一二九學生運動和救國會運動以後，這種質疑的聲浪越來越大。成千上萬的知識分子，尤其是青年學生，暗中加入中共組織，更有不少人以陝北為抗日聖地，不遠千里前往學習。其實，西安事變就是在這種背景下爆發的。中共不斷宣傳抗日，終於引導張學良走上兵諫的不歸路。事變爆發以後，蔣中正不得不承認中共也是抗日組織，也有其民族主義的一面，從而同意停止內戰，一致抗日。

國民政府決定放棄攘外必先安內的政策以後，中共在陝北取得喘息餘地。而在國民政府決定對日展開全面戰爭以後，中共更取得了國民黨難以干涉的獨立活動空間。八年抗戰期間，無論國民政府是積極抗日，還是消極抗日，日本從未改變過摧毀國民政府戰鬥意志的目標。它透過軍事和外交等各種途徑來逼使國民政府屈服。因此，國民政府在對付中共的擴展時，不能像安內先於攘外時期一樣的專注。

中共雖然以民族矛盾的惡化為說辭，自動放棄了過激的土地革命，但是從來沒有許下同時放棄馬列主義信仰的諾言，他們仍然是馬

列主義階級鬥爭理念的信徒。抗戰時期,中共用「保家衛國」的口號
動員農民,建立和發展根據地。他們信守停止土地革命的承諾,但明
白表示,國外的民族矛盾和國內的階級矛盾固然有孰輕孰重、孰先孰
後的區別,農村的階級鬥爭形勢卻始終險峻異常,所以要通過各種各
樣溫和的經濟改革來予以紓解,俾便國人集中全力,以應付中日之間
的民族矛盾。根據這種說法,中共在農村採取各項動員貧苦農民的政
策,像打漢奸、合理負擔、減租減息等,基本上都沒有超出國民黨所
提施政綱領的範圍。大多數的局外人,如果只注意中共的政策和政
綱,便會認為他們和國民黨並無二致,甚而有人認為他們比國民黨更
有資格繼承孫中山的遺教,因為他們曾設法將之逐一實現。但是仔細
了解其落實各項政策的具體作法以後,並不難發現中共早已根據馬列
主義把三民主義重新解釋過了,而其所以能夠實現孫中山的理想,正
是因為他們相信階級鬥爭,並成功地激化了農村階級矛盾所致。

　　中共的各項動員政策是在抗日號召下提出的。對農村原有的統治
階層——士紳、地主和富農,中共強調這些動員政策,旨在改善貧苦
農民的生活,強化他們參加抗日活動的能力和動機,使用的是民族主
義的語言。對貧苦農民,中共則更在民族主義的語言以外,透過誰養
活誰之類的宣傳和教育,在他們腦海中灌輸庸俗的階級鬥爭觀念。貧
苦農民面對日軍占領的威脅,生活充滿了不安和恐懼。中共的抗日動
員既實際改善他們的生活,又提供有效的自衛和抵抗方法,當然願意
接受中共的動員。何況他們生活在飢餓邊緣,任何些微的生活改善,
都對他們有莫大的吸引力。在此動員過程中,中共把民族主義和階級
鬥爭巧妙地結合在一起,交相為用。中共強調民族矛盾的嚴重性壓倒
了階級矛盾,好像他們完全不講階級矛盾。其實,他們是把握民族矛
盾提供的良好時機,使階級矛盾以較土地革命溫和的改革方式激化和
呈現。日裔美籍學者片崗鐵哉(Kataoka Tetsuya)認為所謂溫和改革,無
論就財富的分配和權力的分配而言,其累積效果都可以和江西時期的

土地革命相提並論，只是採取「分期付款」的方式，使地主、士紳和富農放鬆警覺而難以抗拒罷了。政治立場異於片崗的美國學者，例如Mark Selden，後來曾有「無聲革命」的說法，強調溫和改革的累積效果，這雖然可以說是同意片崗的一部分結論，卻仍相對地忽略民族主義大纛對階級鬥爭所起的掩蔽和推波作用。

中共所以能夠如此，是因為日軍砲火迅速地席捲了中國的半壁江山。日本軍隊可以說是所向無敵，尾隨不斷潰退的國軍，迅速進抵平漢鐵路稍西，把東半部中國變成所謂敵後地區。但日本本身兵力不足，只能占領大城市及交通要道，以華治華，扶植傀儡政府；至於無法占領的廣大農村，則由國民黨、共產黨以及地方勢力相互爭奪。中共選擇日軍敵後地區，實行動員貧苦農民抗日、建立根據地的政策，不僅以游擊戰略有效地抵擋了日軍的攻勢，而且不斷擴大自己的實力。對比之下，國民黨軍隊儘管抗敵英勇，卻不免喪師失地，縱使在敵後敵區維持了抗日武力和政權，也經常在日軍的掃蕩和清鄉下崩潰或投降。在抗日情緒高漲的時期，引人注意的是抗日動員的效果，而非其詳細過程，中共這方面的成就，吸引了許多青年知識分子投入他們的陣營。青年知識分子大量投入，反過來又幫助中共動員貧苦農民，擴大其抗日根據地，以致抗戰勝利突然到來之時，中共三分天下已有其一，擁有比江西時期多上三倍的軍隊；面對國民黨政權可能發動的清剿，中共亦已有恃而無恐。

在國民政府撤往的大後方地區，中共若非強調長期潛伏，就是大張旗鼓的進行合法活動，基本上並不動員農民建立抗日根據地。所以國民黨地區的輿論，更不會去注意中共各項抗日動員政策背後的階級鬥爭。縱使注意到了，也很可能認為是抗日動員所必須付出的代價，而沒有給予適當的估量。同時，國民黨過去總是宣傳中共乃蘇聯的傀儡，在全新的形勢下，越來越沒有人相信這種說法了。抗戰期間，中共和蘇聯的來往並不明顯。相形之下，蘇聯的飛機、武器和顧問反倒

成為1941底以前，國民政府抗日的一大支柱。因此，儘管中共在1943年共產國際解散以前始終是其支部，儘管中共多少也曾接受蘇聯的直接援助，但沒有多少人能正確估量莫斯科在意識形態和革命經驗兩方面對中共的影響，反而越來越多人寧願相信中共比國民黨更有資格代表民族主義。

這種看法到抗戰結束、內戰再度爆發後，愈來愈為國民黨地區的輿論所採信，因為當時國民政府從美國所得到的幫助，遠遠超過蘇聯對中共的援助。東北的蘇軍是在日軍投降前打進去的，華北的美軍則是日軍投降後，應國民黨之邀，前來駐防的。在對外關係上，也只知道國民政府簽訂了喪權辱國的「中蘇友好同盟條約」，又簽訂了不平等的「中美友好通商航海條約」（簡稱中美商約）。國民黨中國並沒有像蔣中正在《中國之命運》一書中所許諾那樣，真正躋身世界五強之列，並一舉湔雪鴉片戰爭以來帝國主義國家所帶來的各種恥辱。

更值得注意的是，國共兩黨內部統治能力的差異。中共控制嚴密，而且有效。儘管蘇軍進入東北以後，所犯下的暴行令人髮指，但其治下並未出現反蘇示威。相形之下，國民政府則因為政策的種種失誤，知識分子和城市居民離心離德。儘管美軍的「暴行」只是個別士兵的行為，卻導致了全國性的反美浪潮。國民黨不能利用中共統治區的反蘇情緒，火中取栗，反而讓中共有可乘之機，在反美浪潮中推波助瀾。國民政府一味以武力鎮壓，反而提供中共更好的機會，把蔣中正宣揚成一貫出賣民族利益的投降派。

知識分子和城市居民離心離德，加上戰場失利，不僅影響輿論對國民黨民族主義性格的信賴，也影響到輿論界對中共再掀土地革命的看法。越來越多人認為，國民黨不以蒼生為念，重新發動內戰，而中共重新搞土地革命則是為了自衛，不得不爾。三〇年代國共內戰期間，中共的土地革命導致國民黨地區輿論對中共民族主義性格的懷疑；抗戰勝利後的國共內戰期間，卻反而因為對中共民族主義的信

賴，而認為階級鬥爭自有它的道理，民族主義此時反倒成了擁抱馬列主義的重要理由。

　　西方研究中蘇共關係的學者受到中共抗日宣傳的影響，直到最近只注意到毛澤東對史達林的不滿，而未注意到毛澤東對史達林的崇拜；注意到史達林對毛澤東的猜疑，而未注意到史達林對毛澤東的支持。他們把注意力集中在馬克思主義中國化的「中國化」一點上，從而忽略了毛澤東的馬克思主義本質。其實，毛澤東雖然在江西時期已對中共革命形成獨特的看法，並在1938年底公開提出馬克思主義中國化的主張，但是並不曾改變他對共產國際的尊敬，也不曾否認共產國際是中國共產運動思想合法性的根源。雖然他在德蘇戰爭爆發後，趁蘇共自顧不暇，把背後有共產國際支持的國際派王明打成「異端」，但他並沒有宣布中共要退出共產國際，不受其指揮。總之，毛澤東主張馬克思主義中國化，並不必然表示毛澤東已經揚棄了他對蘇聯革命經驗的崇敬，更不表示他不再尊奉史達林為師。毛澤東對史達林的態度經常是兩面的，有鬥爭也有團結，有不滿也有崇敬，有抗拒也有服從，相當複雜，不能只注意一端。

　　正因為毛澤東的民族主義是馬列主義的，毛澤東對史達林的蘇聯經驗是高山仰止，再加上其他的實際考慮，所以會在1949年建國前夕，採取向蘇聯一邊倒的外交政策，而到1950年代，更會在內政上走上俄式社會主義工業化的道路。也因為中共兼具民族主義和國際主義的雙重性格，所以毛澤東會在蘇聯無法信守承諾的情形下，仍然派軍介入韓戰，並極力壓制民間潛在的反蘇情緒和輿論。當然中共因為尊奉蘇聯為共產主義陣營的老大哥，也得到蘇聯的大量援助，因而得以順利地實施計畫經濟。

　　強調中共對蘇一邊倒的同時，仍然必須注意中共的獨立自主性。從1950年代中期史達林逝世之後，毛澤東不滿其繼承人對史達林的鞭屍，又鑒於農業集體化和私營工商企業的國有化政策出奇的順利，遂

開始改變其對蘇共的尊崇態度。毛澤東甚至敢於冒共產陣營的大不韙，放棄蘇聯模式，採取大躍進的政策，搶在蘇聯老大哥前面，大膽向社會主義過渡。毛澤東因此觸怒了對他本來便有惡感的蘇共中央，被痛詆為極端的中國民族主義（大漢沙文主義）者。毛澤東則反唇相稽，發揮其「與人鬥，其樂無窮」的精神，嚴辭批評蘇聯已墮落成為修正主義和社會帝國主義國家。他這種與蘇共針鋒相對的強硬立場，雖不能為他贏得世界共產主義的執牛耳地位，卻從此少有人懷疑他的強硬民族主義立場了。

1960年代中蘇共分裂之前，中共在外交上向蘇聯一邊倒，同時也一直沒有停止其反帝國主義的宣傳，並在實際行動上援助北韓（和後來的北越），直接和美、英、法等資本主義國家為敵。1950年代初期中共參與韓戰，即以反對美國帝國主義侵略的口號動員全國百姓。儘管為了韓戰，中共付出了異常沉重的物資和生命代價，但是終於把美國大軍阻止在朝鮮半島的北緯三十八度線以南。這可以說是中國從鴉片戰爭以來從未曾有過的巨大勝利。八年抗戰，雖然也是勝利，但只是慘勝，所以受降時國民政府同意日本派遣軍司令間接呈繳軍刀的安排。中共在韓國戰場的勝利，卻迫使世界最強大的美國，不得不承認中共在談判桌上的對等地位，從而提高了中共海內外的聲望。到了1960年代及其後，中共研製原子彈、氫彈和導彈相繼成功，不但吸引海內外中華民族的認同，也讓中共在和國民黨爭奪民族主義桂冠的競賽中，取得壓倒性的領先地位。至1972年，美國總統尼克森到北京訪問，更到達頂點，連素來反共的美國華人社會也感到「萬國衣冠朝冕旒」，因而引發出一股認同毛澤東的熱潮。甚至有一些留美高級知識分子，認為毛澤東既然能為中國大陸帶來無比榮耀，當然也就證明了毛澤東思想和馬列主義的真理性，因而信服其有關著作。

中共戴著民族主義的桂冠，取得整個中國大陸的政權。但是中共隨後展開一連串階級鬥爭，雖不致於動搖其民族主義的寶座，卻仍有

可能引起各階段被鬥爭的「階級異己分子」的質疑。只是他們居於少數，難起影響大局的作用。建國之後，中共重新掀起土地革命，動員貧苦農民起來反對地主。幾年之後，又以俄為師，把農業帶向集體化的道路，唯帶有中國特色，強調群眾動員，最初動員貧苦農民鬥爭富農，後來動員貧下中農鬥爭富裕中農。打倒地主階級的理由是他們從事封建剝削，靠地租生活；打倒富農的理由是他們雇用勞動力，實行資本主義剝削；打倒富裕中農則是因為他們反對農業集體化，反對社會主義。等到這些階級敵人都一一被打倒之後，農村社會同質化的傾向才達到了頂點。這時繼續階級鬥爭，要不是把已經打倒的階級敵人拿來做做樣子以外，就是把原來不屬於階級敵人的人，打成受資產或封建階級思想腐蝕的不良分子，致使階級鬥爭越來越像是為鬥爭而鬥爭，而不像階級鬥爭了。由於思想腐蝕沒有社會經濟結構的客觀標準，這種階級鬥爭容易引起內部懷疑，不過，此時已經很難質疑中共的民族主義旗幟了。

城市和工廠中的階級鬥爭對象，應該是資本家和理論上附屬於資本家的知識分子。中共在建國以後，迫於經濟困難，不得不採取勞資兩利的政策，但已經暗中為日後將其消滅作了部署。例如，在勞資兩利的口號下建立新工會，實際則是把工會建立成一個階級組織，以便有朝一日透過和平贖買或其他政策，來消滅所謂資產階級和小資產階級。至於知識分子，他們在中共眼裡原本就不是一個階級，與其說他們是資產階級的依附物，不如說他們早已淪為中共政權所「包下來」的個別分子。然而知識分子的菁英，在1957年錯估了中共開門整黨、動員知識分子幫助共黨整風的政策，所以在同年遭到反右運動致命的打擊，從此以後，他們除了寄身中共黨國體制以外，完全沒有其他選擇。中共黨國體制在打倒所有的階級敵人之後，無意之間也就喪失了主要的制衡力量，官僚主義的問題因而成為無法解決，甚而越來越嚴重的癥痼。毛澤東因此考慮到動員紅衛兵來改造黨國體制的官僚，這

就是文化大革命的起源。然而，此時馬列主義的階級鬥爭更不是有客觀指涉的階級鬥爭了。

1955年鄧小平已經說過，誰是富裕中農，很難認定，但只要看他是否反對農業集體化就應該不會弄錯了。中共本來便有誰反對中共黨國體制、誰就是階級敵人的傾向，但從此以後就越來越嚴重了。毛澤東也採用同樣思考模式，無限上綱，誰對他的政治主張有不同意見，誰就有可能被打為階級敵人。毛澤東和他領導的黨國體制都強調所謂群眾路線，由被動員起來的「群眾」，針對已經被打入可能是階級敵人範疇的一批人，進行思想鬥爭，如果這些可能的階級敵人不能證明自己清白無辜，那麼就只好乖乖認罪了。

從階級鬥爭的觀點來看中共建國以後的歷史，很難理解中共是中國民族主義的代言人。中共所以仍能在民族主義和階級鬥爭中找到辯証結合的空間，是因為他們視階級鬥爭為歷史的動力，並根據階級鬥爭的觀念來決定國家在每一個革命階段中的具體動員策略。動員工人階級是因為工人階級代表國家的未來；動員貧苦農民參加農業集體化運動，是因為農業集體化代表中國的未來。所以具體的政策必須以滿足工農群眾的需要為原則。至於所謂階級敵人，則是指那些壓制工農群眾、不讓工農群眾被動員、不讓工農群眾有「進步」之自由的地主、富農和資本家。在動員過程中消滅和改造階級敵人，則是基於歷史的需要，不得不然。但是隨著階級敵人逐一被消滅和改造，中共越來越難用客觀社會經濟結構的分析來推動階級鬥爭了。當階級鬥爭完全脫離了客觀存在的社會經濟結構而逐步概念化和空洞化以後，就喪失為中共民族主義提供具體經濟內容的能力了。另一方面，當毛澤東以社會主義體制優越性所激發出來的民族驕傲感越來越顯得空虛不實時，中共的民族主義宣傳也就越來越像國民黨的民族主義，強調「共同的」祖宗遺產、「共同的」反帝國主義經驗，以及強調現代民族國家所楬櫫的領土完整、國家主權和尊嚴榮耀。至於中國「共同的」民

族主義如何隱晦階級、地方、少數民族或是其他內部差異，便少有什麼人注意了。

第二節　國家和社會：縣以下的基層政治結構

　　明清以來，國家設立官職，權力頂多只能到達縣這個階層。一個縣平均有二、三十萬人口，知縣代表皇帝統治，是全縣老百姓的父母官。他們因為朝廷有迴避制度的限制，全來自外地，不了解當地情況，所以理論上擁有行政和司法的一切權力，但實際上則因為完全陌生，而孤掌難鳴。職此之故，明清治術強調為政不得罪於巨室，尤其是要取得地方上既有的政治勢力，也就是所謂實力派地主士紳的合作。這些地方原有的鄉紳，理論上可以從家族制度、宗教信仰、經商致富等各方面取得權力基礎，但是在帝制時代他們最重要的權力基礎還是傳統菁英教育和土地財富。帝制時代，中央政府通過科舉制度，提倡儒家教育，設法把地方領袖單一化，具有相同的意識形態，也具有相同的功名富貴思想，加強他們對朝廷的向心力，當然另一方面也減少他們的離心傾向。受歷代民亂影響，晚清的中央政府對所謂祕密社會和祕密宗教，採取壓制和取締措施，這也是試圖防止離心力量走向叛亂。對一般老百姓而言，朝廷「天高皇帝遠」，地方官員則是「衙門八字開，有理無錢莫進來」。除希望完糧納稅之外，一般老百姓敬畏官府，只希望官府少打擾他們的生活而已。

　　傳統政府在縣以下也任命官員，但為數少之又少，主要還是仰賴胥吏、衙役、保甲、里甲與鄉約，和基層群眾發生直接關係。這一個縣以下的基層政治結構不是正式官僚體系的一部分，故其成員毫無社會地位，傳統政府也故意視之如賤民，以免他們過分張牙舞爪，無物可制。這些縣以下跑腿的小吏固然害怕士紳打擊，然而依附於正式官僚體系之下，畢竟可以狐假虎威。他們隨意魚肉一般鄉民的本領還是有的，他們也似乎很少珍惜羽毛。地主士紳則出自儒家教育和愛護鄉梓的心理，反而可能自動出面保護一般百姓，但中間也經常出現敗

類，專門勾結官府，在地方上胡作非為，以欺壓弱小為樂。美國學者孔復禮(Philip Kuhn)認為，科舉制度廢除、民國成立以後，中央政府權力式微，又加上提倡地方自治，地主豪紳有惡質化的長期趨勢[1]。其實，惡質化伴隨多樣化而來。因為與科舉制度廢除的同時，新式教育興起，北京中央再也無法透過儒家教育，繼續鞏固其思想和文化上的霸權。民國肇建以後，比較一元化的舊地主士紳可以說被比較多樣化的新地方菁英所取代，新地方菁英包括舊地主士紳，也包括接受新式教育的知識分子，以及地方會館公所、善堂商會的領袖，乃至秘密社會的頭子，以及靠赤裸裸暴力支持的所謂土豪劣紳。

　　士紳多樣化和惡質化的結果是，在老百姓的眼裡，賢良的地方領袖越來越少，而不肖者越來越多。政府因為現代化的關係，必須從農村汲取比以前更多的資源，同時也必須加強對地方基層的控制，所以從晚清以來，不斷嘗試向縣行政層級以下延伸官僚制度。只是受制於中央政府的式微和地方軍閥的崛起，這些嘗試都以失敗告終。在城市裡，原來被視為官僚臂助的商會，雖然面臨政治和軍事權力的壓制，不時遭受摧殘，但是因為政治和軍事權力忙於內爭，不暇他顧，所以逐漸擁有從前所沒有的自主活動空間。在廣大農村地帶，縣長則多半尸位素餐，除知道聚斂財富以外，實際上不得不任由地方菁英控制縣政事務。國民政府實行黨國體制，其橫向的擴展是推廣統制經濟，具體表現則譬如成立資源委員會，擴大政府經濟活動的範圍，不過基本上仍然容許私人資本存在和活動；縱向的擴展則是官僚制度向下伸張，建立區、鄉、保甲制度，然而實際上政府的有效控制頂多抵達區的層次而已。區以下基層官員依賴地方維生，他們既然由地方士紳推

1　參閱Philip Kuhn, "Local Self-government under the Republic: Problems of Control, Autonomy, and Mobilization", in Frederic Wakeman Jr. and Carolyn Grant, eds., *Conflict and Control in Late Imperial China* (Berkeley: University of California Press, 1975), pp. 257-98.

薦，當然也唯地方士紳的命令是從。鄉保甲長的主要所得來自實徵稅收和上繳稅收之間的差額。他們一方面中飽政府依賴他們徵收的各項資源，另一方面則是魚肉無權無勢的貧苦鄉民，不僅民怨叢生，不斷激起農民的各種抗議行動，也引起許多在上位者的嚴厲批評，認為是禍害根源。只不過各種對內對外戰爭應接不暇，國民政府必須汲取民間人力、財力和物力以資應付，卻始終找不到替代保甲制度的方案，因此不得不視之為必要之惡，而繼續容忍。

中國共產黨誕生時，黨員以新知識分子為主，雖然以改造國家為己任，但在1927年以前並沒有立即打出旗幟、直接奪取政權的打算。這一個政黨接受馬列主義的理論，認為國家機器屬於上層建築，階級關係屬於下層結構，而國家機器乃是社會階級的統治工具。他們認為絕大多數被統治的工農大眾後知後覺、乃至不知不覺，在得到「階級覺悟」之前，必須先由了解人類社會進化規律的先知先覺者喚醒，所以成立菁英主義的黨組織，以便予以啟發和領導。所謂先知先覺者，並不一定限於工農，即便是一般知識分子，只要對馬列主義的「真理」有相當認識，便可以成為中共黨員。由先知先覺者組成的中國共產黨，要為被統治的工農階級服務，一旦打倒了原有的統治階級，掌握了政權工具，他們便應該把國家推向社會主義階段，建立一個全新的理想國度。在這種理論中，國家和社會的關係，是透過階級鬥爭從一個整合轉變到另一個整合，轉變的槓桿是群眾動員。理論上，中共是工農階級的代表，實際上卻是透過群眾動員來建立以工農階級為社會基礎的新國家機器。

中共最初致力於工人運動，想透過覺醒的工人進行全國總罷工，然後奪取政權，實行無產階級專政。在落實這一個想法的過程中，他們也注意到人數比現代產業工人多百千倍的貧苦農民，只是不把他們看成動員的重點罷了。在第一次國共合作崩潰以前，毛澤東曾以馬列主義的「階級鬥爭」概念，分析和了解中國社會，從而為中共奪權提

供了一個不僅異於傳統、也異於蘇聯的奪權模式。他認為在1920年代的中國，軍閥和政客掌握國家機器，在財稅方面對農村依賴的程度遠遠超過城市，所以除非把農民組織和動員起來，已有的國家體制不可能動搖，更不用說要將其徹底打倒了。毛澤東據此洞見，把農民運動抬高到比工人運動還要重要的地位。當時，毛澤東想透過國共「合作」的方式，展開農民運動。他只是不了解：即便中共在農民運動上大有斬獲，國民黨只要掌握住國家機器的兩大要件──「槍桿子」的軍權和「印把子」的政權，中共也不可能有成功的前景。結果勢如狂飆的農民運動爆發了，農村分裂成為新成立的工農組織和社會原有的地方菁英，彼此不共戴天，一旦掌握槍桿子和印把子的國民黨決定支持地方菁英時，農民運動便表現得不堪一擊，立即土崩瓦解。

中共要經過國民黨清共和分共的慘痛經驗之後，纔開始體會到政權和軍權兩者的重要性：唯有自己擁有「槍桿子」和「印把子」，纔有足夠的能力抵抗來自國家和社會兩方面的反對勢力，也纔有足夠的能力減輕工農對原有政權鎮壓的畏懼，使他們願意接受動員，參加中共的各種組織。一言以蔽之，中共必須在現有的政權體制──主要指政府和軍隊──之外，利用已經動員起來的社會力量建立一個敵對的政權體制；只有透過武裝鬥爭和政權建設，農民運動纔能免於重蹈覆轍，避免為其所製造出來的反撲力量所吞噬。

1927年以後，中共逐漸形成自己的革命根據地，也就是說在國民政府鞭長莫及之處，開始建立自己的武裝和政權，並積極擴展兩者，以便迎接城市工人的總罷工。不過，城市工人的總罷工卻始終未如預期一樣發生。中共在逐漸幻滅中，終於了解其所謂革命工作的艱巨性和長期性，必須徹底揚棄對工人階級總罷工的期望，從而根據鄉村包圍城市的大戰略，腳踏實地，一點一滴地從農村的土地革命做起，直到農村地帶的根據地蓄積了足夠的實力以後，纔和主控城市地帶的國民政府決一勝負。換句話說，他們必須實質上放棄工人運動，直到鄉

村包圍城市的大戰略目標達成以後，纔能返回城市，重新回過頭來注意工人運動。

中共在農村根據地塑造新國家機器的過程及其結果，迴異於國民黨。如前所述，他們是以階級鬥爭理論為基礎，動員工農群眾，而土地革命則是動員農村貧苦群眾的核心內容。根據馬列主義的邏輯，在中共出現之前，農村已有階級鬥爭，只不過地主不會自動退出歷史舞台，所以弱勢的貧苦農民必須強調團結和組織。可是貧苦農民之所以為弱勢，原來就是因為缺乏組織力量。即便他們中間原來已有各種組織，也因為其規模有限，而領導者又殊少策略眼光，不足以擔當農村階級鬥爭的大任，所以中共必須盡快把農民重新組織起來。問題是：貧苦農民對馬列主義的理解離不開改善切身生活的願望，毛澤東便曾說過：農民那懂什麼共產主義！他們以為「把地主的財產分給他」，就是共產主義[2]。所以中共必須以重新分配地主士紳的土地和財產來吸引和動員貧苦農民，於是以國家名義頒布各種重新分配土地、財富和社會地位的法令，並且容許貧苦農民代為執行，甚而授權貧苦農民清算鬥爭任何違反政府法令的地主士紳或富裕農民。

中共鼓動貧苦農民鬥爭所謂統治階級，例如地主、士紳或富農等等。但貧苦農民習慣於原有的統治，更害怕原有「統治階級」報復，所以在運動初期總表現得冷淡和猶豫。為了打破他們的冷淡和猶豫，中共不得不仰賴「流氓」和「痞子」之類的人物打頭陣，所以又不得不縱容或鼓勵其暴力行為。也因為這個緣故，不論中共如何防範，運動總是發生所謂「過火和過左現象」，或中共所稱「虛無主義」和「無政府主義」。大多數貧苦農民在「流氓」和「痞子」之類人物掀起的群情激動中，大膽站了出來，迅速參與對地主士紳和富裕農民的

---

2 毛澤東，〈在中國共產黨第七次全國代表大會上的口頭報告〉，《中共黨史資料》，1993年12月，第48輯，頁23。

清算鬥爭，也參與重新分配土地、財富和社會地位，而把過左、過火
現象推向高峰，迅速形成秋風掃落葉之勢。貧苦農民全心全意地投入
這種充滿過左、過火現象的清算鬥爭過程中，與地主士紳和富裕農民
所代表的舊社會秩序徹底決裂。貧苦農民害怕地主士紳和富裕農民懷
恨報復，尤其害怕地主士紳、富裕農民和外來的國家機器掛鉤，進行
全面反撲，所以自然而然地便和中共結成一種命運共同體，從而積極
參與地方基層結構。當然中共的各種宣傳也同時在他們的腦中生根發
芽，使其確信「造反有理」，無論天理、國法、還是人情都在他們一
邊。中共在動員起來的貧苦農民中吸收優秀的積極分子為黨員，訓練
他們成為農村基層幹部，掌握農村政權、軍權、群眾團體和黨務組
織。他們既感激中共，又害怕變天，加上傳統的效忠觀念，遂成為穩
定中共黨國體制最下層的無數柱石。

　　在農村出現這股有組織的力量以後，凡是不受其管理的其他正式
和非正式組織，例如家族、宗教、青紅幫、一貫道和紅槍會等會道門
團體，都會遭受猜忌和壓制；即便不然，這些農村原有的正式和非正
式組織也會因為中共的組織取代了他們的功能，而不得不自動解散或
消失。當然，徹底剷除農村原有的正式和非正式組織，並不容易，尤
其是牽涉到地緣、血緣和「合法」宗教之類的認同關係者；但是中共
基層結構的容忍程度，則以不影響其統治為先決條件。

　　由於農村基層的權力主要可以區分為政治性、軍事性和社會性三
種，而分別由政府、民兵、群眾團體掌握，中共則透過貧苦農民中的
黨員和積極分子，掌握這三種組織中的關鍵地位，再由黨支部操縱指
使。換言之，中共通過群眾動員，在農村基層建立一個全新的權力結
構。這個新的權力結構因為具有群眾基礎，不需要完全依賴赤裸裸的
暴力，便可以不斷從農村社會取得所需要的資源，提供上級擴大黨國
體制之用，並肆應敵對政權的軍事鎮壓。這個農村基層體制，因為有
大量的貧苦農民參與，在農村基層方面形成一個龐大的權力結構。從

此看來，中共不只是「招兵買馬」，要貧苦農民幫忙打天下，而是把散漫的貧苦農民動員、組織起來，一方面要他們保衛鄉里，建立農村的新秩序，另一方面要他們幫忙動員人力和物力，以便擴大政權和軍隊，進而和國民黨爭奪國家機器。這種奪權模式和傳統的農民叛亂不盡相同。傳統農民叛亂只有起義、割據、奪國的一連串過程，並沒有用新的辦法把農民組織起來。中共則把散漫的貧苦農民組織起來，以貧苦農民所代表的社會力為基礎，重新建立一個國家的基層組織。在這個新的體制之中社會和國家一體化，彼此配合，一方面是貧苦農民自動自發，提供人力、物力、財力，協助黨一元化領導體制的成長，另一方面則是黨一元化領導的體制，協助貧苦農民建立一個新社會秩序，把過去的所謂統治和剝削階級踩在腳底下。

中共所建立的農村基層結構，在統治效果上迥異於國民黨。抗戰時期有一句通行於中共統治區的話，可用來說明國民黨和共產黨的明顯差異：「國民黨稅多，共產黨會多」。國民黨予人的印象是苛捐雜稅，多如牛毛，其實「稅多」大部分都被基層官員中飽私囊，除激起民眾變亂以外，並不能有效增加上級政府的財政收入。中共則的確「會多」，如果把農民和幹部耗費在地方政治的精力和時間都換算為農民的負擔，則貧苦農民的負擔應該是要比國民黨高多了。只是「會多」，對勞動力豐富的農村社會並不構成壓力，在中國北方農閒季節長達半年以上，貧苦農民本來就有閒暇，又沒有其他消耗時間的辦法，他們寧願「會多」，也不願「稅多」。

此外貧苦農民可能還有下列幾層考慮：一、會多不需要貧苦農民離鄉背井；二、會多代表政治參與；三、會多表示參加者社會地位的提昇；四、會多也表示可以得到經濟利益的保障。正因為中共能動員貧苦農民參與政治，農村基層結構就可以擴大其實際功能，並且視實際需要而不斷擴大。也因為貧苦農民無償參與，所以對政府的財政，不至於形成過重的負擔。參與農村基層結構的貧苦農民不但有積極

性，貪汙中飽的情形在相當一段時間內也比較不嚴重，所以中共在農村中動員的物力、財力和人力，都遠比國民黨為多。中共不但在戰爭期間，依賴這樣的動員機制來動員戰爭時所需要的各種資源，而且在戰爭結束以後，依賴同樣的動員機制，從廣大農村汲取工業化建設所需要的龐大資金和各種原料。

農村基層的黨、政、軍、群組織的成員，雖然彼此重疊，但是分為四個垂直系統。從列寧主義的黨組織原則看，同級政、軍、群組織又統籌於黨支部，黨支部因而經常越俎代庖。針對這一傾向，中共在一定時期也經常強調政權、軍權和群眾團體各具自主性，必須發揮其各自的功能。因為強調這一點，政權、軍權和群眾團體的領導很容易過猶不及，變成黨支部眼裡鬧獨立或不尊重黨組織的情況。到這個時候，黨又會回過頭來強調黨支部統攝一切的基本制度。至於1942年中共倡導列寧主義的黨一元化領導原則，其實只是化暗為明，把原有「以黨領政」、「以黨領軍」和「以黨領群」的各項原則統合起來，使之具體化、系統化和明文化而已。

除了黨一元化領導以外，農村基層結構還有兩點值得注意。第一、黨雖然控制基層結構，但很了解在抗戰時期基層政權和軍隊不能強調其階級性，換言之，此時期的統一戰線不容許中共在這兩種組織內立即而公開地歧視所謂「階級異己分子」——即地主、富農和資本家等。理論上鄉政府和民兵組織之中，均應容納非黨員，尤應包括一些類如「開明士紳」的「階級異己分子」。至於群眾團體，當然在強調統一戰線的時期，也允許總人數不多的階級異己分子有他們自己的團體，但成立農民組織時一定會強調其階級屬性，不容許其他「異己」階級參加。第二、中共的基層結構始終包括兩種成員，一種脫離生產，另一種不脫離生產。脫離生產者拿國家薪水，不脫離生產者則基本上取養於地方。在農村則以不脫離生產的人為多，所以農村基層組織比較容易擴大。

　　中共在作法上雖然因時因地制宜，但萬變不離其宗，其努力目標始終是建立這樣的基層結構。江西時期，中共強調純粹的土地革命。在這一時期，中共不講究統一戰線，所以地主和富農的反彈極大。如果中共在軍事上擁有局部優勢，地主和富農當然不敢積極反抗，可是一旦中共喪失局部優勢，他們也一定會群起報復。此時，如果國民政府能有效動員城市的力量，再透過保甲把農村地主富農組織起來，則中共也可能遭受致命性的打擊。到抗戰時期，中共趁日本的侵略，一方面突出自己的民族主義性格，另一方面則建立各種各樣、或高或低的統一戰線，以便分化國民政府內部的力量。一方面通過整風改造，凝聚自己內部的力量，另一方面也通過聯合的策略，離間國民政府和地主士紳之間的關係。

　　國民政府在抗戰爆發後不久便失去沿海城市；殘餘軍閥和地方士紳所代表的離心力量重新抬頭。中共此時強調民族團結和階級合作，實際則是利用國民政府的自顧不暇和領導菁英的內鬨，在農村建立和江西時期沒有二致的農村基層體制。他們和地主士紳合作，是以不妨礙貧苦農民的動員為前提，而不是為合作而合作，為聯合而聯合。提倡這種統一戰線，一來可以減少敵人，二來可以方便貧苦農民起來和大部分的地主士紳鬥爭，三來可以把階級鬥爭限制在一定範圍，以免農村內部出現過分激烈的動盪，為日本和國民政府製造盟友。總之，無論有無地方的統一戰線，中共都會透過財富和地位的重新分配，動員大多數貧苦農民起來建構一個全新的基層結構。不過因為所採用的方法表面上還算溫和，原來是狂風暴雨的土地革命變成無聲安靜的土地革命，階級鬥爭受到刻意隱晦。在貧苦農民起來鬥爭以後，中共立即把已經發掘的積極分子，根據地方自治或民主選舉，送進農村基層政權和民兵組織，掌握其中關鍵位置，並有系統地排擠和歧視地主士紳和富農。統而言之，一切權力歸諸貧下中農階級，尤其是其中的積極分子，再由黨隱身在背後發縱指使。

　　到1940年代內戰時，中共羽翼已豐。國外的民族矛盾有了急遽的
變化，中共的反美不像1930年代反日，能夠形成一個矛頭完全對外的
統一戰線。內戰爆發以後，中共急需農村社會的徹底動員，於是土地
政策迅速激烈化。由於抗戰時期中共以無聲安靜的革命削弱地主、士
紳和富農的經濟力量，所以到這個時候地主士紳和富農只擁有數量有
限的土地。中共為了動員貧苦農民，必須擴大能夠分配的資源，而為
了擴大能夠分配的資源，遂不得不放寬對地主富農這兩個名詞的解
釋，甚而不惜犧牲開明士紳和大生產運動中起家的富農，但是仍然難
以滿足貧苦農民的物質需要。在這種情形下，毛澤東遂接受劉少奇的
建議，開門整黨，把目標擴大到所有農村基層幹部。

　　其實在不少地方，中共的農村基層幹部在抗戰期間也有「保甲長
化」的趨勢，情況雖然沒有國民黨保甲制度那樣嚴重，但依舊叫貧苦
農民痛恨不已。中共遂以整頓農村基層結構為名，像土地革命一樣動
員貧苦農民，也像土地革命一樣，不得不動員其中具有敢衝敢闖性格
者(有時甚至就是痞子、流氓)來打先鋒。只是中共了解這種動員可能
導致農村流血和混亂，所以派工作組到農村工作，一方面命令農村基
層幹部當眾反省檢討，另一方面則保護農村基層幹部，避免貧苦群眾
在衝動中對他們施以暴力；直到土地革命和開門整黨達到動員貧苦農
民的預期目的，而中共也已開始對國民黨地區大舉進攻為止，中共纔
為了爭取國民黨地區輿論的同情而暫時停止這兩項激烈政策。

　　中共在一連串軍事勝利中，終於征服了以城市為主的國民黨統治
地區，從而取得全中國大陸的政權，隨後則透過階級鬥爭和其他動員
群眾的方法，在這些新征服的地區建立同樣的基層結構。他們在廣大
農村推廣土地革命，在新舊城市則通過一連串群眾運動，例如取消搜
身規定、廢止工頭制度(即中共所謂民主改革)和鎮壓反革命運動，動
員工人、市民和知識青年，以便在工廠礦山、城市鄰里，學校等教育
機構，建立類似的體制，使中共的國家機器得以深入社會的各個基層

和角落。1955年以後，中共推行所謂一化三改政策，在農村實行集體化，在城市和礦山實行公私合營，另外改造手工業。這一項政策，基本上是再次把農村分為剝削階級和被剝削階級，透過階級鬥爭，把貧苦農民納入集體農業體系之中。在城市和礦山則利用資本家和職工的矛盾，迫使資本家放棄企業的經營權和所有權。在這一個新建立的黨國體制中，舊「統治階級」的功能都被中共黨政官僚機構所接收。如前所說，中共這個黨政官僚機構的基層幹部有國家幹部和非國家幹部之分，國家幹部脫離生產，是薪水階級，非國家幹部不脫離生產，其服務由社區提供補償，所以兩者對黨的向心力不同；非國家幹部因為對社區的認同，反而多少會對國家幹部起一些制衡的作用。在這個新黨國體制中，原有的統治階級徹底喪失其固有的社會地位，淪為所謂「無產階級專政」的對象。

在中共這個新國家體制下，黨的組織無所不在，也無所不管。每一個群眾團體背後都有黨組織在操縱，同時每一個人都屬於一個單位。黨控制各單位之間的流動，幾乎沒有任何外在力量可以制衡。在這個體制的動員之下，只要政策對於占人口絕大多數的貧苦群眾有利，中共都可以在一段時間中把社會帶往任何境地。1950年代中期，毛澤東認為，向社會主義過渡的時機已經成熟，要大舉接管私人工商業和手工業，中共在私營工商業業主雇用人員的擁護之下，幾乎毫無困難地便把民間私有經濟全部接管。中共的黨國體制就不僅以這種方式向社會基層作垂直的伸張，也縱向滲透到城市各個角落，同時更橫向吞噬社會其他的非官方部門，擴大控制面。在這個黨國體制擴展的過程中，工農群眾所代表的社會力量完全被馴化了，而身處反對立場或具有潛在威脅的社會力量，則受到全力壓制和無情打擊。

不過，工農群眾所代表的社會力量被馴化，並不表示中共所代表的國家力量可以無限制伸張。大躍進的經驗便說明了這一點。當時在全國廣大農村成立人民公社，完全無視於農村原有的社會機制，以人

民公社為經濟核算單位，一味追求其規模之大，也一味追求其內部各小集體之間的平均。理論上，人民公社內部工農商學兵一體化，大家都團結在黨組織的領導下，其內部應該是國家和社會一體，黨組織和人民的願望一致，而不再是壓在農村人口身上官僚主義化的國家機器。但實際執行的結果，完全是另一回事。

人民公社很快便喪失了反映社會集體意志的能力。剛開始的時候，各級黨幹部還很容易用階級鬥爭(農民和地主之間、窮隊和富隊之間)的號召，以及五包、十包之類的「全民福利」諾言，來動員貧苦農民。但是貧苦農民很快地便體會到這種大集體所有制的弊多於利。這個時候，突出黨組織的惡果就非常明顯了。人民公社的黨組織，在吞噬了黨以外其他組織系統後，一枝獨秀，大權獨攬，不僅不能充分反映基層民眾的需要，反而成為發揮黨國意志和自己利益的代表，命令風、浮誇風、共產風、瞎指揮風、特權風等五風盛行，成為基層農民痛恨的對象。在毛澤東的主觀願望中，公社黨委應該會在貧苦農民積極擁戴之下，使農村生產力得到前所未有的解放。實際上，由於人民公社追求自力更生，全力打擊任何市場經濟的殘餘，貧苦農民變成人民公社驅使的工具。他們在人民公社裡面，生活的各方面都受到照顧，同時也因此受到控制，甚至家庭也喪失其功能，連吃飯都全靠公共食堂。國家的權力，如果不知道節制，很容易忘記其服務貧苦農民的原有宗旨。

比較起來，人民公社下級生產組織(生產隊和生產大隊)的幹部因為並未脫離生產，和一般農民的社會距離小，而所得來自隊員生產，彼此禍福與共，而成為所轄農民利益的代言人。這些生產組織的幹部，原本只是執行人民公社意志的人員，此時卻領導成員隱瞞生產，以免上級強迫徵購，反而突出其原有代表社會力量的面向。總而言之，原本認為是國家和社會一體的人民公社，終於在其兩個組成元素之間出現了明顯罅隙。人民公社代表黨國體制的成分，表現得非常明顯；而其下

層組織的生產隊和生產大隊，所代表的社會成分，則變得愈益突出。換句話說，人民公社完全淪為單純的國家行政機器，與社會需要之間反而形成嚴重矛盾，中共必須承認生產隊和生產大隊有其不受干預的經濟功能，纔能避免國家完全壓倒社會的災難性後果。

只是毛澤東最初拒絕承認此一現實，所以大躍進帶來三年大饑荒，造成至少三千萬人民的「非正常死亡」。毛澤東後來雖然不得已讓步了，但是拒絕放棄人民公社這一個新生事物。他只是在人民公社的大框架中進行了一些具體大撤退，實行以生產隊為基本核算單位的三級所有制，將以大集體所有制為主，改為以小集體所有制為主。此時，毛澤東同意廢止公共食堂，也同意保留一小部分以自留地、自由市場為基礎的家庭農業及小商小販。但他很清楚地表示，反對完全恢復個人農業，僅承認小集體有財產所有權，小集體之間不得彼此「共產」，窮的小集體不得無償地分享富的小集體的生產成果。基本上這仍然是集體經濟，只是以生產隊和生產大隊小集體為單位的社會主義，取代了以人民公社大集體為單位的社會主義。在這種小集體的社會主義之下，按勞分配的原則受到進一步的尊重，而人民公社恢復農業供銷社，承認農民有其各自需要，不再搞一刀切的供給制。另一方面，中共透過定產、定量、定銷制度，容許各個小集體，甚至家庭，擁有一些實行人民公社之初所沒有的自主空間，小集體的領導人可以透過協調和談判的過程，反映小集體成員的一些利益。

人民公社的經驗證明，中共農村的社會力量存在於生產隊和生產大隊，尤其是以村落和鄰里為基礎的小集體內，人民公社層級所代表的國家權力必須與其保持健康的平衡，予以適度的尊重。不幸，毛澤東並沒有懷疑社會主義優越性，並更進一步尋求安排國家和社會關係的新方法。他一直都認為，如果所有基層幹部，包括人民公社、生產大隊和生產隊在內，都能了解社會主義的優越性，則仍然可能帶來基層的「文化革命」和「技術革命」，從而帶來生產力和生產關係兩方

面的突破。在這種思考中，基層群眾的真正需要並不重要，當然工農群眾在黨國體制之外，是否應該另有不受黨國體制干預的社會領域，例如市場經濟等，更不是他所願意考量。毛澤東和其他中共領袖反而認定，社會主義農工礦業的真正突破必須以基層幹部的改造為前提，所以寄望於政治教育，尤其是社會主義教育運動，來清理社會基層幹部，並對其展開新一波的思想改造。1960年代的四清五反便是這個想法的具體落實，結果徒然令人失望。毛澤東更逐漸以為下樑不正乃是上樑歪所致，四清五反就是弄錯了對象，真正的問題根本就在黨政官僚體系的中上層。因而他要針對黨政官僚體系的中上層發動一次文化大革命，以整風審幹來徹底改造他們。但就基層政治結構而言，文化大革命只是在五反四清的失敗之後，又浪費了十年。中共一直要等到鄧小平時代纔正視這一個問題，並在政策上做出不同於毛澤東時代的調整和轉變。

第三節　一元化黨國體制：整風改造

　　無論共產黨或是國民黨，都以建立一個黨國體制為其建國方略的重要一環。國民黨黨外有黨，黨內有派，內部矛盾重重，故其黨國體制非常鬆散。中共則為了加強內聚力而屢次發動整風審幹運動。中共在制度上強調黨控制一切，以黨領政，以黨領軍，以黨領群眾組織。黨的權力集中在上層，凡是黨員都必須服從上級。但這只是大原則，要真正落實仍然要靠不斷的整風。整風有兩種，一種是關門整風，一種是開門整風，不論是那一種，黨權都高於一切，法制皆可任意踐踏。中共向來強調黨權至上，從1942年強調黨一元化領導政策以後，黨權尤其至上。不但黨指揮槍，黨也指揮政，各級行政層次的組織、軍事和政權，都掌握在同級黨委書記的領導之手，毛澤東在中共中央是黨主席，不但擁有最高領導權，還擁有關於重大事務的最後決定權。中共在各級黨委書記領導下，也強調尊重不同系統和部門的自主性，以免黨組織過分干涉，形成窒息效果。另一方面則害怕這些不同系統和部門過分強調自主性，開始「鬧獨立」起來，所以同時也一定要堅持黨一元化領導的原則。

　　黨的組織呈金字塔型，最下層的一般黨員則分布在社會基層，原則上是每一個鄉里、工廠車間、機關單位都要有黨的組織，不容許空白。實際上這是理想，不過隨著中共的擴展，也隨著社會基層單位納入黨國組織，這一個理想也越來越趨近於事實。這一個黨國體制因為強調一元化，各級黨委書記掌握法律審批和人事黜陟權，可以控制其他成員。不斷的政治運動也更升高了他們的權威。他們控制黨員，而整個黨的組織又通過所謂「黨團」紀律，控制和擺布非黨組織和非黨人士。總之，一個單位的黨委可以控制該單位所有人的衣、食、住、行、醫療，以至於意識、潛意識和無意識中的思想活動。

　　中共這種黨一元化領導的體制，必須放在歷史脈絡中討論纔能明瞭。晚清以來的中國近現代史中，有兩個明顯的離心現象。一是政治思想上，中央政府不再擁有思想的領導權；一是中央政府不再可能宰制地方。科舉制度的廢除，代表儒學定於一尊時代的終結。後一個離心現象，則可以追溯到十九世紀中期。詳細點說，自從太平天國事變發生以後，北京中央政府的權威明顯式微，地方上同時出現了「督撫權重」和「士紳權重」兩個現象。所謂「督撫權重」是指封疆大吏因為對付太平天國事件帶來的世變，而取得前所未有的軍事、財政和外交等權力。但是因為清廷握有任免、降調之權，一般督撫除極少數之外，任期都不長。而所謂「士紳權重」則指士紳在督撫「以地方輔中央」和「以紳輔官」的政策下，以地方人士的身分參與地方武裝（團練）的組織、地方稅收（釐金）的徵收等事。由於當時督撫和士紳基本上是儒家文化的產物，所以「督撫權重」和「士紳權重」的現象並未在政治上對北京中央構成嚴重的威脅，反而透過這個「政策」調動了督撫和士紳的積極性，剿滅了太平天國，並進而開創了同治和光緒兩朝的「中興」局面。

　　但是這種「以地方輔中央」和「以紳輔官」的政策到了清末有重大變化。第一是前面所說的地方菁英多樣化和惡質化問題，政府感覺到控制和指揮的困難。第二是晚清以來盛行民主憲政和地方自治思潮。受到新思潮的影響，地方士紳不但要求把已經掌握在手中的權力制度化，也要求政府官員劃出固定的活動範圍，任由士紳們行使「自治」權力。當時有些地方官員在地方自治運動的進行中，看到調動地方士紳積極性的作用，因此也大力支持「以紳輔官」的模式。袁世凱擔任直隸總督，便曾是推動地方自治的一個楷模。第三是反滿活動，當時關心政治的知識分子，因為反對滿清中央集權，甚至反對滿清政府，主張君主立憲或建立民國，有意無意地鼓吹地方意識，如粵人治粵、湘人治湘和浙人治浙等等。這種地方意識有助於推動地方議會和

自治運動,但是從北京朝廷看來,這卻是加重了地方的離心力量。

晚清行新政之際,北京中央已覺察這三個趨勢所代表的離心作用,而全力設法箝制,但是不得其法,除了引起激烈的反彈以外,於大局毫無補益。民國成立以後,袁世凱對這幾股離心傾向更是高度敏感,所以擔任總統以後,一反其在晚清直隸總督任內的「開明」作為,厲行中央集權,實行軍民分治、解散國會和廢除地方自治,甚至利用祭孔和稱帝來鞏固政權。但無論是訴諸皇帝制度,或是實行高壓政策,袁世凱都無法抗拒辛亥革命所帶來的離心傾向,而權力分散的軍閥政治終於在他逝世之後形成。從此以後,北京中央名存而實亡,地方軍閥代替晚清督撫,成為割據一方的「小皇帝」。只是因為他們依靠軍事武裝宰制一切,政治上沒有一套辦法,所以地方菁英變得更加多樣化,也更加難以駕御。一般說來,地方菁英缺乏強大的武裝,因此他們也只能在軍閥威力之下,尋求妥協的共存或共利局面。

國民黨力圖扭轉此一長期歷史趨勢。雖然依賴軍隊支援和主義鼓吹,名義上重新統一了中國,也透過政府體系的擴大,加強了中央政府對地方的控制,實際上卻只是在長江中下游一帶結束了一些省分的武裝割據,不少省分仍然是所謂殘餘軍閥當道。就中央集權而言,其成功也主要限於省的層次。國民黨的黨國體制,以一個主義、一個領袖和一個政黨為鵠的,但其實際成就距離這個理想甚遠:一、國民黨雖然奉三民主義為立國原則,但是黨組織並不能壟斷三民主義的解釋權,而實際和理論的差距也削弱黨員和百姓對三民主義的向心力。二、經過黨內鬥爭,國民黨雖然出現了無人可以分庭抗禮的領袖蔣中正,但是蔣中正在黨內外仍不時面臨許多干擾和挑戰。三、國民黨雖然實行訓政,但是蔣中正並不是透過黨組織來控制一切,所以在國民黨體制之內,仍有不受黨組織節制的政治和軍事力量。

國民政府在縣以上黨國體制內含有相當嚴重的離心傾向。1930年代的南京國民政府,雖然能夠號令長江中下游一帶,但基本上卻無法

在軍事和財政上整合各省。殘餘軍閥統治的各省，財政更是相當獨立。中央政府只好承認現實，任由各省政府壟斷土地資源，包括田賦在內。蔣中正所依賴的是所謂嫡系軍隊、關稅的巨額收入、發行巨額國內公債和壟斷基礎軍火工業。所以一旦喪失長江中下游的地盤，而要和其他各省的省政府爭奪人力、物力和財力時，就會面臨各種地方勢力的抗拒了。雖然在抗戰時期，國民政府遷都重慶，依賴仍具有相對優勢的武力，在各省中央化方面曾經有一些成就，但是各省的離心傾向依舊嚴重。在某些情形下，地方擁兵自重，陽奉陰違，甚而公然向中央政府的權威挑戰。

　　中共建立的黨國體制和國民黨比較起來，雖然有明顯的差別，但卻有驚人的相似之處：兩個黨國體制均強調一個政黨、一個主義和一個領袖。關於一個政黨，毋需多說，一面是國民黨，另一面是共產黨。關於一個領袖，國民黨是蔣中正，共產黨從延安時期以後是毛澤東。至於一個主義，國民黨是三民主義，中共是馬列主義。但是在抗戰期間，中共對外不願多提馬列主義，另外標舉新民主主義的觀念以為宣傳，宣傳時又把新民主主義等同於三民主義。不過，經中共詮釋以後的三民主義，已不是孫中山原來的三民主義，而是馬列主義化以後的三民主義，也就是毛澤東思想化以後的三民主義；而在這種新三民主義中，三民主義本身並不是目的，而是實現社會主義和共產主義的工具和手段。中共明白表示：根據新民主主義建立的社會帶有資本主義的性質，但是不可能永久停止在這一個階段，而必須在新民主主義完成其階段性的歷史任務後，根據馬列主義的社會進化原則，向社會主義的社會過渡。但是不少非黨知識分子仍然從國民黨三民主義的觀點來理解新民主主義，認為它可以長期存在。

　　中共和國民黨兩個黨國體制有三個明顯差別：第一、中共的黨國體制，不僅在規模上超過了國民黨，而且其觸角也真正伸入了社會底層。他們對社會力量，凡是有利於己者，便不斷收編和利用，而不利

於己者則不斷打擊和壓制。這裡所謂規模,並不單指黨國體制成員的人數而言,也包括黨國體制所肩負的各種功能在內。例如,中共的黨國體制對工農業生產的介入,就比國民黨要深,不僅建立了一個比國民黨更要複雜的「黨國」工商業體系,更直接干預到農民生產的各個面向。第二、中共在群眾動員的基礎之上建立其黨國體制的底層,同時還透過階級鬥爭,不斷更新和改造這一個底層的成員。正由於其底層成員來自貧苦農民階層,而一般貧苦農民在政治參與方面也比較積極,所以國家機器在基層運作起來比較順利。第三、中共這個黨國體制因為黨一元化領導的關係,內部整合比國民黨成功。這不是說中共內部完全沒有矛盾,而只是說內部的矛盾被限制在一定程度之內,呈現出來的團結一致,令人印象深刻。中共的內聚力所以如此強固,主要拜整風審幹政策之賜。當然整風審幹政策所起的作用也有限制,所以中共內部不但有權力鬥爭,而且不講原則的權力鬥爭和講原則的路線鬥爭糾葛在一起,難分難解。只是和國民黨比較起來,共產黨至少在中共建國前後的一大段時期內,表面上好像已經做到精誠團結的程度了。

中共的黨一元化領導的體制,可以從三方面來作進一步討論。第一、中共如何建立黨中央領導一切的制度?第二、面對內部的離心力量,中共是如何達到相當程度的團結?第三、中共如何處理所謂宗派主義、地方主義或山頭主義的局部和特殊利益?以下我們仍回到具體的歷史過程來分別回答這三個問題。

一、黨中央集權制度的形成

中共從建黨初期,便一直維持高度中央集權的體制。雖然有少數黨員主張建立「地方分權制」,但由於當時領袖陳獨秀的堅持,並未受到認真的考慮。這個黨中央的權威和合法性有兩個源泉:一方面是共產國際的認可和援助,另一方面則是黨員對領袖的認同。陳獨秀是

新文化運動的領袖，在中國青年知識分子的心目中具有崇高無比的地位。所以在他擔任總書記任內，儘管有些地方黨組織，主要是北方和廣東省委，因為負責人擁有實力，而予人氣勢宏大的感覺，但對陳獨秀的個人權威並沒有形成嚴重的挑戰。直到1927年武漢國民黨左派決定分共前夕，陳獨秀因為政策明顯失敗，而共產國際需要有人為此失敗負責，纔遭到嚴重的批判而下台。

陳獨秀下台，其罪狀之一是「家長制」，一個人說了就算，缺乏「民主」氣度。但是中共中央的集權政策也始終未變，只是最初的幾位繼任人選都沒有他那麼崇高的威望，中共中央也因此無法形成一個穩定的重心。從1927年到1935年毛澤東上台為止，短短不到八年，中共中央的實際領導就改變了至少三次。最先是瞿秋白，後來是向忠發，再後來是博古。向忠發是工人，缺乏領導的威望和才能，由知識分子的周恩來、李立三、王明和博古諸人實際在背後主持中共中央。儘管中共中央不能迅速形成鞏固的核心，其崇高地位卻始終未變。惟自1930年以後，由於各地逐漸出現所謂革命根據地，而這些地方根據地有自己的軍隊、政權和群眾等組織，遠在上海的中共中央難免有鞭長莫及之感。另一方面，中共中央在財政上越來越依賴地方根據地，所以從李立三開始，便強調中央控制，力圖從思想、軍事、政治、政策和組織各方面來加強中央領導。1930年代初期中共各根據地都曾發生血腥肅反。這些血腥肅反各有其獨特的成因。放在這個歷史脈絡中來看，有一點卻難以否認：中共中央強調其絕對權威，不容許下級有任何挑戰。

中共中央從1933年遷移到江西蘇區以後，雖然面臨毛澤東的潛在威脅，然而因為有強調下級必須服從上級的列寧主義，又擁有共產國際的全力支持，所以很容易便把毛澤東「排擠」在中共中央圈子之外。只是1935年初，因為軍事遭受嚴重挫敗，造成全黨上下的不滿，軍隊將領尤其憤激異常，不得不召開政治局擴大會議，正視黨內批

評，並接受毛澤東為新領導中心的主要成員之一。毛澤東參加的中共新中央，因為暫時未獲得共產國際的批准，所以1935年握有軍事實力的張國燾敢向其合法性挑戰。只是毛澤東了解中共中央名器的重要，可以讓張國燾的部下遞補中央委員和政治局委員，也可以讓張國燾出任紅軍總政委，卻堅決拒絕接受新中央缺乏合法性的指控，尤其是不讓張國燾出任中共中央總書記。毛澤東幸運的是，張國燾在和新中央分道揚鑣以後，自毀立場，另立黨中央。毛澤東因而可以指責他背叛自己早已在實際行動中承認的遵義會議中央，必須擔負另立中共中央的罪責。張國燾的根本問題，還是軍事判斷錯誤，以致接連兵敗，被迫進入缺糧缺草的少數民族地區，最後不得不率部北上和遵義會議中央會合。儘管張國燾以同時取消兩個中央為北上會合的條件，可是率部北上後，軍情緊急，不容內部繼續爭論，而且也迅速發現共產國際無意支持其行動，所以只好接受既成事實，而徹底向遵義會議中央稱臣。追根究柢，毛澤東成功地保衛了遵義會議中央的合法性，所以後來得以控制中共全黨。

在中共中央，毛澤東最初只是黨中央的重要一員而已，後來一度面臨王明的挑戰。王明甫自莫斯科歸來，雖然頭上有共產國際的光環，但缺乏草根基礎，尤其是沒有像張國燾一樣的武力後盾，所以在史達林決定支持毛澤東的領袖地位以後，根本勢不可為。他在武漢推行史達林「一切通過統一戰線」的策略，不僅未能取信於國民政府，反而使毛澤東建設根據地的政策遭到延緩。儘管王明的政策可能推遲國民政府對中共的反擊，但是反擊畢竟發生了，而發生以後，毛澤東正好可以用來證明王明的政策是「右傾投降主義」路線，而他自己發展根據地的策略則是高瞻遠矚，有先見之明。

1938年底王明垮台以後，中共中央的集體領導，實際上已是以毛澤東為核心的領導了。不過，毛澤東並不以王明的垮台為滿足，他認為王明之喪失政治權力固然重要，更重要的是必須證明王明的政治路

線是錯誤的，而自己遭受排擠和批評的政治路線則一貫正確。**根據蘇**
共兩條路線鬥爭的理論，凡是列寧主義的政黨便一定會有正確路線和
錯誤路線的鬥爭，而毛澤東至少從上井岡山以後，便不斷遭到上級，
尤其是中共中央的批評。毛澤東要證明過去這些對自己的批評都是錯
誤的，則勢須把中共黨史顛倒過來重寫。雖然要達到這一個目的，可
以透過命令下達指示，但是他不想「以力服人」，他要「對手」心悅
誠服地俯首認罪。如此一來，群眾路線便顯得極端重要了。他要黨員
尤其是高級幹部檢討黨史，一方面透過或明或暗的管道示意檢討黨史
的主要方向，另一方面則由黨員和幹部根據親身的經歷，對毛澤東的
「政敵」進行批評和形成輿論壓力。中共的幹部本來就有不少人對過
去的中共中央嘖有煩言，當然願意就自己的親身經驗見證毛澤東政敵
的錯誤。毛澤東在分散的下級檢討提供足夠的見證以後，便容易提出
自己對過去中共中央所犯錯誤的批判了。最後，新的中共黨史寫出
來，便是毛澤東在黨內兩條路線的鬥爭中一貫正確，而且毛澤東是在
不斷和錯誤路線的鬥爭中贏得全黨領導地位。

　　毛澤東經此重寫黨史的過程，變成中國的列寧和史達林，是中共
黨內兩條路線鬥爭中正確路線的代表，最擅長於把「馬克思主義」和
中國國情結合在一起，是領導中共邁向勝利的不二人選。毛澤東就在
此一過程中，於1943年正式取得中央最後決定權，隨後又在全黨擁戴
下，繼續重寫中共黨史，並任由下級創造「毛澤東思想」這個名詞，
把毛澤東思想神聖化，視為馬列主義中國化的具體表現。毛澤東思想
就在這種由上到下指導和由下到上參與過程的結合中定於一尊，而對
毛澤東的個人崇拜也在這個基礎上不斷發展和滋長。中共建國之初對
此仍有節制，1959年盧山會議前後，由於中共中央公開提倡所謂「正
確的」個人崇拜，便很難不出問題了。

　　從1949年到1976年，中共由在野政黨變為在朝政黨，從革命奪權
走向不斷革命，毛澤東則在中共黨內始終擁有關於重大決策的最後決

定權。由於所處環境的改變，毛澤東行使最後決定權的風格也有改
變，尤其是1955年以後比較不願意傾聽不同意見。雖然如此，毛澤東
的政治態度仍有幾點是始終一貫的：第一、他始終認為「社會主義」
是中國的未來，而社會主義的發展路線有其優越性，可以解放生產
力，造成生產力的大躍進。第二、他領導中共實行社會主義理想，不
但擁有關於重大問題的最後決定權，也決不容許他的最後決定權遭受
衝擊或挑戰。第三、當他要打倒追逐社會主義理想過程中出現的「政
敵」時，他一定採取從上到下指導和從下到上參與結合的方式，也就
是所謂群眾路線，由所謂群眾來證明他的「政敵」完全錯誤，而這些
錯誤屬於路線的最高層次，而且思想和道德兩方面兼而有之。這就是
說，他要徹底摧毀政敵在思想和道德方面的正當性和合法性。這幾點
是毛澤東統治的特色，一直到他去見馬克思之前，都無絲毫改變。

二、從血腥肅反到整風改造

　　1920年代，中共基本上依賴黨員高度自覺，對黨員的處分頂多開
除黨籍，並無暴力相加情事。1930年代的中共黨內發生血腥肅反，原
因相當複雜，而最重要的一個原因是中共中央要加強黨內控制。這個
問題分為兩方面來說明，一方面是如何加強黨內的思想共識和組織團
結，另一方面則是如何徹底清除黨內有「政治問題」的成員。用中共
自己的話來說，也就是如何把對中共「半條心」的人變成「一條
心」，同時把所有「兩條心」的人清除出黨。當然中共在不同時期對
「半條心」和「兩條心」有寬嚴不同的解釋，但中共的針砭之道大致
經歷了以下這樣一個發展過程：1930年代，隨著中共黨國體制的形
成，血腥肅反開始出現，這一度是各根據地的共相(主要是假借中央名
義，行上級控制下級之實)。隨後取而代之的是所謂「兩條路線的鬥
爭」，基本由上而下發動，缺乏「輿論」動員，有「懲罰主義」之
病。1940年代，中共則在毛澤東的領導之下，發展出一套整風審幹的

辦法,以之取代前期作法,基本上「大部不捉,一個不殺」,藉由各單位的「群眾」動員,形成檢舉揭發以及自我批評的逼人形勢,以達到思想改造和控制的目的。

　　早在選擇馬列主義建黨的途徑時,中共中央便強調思想、軍事、政治、政策和組織的領導,而思想領導在這五大領導中更具有關鍵地位。只是當時中共尚無自己的軍隊,所以在實際行動中單單缺少軍事領導而已。建黨初期,中共便針對一些明顯和馬列主義不合的社會主義思想,進行論戰;一方面澄清黨中央認為「正確」的思想是什麼,另一方面則是排除背離中共所謂正道的思想,以便確立內部的團結一致。由於當時中共並無「國家機器」在手,也就是說,沒有警察和安全人員,所以開除意見不同者的黨籍,實際只是要當事人脫離組織,而不會加以暴力的懲治。然而這已顯示:中共中央有權界定何謂「正確思想」,並據以改造或開除黨員了。

　　1927年以後,中共由於脫黨人員對其形成很大的安全威脅,於是開始成立保衛機構,以武力制裁其中投效敵方的所謂叛黨分子。在隨後的根據地建設過程中,爾虞我詐,經常出現為敵方人員滲透的案件,所以中共的保衛機構不僅針對所謂叛徒進行制裁,同時也為了防患於未然,不斷設法打擊內部潛伏的敵人。但是潛伏的敵人很難辨認,他們不會自動坦白中共以外的政治組織關係,所以便從兩個方向來搜查。第一個方向是階級成分。凡是不屬於工農階級的階級異己分子,就有可能成為敵人,他們因為階級利益之所在,而難免背叛中共的統治。第二個方向是政治行為。凡是中共認為行為不合乎黨的道德標準者,就同樣有可能成為敵人。結果中共歷次清除潛伏的真正敵人,經常變成清除潛在的可能敵人。這是肅反擴大化的基本原因。隨後到1930年代,中共對被懷疑有問題的黨員和幹部,一律都是逮捕用刑,拷問取供,以致經常發生株連,形成大規模的冤獄。當時連毛澤東控制的江西蘇區,也都發生了殺人盈野的富田肅反。中共中央遷移

到江西蘇區以後，雖然江西蘇區沒再發生大規模肅反擴大化和簡單化的問題，但在加強兩條路線鬥爭的名目下，又針對有抗拒毛澤東和其他上級命令嫌疑的各級幹部，展開無情的思想鬥爭。因為思想鬥爭和鞏固上級權威的考慮經常混為一談，又經常把普通錯誤昇高到兩條路線鬥爭的層次來批判，尤其受全黨口誅筆伐後，仍然難逃撤職下放和勞動改造的命運，當事人自難心服口服。後來毛澤東批評當時國際派中央有「懲罰主義」的傾向，引起黨內高層的普遍共鳴，正是因為有此背景。至於江西以外的根據地，國際派中央鞭長莫及，大規模的血腥肅反仍不斷發生，所引起的幹部積怨更大。這些血腥肅反當然有其地方性的原因，但是他們沒有設法防止，反而經常火上加油，所以後來遭受嚴厲批評時，很難辯解，只能認錯。

毛澤東的崛起是從批評國際派中央政策開始的。他在取得中共中央的實際控制以後，不斷以批評中央錯誤路線為號召，把凡自認為身受「懲罰主義」之害的黨員和幹部的憤怒，集中在當時的中共中央身上，並據以徹底打垮王明。既然毛澤東批評王明中央的作法是懲罰主義，他當然不能依照老辦法來處理王明等人。在處理黨員的管理問題方面，必須摸索新的經驗。就在摸索過程當中，毛澤東逐漸以蘇聯經驗為基礎，發明和創造了中共所特有的整風審幹方法。整風審幹中的整風，指整頓不良文風、學風和黨風而言，是中共自創的政治術語。但在所採用的方法方面則有繼承蘇聯經驗的地方，這就是：根據馬列主義的經典著作進行學習，然後根據所學到的理論和詞彙來進行批評和自我批評，以便塑造黨性堅強的同志。毛澤東對黨員一視同仁，但特別針對王明，發動批評，並要求王明反省檢討。審幹則是審查人事資料，了解每一個黨員的忠貞程度，以便具體對待和處理。

中共整風審幹和蘇聯不同點主要有三：第一、中共在黨員學習的馬列主義經典著作之外，增加中共領袖人物著作，而中共以毛澤東思想為馬列主義中國化的表現；對毛澤東作品的強調，比起馬列經典當

然有過之而無不及，反而指定閱讀的馬列經典少得令人有聊備一格之
感。中共這些作法，儘管從手段來說，乃是「以俄為師」，但在實質
的內容方面卻是迥異於「俄國化」的「中國化」，而且隱然帶有挑戰
莫斯科壟斷意識形態解釋權的意味。第二、中共對挖掘每一個黨員靈
魂深處的興趣似乎遠超過蘇共，除要求他們主動交代階級出身、政治
歷史和思想傳記以外，還千方百計配合檢舉資料，深入詳細檢查其動
機與認同。第三、中共的整風和審幹不僅有蘇共經驗中從上到下的指
導過程，而且和群眾運動密切結合，用動員群眾尤其是積極分子的辦
法，來迫使不願坦白反省的幹部坦白反省，以便達到改造幹部思想和
弄清幹部忠貞程度的雙重政治目的。

　　整風審幹既然採取群眾運動的方式，在其過程中「積極分子」必
然大量出現。這些積極分子認同黨的理想主義，進行自我批評，同時
也進行揭發和批評別人的錯誤。他們所以響應批評和自我批評的號
召，可能和儒家的修養傳統有關，也可能在動作的形式底下藏有希意
承旨、甚而挾怨報復的動機，以致在不應該懷疑的地方找懷疑，不僅
製造嫌疑分子，更針對所謂嫌疑分子進行不實檢舉，結果嫌疑分子越
找越多，而他們聯合一般群眾迫使嫌疑分子坦白反省的方法，也越來
越光怪陸離。因而毛澤東很快就了解到，必須事先喊出反對「逼供
信」的口號，更必須提出「一個不殺，大部不捉」之類的政策，留有
迴旋餘地，以便在整風審查告一段落之後，依賴專業幹部，就所蒐集
的詳盡人事資料進行甄別。對完全無辜者進行平反道歉，對真正有政
治問題的人物則予以孤立和開除職務、黨籍。對問題較輕的嫌疑分
子，則仍然逼他們坦白反省，不然的話，也至少要確定他們不曾隱瞞
過去的政治關係，纔束手罷休。

　　中共在黨的上層和中層機關以群眾路線的方式整風審幹時，所謂
群眾就是指一般黨員和幹部而言，他們中間也有所謂積極分子。上級
幹部透過他們來動員其他一般「群眾」，迫使每一個人批評和自我批

評。早在1940年代，連周恩來、彭德懷和陳毅這樣地位崇高的幹部都不例外，一律要受同樣嚴厲的整風審幹過程的考驗，不僅要自我批評，也要接受整風改造和審查黨性。他們曾因為「積極分子」和「一般群眾」的精神壓力，而不得不做出違背良心的自我指控。只是中共為了維護高級幹部的威信，除少數例外，都把對他們的批判限制在極小的圈子之內，一般黨員無從知曉而已。中共就是透過這種制度化的整風審幹過程改造幹部，同時也利用改造後的幹部驅策「群眾」，尤其是所謂群眾中的積極分子，對上級認為拒絕改造的人士施加各種新壓力。熟悉這一套辦法的各級黨委書記，當然可以根據整風審幹的既定政策，針對任何有可能挑戰的對手，煽動所謂群眾展開批鬥，並迫使他們進行自我侮辱的批判，加強他們對黨組織和黨上級的認同。

內戰時期的資料顯示，黨國體制因為對農村資源的汲取超過農民默忍的範圍，故不得不沿用行政命令的方式，以致農村基層幹部和農民大眾之間出現嚴重摩擦。毛澤東從群眾觀點來看，贊成開門整黨，動員貧苦農民，紓解民怨。另一方面則由貧苦農民，擔任指控和鬥爭的角色，上級幹部不難從中轉圜。所以要黨部從地下走出來，公開邀請群眾批評和監督。最初群眾害怕幹部，上級為了鼓勵他們批判幹部，經常故意煽動和縱容流氓地痞，以及對體制有積怨的普通農民，以之帶動大多數貧苦農民。像鬥爭士紳地主一樣，貧苦農民一旦有了「豁免權」的保障，又有個人的利益考慮，便不免製造出嚴厲的批評場面，甚而上演打人、殺人的鏡頭。由於整個過程充斥暴力，所以劉少奇派大批的工作組到農村基層，一面是繼續經營農村的階級鬥爭，另一面則是把開門整黨的暴力減低到最小程度。在工作組的監督下，凡是被貧苦農民批評的基層幹部，都准許反省改造，送上級整風班學習，到學習告一段落，再派回原來崗位繼續工作。這是一舉數得，既可以改造和控制農村基層幹部，也可以保護他們，使得中共的農村基層結構在開門整黨過程中，免於致命性質的衝擊。

三、宗派主義、地方主義和山頭主義

　　宗派主義、地方主義和山頭主義是肅反和整風改造要克服的幾個大問題。所謂宗派主義是就小組織和小團體說的，地方主義和山頭主義可以說是兩種宗派主義。地方主義背後有強烈的地方認同，以致為人做事，以地方利益為主，不顧整個黨組織的需要和利益。山頭主義則指中共「革命」過程中，幹部因為工作關係所形成的特別認同。中共在理論上嚴禁黨內有派，不容許有任何小組織存在，當然會不餘遺力地打擊宗派主義及其變形。然而從客觀經驗中了解，毛澤東尤其清楚，代表局部利益的地方主義和山頭主義都是真實的存在，不容易完全消滅。所以毛澤東嚴厲批評地方主義，卻承認地方主義的存在，然後加以照顧和運用。這便是毛澤東主張承認山頭、照顧山頭、消滅山頭的理由。承認山頭和照顧山頭可以取得黨內大團結的保障。不過，承認山頭和照顧山頭本身並不是目的，最終目的仍是消滅山頭，他只是想通過承認和照顧山頭，來達到消滅山頭的目的而已。正因為承認山頭，照顧山頭，所以毛澤東的用人政策強調五湖四海，要讓各山頭找到合理的出路。也唯其如此，下級纔能做到對上級的絕對服從，因為服從上級正所以照顧自己利益也。

　　毛澤東是創立根據地的領袖，他曾經以本地幹部身分受過外來幹部的干擾，也曾以外來幹部的身分干擾過別人的本地事務。他非常清楚，外來幹部和本地幹部之間的矛盾，並不一定全因本地幹部有「本位主義」所導致，很可能只是因為外來幹部不了解情況而引發。井岡山時代，毛澤東屢次和湖南省委的代表發生衝突，就是這個矛盾的表現。毛澤東率軍在江西發展時，他又和李文林發生衝突，不過所處地位剛好與過去相反，自己不是下級而是上級，不是本地幹部而是外來幹部。這種本地和外來幹部的衝突，都涉及黨內下級服從上級的黨紀問題。雖然發展的過程相當曲折，無法在這裡詳述，但有一點必須特

別強調，這就是：中共從建黨以來就強調下級服從上級的列寧主義組織原則，隨著時間的進展，中共更把這一個原則變成每一位黨員念茲在茲的生活準則；面對上級的意見，黨員理論上可以表示有所保留，也可以越級申訴，卻絕對不能不付諸實行，尤其是不能陽奉陰違，擅自改變上級決定。

　　儘管如此，中共中央對其黨員常有鞭長莫及的感覺。江西時期，中共在邊遠地區建立了一些根據地。這些根據地獨立作戰，必須因時因地制宜，因此擁有相當大的專斷權力。這在中共中央眼裡，難免形成太阿倒持的威脅，所以不斷設法加強中央控制。然而在客觀的情勢之下，各根據地不得不逐漸形成以軍隊為基礎的所謂山頭，例如紅一、二、四方面軍等，以及這些方面軍以外的其他小山頭。張國燾紅四方面軍的例子說明，山頭可能會對中共中央形成威脅。然而更多的情況顯示，張國燾似乎只是一個孤例。一般說來，山頭並不真正構成對政權的挑戰，如果中共中央能照顧到各個山頭的利益，不予過分的打擊，則反而大有可能成為中共中央統治的堅實基礎。

　　毛澤東鼓吹根據地的建立，他的權力也隨著根據地的擴張而成長。從江西時期以來，中共軍隊在各地區建立政權、軍隊和群眾團體。雖然同時間也發展了黨的組織，但因為政權、軍隊和群眾團體各有其獨特功能，黨為了做好工作，在一定期間內也會強調它們的獨立自主性。然而獨立自主性卻很容易變質，成為黨組織眼中的離心傾向。例如青年組織為了做好工作，強調青年有婚姻自由。這和黨的動員農民政策便會產生矛盾，因為大多數農民性格保守，不喜歡婚姻自由之類的宣傳。然而矛盾出現時，尤其是在產生不服從黨上級決策的傾向時，中共中央必定矯枉過正，厲行黨一元化領導的政策，由黨控制同級政權、軍隊和群眾團體。

　　軍事大失敗後，中共各根據地的軍隊和幹部經過所謂「長征」，集中在陝西北部的黃土高原上。其後中共中央趁抗日戰爭爆發，在日

本敵後重新建立根據地，於是再度面臨根據地如何應付敵人分割的問題。在根據地作戰，因為強調因地制宜的游擊戰，所以各級黨組織不可避免的有離心傾向。同時，由於推動抗日民族統一戰線，所以吸收黨員時並不嚴格要求對象具備馬列主義的知識。因此入黨的新黨員，尤其是青年知識分子的入黨動機，與其說是基於馬列主義的信仰，不如說是出自民族主義的熱誠。在整個抗戰時期，各根據地更經常發生「事前不請示、事後不報告」的問題。中共文獻則充斥著「軍閥主義」、「本位主義」、「山頭主義」、「鬧獨立」的批判。這些中共用語，雖然反映的都是從上級立場所作的指責，下級並不一定同意，但是充分顯示：對上級而言，內部控制仍然是嚴重問題。毛澤東就是以這些情況為理由，來發動整風審幹的。

延安時期，毛澤東在集權中央的過程中，同時便承認地方主義的存在，照顧地方主義的感情，並利用地方主義來鞏固其統治。例如他起用本地人高崗為中共西北局最高領導，由其黨政軍大權一把抓。這個樣板培植得非常成功。既照顧了地方感情，又同時確立了黨一元化領導的最高原則。根據黨一元化領導的原則，中央單位以下，凡是黨的最高負責人就是最高領袖，不容有任何鬧獨立的傾向存在。毛澤東在處理高崗問題時，還利用1930年代的肅反積怨，把原本很複雜的地方肅反案件，簡化為國際派中共中央路線的必然產物，藉以激起其他各根據地人士，對國際派中央執政時期肅反政策的不滿：一方面樹立高崗一貫正確的形象，另一方面也為後來的清算國際派領袖王明奠定基礎。最後終於由黨中央的其他領袖，按照高崗模式，為毛澤東確立唯我獨尊的地位。

中共從1940年來強調學習理論，到次年年初新四軍事變以後，更趁機嚴厲批評根據地的任何離心傾向，對任何敢於向中共中央提出異議的「山頭」都提出嚴厲批評。1942年毛澤東透過黨一元化領導政策的強調，把創建初期各根據地具「獨立自主」傾向的政、軍、民系

統，全部納入黨系統的控制之中。一方面在各根據地把軍權、財權和
政權，集中於各級黨領導人之手，另一方面則把各根據地的領導人調
到延安整風。藉著新根據地創建人劉少奇的協助，以意識形態統一來
鞏固全黨的團結。強調列寧主義中黨控制槍、控制一切的原則，對不
利於中央集權的地方主義，予以嚴厲打擊。

　　1940年代以來，毛澤東的地位已變得崇高無比。中共建國以後，
他把黨一元化領導的體制擴大到全國，不僅以中共黨主席的身分出任
新政權最高民意、最高行政和最高軍事機構的主席，而且透過這些機
構背後的黨組織，控制整個政府機構的運行。儘管毛澤東對史達林的
個人或有不滿，他秉持以俄為師的一貫素志，從史達林的俄國引進立
法、行政、司法和軍事四權合一的政府體制（有時黨直接管理軍事），
並採行黨組制度、黨管人事制度、黨內關於逮捕、審判的審批制度以
及國家計畫委員會制度。毛澤東不僅不容許黨一元化領導的體制因為
中共正式建國而受到削弱或動搖，更不容許他在黨內關於重大事務的
最後決定權受到質疑或挑戰。他在領導中共打敗國民黨的勝利光環保
護下，根據「大權獨攬，小權分散」的原則，對任何有侵越他「最後
決定權」嫌疑的作法，提出迅速而強有力的反擊。所以劉少奇未經他
同意，便根據會議決議向地方下達命令，他知道了以後立刻要劉少奇
反省檢討；一旦周恩來根據延安時期的政策，批准政府取消對國營事
業的納稅優待，他也立即要周恩來自我批判，在分割周恩來「相權」
的同時，開始透過中共中央直接指揮國務院各部會。毛澤東對中共中
央政治局不准江青參政的這個決議視若無睹，更顯示，他並不以中共
中央政治局的普通成員自居，所以不認為自己有服從中央政治局多數
同僚所作決定的義務。

　　就中央和地方的關係而言，毛澤東也注意到，隨著各根據地的建
立和成長，陝北中共中央面臨了1930年代國際派中央控制各蘇區的同
樣困難。儘管他透過整風審幹運動，建立了意識形態上的基本控制，

但是因為對黨一元化領導政策的強調，他仍無法避免地方上出現黨政軍大權集中於一人之手的情形。當然如果意識形態方面的向心力很強，這種黨政軍權大權於一人之手的情形不僅不足為慮，反而可以大幅度提升地方對各種事態發展的應變能力。只是到了第二次國共內戰晚期，毛澤東已經注意到，地方黨政軍領袖經常藉口軍情緊急，「事前不請示」，但「事後（又）不報告」。他在嚴厲指斥以後，要求立即糾正。

我們不知道當時是那一個地方領導「事前不請示、事後不報告」，但是從當時的客觀情勢來看，毛澤東的指斥應該令地方大局的領導心生警惕，尤其是當時有「東北王」之稱的高崗和有「華東王」之稱的饒漱石兩人，更應該戒慎恐懼，如履薄冰。理由很簡單，地方大局領導控制的各種資源最多，而高、饒兩人更分別以東北局和華東局黨委書記的身分，集黨政軍權於一人之手，控制中國最富庶、最現代化的兩塊地區，客觀上形成類似晚清「督撫權重」、威脅中央的局面。總之，無論地方大局的領導人是否忠心耿耿，也無論他們是否起什麼實質威脅，毛澤東只要軍事告一段落，都會師法傳統帝王，馬上進行強幹弱枝。事實上，他也是這樣做的，不僅以俄為師，屬行財政方面的中央集權，削弱地方各大局財經大權，而且把各大局的黨政軍領袖調離地方，到京城擔任職務。毛澤東熟讀中國古書，不可能容許地方出現凌駕中央之勢！

毛澤東矯正了內輕外重的局面，但在1954年中共內部仍然發生了高崗和饒漱石爭權事件。這個事件其實並不是對毛澤東的個人權威挑戰，而是高、饒兩人想分別取劉少奇和周恩來而代之。他們以為毛澤東對劉、周曾提出批評，就表示取兩人而代之的機會來到了。不料，高、饒二人開始行動以後，毛澤東卻認為劉、周仍然是不可取代的，從而全力支持劉、周，並且反戈一擊，嚴厲批判高、饒兩人。雖然這一個事件並不代表地方勢力對毛澤東個人權威的威脅，但是兩人所以

如此雄心勃勃，毫無疑義是和他們長期擔任大局書記的地位和人事關係有關。所以毛澤東在鬥爭高、饒之後，又於1955年廢止了大區制度，改由中共中央直接指揮各省。

省一級地方集權對中共中央的威脅不大，中共中央也早已針對這個問題未雨綢繆。中共在建國之初，雖然為照顧各省地方感情，盡量起用地方幹部擔任地方封疆大吏。但是當時也預作防範，派遣外來幹部，例如派南下工作幹部團，到廣東推行土改。不過有些省分仍然出現難以指揮的情形。中共中央認為這些地方幹部的地方主義意識太重，尾大不掉，故於1957年以反對地方主義為名，清算一些省分的黨負責人。在少數民族居住的地區，所謂地方主義和該民族的民族主義，根本就是同一件事。中共中央也針對這些少數民族地區尋求更大自主權的努力，展開嚴厲批鬥，嚴重打擊漢族幹部的地方主義傾向與少數民族的「民族主義」傾向。

在同一個1950年代，中共實行高度中央集權的計畫經濟，這深刻地影響到職業黨幹部與行政官僚之間的關係。雖然黨幹部和行政官僚可能是一體之兩面，但由於兩者所強調和重視的方向畢竟有別，所以仍然對國家的經濟發展政策形成兩種不同的立場：前者強調群眾運動，以政治口號動員群眾，發揮群眾的積極性，以達到增加生產的目標；後者則強調專家訓練，平衡發展和按部就班。各級黨委書記是職業的政治幹部，除了動員群眾以外，少有其他長技，而在群眾運動中，因為他們在所轄範圍經常享有至高無上的權力，所以對群眾運動的興趣很大。這些職業黨幹部環繞在實際主持黨日常工作的劉少奇和鄧小平的四週，成為一股巨大力量。為首的劉少奇和鄧小平，雖然不一定在任何時候都會贊同群眾路線的經濟發展模式，但一旦毛澤東表示要發動群眾運動、解決經濟問題時，他們也絕對不會反對。反而因為群眾運動增加各級黨委的權力，很有可能極力迎合。另一方面，行政官僚系統中有一批官員，尤其是國家計畫委員會的負責官員，強調

平衡發展，強調專業訓練，強調有步驟、有秩序的「現代化」。他們團聚在國務院總理周恩來身邊，在類如「尊敬專家」的口實下，也取得相當大的「獨立自主」性。雖然周恩來對黨中央忠心耿耿，於毛澤東的旨意也是亦步亦趨，可是畢竟已在黨內自成一股力量。

　　這兩股力量在黨內形成某種程度的平衡，但毛澤東強調黨一元化領導，終究不容周恩來所代表的政權，挑戰政治局所擁有的思想、軍事、政治、政策和組織等五大領導權。尤其毛澤東透過最後決定權和個人崇拜，已牢牢掌握住整個黨組織，任何違反他心意的作法或想法，他都可以隨心所欲地斥之為鬧獨立，甚至扣上宗派主義和地方主義的大帽子，予以鬥倒鬥臭；何況黨組織在劉少奇的主持之下，對奉行毛澤東的旨意，向來惟恐不力。

　　1957年，毛澤東假手劉少奇和鄧小平主持的黨組織，發動反右運動，隨後又在1958年發動大躍進，基本上選擇了群眾路線的經濟發展路線，把天秤更進一步壓向黨組織的一方。毛澤東為了發揮各級黨委的積極性，從而激發群眾的政治熱情和生產情緒，所以選擇了和計畫經濟相反的道路，大量下放經濟權力，並恢復黨組織的大區制度。大躍進的嚴重挫敗，雖然讓計畫經濟官僚得以捲土重來，但是在大躍進中受到強化的黨組織系統，卻沒有受到嚴重的打擊，反而因為強調黨一元化領導，而排除了組織內部原有的一些制衡。例如各省新華分社負責反映地方輿情的制度便被削弱了，從而使中央到地方結為更沒有雜音和異議的一體。

　　毛澤東希望透過四清和五反來展開社會主義教育運動，一方面恢復中上層幹部和社會基層的聯繫，讓下情上達，另一方面則是以對社會主義優越性的信心灌輸群眾，傳達上意。實踐的結果似乎僅證明，這個黨組織的中上層為了自保，不惜以下級黨幹部作為大躍進失敗的替罪羔羊。毛澤東在分析劉少奇和鄧小平領導的黨組織所以出現尾大不掉傾向時，並不認為黨一元化領導政策是其癥結所在，反而迷信整

風改造的效果，認為只要再次發動「開門整風」，也就是所謂文化大革命，便可以恢復整個黨組織對他想法的尊敬和貫徹的決心。既然有過去延安整風審幹的經驗可以為鑒，他便針對文化大革命所可能在黨內上中層帶來的反彈，預作防範。所以他在扶植林彪所代表的軍人勢力的同時，藉由文化大革命中所進行的奪權運動，逐步地再次取消黨組織的大區制度；因為大區纔可能擁有足夠的資源，對他的文化大革命政策形成真正的挑戰。

其實，毛澤東從建國以後，即透過不斷的整風審幹，來改造幹部、清理幹部和提拔幹部，以圖確保及加強一元化黨國體制的純潔和運作，同時帶動整個國家向社會主義階段邁進。毛澤東的整風改造曾令梁漱溟等大知識分子佩服得五體投地。然而整風審幹一次接著一次，顯然每一次整風審幹都有其局限性。最先各單位的整風，由於黨員認同毛澤東的思想，加上各級黨委負責人的權力極大，可以輕易動員輿論，進行批評和自我批評，所以也有一些效果。不過批評和自我批評不容易深入，尤其因為所揭櫫的道德標準過高，又不容「黨性」之外有超階級的人性，一切政治掛帥，「大公無私」很容易便淪為形式，大家一同走過場，應付應付罷了。延安時期，毛澤東為矯正其弊，強調要搞典型批鬥，更強調要審查幹部。這個辦法相當成功，只是上有政策、下有對策，久而久之，整風仍不免出現兩大弊端而大不利於黨組織：第一個毛病就是逐漸淪為歷史學家黎澍所說的製造偽君子的機器，「陽奉陰違」的政治遊戲大為盛行，而且與時俱進[1]。另一個毛病在於為了弄清黨員的忠誠度，有意無意間仍鼓吹有形無形的暴力，每一次整風審幹都製造一批冤錯假案。

對毛澤東而言，最大的問題還不僅在此。他之所以建立中共黨國體制，目的原本是根據社會主義的原則，改造整個中國，並解放其生

---

1 阮銘，《鄧小平帝國》，頁45。

產力。然而在中共體制成為上下一體、左右沒有任何抗衡力量的巨無霸以後,整風審幹的效果不僅加速遞減,成為黨員和幹部眼中必須走過場的具文,各級黨員幹部面對毛澤東向社會主義邁進的總方向時,也越來越表現得有點躊躇不前,毛澤東覺得他為實現革命理想所建立的黨國體制,已經不像1950年代初期那麼勇猛向前了。

由於黨內整風一直有這個形式化的問題,毛澤東遂嘗試動員黨外力量來監督黨組織的開門整黨運作。1957年,中共消滅了資產階級和小資產階級以後,毛澤東便針對黨組織和民間社會的矛盾,試圖動員被認為已經喪失階級基礎的知識分子來幫助中共整黨。這可以說是以知識分子的百家爭鳴作工具,以黨內高層幹部為對象,開門整黨。不料,知識分子雖然像內戰期間的貧苦農民一樣,響應毛澤東的號召,但是他們不獨對中共的若干措施表示不滿,也對中共統治本身提出幾近挑釁的言論,其激烈的程度著實讓中共吃驚。在內戰期間,中共是犧牲農村基層幹部,以求紓解貧苦農民的積怨。但是1957年,毛澤東並無意犧牲整個黨中上層結構的威信,所以在黨中上層結構的配合下展開反右運動,嚴厲進行反擊。結果原來開門整黨的構想完全變質,反而使黨外知識分子噤若寒蟬。另一方面,毛澤東和黨的其他領袖耽溺在反右運動的虛幻勝利中,很快便忘記了謹慎和謙虛的美德。他們在追求共產主義的理想時,得意忘形,無所顧忌,甚至嘗試向共產主義社會過渡。不幸,人民公社帶來生產關係的改變,卻始終沒有帶來真正的生產力突破。

大躍進當中,毛澤東對地方放權,讓各級黨委有較大的自主空間,豈料卻出現了三年大饑荒!這證明黨組織的改造距離理想仍遠,否則在「正確」的三面紅旗政策指導下,不可能出現共產風等所謂五風。就在毛澤東懷疑整個黨國體制能否隨他的意志運轉之際,劉少奇一面透過四清五反改造基層各級幹部,另一方面也透過文教部門,批判反社會主義的書籍和言論。劉少奇認為中高級幹部的確有脫離群眾

的問題，但是只要他們參加工作組，到基層去進行四清五反，或從事
長期蹲點，就可以得到訓練和改造。劉少奇沒有料到毛澤東會對此不
以為然。在毛澤東看來，問題的癥結不在社會基層和文宣機構，而在
於包括劉本人在內的整個黨上層結構，劉少奇開出來的改造藥方只不
過是轉移視聽。這就是毛澤東發動文化大革命的原因。

文化大革命初期毛澤東動員的主要對象是年輕學生，僅附帶觸及
工人，農民可以說大體置身事外。雖然四清和五反曾在基層群眾和幹
部之間形成新的矛盾，但在文化大革命中因為中共有意限制，所以基
本上農村和工廠中出現的動盪並不嚴重。為了展開文化大革命，毛澤
東任令林彪掌握軍權，也指示所謂四人幫奪取文宣機構的控制權，然
後動員紅衛兵和造反派批鬥高級幹部。由於依靠的是黨以外的力量，
文革的整風審幹產生了嚴重的街頭暴力，最後毛澤東不得不以軍宣隊
和工宣隊的方式介入，恢復黨組織，也恢復社會秩序。其後，中共在
各地遍設五七幹部學校，以求徹底改造幹部，但是基本上已停止了以
紅衛兵和改造派鍛鍊中高級幹部的文化大革命。

毛澤東並非俄式民粹主義者，發動文革只是為了動員青年學生和
低級幹部，並由他們來批鬥和改造高級黨政領導層。在他心目中，無
論紅衛兵還是造反派，都不是終極目的，他們只是社會主義革命的工
具而已。所以在批鬥改造黨政高級幹部的目的初步達成，而整個國家
也面臨完全失控的危險前，他加強軍隊的介入，並以上山下鄉的號
召，軟硬兼施，把紅衛兵運動的狂潮壓制下來。另一方面他下令成立
由老幹部、群眾積極分子和軍隊幹部混合組成的革命委員會，同時逐
步恢復黨組織。這種革命委員會，雖然包括革命群眾和軍隊代表，但
基本上其實就是黨一元化領導的體制。由於黨政軍企合而為一，各級
革命委員會的領導人擁有極大的權力，毛澤東則繼續以黨最高領導人
的身分控制和指揮之。黨組織恢復以後，一切又仍舊觀，但黨組織所
表現的凝聚力則大不如前了。

　　這裡或許應針對毛澤東所建立的黨國體制，稍作說明。專就國家權力無所不在及不容異己這兩點來看，毛澤東時代的中國大陸當然是一個極權主義的國家，但如導論所指出，必須特別強調：這一個極權主義國家是建立在群眾參與和擁護之上的。毛澤東不僅是中國的列寧和史達林，也是中國傳統的開國皇帝。他和以往的統治者不同的是，經常透過社會矛盾的激化，取得群眾的擁護，循此取得中國大陸的政權，並為中共的黨國體制注入新生命力。1927年以後的群眾運動，因為有黨組織在背後嚴格操縱，所以未再出現北伐時期不能控制的現象。文化大革命時期黨組織本身失去控制力，變成被打擊對象，因此群眾所表現的過火、過左現象，反較北伐時期更加混亂和暴戾。北伐時期，中共黨員所控制不了的是痞子流氓，而文化大革命難以控制的是青年紅衛兵。在紅衛兵運動進行了兩年以後，毛澤東靠著個人威望和軍隊的介入，終結了文化大革命中動亂最嚴重的日子。只是軍隊介入，雖然恢復了黨組織，並清理了所謂階級隊伍，其他方面卻無以為繼。毛澤東生命的最後幾年，只能利用在文化大革命中興起的幾股力量，勉強維持文化大革命的表面而已。

※　　　　　　　　　※　　　　　　　　　※

　　1978年鄧小平時代正式登場，放在歷史長期發展的脈絡來看，我們可以獲得什麼樣的結論？

　　鄧小平時代的民族主義，擺脫了馬列主義意識形態的枷鎖，也忘懷了馬列主義對現代民族國家民族主義的批評，而成為單純追逐現代民族國家之國家利益的工具。所謂現代國家的國家利益，缺乏馬列思想中的理想主義色彩，而完全可以用國家經濟力和軍事力來界定。中共因為告別革命、恢復和發展市場經濟，國家得以免於階級鬥爭所帶來的動盪。然而過分強調提高個人平均所得，也嚴重輕乎了現今中國大陸新一輪「原始資本積累」過程中所發生的不公不義；國家因為馬

列主義信仰的褪色，也不再對一些第三世界國家進行浪費國力、不切實際的「凱子」外交。但中共在追求西方國家眼中平等地位的過程中，也同時釀成第三世界國家的某些不滿。由於強調國家主權，中國民族主義雖然強調中國這塊土地上所有民族之間的平等與團結，實際上卻不能完全避免國家領導人以漢族菁英的眼光，片面決定中國民族主義內容的譏評，以致忽視了國內某些少數民族對自我認同和自治自決的渴望。

國家機器喪失了它對馬列主義的信心，也逐漸放鬆對經濟部門的控制。中共在意識形態上雖仍歧視私有財產權，但私有財產制度運作的空間越來越大。在廣大的農村中，不但個體農業恢復，集體經濟也開始擺脫政府多方面的直接控制。中共實行政企分離，恢復鄉鎮政府，讓集體企業在市場規律中獲得自主活動的空間，也讓國營企業在黨一元化領導體制中享有比較大的自主權。由於國家的控制力減弱，中共建國以來受到壓制的，諸如宗族和幫會之類的活動，又開始引人注目。宗教遭受了三十幾年的歧視，竟然出現了新的活力，幫會組織和犯罪團體也再次變得活躍異常。城市因為各種經濟改革，出現不受「單位」控制的私人和三資（外商獨資、中外合資和台港澳投資）企業。街道辦事處不再擁有以前的權威，任何人既不受「單位」的控制，也不必害怕居民委員會監視，一種前所未有的「新中產階級」開始出現。

這一個「新中產階級」所代表的私營經濟，從其規模來看，尚不足以抗衡國營經濟以及集體經濟的總合；就其成員的階級意識言，也還算不上是一個階級；但是就其客觀的存在而論，已是無人可以否認的事實。中共正在密切注意「新中產階級」未來的發展過程，而黨內有心人士更頻頻以此為警惕。其實，中共「新中產階級」的一些成員與中共的權力結構有密切的關係，而其中更有為數不少的一部分人是「以權謀私」，並藉「化公為私」和「公私不分」等手段發展過來

的，因此令人懷疑國民政府時代所謂「官僚資本主義」的現象是否會捲土重來？果真捲土重來，又是否會帶來與國民政府所面臨的同樣問題？還是過了一代，他們會如蟬之脫殼而蛻變成真正的「中產階級」，追求歐美「中產階級」所追求的價值觀念，例如壓力團體的政治？問題答案尚在未卜之數。

鄧小平執政以後，很快地就針對文化大革命對高級幹部所造成的衝擊，宣布停止群眾運動，強調社會主義的法制建設。中共雖然極力保持其一元化的黨國體制，但由於過去黨組織越俎代庖的情形過分嚴重，所以特別強調黨群、黨政、黨企分離，要求黨透過黨員，組織特別黨團來間接領導。在農村基層，中共也強調村自治，對鄉鎮政府形成制衡。總的說來，黨組織的權力有削弱的趨勢。這種現象在村落中尤其明顯，有時黨還需要借助家族或企業等其他力量來鞏固統治。

正因為以上種種改變，加上中共在意識形態方面的潰退，社會大環境的變化，以及單位制度的鬆動，整風審幹已不可能像過去那麼有效了。所謂社會主義的法制仍然有待加強，幹部貪汙腐敗的問題卻越來越嚴重，早已普遍到罄竹難書的地步。甚而有人指控中共內部的貪瀆情況比起1940年代的國民黨還要嚴重。中共中央為收攬人心，以法律制裁貪汙腐敗，偶爾也打幾隻惡名昭彰的「大老虎」，但礙於錯綜複雜的政治和經濟考慮，始終為德不卒。其實，在鼓勵萬元戶甚至億元戶的新社會風氣中，過去的整風審幹辦法已喪失效果，而新的反貪汙腐敗機制基本上又擺脫不掉「重申相信黨有決心解決貪瀆問題」的老套，中共豈能如此輕易地重建其幹部階層，在過去革命時代清廉自持的道德形象？一般老百姓怨聲載道，但是「貪汙」有益經濟發展的理論也有相當銷路，有的老百姓一方面抱怨，一方面參與，所以貪汙腐敗並未導致反對政府的普遍行動。反而由於人心怕亂，經濟發展又極其迅速，所以政權看來仍相當穩定。

鄧小平時代出現所謂諸侯經濟現象，這頗似晚清督撫權重的問

題。只是問題的現代內容主要在於經濟，而不在政治和軍事上。地方上，軍隊和政權還是分開的，地方官員不再擁有軍權。軍隊的軍區比省為大。軍隊的控制和地方的控制分屬不同的系統。各省黨委書記則因為財政實行大包乾，所以擁有相當大的自主權，自然也容易產生離心傾向。他們主持一省大政，發現財富都流入民間，從中央所獲得的財政支持反而有限，因此當然會愈來愈認同地方，從而對中共中央比較敢於陽奉陰違，甚至公然抗拒命令。但是他們畢竟是黨國體制的一部分，在政治和意識形態兩方面，依然奉北京為上都。尤其因為缺乏軍事權力，反抗的能力有限。另一方面，各省之間因為競爭愈來愈激烈，一來不願失去原有的權益，二來則是想擴大權益。中共中央得以利用省際矛盾，控制各省，迫使各省尊崇中共中央的權威。中央也可以透過新稅制、軍隊改革和各種經濟槓桿，提升各省黨委書記對北京的向心力。

　　中共目前黨政機構擁有將近2,000萬的幹部，政治上停止群眾動員以後，官僚組織比較穩定，但是也因為這個緣故，整風，包括目前常說的精神文明的改善，似乎並無效果。雖然實施法制治國，以專業化和年輕化來改變官僚體質，已經收到了一些成效，但是貪汙腐敗的問題卻有每下愈況之勢。中共鑑於黨員品質日降，強調以質代量。但1979年，全國有黨員3,700萬人，占總人口的3.86%，已比過去偏高[2]。十年後增為4,700萬黨員，占總人口的4.4%，五年之後又增加到6,000萬人，是全國12億人口的5%。

　　至於人口問題，雖然一胎化政策有相當成績，但是經濟改革政策也帶來不利於一胎制的影響，人口成長仍然超出國家的計畫，而人口總數比預定的時間早五年達到12億。國營事業面對三資和鄉鎮企業的競爭，不少單位顯得老態龍鍾，雖然仍是中共所謂社會主義體制的支

2　趙生暉，《中國共產黨組織史綱要》，頁427。

柱，但總體說來已經成為國家賠累的無底深淵。總之，鄧小平時代雖然大多數人改善了生活，但是毛澤東時代留下的三大難題：人口問題、官僚主義和國營企業問題都仍然嚴重，而後面兩個問題更有明顯惡化的趨勢。

　　目前中國大陸好像正在進行一場攸關生死的競賽，如果中共在各種問題爆炸之前，能夠持續不斷改善全國人民的生活，並進而逐步化解內部潛在的矛盾，則國家幸甚。否則，國家的長期動亂，恐怕也難以避免了。

徵引及參考書目

一　工具書

中共中央文獻研究室注釋組，《中共第十四屆中央委員名錄》，北京：中
　　共黨史出版社，1993。

中共中央黨史研究室，《中共黨史大事年表》，北京：人民出版社，
　　1987。

中共中央宣傳部宣傳局，《中華人民共和國大事記》，北京：光明日報出
　　版社，1989。

中共湖南省委黨史資料徵集研究委員會，《湖南黨史大事年表》，長沙：
　　湖南人民出版社，1986。

中國革命博物館，《中國共產黨七十年圖集》，上海：上海人民出版社，
　　1991。

《中國對外經濟貿易年鑑，1993/94》，香港中國廣告公司。

王健英，《中國共產黨組織史資料匯編：領導機構沿革和成員名錄》（增
　　訂本。從一大至十四大），北京: 中共中央黨校出版社，1995。

李谷城，《中共爭天下核心人物評介》，香港：明報出版社，1996。

───，《中共爭天下領導群剖析》，香港：明報出版社，1996。

───，《中共最高領導層》，香港：明報出版社，1989。

───，《中國大陸政治術語》，香港：中文大學出版社，1992。

呂澄等，《黨的建設七十年記事》，北京中共黨史出版社，1991。

星火燎原編輯部，《中國人民解放軍將帥名錄》（共三冊），北京：解放軍
　　出版社，1987。

軍事科學院軍事歷史研究部，《中國人民解放軍六十年大事記》，北京：
　　軍事科學出版社，1988。

軍事科學院軍事圖書館編，《中國人民解放軍組織沿革和各級領導成員名
　　錄》，北京：軍事科學出版社，1990第二版。

高新、何頻，《高幹檔案：中共權貴關係事典》，台北：新新聞文化公
　　司，1992。

馬齊彬等，《中國共產黨執政四十年》（增訂本），北京：中共黨史出版
　　社，1991。

———，《中國共產黨創業三十年，1919–1949》，北京：中共黨史出版
　　社，1991。

徐達深主編，《中華人民共和國實錄》，長春：吉林人民出版社，1994。

陳玉堂，《中共黨史人物別名錄》，北京：紅旗出版社，1985。

陳東林主編，《中國文化大革命事典》（此書無中文本），福岡：中國書
　　店，1997。

張起原，《中共地下黨時期報刊調查研究》，台北：永業出版社，1991。

張筱強主編，《圖片中國百年史》，山東畫報出版社，1994。

國家統計局，《奮進的四十年，1949–1980》，北京：國家統計局，1989。

黃道霞、戴舟、余展編，《中華人民共和國四十年大事記，1949–
　　1989》，北京：光明日報出版社，1989。

「當代中國的計劃工作」辦公室編，《中華人民共和國國民經濟和社會發
　　展計劃大事輯要》，北京紅旗出版社，1986。

楊克林編著，《文化大革命博物館》，香港：東方出版公司，1995。

劉金田、沈學明主編，《歷屆中共中央委員人名詞典》，北京：中共黨史
　　出版社，1992。

劉國新等編，《中華人民共和國歷史長編》，南寧：廣西人民出版社，
　　1994。

鄭惠等主編，《中國共產黨通志》，北京：中央文獻出版社，1997。

二、中文專書

二　劃

《「二大」和「三大」：中國共產黨第二、三次代表大會資料選編》，北
　　　京：中國社會科學出版社，1985。
人民出版社編輯部，《革命回憶錄》，第3、6–11、17、20輯，北京：人
　　　民出版社，1980–。
丁抒，《陽謀》增訂版，香港：九十年代雜誌社，1993。
——，《人禍：「大躍進」與大饑荒》，香港：九十年代雜誌社，初版，
　　　1991，全新增訂版，1996。
丁望編，《彭德懷問題專輯》（中共文化大革命資料彙編‧第三卷），香
　　　港：明報月刊社，1969。
卜士奇（卜道明），《中國過去和現在的職工運動》，油印本，莫斯科中山
　　　大學，1928。

三　劃

《三一八運動資料》，北京人民出版社，1984。
于友，《胡愈之傳》，北京：新華出版社，1994。
于光遠，《文革中的我》，上海：遠東出版社，1995。
于光遠，《我親歷的那次歷史轉折——十一屆三中全會的台前幕後》，北
　　　京：中央編譯出版社，1998。
千家駒，《七十年的經歷》，香港：鏡報出版公司，1986。
———，《從追求到幻滅：一個中國經濟學家的自傳》，台北：時報出版
　　　公司，1993。
山西省政協文史資料研究委員會，《閻錫山統治山西史實》，太原：山西
　　　人民出版社，1981。

山東畫報出版社《老照片》編輯部，《老照片》，濟南：山東畫報出版
　　　社，1996－。
上海社科院經濟研究所，《上海資本主義工商業的社會主義改造》，北
　　　京：人民出版社，1980。
《上海三次暴動》，油印本，莫斯科中山大學，1930。

四　劃

王力，《現場歷史：文化大革命紀事》，香港：牛津大學出版社，1993。
王山，《第三隻眼睛看中國》，台北周知文化公司，1994。
——，《第四隻眼睛看中國》，台北周知文化公司，1995。
王永璽，《中國工會史》，北京：中共黨史出版社，1992。
王年一，《大動亂的年代》，河南人民出版社，1988。
王聿均，《中蘇外交之序幕：從優林到越飛》，台北：中央研究院近代史
　　　研究所，1978。
王行娟，《李敏、賀子珍與毛澤東》，北京：中國文聯出版社，1993。
——，《賀子珍的路》，北京：作家出版社，1985。
王宗槐，《王宗槐回憶錄》，北京：解放軍出版社，1996。
王洪模等著，《改革開放的歷程》，河南人民出版社，1989。
王紹光、胡鞍鋼，《中國國家能力報告》，香港牛津大學出版社，1994。
王健民，《中國共產黨史，初版1965年》（原名《中國共產黨史稿》，共
　　　三編），台北：漢京文化有限公司，1988。
王健英，《紅軍人物志》，北京：解放軍出版社，1988。
——，《中國工農紅軍發展史簡編(1927－1937)》，北京：解放軍出版
　　　社，1986。
王朝彬，《三反實錄》，北京：警官教育出版社，1992。
王輔一，《項英傳》，北京：中共黨史出版社，1995。
王嘉翔，《大將許光達》，瀋陽：遼寧人民出版社，1989。
《王稼祥選集》編輯組，《王稼祥選集》，北京：人民出版社，1989。
王曉明，《無法直面的人生：魯迅傳》，台北：業強出版社，1992。

毛毛（鄧榕），《我的父親鄧小平》，台北：地球出版社，1993。

毛澤東，《毛澤東選集》，北京：人民出版社，前四卷，1952－1966；第
　　　　五卷，1977。

———，《毛澤東軍事文集》，北京：軍事科學出版社，中央文獻出版
　　　　社，1993。

———，《毛澤東思想萬歲》，1967，香港：波文書局重印。

———，《毛澤東思想萬歲》，1969，香港：波文書局重印。

———，《毛澤東書信選集》，北京：人民出版社，1983。

———，《建國以來毛澤東文稿》，北京：中央文獻出版社，1988－
　　　　1998。

———，《毛澤東早期文稿》，長沙：湖南出版社，1990。

———，《毛澤東農村調查文集》，北京：人民出版社，1982。

毛澤東等，《新民主主義工商政策》，香港：新民主出版社，1949。

方可、單木編著，《中共情報首腦李克農》，北京：中國社會科學出版
　　　　社，1996。

方志敏，《我從事革命鬥爭的略述》，北京：人民出版社，1980。

方厚樞，《中國出版史話》，北京：東方出版社，1996。

方曉主編，《中共黨史辨疑錄》，太原：山西教育出版社，1991。

中央改造委員會六組，《「三反」與匪幫的黨內鬥爭》，台北，1952。

中央團校青運研究室，《中國新民主主義時期青年運動簡史》，出版地不
　　　　詳，1982。

中央檔案館，《中共中央文件選集》，北京：中共中央黨校出版社，1989－
　　　　1992。

———，《中國共產黨第一次代表大會檔案資料》（增訂本），北京：人民
　　　　出版社，1984。

———，《解放戰爭時期土地改革文件選編，1945－1949年》，北京：中
　　　　共中央黨校出版社，1981。

中共上海市委黨史研究室，《中國共產黨在上海, 1921－1991》，上海：上
　　　　海人民出版社，1991。

中共中央文獻研究室編，《十一屆三中全會以來重要文獻選讀》，北京：
　　人民出版社，1987。

───，《朱德年譜》，北京：人民出版社，1986。

───，《周恩來傳》，北京：中共中央文獻出版社，1989。

───，《周恩來年譜，1898－1949》，北京：中央文獻出版社、人民出
　　版社，1989。

───，《周恩來年譜，1949－1976》，北京中央文獻出版社，1997。

───，《十一屆三中全會以來重要文獻選讀》（兩冊），北京：人民出版
　　社，1987。

───，《任弼時傳》，北京中央文獻出版社，1994。

───，《建國以來重要文獻選編》（共十一冊），北京：中央文獻出版
　　社，1992-1995。

───，《關於建國以來黨的若干歷史問題的決議注釋本》，北京：人民
　　出版社，1983。

中共中央文獻研究室、「文獻和研究」編輯組，《文獻和研究》（1982－
　　1986年年匯編本），北京：中央黨校出版社、人民出版社，1983－
　　1988。

中共中央文獻研究室、中央檔案館、「黨的文獻」編輯部，《中共黨史重
　　大事件述實》，北京：人民出版社，1993。

《中共中央政治局權力鬥爭史料集》（第一輯，彭真事件），東方學文獻出
　　版社，出版時地不詳。

中共中央統戰部研究室，《歷次全國統戰會議概況和文獻》，北京：檔案
　　出版社，1988。

中共中央黨史研究室第一研究部譯，《聯共（布）、共產國際與中國國民革
　　命運動，1920－1925》，北京：圖書館出版社，1997。

中共中央黨史研究室第一研究部譯，《聯共（布）、共產國際與中國國民革
　　命運動，1926－1927》（上、下），北京：圖書館出版社，1998。

中共中央黨史研究室第一研究部編，《共產國際、聯共（布）與中國革命文
　　獻資料選輯，1917－1925》，北京：圖書館出版社，1997。

中共中央黨史研究室第一研究部編，《共產國際、聯共(布)與中國革命文獻資料選輯，1926–1927》（上、下），北京：圖館館出版社，1998。

中共中央黨史資料徵集委員會，《共產主義小組》，北京：中共黨史資料出版社，1987。

───，《第二次國共合作的形成》，北京：中共黨史資料出版社，1989。

中共中央黨史資料徵集委員會、中央檔案館，《遵義會議文獻》，北京：人民出版社，1985。

───，《八七會議》，北京：中共黨史資料出版社，1986。

中共中央黨校出版社，《「文化大革命」中的周恩來》，北京：中共中央黨校出版社，1991。

中共北京市委黨史研究室，《李大釗與第一次國共合作》，北京：北京出版社，1989。

───，《抗議美軍駐華暴行運動資料匯編》，北京：北京大學出版社，1989。

中共北京市委黨史資料徵集委員會，《一二九運動》，北京：中共黨史資料出版社，1987。

中共江西省委黨史教研室、江西省檔案館，《中央革命根據地史料選編》（三冊），南昌：江西人民出版社，1982。

中共東北軍黨史組，《中共東北軍黨史已故人物傳》，北京：中共黨史出版社，1995。

中共河南省委黨史資料徵集編纂委員會，《鄂豫皖根據地首府新縣革命史》，鄭州：河南人民出版社，1985。

《中共怎樣對待知識分子原始資料編彙》，台北：黎明書局，1983。

中共哈爾濱市委黨史研究室編，《解放戰爭中的哈爾濱》，哈爾濱：黑龍江人民出版社，1991。

中共浙江省委黨史資料徵集研究委員會、中共蕭山縣委黨史資料徵集研究委員會編，《衙前農民運動》，北京：中共黨史資料出版社，1987。

中共廣東省委黨史研究委員會「李碩勛」編寫組，《李碩勛》，廣東高等
　　　教育出版社，1987。
中共廣東省委黨史研究室，《中國廣東黨史大事記》，北京：中共黨史出
　　　版社，1993。
中共廣東省委黨史研究委員會辦公室、毛澤東同志主辦農民運動講習所舊
　　　址紀念館編，《廣州農民運動講習所文獻資料》，內部刊物，
　　　1983。
───、廣東省檔案館編，《中山艦事件》，內部刊物，1981。
中共蕭山市委黨史資料徵集委員會辦公室，《中共蕭山地方史》，杭州：
　　　浙江大學出版社，1989。
中國人民志願軍抗美援朝戰爭政治工作經驗總結編委會，《中國人民志願
　　　軍抗美援朝戰爭政治工作》，北京：解放軍出版社，1985。
中國工運學院編，《李立三賴若愚論工會》，北京：檔案出版社，1987。
中國社會科學院、中央檔案館合編，《中華人民共和國經濟資料選編》
　　　（綜合卷），北京：中國城市經濟社會出版社，1990。
中國社會科學院馬列所毛澤東思想研究室、近代史研究所現代史研究室，
　　　《馬林與第一次國共合作》，北京：光明日報出版社，1989。
中國社會科學院現代史研究室，中國革命博物館黨史研究室選編，《「一
　　　大」前後》（三冊），北京：人民出版社，1984。
中國社會科學院經濟研究所，《中國資本主義工商業的社會主義改造》，
　　　北京：人民出版社，1978。
中國革命博物館，《中國共產黨七十年圖集》，上海：上海人民出版社，
　　　1991。
中國革命博物館、湖南省博物館，《新民學會資料》，北京：人民出版
　　　社，1980。
───，《湖南農民運動資料選編》，北京：人民出版社，1988。
中國革命博物館黨史研究室，《黨史研究資料》月刊，總第102期－，
　　　1986，2－。
中國革命博物館黨史辦公室編，《黨史研究資料》，第1集(1980)，第2集

（1981），第3集（1982），第4集（1983），第5集（1985），第6集
（1985），第7集（1987），成都：四川人民出版社；第11集
（1990），北京：法律出版社。

中國國民黨中央委員會六組編，《「交心」集》，台北，1958。

中國國民黨中央組織部調查科，《中國共產黨之透視》，台北：文星書
局，1962，初版，1935。

中國第二歷史檔案館，《五卅運動和省港罷工》，南京：江蘇古籍出版
社，1985。

———，《蔣介石年譜初稿》，北京：檔案出版社，1992。

中國第二歷史檔案館、雲南省檔案館、陝西省檔案館，《西安事變檔案史
料選編》，北京：檔案出版社，1986。

中國勞工運動史編纂委員會，《中國勞工運動史》，台北：中國勞工福利
出版社，1959。

中國經濟文選編輯委員會，《中國經濟文選》（三輯），北京：生活、讀
書、新知三聯書店，1951。

中華人民共和國財政部、《中國農民負擔史》編輯委員會，《中國農民負
擔史》（第三卷），北京：中國財政經濟出版社，1990。

中華人民共和國財政部辦公室，《進一步開展對城市私營商業的社會主義
改造工作》，北京：財政經濟出版社，1956。

中華民國留俄同學會，《六十年來中國留俄學生之風霜淖屬》，台北：中
華文化基金會、中華圖書出版社，1988。

中華全國總工會，《中共中央工人運動文件選編》（三冊），北京：檔案出
版社。

文聿，《中國「左」禍》，北京：朝華出版社，1993。

《天安門事件參考資料》，北京：新星出版社，1989；此書為中共官方宣
傳文件彙集，包括新星出版社編，《北京的六月風波》、《中共
十三屆四中全會》、《中國人如何看北京的暴亂》及陳希同，
《關於反政府暴亂的報告》等宣傳小冊子；台北中央研究院近代
史研究所藏。

牛軍，《內戰前夕——美國調處國共矛盾始末》，台北：巴比倫出版社，
　　　1993。
尹騏，《潘漢年的情報生涯》，北京：人民出版社，1996。

五　劃

《四一二反革命政變資料選編》（內部發行），北京：人民出版社，1987。
皮明庥，《近代中國社會主義思潮覓蹤》，長春：吉林文史出版社，1991。
「本書選編組」，《第二次國內革命戰爭時期土地革命文獻選編》，北
　　　京：中共中央黨校出版社，1987。
「本書選編組」，《回憶潘漢年》，南京：江蘇人民出版社，1985。
司馬桑敦，《張學良評傳》，台北翻印本，原刊於香港《中華月報》，
　　　1973年5月至1974年6月。
司馬遷等著、毛澤東評點，《二十四史》，北京：中國檔案出版社，1996。
田原史起，《現代中國農村における權力と支配》，東京：アジア政經學會，
　　　1999。
田國良、孫大勘主編，《胡耀邦傳》，北京：中共黨史資料出版社，1989。
包惠僧，《包惠僧回憶錄》，北京：人民出版社，1983。
包遵信，《六四的內情——未完成的涅槃》，台北：風雲時代出版社，
　　　1997。
史濟增，《中共農業發展階段性癥結之探析》，台北：中華經濟研究院，
　　　1995。

六　劃

《共產國際與中國革命資料選輯》（兩冊），北京：人民出版社，1985。
竹內實監修，毛澤東文獻資料研究會編集，《毛澤東集》，東京：蒼蒼
　　　社，1971、1983。
朱正，《1957年的夏季：從百家爭鳴到兩家爭鳴》，鄭州：河南人民出版
　　　社，1998。
西北五區編纂領導小組、中央檔案館，《陝甘寧邊區抗日民主根據地》，

　　　　北京：中共黨史資料出版社，1990。

西安事變史領導小組，《西安事變簡史》，北京：中國文史出版社，1986。

江西省檔案館、中共江西省委黨校黨史教研室，《中央革命根據地史料選
　　　　編》（三冊），南昌：江西人民出版社，1982。

江渭清，《七十年征程：江渭清回憶錄》，南京：江蘇人民出版社，1996。

光明日報社，《思想改造文選》，北京：光明日報社，1951。

向青、石志炎、劉德喜主編，《蘇聯與中國革命》，北京中央編譯出版
　　　　社，1994。

任建樹，《陳獨秀傳（上）》，上海：上海人民出版社，1989。

任弼時，《任弼時選集》，北京：人民出版社，1987

《全國農村社會經濟典型調查綜合報告，中國農村社會經濟典型調查
　　　　(1985)》，北京：社會科學出版社，1988。

伍修權，《我的歷程，1908－1949》，北京：解放軍出版社，1984。

───，《回憶與懷念》，北京：中共中央黨校出版社，1991。

七　劃

李一氓，《模糊的熒屏》，北京：人民出版社，1992。

李又寧，《吳晗傳》，香港：明報。台灣翻版。

《李大釗傳》編寫組，《李大釗傳》，北京：人民出版社，1980。

李少民編，《大陸知識份子論政治、社會、經濟》，台北：桂冠圖書公
　　　　司，1988。

李世偉，《中共與民間文化，1935-1948》，台北：知書房出版社，1996。

李宇銘主編，《中華人民共和國史詞典》，北京：中國國際廣播出版社，
　　　　1989。

李志綏，《毛澤東私人醫生回憶錄》，台北：時報文化公司，1994。

李良明，《項英評傳》，北京：經濟日報出版社，1993。

李洪林，《命運──李洪林自傳》，台北：文統圖書公司，1993。

李英明，《鄧小平與後文革的中國大陸》，台北：時報文化公司，1995。

李國祁，《民國史論集》，台北：南天書局，1990。

李國強等，《江澤民剖析》，香港：廣角鏡出版社，1989。

李逸民，《李逸民回憶錄》，長沙：湖南人民出版社，1986。

李雲漢，《從容共到清黨》，台北：中國學術獎助會，1966。

李新、陳鐵健主編，《中國新民主主義革命史：偉大的開端》，北京：中
　　　國社會科學出版社，1983。

李維漢，《回憶與研究》（兩冊），北京：中共黨史資料出版社，1986。

李福生主編、方英楷撰著，《新疆兵團屯墾戍邊史》，烏魯木齊：新疆科技衛
　　　生出版社，1997。

李遜，《大崩潰：上海工人造反派興亡史》，台北：時報文化公司，1996。

李銀河，《生育與中國村落文化》，香港：牛津大學出版社，1993。

李銳，《廬山會議實錄》，北京：春秋出版社；長沙：湖南教育出版社，
　　　1989。台灣有增訂版，台北：新銳出版社，1993。

——，《三十歲以前的毛澤東》，台北：時報出版公司，1993。

——，《毛澤東的功過是非》，台北：新銳出版社，1994。此書即《毛澤
　　　東的早年與晚年》，貴陽：貴州人民出版社，1992。

——，《我心中的人物》，北京：生活、讀書、新知三聯書店，1996。

李輝，《胡風集團冤案始末》，北京：人民日報出版社，1989。

李德生，《李德生回憶錄》，北京：解放軍出版社，1997。

李澤厚，《中國近代思想史論》，北京：人民出版社，1979。

——，《中國現代思想史論》，北京：東方出版社，1987。

——，劉再復，《告別革命》，香港：天地圖書公司，1995。

辛子陵，《毛澤東全傳》，香港：利文出版社，1993。

何友良，《中國蘇維埃區域社會變動史》，北京：當代中國出版社，
　　　1996。

何高潮，《地主・農民・共產黨：社會博弈論分析》，香港：牛津大學出
　　　版社，1997。

何清漣，《現代化的陷阱——當代中國的經濟社會問題》，北京：今日中
　　　國出版社，1998。

何頻、王兆軍，《中國大陸黑社會》，台北：時報文化公司，1993。

何頻、高新，《中共「太子黨」》，台北：時報文化公司，1992。

杜平，《在志願軍總部》，北京：解放軍出版社，1989。

呂正操，《呂正操回憶錄》，北京：解放軍出版社，1988。

呂芳上，《從學生運動到運動學生》，台北：中央研究院近代史研究所，
　　　1994。

呂黎平，《紅軍總部的崢嶸歲月》，上海：上海人民出版社，1993。

余世誠、張升善編著，《楊明齋》，北京：中共黨史資料出版社，1988。

余伯流，《中央蘇區經濟史》，南昌：江西人民出版社，1995。

余伯流、夏道漢，《井岡山革命根據地研究》，南昌：江西人民出版社，
　　　1987。

余沈陽主編，《王一飛傳略・文存》，北京：中共黨史資料出版社，1988。

余秋里，《余秋里回憶錄》，北京：解放軍出版社，1996。

宋任窮，《宋任窮回憶錄》，北京：解放軍出版社，1994。

宋希濂，《鷹犬將軍：宋希濂自述》，北京：中國文史出版社，1986。

宋紅崗，《孫越崎》，石家莊：花山文藝出版社，1997。

汪東林，《梁漱溟與毛澤東》，長春：吉林人民出版社，1989。

汪東興，《汪東興回憶──毛澤東與林彪反革命集團的鬥爭》，北京：當
　　　代中國出版社，1997。

汪長仁編，《三一八慘案資料匯編》，北京：北京出版社，1985。

汪榮祖、李敖，《蔣介石評傳》，台北：商周文化公司，1995。

汪澍白，《毛澤東思想的中國基因》，香港：商務印書館，1990。

吳江，《十年的路──和胡耀邦相處的日子》，香港：鏡報有限公司，
　　　1995。

吳冷西，《憶毛主席：我親身經歷的若干重大歷史事件片斷》，北京：新
　　　華出版社，1995。

吳思，《陳永貴沉浮中南海──改造中國的試驗》，廣州：花城出版社，
　　　1993；台北版易名為《陳永貴浮沉錄》，台北：新銳出版社，
　　　1994。

吳國光編，《國家、市場與社會：中國改革的考察研究──1993年至

今》，香港，牛津大學出版社，1994。

吳國光、鄭永年，《論中央—地方關係》，香港：牛津大學出版社，1995。

《赤匪反動文件彙編》，湖北武昌，1935。

阮銘，《歷史轉折點上的胡耀邦》，美國：八方文化公司，1994。

──，《鄧小平帝國》，台北：時報文化出版公司，1992。

明報編委會、丁望編，《鄧拓選集》（中共文化大革命資料彙編・第二
　　卷），香港：明報月刊出版社，1969。

八　劃

《社會主義教育課程閱讀文件彙編》，北京，人民出版社，1957。

「東北抗日聯軍鬥爭史」編寫組，《東北抗日聯軍鬥爭史》，北京：人民
　　出版社，1991。

林克、徐濤和吳旭君，《歷史的真實》，台北：書華出版公司，1995。

林蘊暉、范守信、張弓，《凱歌行進的時期》，鄭州：河南人民出版社，
　　1989。

金觀濤、劉青峰，《開放中的變遷──再論中國社會超穩定結構》，香
　　港：中文大學出版社，1993。

周文琪、諸良如，《特殊而複雜的課題──共產國際、蘇聯和中國共產黨
　　關係編年史，1919-1991》，武漢：湖北人民出版社，1993。

周昶陸、趙志明編著，《韓麟符》，北京：華齡出版社，1993。

周焱、王景泰、陳謙、譚秀珍，《陳郁傳》，北京：工人出版社，1985。

季羨林，《牛棚雜憶》，北京：中共中央黨校出版，1998。

九　劃

姜平，《鄧中夏的一生》，南京：南京大學出版社，1986。

姜鋒、馬曉春、竇益山等著，《楊勇將軍傳》，北京：解放軍出版社，
　　1991。

星火燎原編輯部，《解放軍將領傳》，北京：解放軍出版社，1984。

A・B・勃拉戈達托夫著，李輝譯，《中國革命紀事，1925－1927年》，北

京：生活、讀書、新知三聯書店，1982。

韋君宜，《思痛錄》，北京：十月文藝出版社，1998。

胡志偉，《江澤民傳奇》，台北：傳記文學出版社，1990。

胡喬木，《中國共產黨的三十年》，北京：人民出版社，1951

───，《胡喬木回憶毛澤東》，北京：人民出版社，1994。

───，《胡喬木文集》，北京：人民出版社，1994。

胡績偉，《人民至高無上──胡績偉新聞生涯五十年》，台北：東皇出版
　　　公司，1997。

范青，《陳昌浩傳》，北京：中共黨史出版社，1993。

范碩，《葉劍英在1976》，北京：中共中央黨校出版社，1990。

南昌八一紀念館，《南昌起義》，北京：中共黨史資料出版社，1987。

茅盾，《我走過的道路》（兩冊），香港：生活、讀書、新知三聯書店，
　　　1981。

軍事科學院軍事歷史研究部，《中國人民解放軍戰史》（三卷），北京：軍
　　　事科學出版社，1987。

───，《中國人民志願軍抗美援朝戰史》，北京：軍事科學出版社，
　　　1988。

軍事科學院《葉劍英傳》編寫組，《葉劍英傳略》，北京：軍事科學出版
　　　社，1987。

施惠群，《中國學生運動史，1945-1949》，上海人民出版社，1992。

洪學智，《抗美援朝戰爭回憶》，北京解放軍文藝出版社，二版，1991。

《思想改造文選》，北京：光明日報社，1951。

星光、張揚主編，《抗日戰爭時期陝甘寧邊區財政經濟史稿》，西安：西
　　　北大學出版社，1988。

威廉・伯德、林青松合編，《鄉鎮企業的歷史性崛起》，香港：牛津大學
　　　出版社，1994。

十　劃

唐小兵編，《再解讀：大眾文藝與意識形態》，香港：牛津大學出版社，

1993。

唐有章口述，劉普慶整理，《革命與流放》，長沙：湖南人民出版社，
　　　　1988。

唐純良，《李立三傳》，哈爾濱：黑龍江人民出版社，1989。

唐滔默，《中國革命根據地財政史》，北京：中國財政經濟出版社，1987。

唐縱，《唐縱失落在大陸的日記》，台北：傳記文學出版社，1998；此書
　　　　原版為《在蔣介石身邊八年——侍從室高級幕僚唐縱日記》，北
　　　　京：群眾出版社，1997。

唐寶林，《陳獨秀傳(下)》，上海：上海人民出版社，1989。

唐寶林、林茂生，《陳獨秀年譜》，上海：上海人民出版社，1988。

《馬日事變資料》，人民出版社，1982。

陝甘寧邊區財政經濟史編寫組、陝西檔案館，《抗日戰爭時期陝甘寧邊區
　　　　財政經濟史料摘編》，西安：陝西人民出版社，1981。

陝甘寧邊區財政經濟史編寫組、陝西省財政廳財政科學研究所、陝西檔案
　　　　館，《解放戰爭時期陝甘寧邊區財政經史資料選輯》，西安：三
　　　　秦出版社，1988。

徐向前，《歷史的回顧》(三冊)，北京：解放軍出版社，1987。

徐林祥、朱玉，《傳奇將軍李克農》，合肥：安徽人民出版社，1996。

徐則浩，《王稼祥傳》，北京：當代中國出版社，1996。

徐焰，《第一次較量——抗美援朝戰爭的歷史回顧與反思》，北京：中國
　　　　廣播電視出版社，1990。

高化民，《農業合作化運動始末》，北京：中國青年出版社，1999。

高克林，《高克林回憶錄》，呼和浩特：內蒙古人民出版社，1987。

高建國，《顧准全傳：拆下肋骨當火把》，上海：上海文藝出版社，
　　　　2000。

高皋，《後文革史》(上、中)，台北：聯經出版公司，1983、1984。

高原編，《胡耀邦在中國政壇的最後十年》，北京：中國文史出版社，
　　　　1989。此書即《胡耀邦傳》，香港：東西文化出版公司，1989。

高華，《紅太陽是怎樣升起的——延安整風運動的來龍去脈》，香港：中文

大學出版社，2000。

高新，《中共巨頭喬石》，台北：世界書局，1995。

凌志軍，《歷史不再徘徊：人民公社在中國的興起和失敗》（第二版），北京：人民出版社，1997。

殷志靜、郁奇虹，《中國戶籍制度改革》，北京：中國政法大學出版社，1996。

師東兵，《高崗魂斷中南海》，香港：天地圖書公司，1995。

師哲，《在歷史巨人身邊：師哲回憶錄》，北京：中央文獻出版社，1991；修訂本，1995。

——，《峰與谷：師哲回憶錄》，北京：紅旗出版社，1992。

席宣、金春明，《文化大革命簡史》，北京：中共黨史出版社，1996。

財政科學研究所，《革命根據地的財政經濟》，北京：中國財政經濟出版社，1985。

倪振良，《命運交響曲—— 趙丹傳》，北京：中國文聯出版社，1986。

孫啟泰、熊志勇，《大寨紅旗的升起與墜落》，鄭州：河南人民出版社，1990。

馬克·薛爾頓著，柯志明譯，《中國社會主義的政治經濟學》，台北：台灣社會研究叢刊，1991。

《馬林在中國的有關資料》（增訂本），北京：人民出版社，1980

馬齊彬、黃少群、劉文軍，《中央革命根據地史》，北京：人民出版社，1986。

桑嘩、張辛欣，《北京人》，台北：林白出版社，1987。

十一劃

《第一次國內革命戰爭時期的農民運動資料》，北京：人民出版社，1983。

海外出版社編，《「脫胎換骨」的公私合營》，台北：海外出版社，1957。

陳一諮，《中國十年改革與八九民運》，台北：聯經出版公司，1990。

陳小雅，《天安門之變——八九民運史》，台北：風雲時代出版社，1996。

陳永發，《延安的陰影》，台北：中央研究院近代史研究所，1990。

陳玉堂，《中共黨史人物別名錄》，北京紅旗出版社，1985。

陳再道，《陳再道回憶錄》（兩冊），北京：解放軍出版社，1988，1991。

陳東林主編，《中國文化大革命事典》，日本福岡：中國書店，1997。

陳荷夫編，《張友漁回憶錄》，北京：北京大學出版社，1990。

陳修良，《潘漢年非凡的一生》，上海：上海社會科學院出版社，1989。

陳清泉、宋廣渭，《陸定一傳》，北京：中共黨史出版社，1999。

陳雪薇，《共和國的經濟與周恩來》，北京：中共黨史出版社，1996。

陳雲，《陳雲文選，1924－1949》，北京：人民出版社，1984。

——，《陳雲文選，1949－1956》，北京：人民出版社，1984。

——，《陳雲同志文稿選編，1956－1962》，北京：人民出版社，1981。

陳賡，《陳賡日記》，北京：戰士出版社，1982。

陳獨秀，《陳獨秀文章選編》（三冊），北京：生活、讀書、新知三聯書
　　　店，1984。

陳鐵健，《從書生到領袖：瞿秋白》，上海：上海人民出版社，1995。

郭化若，《郭化若回憶錄》，北京：軍事科學出版社，1995。

郭恒鈺，《共產國際與中國革命》，台北：東大圖書公司，1989。

——，《俄共中國革命秘檔，1920－1925》，台北：東大圖書公司，
　　　1996。

——，《俄共中國革命秘檔，1926》，台北：東大圖書公司，1997。

郭華倫，《中共史論》，中華民國國際關係研究所、國立政治大學東亞研
　　　究所，增訂版，1973。

郭德宏，《中國近現代農民土地問題研究》，青島：青島出版社，1993。

郭羅基，《共產黨違法案紀實》，香港：民主大學，1997。

張化、蘇采青，《回首「文革」》（上下冊），北京：中共黨史出版社，
　　　2000。

張允侯等，《五四時期的社團》（三冊），北京：生活、讀書、新知三聯書
　　　店，1979。

張天民、尹騏、朱一民原著，鍾羽、北云改編，《諜海奇人潘漢年》，北

京：中國國際廣播出版社，1996。

張玉鳳等著，《毛澤東軼事》，長沙：湖南文藝出版社，1989。

張光宇，《武漢中央軍事政治學校》，湖北人民出版社，1987。

張聿溫，《死亡聯盟：高饒事件始末》，北京：北京出版社，2000。

張戎著，張樸譯《鴻：三代中國女人的故事》，台北：中華書局，1993。

張柱洪，《中國現代革命史史學》，北京：中共黨史資料出版社，1987。

張培森，《張聞天與二十世紀的中國》，北京：中共黨史出版社，1995。

張國燾，《我的回憶》，香港：明報月刊出版社，1971。

張紫葛，《心香淚酒祭吳宓》，廣州：廣州出版社，1997。

張雲，《潘漢年傳奇》，上海：上海人民出版社，1996。

張雲生，《毛家灣紀實》，北京：春秋出版社，1988。

張魁堂，《張學良傳》，台北：新潮社，1993。

張樂天，《告別理想：人民公社制度研究》，上海：東方出版中心，
　　　1998。

張賢亮，《我的菩提樹》，台北：九歌出版社，1997。

《康世恩傳》編寫組，《康世恩傳》，北京：當代中國出版社，1998。

康克清，《康克清回憶錄》，北京：解放軍出版社，1993。

《現代史料》（共四冊），香港：波文書局重印，1980。海天出版社初版，
　　　1933－1935。

莊孔韶，《銀翅：〈金翅〉的本土研究續編》，台北：桂冠出版公司，
　　　1996。

許世友，《許世友回憶錄》，北京：解放軍出版社，1986。

許滌新，《中國過渡時期國民經濟的分析（1949－57）》，北京：人民出
　　　版社，1962。

章含之等著，《我與喬冠華》，北京：中國青年出版社，1994。

章君穀，《杜月笙傳》，台北：傳記文學出版社，1968。

曹伯一，《中共延安時期之政治經驗》，台北：國立政治大學東亞研究
　　　所，1973。

───，《江西蘇維埃之建立及其崩潰》，台北：國立政治大學東亞研究

所，1969。

曹潤芳、潘賢英編著，《中國共產黨機關發展史》，北京：檔案出版社，
　　　1988。

麥克法夸爾、費正清編，謝亮生譯，《劍橋中華人民共和國史，1949－
　　　1965》，北京：中國社會科學出版社，1990。

梅志，《往事如煙──胡風沉冤錄》，台北：曉園出版社，1990。

陶希聖，《潮流與點滴》，台北：傳記文學出版社，1954。

陶駟駒主編，《新中國第一任公安部長》，北京：群眾出版社，1996。

畢興、賀安華，《閻紅彥傳略》，成都：四川人民出版社，1987。

商業部商業經濟研究所，《新中國商業史稿》，北京：中國財政經濟出版
　　　社，1984。

陸鏗，《胡耀邦訪問記》，紐約：華語機構；香港：百姓文化公司，
　　　1985。

──，《陸鏗回憶與懺悔錄》，台北：時報文化公司，1997。

從翰香，《近代冀魯豫鄉村》，北京：中國社會科學出版社，1995。

十二劃

程子華，《程子華回憶錄》，北京：解放軍出版社，1987。

程中原，《張聞天傳》，北京：當代中國出版社，1993。

程嘉文，《國共內戰中的東北戰場》，國立台灣大學歷史學研究所碩士論
　　　文，1997。

童小鵬，《風雨四十年》（全兩冊），北京：中央文獻出版社，1996。

陽木編著，《「文革」闖將封神榜》，北京：團結出版社，1993。

黃仁宇，《放寬歷史的視界》，台北：允晨文化公司，1989。

───，《從大歷史的角度讀蔣介石日記》，台北：時報文化公司，1994。

黃平，《往事回憶》，北京：人民出版社，1981。

黃克誠，《黃克誠自述》，北京：人民出版社，1994。

黃宗智，《中國研究的規範認識危機》，香港：牛津出版社，1994。

───，《長江三角洲小農家庭與農村發展》，香港：牛津大學出版社，

1994。

黃秋耘，《風雨年華》，北京：人民文藝出版社，1983。

黃美真、石源華、張云編，《上海大學史料》，上海復旦大學出版社，
　　　1984。

黃瑤，《三次大難不死的羅瑞卿大將》，北京：中共黨史出版社，1994。

黃瑤、張明哲，《羅瑞卿傳》，北京：當代中國出版社，1996。

黃樹民著，素蘭譯，《林村的故事——一九四九後的中國農村變革》，台
　　　北：張老師出版社，1994。

曾志，《一個革命的倖存者——曾志回憶實錄》，廣州：廣東人民出版
　　　社，1999。

景希珍口述、丁隆炎整理，《在彭總身邊》，成都：四川人民出版社，
　　　1979。

彭真，《關於晉察冀邊區黨的工作和具體政策報告》，北京：中共中央黨
　　　校出版社，1981。

彭德懷，《彭德懷自述》，北京：人民出版社，1981。

費孝通，《鄉土重建與鄉鎮發展》，香港：牛津大學出版社，1994。

黑雁男，《十年動亂》，台北：曉園出版社，1989。

黑龍江省檔案館，《城市工作》，哈爾濱，1987。

《鄂豫皖革命根據地》編委會，《鄂豫皖革命根據地》，鄭州：河南人民
　　　出版社，1989。

十三劃

M・C・賈比才等著，張靜譯，《中國革命與蘇聯顧問》，北京：中國社
　　　會科學出版社，1981。

楊天石，《尋求歷史的謎底》，台北：文史哲出版社，1994。

楊中美，《江澤民傳》，台北：時報出版公司，1996。

———，《胡耀邦評傳》，香港：奔馬出版社，1989。

———，《遵義會議與延安整風》，香港：奔馬出版社，1989。

楊奎松，《中共與莫斯科的關係，1920–1960》，台北：東大圖書公司，

1997。

——，《中間地帶的革命——中國革命的策略在國際背景下的演變》，北京：中央黨校出版社，1991。

——，《毛澤東與莫斯科的恩恩怨怨》，南昌：江西人民出版社，1999。

——，《失去的機會——戰時國共談判實錄》，廣西師範大學出版社，1992。

——，《西安事變新探——張學良與中共關係之研究》，台北：東大圖書公司，1995。

楊奎松、董士偉，《海市蜃樓與沙漠綠洲》，上海：上海人民出版社，1991。

楊勛、徐湯莘、朱正直，《馬寅初傳》，北京：北京出版社，1986。

楊瑞廣、雷雲峰合著，《中共中央與八年抗戰》，西安：陝西人民出版社，1996。

楊絳，《楊絳作品集》，北京：中國社會科學出版社，1993。

楊寬，《歷史激流中的動盪和曲折——楊寬自傳》，台北：時報出版公司，1993。

楊曦光，《牛鬼蛇神錄：文革囚禁中的精靈》，香港：牛津大學出版社，1994。

葉永烈，《中共秘錄》，香港：利文出版社，1993。

——，《中共神秘掌權者》，台北：風雲時代出版公司，1993。

——，《王洪文傳》，長春：時代文藝出版社，1993。

——，《中共中央一枝筆——胡喬木與毛澤東》，香港：天地圖書公司，1994。

——，《姚蓬子和姚文元》，香港：南粵出版社，1989。

——，《陳雲全傳》，台北：周知文化公司，1995。

——，《沉重的1957年》，南昌：百花洲文藝出版社，1992。

——，《歷史悲歌》，香港：天地有限公司，1995。

董竹君，《我的一個世紀》，北京：生活、讀書、新知三聯書店，1997。

董志凱主編，《1949－1952年中國經濟分析》，北京：中國社會科學出版
　　　社，1996。

葛佩琦，《葛佩琦回憶錄》，北京：中國人民大學出版社，1994。

葛劍雄，《悠悠長水──譚其驤前傳》，上海：華東師範出版社，1997。

葛劍雄，《悠悠長水──譚其驤後傳》，上海：華東師範出版社，2000。

葛劍雄編，《譚其驤日記》，上海：文匯出版社，1998。

《當代中國人物傳記》叢書編輯部，《徐向前傳》，北京：當代中國出版
　　　社，1992。

───，《陳毅傳》，北京：當代中國出版社，1991。

───，《彭德懷傳》，北京：當代中國出版社，1993。

───，《葉劍英傳》，北京：當代中國出版社，1995。

───，《劉伯承傳》，北京：當代中國出版社，1992。

會林、紹武，《夏衍傳》，北京：中國戲劇出版社，1985。

溫銳，《理想、歷史、現實：毛澤東與中國農村經濟之變革》，太原：山
　　　西高校聯合出版社，1993。

鄒讜，《二十世紀中國政治：從宏觀歷史與微觀行動角度看》，香港：牛
　　　津出版社，1994。

十四劃

趙生暉，《中國共產黨組織史綱要》，蕪湖：安徽人民出版社，1987。

趙蔚，《趙紫陽傳》，北京：中國新聞出版社，1989。

管大同，《我國和平改造資本主義工商業的若干問題》，北京：財政經濟
　　　出版社，1957。

翟志成，《中共文藝政策研究論文集》，台北時報文化出版公司，1983。

齊茂吉，《毛澤東和彭德懷、林彪的合作與衝突》，台北：新新聞出版
　　　社，1997。

圖們、祝東力，《康生與「內人黨」冤案》，北京：中共中央黨校出版
　　　社，1995。

廖風德，《學潮與戰後中國政治，1945－1949》，台北：東大圖書公司，

1994。

廖蓋隆,《毛澤東思想史》,台北:洪葉文化公司,1994。

赫魯曉夫(赫魯雪夫)著,趙紹棣等譯,《赫魯曉夫回憶錄》,中國廣播電視出版社,1988。此書另有張岱雲等之譯本,1988年由北京東方出版社出版,雖然聲稱是內部發行的全譯本,但是其中有嚴重刪節。

赫魯曉夫著,李文政等譯,《最后的遺言──赫魯曉夫回憶錄續集》,中國廣播電視出版社,1988。此書另有上海國際問題研究所和上海市政協編的譯本,1988年由北京東方出版社出版。

十五劃

鄧小平,《鄧小平文選(1938-1965)》,北京人民出版社,1989。

───,《鄧小平文選(1975-1982)》,北京:人民出版社;香港:生活、讀書、新知三聯書店,1983。

───,《鄧小平文選》(第三卷),北京:人民出版社,1993。

───,《關於整風運動的報告》,北京:人民日報出版社,1957。又見《社會主義教育課程的文件彙編》,北京,人民出版社,1957。

《鄧子恢傳》編寫組,《鄧子恢傳》,北京:人民出版社,1996。

鄧中夏,《中國職工運動史,1919–1926》,北京:人民出版社,1949、1953。

鄧加榮,《馬寅初傳》,上海:上海文藝出版社,1980。

鄧拓,《鄧拓文集》,北京:北京出版社,1986。

劉天野、夏道源、樊書深,《李天佑將軍傳》,北京:解放軍出版社,1993。

───,《劉少奇選集》,北京:人民出版社,上冊,1982;下冊,1986。

劉少奇,《建國以來劉少奇文稿》(第一冊),北京:中央文獻出版社,1998。

劉少奇等,《新民主主義城市政策》,香港:新民主出版社,1949。

劉吉主編《中國共產黨七十年》,上海:上海人民出版社,1991。

劉宋斌,《中國共產黨對大城市的接管(1945–1952)》,北京:北京圖書

館出版社，1997。

劉杰誠，《毛澤東與斯大林》，北京：中共中央黨校出版社，1993。

劉英，《我和張聞天命運與共的歷程》，北京：中共黨史出版社，1997。

劉建國等，《韶山的昨天與今天》，長沙：湖南文藝出版社，1993。

劉烊，《特監軼事》，北京：人民中國出版社，1992。

劉國凱主編，《封殺不住的歷史》，香港，1996。

劉漢等，《羅榮桓元帥》，北京：解放軍出版社，1987。

劉曉，《出使蘇聯八年》，北京：中共黨史出版社，1995，1998，2版。

劉曉波，《末日倖存者的獨白》，台北：時報文化公司， 1992。

《滕代遠傳》寫作組，《滕代遠傳》，北京：解放軍出版社，1990。

黎永泰，《毛澤東與大革命》，成都：四川人民出版社，1991。

黎澍，《論歷史的創造及其他》，長沙：湖南人民出版社，1988。

蔣永敬，《鮑羅廷與武漢政權》，台北：中國學術獎助會，1963。

蔣伯英，《鄧子恢傳》，上海：上海人民出版社，1986。

廣東哲學社會科學研究所歷史研究室，《省港大罷工資料》，廣州：廣東
　　　人民出版社，1980。

廣東農民運動講習所舊址紀念館編，《廣東農民運動資料選編》，北京：
　　　人民出版社，1986。

———，《廣東農運動講習所資料選編》，北京：人民出版社，1987。

蓋軍主編，《中國共產黨白區鬥爭史》，北京：人民出版社，1996。

鄭竹園，《大陸政經巨變與中國前途》，台北：五南出版公司，1992。

鄭洞國，《我的戎馬生涯——鄭洞國回憶錄》，北京：團結出版社，1992。

鄭笑楓、舒玲，《陶鑄傳》，北京：中國青年出版社，1992。

鄭超麟，《鄭超麟回憶錄》，內部發行，1982。此書另有北京東方出版社
　　　1996年版。

———，《懷舊集》，北京：東方出版社，1995。

鄭義，《朱鎔基傳奇：中共經濟沙皇評傳》，台北：書華出版社，1993。

——，《紅色紀念碑》，台北：華視文化公司，1993。

鄭學稼，《陳獨秀傳》，台北：時報出版公司，1990。

潘嘉釗、鍾敏、侯俊華、李慕貞編著，《康澤與蔣介石父子》，北京：群
　　眾出版社，1994。

蔡洛、盧權，《省港大罷工》，廣州：廣東人民出版社，1980。

十六劃

薄一波，《七十年奮鬥與思考》（上卷），北京：中共黨史出版社，1996。

———，《若干重大決策與事件的回顧》，北京：中共中央黨校出版社，
　　1991、1993。

———，《薄一波文選》，北京：人民出版社，1992。

———，《關於經濟部門整風的幾個問題》，北京：中國青年出版社，
　　1958。

穆欣，《辦光明日報十年自述，1957-1967》，北京：中共黨史出版社，
　　1994。

錢杭、謝維揚，《傳統與轉型：江西泰和農村宗族形態》，上海：上海社
　　會科學院出版社，1995。

鮑勁夫，《許繼慎將軍傳》，北京：解放軍出版社，1986。

遵義會議紀念館編，《毛澤東與遵義會議》，北京：中共黨史出版社，
　　1992。

十七劃

鍾兆雲，《百戰將星劉亞樓》，北京：解放軍文藝出版社，1996。

鍾期光，《鍾期光回憶錄》，北京：解放軍出版社，1995。

謝春濤，《大躍進狂瀾》，鄭州：河南人民出版社，1990。

謝益顯，《折衝與共處》，鄭州：河南人民出版社，1990。

謝覺哉，《謝覺哉日記》，北京：人民出版社，1984。

薛冶生，《葉劍英光輝的一生》，北京：解放軍出版社，1987。

薛暮橋，《薛暮橋回憶錄》，天津：天津人民出版社，1996。

戴其萼、彭一坤，《陳賡大將在解放戰爭中》，北京：解放軍出版社，
　　1985。

戴知賢，《山兩欲來風滿樓》，鄭州：河南人民出版社，1990。

戴惠珍，《青年王稼祥》，合肥：安徽人民出版社，1992。

戴煌，《九死一生：我的右派歷程》，北京：中央編譯出版社，1998。

──，《胡耀邦邦與平反冤假錯案》，北京：中國文聯出版公司，1998

十八劃

魏朝暉，魏亞平，《血沃河西》，北京：北京師範大學出版社，1993。

叢進，《曲折發展的歲月》，鄭州：河南人民出版社，1989。

聯共(布)中央特設委員會，《蘇聯共產黨(布)歷史簡明教程》，北京：人
　　　民出版社，第8版，1949、1954。

聶榮臻，《聶榮臻回憶錄》，北京：解放軍出版社，1984。

蕭克，《蕭克回憶錄》，北京：解放軍出版社，1997。

蕭克、李銳、龔育之，《我親歷過的政治運動》，北京：中央編譯社，
　　　1998。

蕭勁光，《蕭勁光回憶錄》，北京：解放軍出版社，1987。

──，《蕭勁光回憶錄》（續集），北京：解放軍出版社，1988。

簡秋慧，《北伐時期湖南農民運動研究》，台北政治大學歷史研究所碩士
　　　論文，1996。

十九劃

譚元亨，《潘漢年》，蘭州：甘肅人民出版社，1996。

譚志東，《中共延安時期的戲劇運動(1935-1947)──「工農兵文藝」的歷
　　　史省察》，清華大學歷史研究所碩士論文，1995。

羅印文，《鄧華將軍傳》，北京：中共中央黨校出版社，1995。

羅章龍，《椿園載記》，北京：東方出版社，1989。

羅瑞卿，《我國肅反鬥爭的成就和今後的任務》，北京：中國青年出版
　　　社，1958。

羅德里克・麥克法夸爾著，文化大革命的起源翻譯組譯，《文化大革命的
　　　起源》（第一卷、第二卷），石家莊：河北人民出版社，1989、

1991。

羅點點，《紅色家族檔案：羅瑞卿女兒的點點記憶》，海口：南海出版公
　　　司，1999。

龐松、王東，《滑軌與嬗變》，鄭州：河南人民出版社，1990。

二十劃

嚴中平，《中國近代經濟史統計資料選輯》，北京：科學出版社，1955。

嚴家其、高皋編著，《中國「文革」十年史》，中國問題研究出版社，
　　　1986；此書台灣有遠流出版社修訂本，書名改為《文化大革命十
　　　年史》。

蘇揚編，《中國出了個毛澤東——中外名人的評說》，北京：解放軍出版
　　　社，1991。

蘇墱基，《張學良、共產黨、西安事變》，台北：遠流出版公司，1999。

蘇曉康、羅時敘、陳政，《「烏托邦」祭》，北京：中國新聞出版社，
　　　1988。

蘇羅政(蘇曉康，羅時敘，陳政)，《七月風暴》，海口：海南攝影美術出
　　　版社，1994。本書即蘇曉康等人所著《「烏托邦」祭》。

《犧盟會和決死隊》編寫組，《犧盟會和決死隊》，北京：人民出版社，
　　　1986第一版，1988第二版。

二十一劃

顧行、成美，《鄧拓傳》，太原：山西教育出版社，1991。

顧准(準)著，陳敏之、丁東編，《顧准日記》，北京：經濟日報出版社，
　　　1997。

顧潮，《歷劫終教志不灰——我的父親顧頡剛》，上海：華東師範大學出
　　　版社，1997。

二十一劃

權延赤，《走下神壇的毛澤東》，台北：曉園出版社，1991。

———，《衛士長談毛澤東》，台北：李敖出版社，1990。

三、中文短篇作品和論文

〈一九五六年到一九六七年全國農業發展綱要（修正草案）〉，收入《社會
　　　主義教育課程閱讀文件彙編》，北京：人民出版社，1958。
丁果，〈後共產黨時期的危機與希望〉，《明報月刊》，1994年8月號。
丁偉，〈中共政經轉型期中權力與產權的關係〉，《中國大陸研究》，
　　　1993年，第36卷第10期。
丁雍年，〈關於我黨和平解決西安事變方針問題〉，《黨史研究資料》，
　　　第4集，中國革命博物館黨史研究室編，成都：四川人民出版
　　　社，1983。
子任（毛澤東），〈中國國民黨選派學生赴莫斯科孫文大學〉，《政治週
　　　報》，1925年12月，第2期。
上海總工會文教部編，〈大家辦工會〉，見《全國工會工作公議》，上
　　　海：勞動出版社，1950。
〈大家辦工會——東北鐵總馬寅同志在全國工會工作會議上的發言〉，收入
　　　上海總工會文教部，《全國工會工作會議》，上海：1950。
中央人民政府勞動部，〈向政務院財經委員會的工作報告〉，收入「中國
　　　經濟論文選編輯委員會」編，《中國經濟論文選》，北京：三聯
　　　書店，1951。
中央書記處農村政策研究室、國務院農村發展研究中心農村調查領導小
　　　組，〈全國農村社會經濟典型調查綜合報告〉，收入中共中央書
　　　記處編，《中國農村社會經濟典型調查》，北京：中國社會科學
　　　出版社，1988。
中共中山縣委工作組，〈建立人民公社的過程就是共產主義教育的過
　　　程〉，收入中共中山縣委員會辦公室編，《怎樣建立人民公社試
　　　點經驗》，廣東中山：1958。
〈中共中央文件：中發（1992年）4號〉，《中國大陸研究》，1993年，第

36卷第1期。

〈中共中央專案審查小組「關於叛徒、內奸、工賊劉少奇罪行的審查報
　　　告」〉，收入政治大學國際關係研究中心編印，《中共機密文件
　　　彙編》，台北：政治大學國際關係研究中心，1977年10月。

中共北京市委黨史研究室、中共北京市委統戰部，〈北京資本主義工商業
　　　社會主義改造綜述〉，《中共黨史資料》，1990年4月，第34
　　　輯。

───，〈北京古舊書業的社會主義改造〉《中共黨史資料》，1990年4
　　　月，第34輯。

───，〈北京同仁堂藥店的社會主義改造〉，《中共黨史資料》，1990
　　　年4月，第34輯。

〈中國共產黨中央委員會關於無產階級文化大革命的決定〉，《紅旗》，
　　　1966年，第10期。

〈中國共產黨中央委員會關於農業生產互助合作的決議〉，收入中華人民
　　　共和國國家農業委員會辦公廳，《農業集體化重要文件匯編
　　　(1958－1961)》，北京：中共中央黨校出版社，1961。

中華全國總工會，〈一年來的中國工人運動〉，收入《中國經濟論文選》
　　　編輯委員會編，《中國經濟論文選》，北京：三聯書店，1951。

王一帆、李國素，〈解放戰爭時期的整黨運動〉，《黨史研究資料》，第
　　　5集，中國革命博物館黨史研究室編，成都：四川人民出版社，
　　　1985。

王友琴，〈1966：學生打老師的革命〉，《二十一世紀雙月刊》，1995年
　　　8月號。

王玉貴，〈1958年軍事學院的「反教條主義運動」〉，《黨史研究資
　　　料》，1995年，第1期。

王年一，〈「文化大革命」的由來〉，《爭鳴》（南昌），1989年，第1
　　　期。收入複印報刊資料《中國現代史》，1989年，第3期。

───，〈文化大革命第一階段述評〉，《黨史研究資料》，第6集，中國
　　　革命博物館黨史研究室編，成都：四川人民出版社，1985。

———，〈「文化大革命」錯誤發展的脈絡〉，《黨史通訊》，1986年，
　　　第10期。

———，〈再談張國燾「武力解決」中央密電問題〉，《黨史研究資料》，
　　　第4集，中國革命博物館黨史研究室編，成都：四川人民出版
　　　社，1983。

王汎森，〈近代中國私人領域的政治化〉，《當代》，1998年1月，第125
　　　期。

王良能，〈市場衝擊下的大陸報業變革〉，《中國大陸研究》，1994年，
　　　第37卷第9期。

王林，〈劉少奇同志一九四九年在開灤〉，《革命回憶錄》，1980年，第
　　　2輯。

王若水，〈毛澤東與「文化大革命」〉，《探索雜誌》，1993年3–5月，
　　　第3–5期。

王玲玲，〈中共「十四大」人事之分析〉，《中國大陸研究》，1993年，
　　　第36卷第1期。

———，〈從資訊流通看中國大陸的社會變遷〉，《中國大陸研究》，
　　　1994年1月，第37卷第1期。

王振合，〈獨立自主的山地游擊戰方針的製定及其在華北的貫徹〉，第4
　　　集，中國革命博物館黨史研究室編，成都：四川人民出版社，
　　　1983。

王紹光，〈效率、公平、民主〉，《二十一世紀雙月刊》，1994年，第12
　　　期。

———，〈拓展文革研究的視野〉，《二十一世紀雙月刊》，1995年8月
　　　號。

———，〈再論中國政府的汲取能力〉，《二十一世紀雙月刊》，1994年2
　　　月號。

王紹光、胡鞍鋼，〈中國政府汲取能力的下降及其後果〉，《二十一世紀
　　　雙月刊》，1994年2月號。

王章陵，〈大陸經貿區域開放與台資企發展趨勢的分析〉，《共黨問題研

究〉，1992年，第18卷第9期。

———，〈當前大陸「文化熱」的觀察〉，《共黨問題研究》，1988年，
　　　第14卷第11期。

王健英，〈六大以前中共中央領導成員基本狀況的分析〉，《中共黨史研
　　　究》，1993年，第1期。

王善中，〈建國初期三反五反運動述評〉，《中共黨史研究》，1993年，
　　　第1期。

王煥慶，〈對土地革命時期燒殺問題的初探〉，《黨史研究資料》，1988
　　　年，第8期。

王學啟，〈一九二四年五月中共中央擴大執委會述評〉《杭州大學學
　　　報》，1984年6月，第14卷2期。

毛丹，〈陳獨秀的民主神話及其思想資源〉《二十一世紀雙月刊》，1994
　　　年8月號。

毛齊華，〈追憶在莫斯科中山大學期間的幾個問題〉，《中共黨史資
　　　料》，1997年9月，第63輯。

毛澤東，〈在中國共產黨第七次全國代表大會上的口頭報告〉，《中共黨
　　　史資料》，1993年12月，第48輯。

卞悟，〈九十年代的農民非農化〉，《二十一世紀雙月刊》，1996年12月
　　　號。

———，〈中國農業的困境〉，《二十一世紀雙月刊》，1994年6月號。

方明，〈評述「和平演變」對中共造成之影響〉，《共黨問題研究》，
　　　1992年，第18卷第4期。

印紅標，〈批判資產階級反動路線：造反運動的興起〉，《二十一世紀雙
　　　月刊》，1995年10月號。

〈北京共產主義組織的報告〉，《黨史研究資料》，第3集，中國革命博
　　　物館黨史研究室編，成都：四川人民出版社，1983。

史言，〈有關中共情治機構的補充〉，《爭鳴》，1996年7月號。

史明，〈沈定一事略〉《蕭山文史資料選輯》（浙江），1988年第1輯，
　　　1989年第3輯。

本刊資料室，〈鳴放時期大陸知識分子言論選編（一）（二）（三）〉，《共黨
　　　問題研究》，1977年，第3卷第11期；1977年，第3卷第12期；
　　　1978年，第4卷第2期。

田園，〈再論毛澤東同志對立三路線的認識和抵制〉，《黨史研究》，
　　　1981年，第1期。

朱正，〈新湖南報社的反右鬥爭〉，《二十一世紀雙月刊》，1997年4月
　　　號。

朱永紅，〈土地改革後我國農民積極性淺析〉，《黨史通訊》，1987年，
　　　第11期。

———，〈對建國頭七年黨的農村個體經濟政策的反思〉，《中共黨史研
　　　究》，1989年，第2期。

朱光潛，〈自我檢討〉，收入《舊人物的改造》，香港：通俗文化出版
　　　社，1950。（國關所的封面把改「造」誤為改「革」）。

朱慶芳，〈城鄉差別與農村社會問題〉，《社會學研究》，1989年，第2
　　　期。

安列多夫斯基，〈米高揚與毛澤東的秘密談判（1949年1-2月）（下）〉，《黨
　　　的文獻》，1996年，第3期。

任武雄，〈李中並非高語罕〉，《黨史研究資料》，第4集，中國革命博
　　　物館黨史研究室編，成都：四川人民出版社，1983。

———，〈對「社會主義者同盟」的探索〉，《黨史研究資料》，1993
　　　年，第6期。

江柯林，〈試論建國後黨對工會工作方針的曲折認識過程〉，《黨史研究
　　　資料》，1992年，第11期。

江振昌，〈大陸農民負擔與農民騷動關連性研究〉，《中國大陸研究》，
　　　1997年，第40卷第1期。

———，〈大陸農村社會階層化的現況與問題〉，《中國大陸研究》，
　　　1993年，第36卷第5期。

———，〈大陸農村基層政權失控研究〉，《共黨問題研究》，1992年，
　　　第18卷第12期。

———，〈大陸農村宗族勢力的復甦〉，《中國大陸研究》，1995年，第
　　　38卷第2期。

———，〈大陸腦體勞動者的收入差距問題〉，《東亞季刊》，1992年，
　　　第23卷第3期。

———，〈中國大陸的「地下經濟」剖析〉，《中國大陸研究》，1993
　　　年，第36卷第7期。

———，〈從四川「仁壽事件」看大陸農村的社會衝突〉，《中國大陸研
　　　究》，1994年，第37卷第2期。

———，〈當前大陸各階層青年心態之研究〉，《東亞季刊》，1988年，
　　　第4期。

———，〈論中國大陸的貧富差距〉，《東亞季刊》，1991年，第22卷第4
　　　期。

〈江澤民在中央農村工作會議上的講話〉，《中國大陸研究》，1994年，
　　　第37卷第9期。

米鎮波譯，弗恩・烏索夫，〈蘇聯為中國革命培養幹部史綱〉，未刊文
　　　稿。

〈安徽大躍進人吃人秘辛〉，《開放》，1994年3月號。

〈全國基本實現了農村人民公社化〉，收入中華人民共和國國家農業委員
　　　會辦公廳，《農業集體化重要文件匯編(1958－1961)》，北京：
　　　中共中央黨校出版社，1961。

杜聿明，〈遼瀋戰役概述〉，《文史資料選輯》，第20輯。

杜修經，〈大革命時期的點滴回憶〉，《黨史研究資料》，第5集，中國
　　　革命博物館黨史研究室編，成都：四川人民出版社，1985。

杜鴻林、杜鴻漸，〈對知識青年上山下鄉幾個問題的反思〉，《天津社聯
　　　學刊》，1988年，第5期。收入中國人民大學書報資料中心複印
　　　報刊資料，《中國現代史》，1988年，第6期。

李立三，〈勞動政策與勞動部的任務〉，收入「中國經濟論文選編輯委員
　　　會」編，《中國經濟論文選》，北京：三聯書店，1951。

———，〈關於中華人民共和國工會法草案的幾點說明〉，收入「中國經

濟論文選編輯委員會」編,《中國經濟論文選》,北京:三聯書店,1951。

李成瑞,〈「大躍進」引起的人口變動〉,《中共黨史研究》,1997年,第2期。

李圭澤,〈中共商業流通體制改革(1978－1990)〉,《共黨問題研究》,1990年,第17卷第4期。

李伯剛,〈回憶李漢俊〉,《黨史研究資料》,第4集,中國革命博物館黨史研究室編,成都:四川人民出版社,1983。

李昌寅,〈試析農業合作化運動中黨對中農政策的變化〉,《黨史研究與教學》,1988年,第4期,收入中國人民大學書報資料中心複印報刊資料,《中國現代史》,1988年,第12期。

李明三,〈煞住編造歷史的歪風──評某些關於「文化大革命」著述的傾向〉,《中共黨史研究》,1989年,第6期。

李春濤,〈海豐農民運動及其指導者彭湃〉,《黨史研究資料》,第2集,中國革命博物館黨史研究室編,成都:四川人民出版社,1982。

李雪峰,〈鮮為人知的「文革」發動內情〉,收入蕭克、李銳、龔育之,《我親歷過的政治運動》,北京:中央編譯社,1998。

李尋,〈反右派鬥爭的歷史地位〉,《二十一世紀雙月刊》,1993年6月號。

李達,〈李達自傳〉,《黨史研究資料》,第2集,中國革命博物館黨史研究室編,成都:四川人民出版社,1982。

李銀河,〈論當代中國社會的準身分制〉,《二十一世紀雙月刊》,1992年2月號。

李銳,〈毛澤東為什麼獨服曾文正〉,《聯合報》,1992年9月5日。

吳江,〈關於中國社會主義的前途〉,《明報月刊》,1994年8月號。

吳安家,〈一九九三年中國大陸的政治情勢〉,《中國大陸研究》,1994年,第37卷第2期。

───,〈中共「十四大」修改黨章的政治意涵〉,《中國大陸研究》,

1993年,第36卷第1期。

———,〈中共「十四屆三中全會」後的政治動向〉,《中國大陸研究》,1994年,第37卷第1期。

吳承恩,〈人民公社和社會主義建設中的空想論〉,《中共黨史研究》,1988年,第5期。

吳象,〈陽關道與獨木橋〉,收入中國農村問題發展研究組,《包產到戶資料選(一)》,北京:1981。

吳群敢,〈在西花廳周總理身邊工作〉,《中共黨史資料》,1997年9月,第63輯。

何清漣,〈中國股份制:社會主義的免費午餐〉,《二十一世紀雙月刊》,1994年2月號。

何漢文,〈記留俄學生〉,《湖南文史資料選輯》,1981年,第3輯。

余伯流,〈「文化大革命」的反思〉,《爭鳴》(南昌),1989年,第1期。收入中國人民大學書報資料中心複印報刊資料,《中國現代史》,1989年,第3期。

余敏玲,〈國際主義在莫斯科中山大學〉,《近代史研究所集刊》,1996年,總第26期。

———,〈蘇聯對中國的軍事援助〉,收入中華民國史料研究中心,《中國現代史專題研究報告》,1996年,第18輯。

汪丁丁,〈也談中國「國家能力」〉,《二十一世紀雙月刊》,1994年6月號。

沈志華,〈周恩來赴蘇談判的目的和結果〉,《黨史研究資料》,1996年,第4期。

沈海波,〈參與上海共產主義小組創建活動的佚名女性〉,《黨史研究資料》,1996年,第1期。

沈慶林,〈一九二七年國民黨中央土地委員會會議情況〉,《黨史研究資料》,第4集,中國革命博物館黨史研究室編,成都:四川人民出版社,1983。

宋國誠,〈中共「八屆人大二次會議」後的發展情勢與對策〉,《中國大

陸研究》，1994年，第37卷第5期。

宋詞，〈與狼共舞的日子〉，《開放》，1994年9月號。

青石，〈莫斯科新發現的《鄧小平自傳》〉，《明報月刊》，1994年9月號。

武力，〈「官僚資本」概念及沒收過程中的界定問題〉，《中共黨史研究》，1991年，第2期。

——，〈五十年代國營企業黨政關係的演變〉，《中共黨史資料》，1996年6月，第58輯。

岳山，〈江澤民：反腐不進則垮〉，《爭鳴》，1995年6月號。

季音，〈上海私營麵粉工業和糧食工業的改造〉，收入經濟資料編委會編，《做好公私合營企業的改造工作》，北京：財政經濟出版社，1956。

金岳霖，〈分析我解放以前的思想〉，見《共匪對知識分子思想改造的分析》，台北：改造出版社，1952。原刊《光明日報》，1951年11月5日。

金德群，〈中央革命根據地在1929–1931年間土地革命的實況〉，《歷史教學》，1982年，第2期。收入中國人民大學書報資料社複印報刊資料，《中國現代史》，1982年，第8期。

金鐘，〈大躍進餓死人的新資料——中共官方人口統計研究〉，《開放》，1994年1月號。

金觀濤、劉青峰，〈中國共產黨為什麼放棄新民主主義？五十年代初中國社會結構的鉅變〉，《二十一世紀雙月刊》，1992年12月號。

——，〈反右運動與延安整風〉，《二十一世紀雙月刊》，1997年4月號。

林谷良，〈改組後的國民黨中央機構和其中的共產黨員〉，《黨史研究資料》，第1集，中國革命博物館黨史研究室編，成都：四川人民出版社，1982。

林李明，〈關於廣東省資本主義工商業社會主義改造工作的報告〉，政協廣東省委員會秘書處，1956年4月1日。

林海克，〈中共腐敗制度的根源〉，《明報月刊》，1993年5月號。

林理建，〈大陸的金融問題與中共的對策〉，《中國大陸研究》，1993年，第36卷第10期。

〈林彪、葉群的十八則筆記〉，《明報月刊》，1994年3月號。

林聰，〈李克農傳記〉，《中共黨史資料》，1996年2月，第57輯。

林蘊暉，〈高崗發難與中共七屆四中全會的召開〉，《中共黨史資料》，1996年2月，第57輯。

周文琪，〈近十年關於共產國際、蘇聯與中國共產黨關係研究述評〉，《中共黨史研究》，1991年，第5期。

周昌龍，〈中國近代新村運動及其與日本的關係〉，《中國與亞洲國家關係史學學術研討論文集》。

〈沿海部分城市座談會紀要(節錄)〉，收入中共中央文獻研究室編，《十一屆三中全會以來重要文獻選讀》，北京：人民出版社，1987。

邵緯生，〈中國共產黨對資本主義工商業社會主義改造的歷史經驗〉，《中共黨史研究》，1992年，第2期。

東蓀(張東蓀)，〈我們為什麼講社會主義〉，《解放與改造》，1919年12月，第1卷第7期。

胡鞍鋼，〈能否控制通貨膨脹是中國經濟增長的關鍵〉，《明報月刊》，1995年1月號。

胡慶雲，〈何謂社會主義者同盟〉，《黨史研究資料》，1993年，第10期。

范子瑜，〈憶八路軍第120師的後勤工作〉，《黨史研究資料》，1990年，第10期。

范文瀾，〈歷史研究必須厚今薄古〉，收入《社會主義教育課程的閱讀文件彙編(三)》，北京：人民出版社，1958。

俞子夷，〈小學教員生活狀況調查〉，《教育雜誌》，1923年1月，第15期。

施哲雄，〈中央蘇區的肅反運動〉，《東亞季刊》，1986年1月，第17卷3期。

姚文元，〈評「三家村」──《燕山夜話》《三家村札記》的反動本質〉
　　《紅旗》，1966年，第7期。

姚旭，〈抗美援朝的英明決策──紀念中國人民志願軍出國作戰三十周
　　年〉，《黨史研究》，1980年，第5期。

姚禮榮，〈中共發動「懲」越戰爭與鄧小平〉，《共黨問題研究》，1979
　　年，第5卷第6期。

南海濤，〈陳希同案的「雷區」〉，《爭鳴》，1995年8月號。

〈「後鄧小平時期中國大陸情勢」座談會紀錄〉，1997年，第40卷第3
　　期。

高華，〈在史料的叢林中──讀陳永發著《中國共產革命七十年》〉，
　　《二十一世紀》，第53期，1996年6月號。

耿仲琳、田逢祿、齊得平，〈毛澤東在抗大講話記錄稿介紹〉，《黨史研
　　究資料》，第11集，中國革命博物館黨史研究室編，北京：法律
　　出版社，1990。

〈袁啟彤在福建省統戰部會議上的講話（下）〉，《中國大陸研究》，1994
　　年，第37卷第5期。

夏文思，〈江澤民驚呼國難當頭〉，《開放》，1994年5月號。

夏立平，〈試談馬變時的湖南省委〉，《黨史研究資料》，第4集，中國
　　革命博物館黨史研究室編，成都：四川人民出版社，1983。

夏立平等，〈有關「馬日事變」後農軍進攻長沙問題的部分材料〉，《黨
　　史研究資料》，第1集，中國革命博物館黨史研究室編，成都：
　　四川人民出版社，1982。

夏振鐸，〈蘇聯紅軍進駐旅大十年〉，《中共黨史資料》，1992年9月，
　　第43輯。

馬純古〈目前上海勞資關係的報告〉，收入「中國經濟論文選編輯委員
　　會」編，《中國經濟論文選》，北京：三聯書店，1951。

馬貴凡譯，〈蘇聯新發表的共產國際有關中國革命的檔案文件（之一）（之
　　二）〉，《中共黨史研究》，1988年，第1期、第2期。

馬模貞、鞠志剛，〈新中國建國初期的禁毒鬥爭〉，《中共黨史研究》，

1991年，第6期。

師哲，〈波匈事件與劉少奇訪蘇〉，《百年潮》，1997年，第2期。

──，〈陪毛澤東訪蘇〉，收入張玉鳳等著，《毛澤東軼事》。原載《人物》，1988年，第5期。

徐向前，〈奪取全國勝利的偉大進軍〉，《中共黨史資料》，1991年6月，第38輯。

徐則浩，〈王稼祥對六屆六中全會的貢獻〉，《文獻和研究》，1986年匯編本。

──，〈王稼祥對毛澤東思想的認識及其貢獻〉，《黨史研究》，1984年，第1期。

徐焰，〈抗日戰爭勝利前夕至勝利後我黨戰略方針的轉變〉，《黨史研究資料》，第7集，中國革命博物館黨史研究室編，成都：四川人民出版社，1987。

徐彬如，〈陳潭秋同志戰鬥在順直省委〉，《黨史研究資料》，第1集，中國革命博物館黨史研究室編，成都：四川人民出版社，1982。

高輝，〈中共農業經濟體制改革之研究〉，《共黨問題研究》，1985年，第11卷第6期。

唐少傑，〈紅衛兵運動的喪鐘：清華大學百日大武鬥〉，《二十一世紀雙月刊》，1995年10月號。

唐群、李兵，〈中國共產黨七屆三中全會介紹〉，《黨史研究資料》，第2集，中國革命博物館黨史研究室編，成都：四川人民出版社，1981。

浦安修，〈五年來華北抗日民主根據地婦女運動的初步總結〉，收入法務部調查局編，《中共「婦女運動」原始文件彙編》，台北：法務部調查局，1982。原刊於鄧穎超等，《抗戰以來婦運文件選集》，出版地不詳，1945。

孫克，〈我扭轉了錯誤思想〉，收入經濟資料編輯委員會，《掌握命運，把自己改造成社會主義勞動者》，北京：財政經濟出版社，1956。

柳隨年，〈「調整、鞏固、充實、提高」八字方針的提出及執行情況〉，
　　《黨史研究》，1980年，第6期。

曹仲彬，〈重慶「共產黨」辨析〉，《黨史研究資料》，1992年，第2
　　期。

曹瑛，〈在延安參加整風運動和七大〉，《中共黨史資料》，1996年6
　　月，第58輯。

盛朗西，〈十年來江蘇中等學校畢業生出路統計〉，《教育雜誌》，1925
　　年4月，第17卷第4號。

常道直，〈民國十一年度學校風潮之具體研究〉，《教育雜誌》，1923
　　年，第15卷第4號。

婁勝華，〈《聯共(布)黨史簡明教程》在中國的影響〉，《黨史研究資
　　料》，1997年，第1期。

章立凡，〈風雨沉舟記──章乃器在1957〉，《二十一世紀雙月刊》，
　　1997年4月號。

章有義，〈本世紀二三十年代我國地權分配的再估計〉，《中國社會經濟
　　史研究》，1988年，第2期。

章祖蓉、夏燕月，〈工學世界社簡介〉，《黨史研究資料》，第5集，中
　　國革命博物館黨史研究室編，成都：四川人民出版社，1985。

章躍兵，〈「大躍進」中「天下第一田」真相〉，《傳記文學》（北京），
　　1994年，第7期。

崔之元，〈「國家能力」辯證觀〉，《二十一世紀雙月刊》，1994年2月
　　號。

郭玉強，〈建國前後取締一貫道的鬥爭〉，《中共黨史資料》，1996年12
　　月，第60輯。

張子善、林池，〈天津專區的抗美援朝運動是怎樣開展的〉，收入中國人
　　民保衛和平世界委員會編，《怎樣在農村中開展抗美援朝運
　　動》，北京：人民出版社，1951。原載於《河北日報》，1951年
　　4月13日。

張子善、馬慶雲，〈天津專區在農村中開展的愛國生產競賽與創模運

動〉，收入中國人民保衛和平世界委員會編，《怎樣在農村中開
展抗美援朝運動》，北京：人民出版社，1951。原載於《河北日
報》，1951年3月17日。

張化，〈九一三事件後毛澤東的思想矛盾及其變化〉，《中共黨史研
究》，1992年，第2期。

張希，〈抗美援朝戰爭中的彭德懷〉，《星火燎原》，1985年，第6期。

張保民，〈人口爆炸——中國大陸社會的最大危機〉，《中國大陸研
究》，1995年，第38卷第2期。

張星星，〈中共八大路線未能堅持下去的原因〉，《中共黨史研究》，
1988年第5期。收入中國人民大學書報資料中心複印報刊資料，
《中國現代史》，1988年12月。

張飛虹，〈中共第一代領導集體在抗戰時期形成過程中的劉少奇〉，《中
共黨史研究》，1995年，第4期。

張執一，〈在敵人心臟裡〉，《革命史資料》，1981年11月，第5輯。

張陰普，〈試述建國初期黨風建設的經驗〉，《黨史博采》，1991年10
月。收入中國人民大學書報資料中心複印報刊資料，《中國現代
史》，1990年12月。

張雅君，〈論中共的地方主義〉，《中國大陸研究》，1993年，第36卷第
10期。

張敬禮，〈我為什麼常是動搖不定的〉，收入經濟資料編輯委員會，《掌
握命運，把自己改造成社會主義勞動者》，北京：財政經濟出版
社，1956。原載《大公報》，1955年12月23日。

張維城，〈宿遷市一個月來的群眾運動〉，《拂曉》，1945年，第19期。

〈張維楨同志談上海工人三次武裝起義〉，《黨史研究資料》，第1集，
中國革命博物館黨史研究室編，成都：四川人民出版社，1982。

張鎮邦，〈論資產階級在中國大陸的興起〉，《中國大陸研究》，1994
年，第37卷第3期。

強遠淦、陳雪薇，〈重評一九五六年的「反冒進」〉，《黨史研究》，
1980年，第6期。

陸定一，〈百花齊放，百家爭鳴〉，《社會主義教育課程閱讀文件彙編》，北京：人民出版社，1957。

陳夕，〈中國共產黨與中國社會主義工業化道路〉，《中共黨史研究》，1993年，第5期。

陳元良，〈解放睢寧城的工作經驗〉，《拂曉》，1945年，第19期。

——，〈城市工作幾個具體問題〉，《拂曉》，1946年，第30期。

陳永發，〈中共早期肅反的檢討：AB團案〉，《近代史研究所集刊》，1988年，總第17期。

——，〈內戰、毛澤東和土地革命——錯誤判斷還是政治謀略？〉，《大陸雜誌》，1996年，第92卷第1–3期。

——，〈紅太陽下的罌粟花〉，《新史學》，1990年，第1卷第4期。

——，〈政治控制和群眾動員〉，《大陸雜誌》，1993年，第86卷第1–3期。

——，〈「延安模式」的再檢討〉，《新史學》，1997年，第8卷第3期。

陳功懋，〈沈定一其人〉，《浙江文史資料選輯》，1982年，第21輯。

陳希同，〈關於反政府暴亂的報告〉，收入《天安門事件參考資料》。

陳明顯、王一凡、李國素，〈解放戰爭時期的整黨運動〉，《黨史研究資料》，第5集，中國革命博物館黨史研究室編，成都：四川人民出版社，1985。

陳振漢等，〈我們對於當前經濟科學工作的一些意見〉，《經濟研究》，1957年，第5期。

陳雪薇，〈當代中國黨和國家領導制度的確立〉，《南京政學院學報》，1988年，第4期。收入中國人民大學書報資料中心複印報刊資料，《中國現代史》，1988年，第9期。

陳道明，〈北平與莫斯科的早期關係〉，《東亞季刊》，1985年1月，第16卷第3期。

陳璋津，〈九零年代中共意識形態的變與不變〉，《中國大陸研究》，1993年，第36卷第11期。

——，〈「改革開放」後的大陸思想變化〉，《中國大陸研究》，1994

年，第37卷第2期。

陳毅，〈在全國擴展公私合營會議上的總結報告（摘要）1955年1月7日〉，《中共黨史資料》，1990年4月，第34輯。

陳調甫，〈把技術獻給國家〉，收入經濟資料編輯委員會，《掌握命運，把自己改造成社會主義勞動者》，北京：財政經濟出版社，1956。原載《大公報》，1955年12月26日。

陳獨秀，〈中國農民問題〉（1923年7月1日），原載《先鋒》第一期，收入《「二大」和「三大」：中國共產黨第二、三次代表大會資料選編》。

章有義，〈本世紀二三十年代我國地權分配的再估計〉，《中國社會經濟史研究》，1988年，第2期。

宿忠顯，〈對反右運動的歷史思考〉《黨史研究資料》，1994年12月，第12期。

宿遷市委，〈宿遷市七個月的群眾工作總結〉，《拂曉》，1946年，第28期。

淡泊，〈中共的情治及外事研究機構〉，《爭鳴》，1996年6月號。

清源，〈韓戰秘密檔案的公開〉，《明報月刊》，1994年，第9期。

〈國務院關於進一步擴大國營工業企業自主權的暫行規定〉，收入中共中央文獻研究室編，《十一屆三中全會以來重要文獻選讀》，北京：人民出版社，1987。

〈開展增產節約運動，把勞動競賽切實推進一步——廣州市工會聯合會主席廖立民同志在廣州市工會基層工作會議上的總結報告〉，收入《工會工作》，1954年，第67期。

〈斯大林同中國領導人的會談〉，馬貴凡譯，收入《黨史研究資料》，1997年，第3期。

〈彭德懷在看押審訊中的紀錄〉（附彭妻浦安修的審訊記錄），收入政治大學國際關係研究中心編印，《中共機密文件彙編》，台北：政治大學國際關係研究中心，1977年10月。

〈彭德懷在「廬山會議」前給毛澤東的「意見書」〉，收入政治大學國際

關係研究中心編印，《中共機密文件彙編》，台北：政治大學國際關係研究中心，1977年10月。

彭澤湘，〈自述〉，《黨史研究資料》，第5集，中國革命博物館黨史研究室編，成都：四川人民出版社，1985。

程超澤、吳前進，〈中國大陸的「地下經濟」剖析〉，《中國大陸研究》，1993年，第36卷第7期。

程學敬，〈回憶湖南華容縣黨的創立和早期活動〉，《黨史研究資料》，第4集，中國革命博物館黨史研究室編，成都：四川人民出版社，1983。

賀果，〈賀果日記選〉，《黨史研究資料》，第5集，中國革命博物館黨史研究室編，成都：四川人民出版社，1985。

賀龍，〈回憶紅二方面軍〉，《近代史研究》，1981年，第1期。

賀躍夫，〈民國時期的紳權與鄉村社會控制〉，《二十一世紀雙月刊》，1994年12月號。

馮友蘭，〈一年學習的總結〉，收入《我的思想是怎樣轉變過來的》，北京：五〇年代出版社，1950年初版，1951年第22版。原刊《新華月報》，第1卷第1期。

———，〈我參加了革命〉，收入《我的思想是怎樣轉變過來的》，香港：五〇年代出版社，1950年初版，1951年第22版。原刊《學習》，第2卷第2期。

〈曾昭倫被迫的供詞〉，收入中國國民黨中央委員會第六組，《鳴放集》，台北：1957。

費孝通，〈知識分子與政治學習〉，收入《舊人物的改造》，香港：通俗文化出版社，1950。

———，〈壓力、時機、對策〉，收入費孝通編，《城鄉發展研究》，長沙：湖南人民出版社，1989。

〈費孝通被迫的供詞〉，收入中國國民黨中央委員會第六組，《鳴放集》，台北：1957。

費德林、蘇群譯，〈毛澤東訪蘇秘聞〉。收入張玉鳳等著，《毛澤東軼

事》。原載《參考消息》，1988年11月。

〈新中國建國初期的禁毒鬥爭〉，《中共黨史研究》，1991年，第6期。

楊大利，〈對「瀕危論」的幾點反駁〉，《二十一世紀雙月刊》，1994年
　　　2月號。

楊尚昆，〈山西的統一戰線經驗值得總結〉，《中共黨史研究》，1991
　　　年，第2期。

楊奎松，〈有關中國早期共產黨組織的一些情況〉，《黨史研究資料》，
　　　1990年4月，第4期。

────，〈有關中國早期共產黨組織的一些情況〉，《黨史研究資料》，
　　　1990年4月，第4期。

────，〈有關平型關戰鬥的幾個問題〉，《黨史研究資料》1995年9月，
　　　第9期。

────，〈關於重慶「共產黨」及其他〉，《黨史研究資料》，1992年12
　　　月，第12期。

────，〈從珍寶島事件到緩和對美關係〉，《黨史研究資料》，1997年
　　　12月，第12期。

────，〈瞿秋白與共產國際〉，《近代史研究》，1995年6月。

────，〈評《中國共產革命七十年》〉，《近代中國研究通訊》，第27
　　　期，1997年3月。

靳谷，〈勿忘一九五五〉，《爭鳴》，1995年11號。

葉伯棠，〈當前中共整黨運動之分析（上下）〉，《共黨問題研究》，1983
　　　年，第9卷第12期；1984年，第10卷第10期。

葉昌友，〈中山艦事件後中共的鬥爭及其未能堅持下去的原因〉，《黨史
　　　研究資料》，1997年，第5期。

葉穉英，〈論大陸國營之商業企業的改革〉，《中國大陸研究》，1993
　　　年，第36卷第6期。

────，〈論中共領導階層的「太子黨」〉，《中國大陸研究》，1994
　　　年，第37卷第5期。

葉蘭，〈毛澤東對農村公共食堂認識的轉變〉，《黨史研究資料》，1992

年，第8期。

萬潤南，〈未來變局：爛掉或變掉〉，《開放》，1999年，第8期。

鄒一清，〈中共「三反、五反」運動〉，《共黨問題研究》，1985年，第7期。

董志凱，〈三大改造對我國工業化初創階段的兩重作用〉，《中共黨史研究》，1989年，第1期。

董瑞麒，〈大陸國有企業改革面臨的難題〉，《中國大陸研究》，1995年，第38卷第11期。

———，〈大陸國有企業破產制的研析〉，《中國大陸研究》，1996年，第39卷第10期。

———，〈大陸農村股份合作企業的發展趨勢〉，《中國大陸研究》，1994年，第37卷第5期。

———，〈中國大陸國有企業市場化之研析〉，《中國大陸研究》，1994年，第37卷第11期。

———，〈論大陸的「三亂」與「反三亂」〉，《中國大陸研究》，1993年，第36卷第12期。

雷頤，〈中國農村社會性質論戰與新民主主義理論的形成〉，《廿一世紀雙月刊》，1996年2月號。

當代思潮編輯部，〈中共左派第三份萬言書——關於堅持公有制主體地位的若干理論和政策問題〉，《開放》，1997年3月。

〈對於俄羅斯勞農政府通告的輿論〉，《新青年》，1920年，第7卷第6號，附錄。

熊自健，〈近年來中共的宗教政策〉，《中國大陸研究》，1994年，第37卷第7期。

壽墨卿，「愛國民主老人陳叔通」，收入中國人民政治協商會議全國委員會文史資料研究委員會《文史資料選輯》編輯部編，《文史資料選輯》，1986年，第八輯（總108輯）。

趙榮，〈中國知識分子的厄運與中國球籍危機〉，《貴州文史叢刊》，1989年，第4期。收入中國人民大學書報資料中心複印報刊資

料，《中國現代史》，1989年，第7期。

裴周玉，〈從綏遠起義到抗美援朝〉，《革命回憶錄》，1985年，第17
　　　期。

裴棣，〈1958年八大二次會議〉，《中共黨史資料》，1989年3月，第29
　　　輯。

榮毅仁，〈接受共產黨的領導，從國家利益出發，擔當起工商界骨幹分子
　　　的光榮責任〉，收入經濟資料編輯委員會，《掌握命運，把自己
　　　改造成社會主義勞動者》，北京：財政經濟出版社，1956。原載
　　　《大公報》，1956年12月15日。

蔡和森，《中國共產黨史的發展》，部分收入《「二大」和「三大」：中
　　　國共產黨第二、三次代表大會資料選編》。

黎自京，〈二千六百萬人慘死〉，《爭鳴》，1996年10月號。

———，〈特大貪汙案衝擊元老層〉，《爭鳴》，1995年8月號。

〈鞏固人民公社的幾個問題〉，收入中共河南省委農村工作部辦公室編，
　　　《鞏固人民公社的幾個問題》，上海人民出版社，1958。

鄧力群，〈關於「毛澤東熱」(摘要)〉，《開放》，1994年，第4期。

鄧小平，〈一個國家，兩種制度〉(1984年6月22日、23日)，見中共中央
　　　文獻研究室編，《十一屆三中全會以來重要文獻選讀》，北京：
　　　人民出版社，1987。

鄧子恢，〈在中國共產黨全國代表會議上的發言(節錄)〉，收入中華人民
　　　共和國農業委員會辦公廳編，《農業集體化重要文件匯編》，北
　　　京：中共中央黨校出版社，1981。

———，〈在全國第三次農村工作會議上的開幕詞〉，《黨史研究》，
　　　1981年，第1期。

———，〈關於農業問題的報告(節錄)〉，收於中華人民共和國農業委員
　　　會辦公廳編，《農業集體化重要文件匯編》(北京：中共中央黨
　　　校出版社，1981)。

———，〈關於農業社會主義改造的方針政策和指導原則〉，收入《中國
　　　共產黨中央委員會關於發展農業生產合作社的決議及其有關文

件》，北京：人民出版社，1955。

鄧辛未，〈中國大陸面臨的人口問題〉，《東亞季刊》，1990年，第4期。

〈劉少奇的一次談話〉，《革命回憶錄》，1985年，第17輯。

劉仁榮，〈中央革命根據地時期的一場嚴重鬥爭〉，收入中國人民大學書報資料社複印報刊資料，《中國現代史》，1980年，第1期。原載《湖南師範學院學報》，1979年，第3期。

劉以順，〈共產國際、蘇聯與皖南事變〉《中共黨史研究》，1991年，第5期。

劉兆佳、李沛良，〈第三篇綜論：人民公社的簡史、組織與前景〉，收入李沛良、劉兆佳著，《人民公社與農村發展經驗——台山縣斗山公社經驗》，香港：中文大學出版社，1981。

劉林松，〈彭湃烈士入黨時間問題的商榷〉，《黨史研究資料》，第1集，中國革命博物館黨史研究室編，成都：四川人民出版社，1982。

劉秉勛，〈毛澤東決定解散農村食堂的來由〉，《百年潮》，1997年，第6期。

劉昶，〈華北村莊與國家，1900-1949〉，《二十一世紀雙月刊》，1994年12月號。

劉國鈞，〈我認識到剝削是不合理的〉，收入經濟資料編輯委員會，《掌握命運，把自己改造成社會主義勞動者》，北京：財政經濟出版社，1956。原載《大公報》，1956年12月5日。

劉勝驥，〈論中共對「八九」民運人士的處理〉，《中國大陸研究》，1993年，第36卷第7期。

劉瑞龍，〈解放戰爭中參加華東、中原戰場支前後勤工作〉，《中共黨史資料》，1989年3月，第29輯。

劉曉，〈關於1946年6月23日上海人民和平請願運動的一些回顧〉，《中共黨史資料》，1989年6月，第26輯。

劉曉波，〈家奴的民族自尊——大陸近年民族主義思潮評述〉，《開

放》，1994年11月號。

劉應杰〈中國城鄉關係演變的歷史分析〉，《當代中國史研究》，1996
　　年，第2期。

〈駐赤塔赤色職工國際代表斯穆爾斯基的信件摘錄〉，《黨史研究資
　　料》，第3集，中國革命博物館黨史研究室編，成都：四川人民
　　出版社，1982。

鄭超麟，〈陳獨秀與鮑羅廷〉，《黨史研究資料》，1997年，第10期。

───，〈為愛情而鬥爭〉，《開放》，1991年2月號、1991年3月號。

駱耕漠，〈關於我國計劃經濟的形成及其發展的曲折過程的分析〉，《經
　　濟研究》，1981年，第2期。

錢杭，〈宗族重建的意義〉，《二十一世紀雙月刊》，1993年10月號。

錢杭、謝維揚，〈宗族問題：當代中國農村研究的一個視角〉，《社會科
　　學》，1990年，第4期。

錢俊瑞，〈從討論武訓問題我們學到什麼〉，《人民教育》，1951年9
　　月，第3卷第5期。

曉明，〈中國新聞自由的先驅者──徐鑄成與欽本立〉，《開放》，1992
　　年，第1期。

燕樹棠〈「三反」運動教育了我〉，收入《共匪對知識分子思想改造的分
　　析》，台北：改造出版社，1952。原刊《長江日報》，1952年3
　　月28日。

薄一波，〈為深入地普遍地開展反貪汙、反浪費、反官僚主義而鬥爭〉
　　（1952年1月9日），收入中國新民主主義青年團天津市工作委員會
　　宣傳部，《三反五反運動學習資料》（第1輯），天津：知識書
　　店，1952。

───，〈在北京公審大貪汙犯大會上的講話〉，收入中國新民主主義青
　　年團天津市工作委員會宣傳部，《三反五反運動學習資料》（第1
　　輯），天津：知識書店，1952。

───，〈關於整黨的基本總結和進一步加強黨的建設〉，收入國防部情
　　報局，《匪整黨總結文件彙編》，台北，1988。

———，〈有關山西新軍的幾點回憶〉，《中共黨史研究》，1991年，第2期。

———，〈統購統銷的實行〉，《中共黨史研究》，1991年，第3期。

———，〈崇敬和懷念〉，《紅旗》，1981年，第13期。

———，〈列席中央書記處會議〉，《中共黨史研究》，1997年，第6期。

鍾子雲，〈從延安到哈爾濱〉，《中共黨史資料》，1996年2月，第56輯。

謝渡揚，〈回顧六十年代初農業的調整〉，收入柳隨年編，《六十年代國民經濟調整的回顧》，北京：中國財政經濟出版社，1981。

簡日林，〈慘痛的回憶，愉快的展望〉，收入經濟資料編輯委員會，《掌握命運，把自己改造成社會主義勞動者》，北京：財政經濟出版社，1956。原載《大公報》，1955年12月20日。

閻淮，〈論中共的價格體制改革〉，《中國大陸研究》，1993年，第36卷第12期。

閻廣洪，〈嚴重的教訓〉，收入中共中央辦公廳編，《中國農村的社會主義高潮》，北京：人民出版社，1956。

叢進，〈關於「西路軍」的幾個問題〉，《黨史研究資料》，第4集，中國革命博物館黨史研究室編，成都：四川人民出版社，1983。

聶榮臻，〈在中國共產黨第七次全國代表大會上的發言〉，《中共黨史資料》，1991年6月，第38輯。

蕭克，〈憶1958年軍隊反「教條主義」鬥爭〉，《百年潮》，1997年，第2期。

蕭真美，〈大陸農村鄉鎮企業之發展〉，《東亞季刊》，1989年，第21卷第1期。

———，〈中共十年農村經改之評析〉，《東亞季刊》，1989年，第21卷第1期。

———，〈當前中共面臨的農業危機〉，《中國大陸研究》，1994年，第37卷第1期。

戴晴，〈我的四個父親〉，《明報月刊》，1995年1月號。

──，〈王實味與《野百合花》〉，《明報月刊》，1988年5月號、6月
　　　號。

戴晴、鄭直淑，〈毛澤東與梁漱溟的歷史公案〉，見張玉鳳等著，《毛澤
　　　東軼事》。

羅冰，〈鄧病況與高層部署〉，《爭鳴》，1995年2月號。

──，〈陳希同家抄出軍火〉，《爭鳴》，1995年9月號。

──，〈中共內報「六四」傷亡密情〉，《爭鳴》，1996年6月號。

羅明，〈關於「羅明路線」的回顧〉，《中共黨史資料》，1982年2月，
　　　第2輯。

〈羅章龍教授談「二七」大罷工〉，《黨史研究資料》，第1集，中國革
　　　命博物館黨史研究室編，成都：四川人民出版社，1982。

邊入群、漢生，〈「停、縮、發」方針與農業合作社的一場辯論〉，《黨
　　　史研究資料》，第3集，中國革命博物館黨史研究室編，成都：
　　　四川人民出版社，1982。

譚震林，〈關於我國農民收入情況和生活水平的初步研究〉，收於《社會
　　　主義教育課程的閱讀文件彙編》，北京：人民出版社，1958。原
　　　刊於《人民日報》，1957年5月5日。

〈關於人民公社若干問題的決議〉（中國共產黨第八屆中央委員會第六次
　　　全體會議通過，1958年12月10日），收入《人民公社問題資
　　　料》，香港：香港文匯報，1959年。

〈關於西藏叛亂與民主改革──十世班禪呈周恩來七萬言意見書（摘
　　　錄）〉，《開放》，1997年2月號。

〈關於武訓問題的筆談〉，《人民教育》，1951年7月，第3卷3期。

〈關於職工運動當前任務決議案中幾個問題的說明〉，收入毛澤東等，
　　　《新民主主義工商政策》，香港：新民主出版社，1949。

關海庭，〈「革命委員會」始末〉，《中共黨史研究》，1991年，第6
　　　期。

龐松、韓鋼，〈黨和國家領導體制的歷史考察與改革展望〉，《中國社會
　　　科學(京)》，1987年，第6期。

蘇紹智，〈從四中全會看中共〉，《爭鳴》，1994年11月號。

———，〈中共中央經濟會議剖析〉，《爭鳴》，1995年1月號。

顧而金，〈貪瀆文化今昔談〉，《爭鳴》，1995年10月號。

龔子榮，〈1947年晉綏的土改整黨〉，《中共黨史資料》，1996年6月，第58輯。

龔育之、鄭惠、石仲泉，〈弦急琴摧志亦酬——喬木同志的最後歲月和《回憶毛澤東》的寫作〉，《中共黨史研究》，1994年，第5期。

四、期刊雜誌

《二十一世紀雙月刊》，香港：中文大學中文研究所。

《中央研究院近代史集刊》，台北：中央研究院近代史研究所。

《中共黨史研究》，北京中共黨史研究編輯部，雙月刊。

《中共黨史資料》，不定期刊物。第1至8輯，中共中央黨史資料徵集委員會、中共中央黨史研究室合編；第9至29輯，中共中央黨史資料徵集委員會編；第30至60輯，中共中央黨史研究室編；第60輯以後，中共中央黨史研究室、中央檔案室合編。分別由北京：中共中央黨校出版社、中共黨史資料出版社、中共黨史出版社出版。

《中國大陸研究》，台北：國立政治大學國際關係研究中心，單月刊。

《文獻和研究》，北京：中共中央文獻研究室。

《共黨問題研究》，台北：司法行政部(法務部)調查局。

《東亞季刊》，台北：國立政治大學東亞研究所。

《爭鳴》，香港：爭鳴編輯委員會。

《拂曉》，新四軍第四師政治部或淮北蘇皖邊區黨委編，1940。

《開放》，香港：開放雜誌社。

《明報月刊》，香港明報雜誌有限公司。

《當代中國研究》，雙月刊，當代中國史研究編輯部，北京，1996，1–6期。

《黨史研究》，北京：人民出版社黨史研究編輯部。

《黨史研究資料》，中國革命博物館黨史研究室編，單月刊。

《黨的文獻》，中共中央文獻研究室、中央檔案館主編，雙月刊，1996，
1－3期。

五、英文論文和專書

Apter, David and Saich, Tony. *Revolutionary Discourse in Mao's Republic.*
Cambridge: Harvard University, 1994.

Arendt, Hannah. *The Origins of Totalitarianism.* New York: Harcourt Brace
Jovanovich, New edition with added preface, 1973.

Ash, Robert. "The Evolution of Agricultural Policy." *The China Quarterly*, no.
116, December 1988.

Banister, Judith. *China's Changing Population.* Stanford: Stanford University
Press, 1987.

Becker, Jasper. *Hungry Ghosts: Mao's Secret Famine.* New York: the Free
Press, 1996.

Benton, Gregor. *Mountain Fires: The Red Army's Three-Year War in South
China, 1934-1938.* Berkeley: University of California Press, 1992.

Bernstein, Richard and Munro, Ross. *The Coming Conflict with China.* New
York: Alfred A. Knopf, 1997.

Bianco, Lucien. "Peasant Movements." In Fairbank, John and Feuerwerker,
Albert eds. *The Cambridge History of China.* Vol. 13, Part 2.

Bonnin, Micheal and Chevrier, Yves. "The Intellectual and the State: Social
Dynamics of Intellectual Autonomy during the Post-Mao Era." *The
China Quarterly*, no. 127, September 1997.

Burns, John P. "China's Governance: Political Reform in a Turbulent
Environment." *The China Quarterly*, no. 119, September 1989.

Chan, Anita; Rosen, Stanley and Unger, Jonathan. "Students and Class Warfare:
The Social Roots of the Red Guard Conflict in Guangzhou(Canton)."

The China Quarterly, no. 83, September 1980.

Cheek, Timothy and Saich, Tony eds. New Perspectiveson state Socialism in China. Armonk, New York: M. E. Sharpe, 1997.

Chen Yung-fa. Making Revolution: The Chinese Communist Movement in Eastern and Central China, 1937-1945. Berkeley: University of California Press, 1986.

——. "The Futian Incident and the Anti-Bolshevik League." In Republican China, vol 19, Issue 2, April 1994.

Chen Yung-fa and Benton, Gregor. Moral Economy and the Chinese Revolution. The Anthropological-Sociological Centre, University of Amsterdam, Monograph no. 32.

Chesneaux, Jean. The Chinese Labor Movement, 1919-1927. Stanford: Stanford University Press, 1968.

Davis, Deborah S; Kraus, Richard; Naughton, Barry and Perry, Elizabeth J. Urban Spaces in Contemporary China: The Potential for Autonomy and Community in Post-Mao China. Cambridge: Woodrow Wilson Center Press and Cambridge University Press, 1995.

DeVido, Elise. The Making of the Communist Party-state in Shandong Province, 1927-1952. Ph.D. Dissertation, the Harvard University, 1995.

Dirlik, Arif. The Origins of Chinese Communism. New York: Oxford University Press, 1989.

——. Anarchism in the Chinese Revolution. Berkeley: University of California Press, 1991.

——. "Narrativizing Revolution: The Guangzhou Uprising (11-13 December 1927) in Workers' Perspective." Manuscript.

——. "Reversals, Ironies, Hegemonies: Notes on the Contemporary Historiography of Modern China." Modern China, Vol. 22, No. 3, July 1996.

Dittmer, Lowell. "Death and Transfiguration: Liu Shaoqi's Rehabilitation and Contemporary Politics." Journal of Asian Studies, Vol. 60, No. 3,

May 1981.

Domenach, Jean-Luc. *The Origins of the Great Leap Forward: The Case of One Chinese Province*. Boulder: Westview, 1995.

Esherick, Joseph. "Deconstructing the Construction of the Party-State: Gulin County in the Shaan-Gan-Ning Border Region." *The China Quarterly*, no. 140, December 1994.

———. "Ten Theses on the Chinese Revolution." *Modern China*, vol. 21, no. 1, January 1995.

Esherick, Joseph and Wasserstrom, Jeffrey. "Acting Out Democracy: Political Theater in Modern China." *Journal of Asian Studies*, vol. 49, no. 4, November 1990.

Fairbank, John and Feuerwerker, Albert eds. *The Cambridge History of China*, vol. 13. Cambridge University Press, 1986.

Friedman, Edward; Pickowicz, Paul and Selden, Mark. *Chinese Village, Socialist State*. New Haven: Yale University Press, 1991.

Gillin, Donald. "Peasant Nationalism in the History of Chinese Communism." *Journal of Asian Studies*, vol. 23, no. 2, February 1964.

Goldstein, Avery. "Trends in the Study of Political Elites and Institutions in the PRC." , *The China Quarterly*, no. 140, October 1994.

Goncharov, Serge; Lewis, John and Xue Litai. *Uncertain Partners: Stalin, Mao, and the Korean War*. Stanford: Stanford University Press, 1993.

Goodman, David. *Deng Xiaoping and the Chinese Revolution: A Political Biography*. London: Routledge, 1994.

Hao Yufan and Zhai Zhihai. "China's Decision to Enter the Korean War: History Revisited." *The China Quarterly*, no. 121, March 1990.

Harding, Harry. *China's Second Revolution: Reform after Mao*. Washington: The Brookings Institution, 1987.

———. "The Contemporary Study of Chinese Politics: An Introduction." *The China Quarterly*, no. 140, October 1994.

Harrison, James. *The Long March to Power: A History of Chinese Communist Party 1921-1972*. New York: Praeger Publisher, 1972.

Hinton, William. *The Great Reversal: The Privatization of China, 1978-1989*. New York: Monthly Review Press, 1990.

Hsia, Tsi-an. *The Gate of Darkness: Studies of the Leftist Literary Movement in China*. Seattle: University of Washington Press, 1979.

Hsu, Robert C. "Changing Conceptions of the Socialist Enterprise in China, 1979-1988." *Modern China*, vol. 15, no. 4, October 1989.

Huang, Philip C. C. *The Peasant Family and Rural Development in the Yangzi Delta, 1350-1988*. Stanford: Stanford University Press, 1990.

Huang, Philip C. C.; Bell, Linda and Walker, Kathy. "Rethinking the Chinese Revolution." *Modern China*, vol. 21, no. 1, January 1995.

———. *Chinese Communists and Rural Society*. University of California, China Research Monograph, 1978.

Hunt, Michael H. and Westad, Odd Arne. "The Chinese Communist Party and International Affairs: As Field Report on New Historical Sources and Old Research Problems." *The China Quarterly*, no. 121, June 1990.

Isaacs, Harold. *The Tragedy of the Chinese Revolution*. 2nd revised ed. Stanford: Stanford University Press, 1951, 1961.

Johnson, Kay. *Women, the Family and Peasant Revolution*. Chicago: the University of Chicago Press, 1983.

Kataoka, Tetsuya. *Resistance and Revolution in China: The Communists and the Second United Front*. Berkeley: University of California Press, 1974.

Keating, Pauline. "The Yan'an Way of Cooperativization." *The China Quarterly*, no. 140, December 1994.

———. *Two Revolutions: Village Reconstruction and the Cooperative Movement in Northern Shaanxi, 1934-1945*. Stanford: Stanford University Press, 1997.

Krykov, Mihail. "Has the Riddle of the First Declaration by Karakhan." Been

Solved, in Krykov, Mihail ed. *Moscow, Canton, Peking : Early Diplomatic Relations between the Soviet Union and China.* Taipei : Tamkang University, 2000.

Kuhn, Philip. "Maoist Agriculture and the Old Regime." Manuscript.

Ladany, Laszlo. *The Communist Party of China and Marxism, 1921-1985: A Self-Portrait.* Stanford: Hoover Institution Press, 1988.

Ledovsky, Andrei. "Mikoyan's Secret Mission to China in January and February 1949." *Far Eastern Affairs,* no. 2, 1995.

Lee, Hong Yung. *The Politics of the Chinese Cultural Revolution: A Case Study.* Berkeley: University of California Press, 1978.

Levine, Steven. *Anvil of Victory: The Communist Revolution in Manchuria, 1945-1948.* New York: Columbia University Press, 1987.

Li, Lianjiang and O'Brien, Kevin. "Villagers and Popular Resistance in Contemporary China." *Modern China,* vol 22, no. 1, January 1996.

MacFarquhar, Roderick. *The Origins of the Cultural Revolution: Contradictions among the People, 1955-1957.* London: Oxford University Press; New York: Columbia University Press, 1974.

——. *The Origins of the Cultural Revolution: the Great Leap Forward, 1958-1960.* London: Oxford University Press; New York: Columbia University Press, 1983.

——. *The Origins of the Cultural Revolution: the Coming of the Cataclysm, 1961-1966.* London: Oxford University Press; New York: Columbia University Press, 1997.

——. *The Politics of China, the Eras of Mao and Deng.* Cambridge: Cambridge University Press, 1993, 1997.

Madsen, Richard. *Morality and Power in Chinese Village.* Berkeley: University of California Press, 1986.

McCauley, Martin. *Who's Who in Russia since 1900,* London: Routledge, 1997.

Moody, Peter R. Jr. "Trends in the Study of Chinese Political Culture." *The*

China Quarterly, no. 140, October 1994.

Oi, Jean. *State and Peasant in Contemporary China: the Political Economy of Village Government*. Berkeley: University of California Press, 1989.

Pantsov, Alexander. "From Students to Dissidents: The Chinese Trotskyists in Soviet Russia." *Issues and Studies*, vol. 30, no. 3-5, 1994.

Pepper, Suzanne. *Civil War in China: The Political Struggle, 1945-1949*. Berkeley: University of California Press, 1978.

Perry, Elizabeth. "Labor's Battle for Political Space: the Role of Worker Association in Contemporary China." In Davis, Deborah et al eds. *Urban Spaces in Contemporary China: the Potential for Autonomy and Community in Post -Mao China*.

———. "Trends in the Study of Chinese Politics: State-Society Relations" , *The China Quarterly*, no. 140, October 1994.

———. "Shanghai's Strike Wave of 1957" , In Cheek, Timothy and Saich, Tony eds. *New Perspectiveson state Socialism in China*. Armonk, New York: M. E. Sharpe, 1997.

———. *Shanghai on Strike: The Politics of Chinese Labor*. Stanford: Stanford University Press, 1993.

Saich, Tony. *The Origins of the First United Front: The Role of Sneevliet (Alias Maring)*. Leiden: E. J. Brill, 1991.

Saich, Tony and Van de Ven, Hans eds. *New Perspectives on the Chinese Communist Revolution*. Armonk New York: M.E. Sharpe, 1995.

Schoenhals, Michael, "The Central Case Examination Group, 1966-79." *The China Quarterly*, no. 145, March 1996.

Schoppa, Keith. *Blood Road: The Mystery of Shen Dingyi in Revolutionary China*. Berkeley: University of California Press, 1995.

Schram, Stuart ed. *Mao's Road to Power: Revolutionary Writings*. vols. 1-3, Armonk, New York: M.E. Sharpe, 1992-.

Schwarcz, Vera. "Out of Historical Amnesia." *Modern China*, vol. 13, no. 2,

February 1987.

Schwartz, Benjamin. *Chinese Communism and the Rise of Mao*. Cambridge: Harvard University, 1951, 1979.

Selden, Mark. "Yan'an Communism Reconsidered." *Modern China*, vol. 21, no. 1, January 1995.

——— . *The Yenan Way in Revolutionary China*. Cambridge: Harvard University Press, 1971.

Selden, Mark and Cheng Tiejun. "The City, the Countryside and the Sinews of Population Control: The Origins and Social Consequences of China's *Hukuo* System." *The China Quarterly*, no. 139, September 1994.

Shue, Vivienne. "State Sprawl: the Regulatory State and Social Life in a Small Chinese City", in Deborah S. Davis, Richard Kraus, Barry Naughton and Elizabeth J. Perry eds., *Urban Spaces in Contemporary China: The Potential for Autonomy and Community in Post-Mao China*.

——— . *Peasant China in Transition: The Dynamics of Development toward Socialism, 1949-1956*. Berkeley: University of California Press, 1980.

——— . *The Reach of the State: Sketches of the Chinese Body Politic*. Stanford : Stanford University Press, 1988.

Snow, Edgar. *Red Star over China*. New York: Grove Press, 1968, 1st ed. 1938.

Solinger, Dorothy. *Chinese Business under Socialism*. Berkeley: University of California Press, 1984.

"Stalin's Conversation with Chinese Leaders: Talks with Mao Zedong and Zhou Enlai, 1949-1953, with commentaries by Chen Jian, Vojtech Mastny. " *Cold War International History Project Bulletin*, Issues 6-7, Winter 1995/1996.

Strand, David. "Protest in Beijing: Civil Society and Public Sphere in China." *Problem of Communism*. vol. 39 , May-June 1990.

Teiwes, Frederick. *Politics and Purges in China: Rectification and the Decline of Party Norms, 1950-1965*. 2nd ed. Armonk, New York: M.E.

Sharpe, 1993.

Teiwes, Frederick and Sun, Warren. *The Tragedy of Lin Biao*. Australia: Crawford House Publishing, 1996.

——— . "Zhou Enlai and *fanmaojin*: From Policy Architect to 'No Right to Speak'." Manuscript. A revised version, co-authored with Warren Sun, appear in Cheek, Timothy and Saich, Tony eds. *New Perspectiveson state Socialism in China*.

Unger, Jonathan. "State and Peasant in Post-Revolution China." *The Journal of Peasant Studies*, vol. 17, no. 1, October 1989.

——— . "Whither China? Yang Xiguang, Red Capitalists, and the Social Turmoil of the Cultural Revolution." *Modern China*, vol. 17, no. 1, January 1991.

Van de Ven, Hans. *From Friend to Comrade: The Founding of the Chinese Communist Party, 1920-1927*. Berkeley: University of California Press, 1991.

Van Slyke, Lyman. *Enemies and Friends: The United Front in Chinese Communist History*. Stanford: Stanford University, 1967.

Wakeman, Frederic Jr. and Grant, Carolyn. eds. *Conflict and Control in Late Imperial China*. Berkeley: University of California Press, 1975.

Walder, Andrew. *Communist Neo-traditionalism: Work and Authority in Chinese Industry*. Berkeley: University of California Press, 1986.

Wang, Y. C. *Chinese Intellecutals and the West, 1872-1949*. Chapel Hill: University of North Carolina Press, 1966.

Watson, Andrew. "The Reform of Agricultural Marketing in China since 1978." *The China Quarterly*, no. 113, March 1988.

Wou, Odoric Y.K. *Mobilizing the Masses: Building Revoluion in Henan*. Stanford: Stanford University Press, 1994.

Yang, Benjamin. *From Revolution to Poltics: Chinese Communists on the Long March*. Boulder: Westview Press, 1990.

Yang, Dali L. "Surviving the Leap: Differing Strategies of the Center, Local Cadres, and Peasants in the Early 1960s." in Cheek, Timothy and Saich, Tony eds. *New Perspectiveson state Socialism in China.*

———. *Calamity and Reform in China.* Stanford: Stanford University Press, 1996.

Yeh, Wen-hsin. *The Alienated Academy: Culture and Politics in Republican China, 1919-1937.* Harvard East Asian Monograph, 1990.

———. *Provincial Passages: Culture, Space, and the Origins of Chinese Communism.* Berkeley: University of California Press, 1996.

Yu, Miin-ling. *Sun Yat-sen University in Moscow, 1925-1930*, Ph. D. Dissertation, New York University, 1995.

人名及重要名詞索引

最近兩百年中國史【3】
中國共產革命七十年(修訂版)

1998年12月初版	定價：上、下冊新臺幣950元
2000年6月初版第三刷	
2001年8月二版	
2018年4月二版十一刷	
有著作權・翻印必究	
Printed in Taiwan.	

著　　者	陳　永　發
責任編輯	鄭　秀　蓮

出　版　者	聯經出版事業股份有限公司	總編輯	胡　金　倫
地　　　址	新北市汐止區大同路一段369號1樓	總經理	陳　芝　宇
台北聯經書房	台北市新生南路三段94號	社　長	羅　國　俊
電話	（02）23620308	發行人	林　載　爵
台中分公司	台中市北區崇德路一段198號		
暨門市電話	（04）22312023		
郵政劃撥帳戶第0100559-3號			
郵撥電話	（02）23620308		
印　刷　者	世和印製企業有限公司		
總　經　銷	聯合發行股份有限公司		
發　行　所	新北市新店區寶橋路235巷6弄6號2F		
電話	（02）29178022		

行政院新聞局出版事業登記證局版臺業字第0130號

本書如有缺頁，破損，倒裝請寄回台北聯經書房更換。　　ISBN　978-957-08-2273-1 (平裝)
聯經網址 http://www.linkingbooks.com.tw
電子信箱 e-mail:linking@udngroup.com

國家圖書館出版品預行編目資料

中國共產革命七十年 / 陳永發著．
--二版 . --臺北市：聯經，2001 年
2 冊；17×23 公分 . （最近兩百年中國史；3）
參考書目：面
含索引
ISBN　978-957-08-2273-1（全套：平裝）
[2018年4月二版十一刷]

1.中共政權-歷史
2.中國-歷史-民國(1912-　　)

628.7　　　　　　　　　　　　　　　90012657

臺灣研究叢刊

聯經經典

全球視野系列

生活視窗系列